대궐 밖의 왕실,

한양의 별궁

필자소개

김지영 연구책임 서울대학교 규장각한국학연구원 책임연구원

『정조의 예치』(2020), 『길 위의 조정-조선시대 국왕행차와 정치적 문화』(2017), 『숙종대왕 이순의 성인식』(2017), 『조선의 국가의례, 오례』(2015, 공저), 『즉위식, 국왕의 탄생』(2013, 공저), 『왕실의 천지제사』(2011, 공저) 등

조영준 서울대학교 경제학부 부교수

『조선 후기 왕실재정과 서울상업』(2016), 『시폐』(2013), 『공폐』(2019, 공역), 『한국의 장기통계 Ⅰ·Ⅱ』(2018, 공저), 『조선후기 재정과 시장』(2010, 공저), 『성균관과 반촌』(2019, 공저) 등

조재모 경북대학교 건축학부 교수

『입식의 시대, 좌식의 집』(2020), 『궁궐, 조선을 말하다』(2012), 『영건의궤 의궤에 기록된 조선시대 건축』(2010, 공저), 『궁궐의 눈물, 백 년의 침묵』(2009, 공저) 등

일러두기

- 『대궐 밖의 왕실, 한양의 별궁』은 서울역사박물관이 추진하는 서울기획연구 사업의 일환으로 김지영 · 조영준 · 조재모가 2020년 4월 24일 부터 10월 15일까지 수행한 연구에 대한 결과물이다.
- 원고 서술에 있어 옛사람과 인명은 장마다 처음에 등장할 때 한자를 병기하고, 이후에는 가독성을 위해 가급적 한자 병기를 생략했다.
- 한글 문헌은 의미가 분명하지 않은 경우에만 한자를 병기했으며, 외국문헌은 원어로 표시했다.
- 주석은 각주로 하고, 장별로 번호를 다시 매겨 정리했다.
- 인용 그림과 사진은 최대한 소장처와 출처를 밝히고 저작권자의 허락을 얻었으나 일부 저작권자를 찾지 못하여 게재하기를 허가받지 못한 그림과 사진은 확인되는 대로 통상 기준에 따른 허가 절차를 받기로 한다.

발간사

'대궐 밖의 왕실, 한양의 별궁'

서울역사박물관은 서울의 역사에 대해 시민들과 함께 호흡하며 공유하는 기관입니다. 2,000년 서울의 역사를 박물관의 전시와 교육을 통해 시민과 함께 느끼고, 박물관은 유·무형의 역사적 자산을 축적하여 후대에 전달합니다. 박물관의 대표적 연구사업인 서울기획연구는 서울에 대해 다양하고 의미 있는 주제를 선정하여 깊이 있게 들여다보면서 향후 기획전시를 위한 사전 조사 역할을 합니다. 박물관 본연의 역할에 맞게 서울학 연구의 심연을 확대하고 이를 토대로 전시로 연계하여 시민과 호흡하는 뜻깊은 사업인 것입니다.

2020년 서울기획연구의 여덟 번째는 '대궐 밖의 왕실, 한양의 별궁' 연구입니다. 별궁에 대한 연구는 그동안 미진했던 서울학 연구의 생활사 분야를 메우는 의미 있는 사업입니다. 한양의 궁궐 밖에 세워진 왕실공간이었던 '별궁'은 왕실의 생활공간이자 제사공간, 경제·의례적 공간 등으로 다양하게 활용되었습니다. 왕실 가족의 생활공간으로 탄생한 별궁은 왕의 공간인 궁궐과 유기적 관계를 맺으며, 왕권을 강화하고 왕실 생활을 지원해 왔습니다. 특히 별궁으로 향하는 국왕 행차나 가례행렬을 보면서 백성들은 대궐 밖의 왕실을 경험하고 왕실의 권위와 정통성을 직접 마주볼 수 있는 계기가 되었습니다. 별궁은 한양에서 대궐 밖, 백성의 공간에 속한 왕실공간으로 궁궐 간의 지리적 연관성을 고려하여 위치하였고, 시대에 따라 기능과 용도가 바뀌면서 활용되었습니다. 또한 왕실의 일상생활에 필요한 물자를 공급하는 역할을 담당한 별궁은 서울의 시장에서 대표적인 소비자로 등장하였으며, 이와 같은 모습은 생필품이나 음식에 대한 별궁의 기록문서를 통해 왕실 생활사 일면을 엿볼 수 있게 합니다.

'궁궐'과 '국왕' 위주의 역사에서 궁궐 밖, 왕실 가족의 역사로 확대한 본 연구는 김지영 선생님을 비롯하여 조영준 · 조재모 선생님의 노력에 힘입어 큰 성과를 이루었습니다. 구중궁궐(九重宮闕)의 밖, 서울 한복판에서 펼쳐진 왕실 가족의 생활사가 세상 밖으로 나와 서울학 연구의 소중한 자산으로 활용되길 기대합니다.

서울역사박물관장 **배 현 숙**

Preface

Hanyang's Detached Palaces: Royal Family Members Outside the Main Palace Compounds

The Seoul Museum of History is an institution that shares the long history of this city with Seoul citizens in line with their needs. Our exhibitions and learning programs inform the public on two millennia of history regarding the Seoul area, and we collect historical properties, both tangible and intangible, that can be handed down to future generations. We also conduct structured research that serves as a form of preliminary survey. These are highly significant projects in which we select among the diverse and meaningful topics from Seoul's history, study them in depth, and base future exhibitions on what we discover. In step with our original role as a museum, we expand the depth of Seoul Studies research and link the research findings through special exhibitions

"Hanyang's Detached Palaces: Royal Family Members Outside the Main Palace Compounds" is the eighth seventh planning research project on Seoul we conducted in 2020. This project was important for filling in some of the gaps in Seoul Studies research regarding the history of people's everyday lives, an area of study that has long remained incomplete. The detached palaces (別宮 *byeol-gung*) were established outside the main palace compounds for various purposes. They served as living spaces for royal family members, places to conduct ancestral memorial services, and spaces with economic and ritual importance.

Initially, the detached palace was a residence for royal family members, and close links were forged with the main palace compounds, where the king lived. This arrangement served to strengthen royal authority and support the royal family's livelihood. Importantly, royal progresses and wedding processions to the detached palaces were occasions for the general public to experience the king's presence outside the palace confines and witness first-hand the royal family's authority and legitimacy.

The detached palaces were outside the main palace compounds in Hanyang and spaces for the royal family within the public sphere. Their locations were determined after considering the geographical connections among the main palace compounds, while their functions and uses changed over time. The detached palaces were also tasked with supplying goods that were needed to support the everyday lives of royal family members, and as such they emerged as major consumers in Seoul's markets. From this perspective, the detached palace record on food and other necessities provide a glimpse of royal family members' daily lives.

This research expanded from the history which has been typically emphasized on "the palace" and the "king" to the historical view beyond the major palaces including the lives of the royal family at large with the efforts of Mrs. Ji-young Kim, Young-jun Cho, and Jae-mo Cho who made great results. I look forward to seeing the everyday life history of Joseon royal family members who resided in the heart of Hanyang but outside the main royal palace compound with its nine-fold walls(九重宮闕), become an important asset for Seoul Studies research.

Hyeon-sook Bae
Director, Seoul Muscum of History

차례

발간사 04

1장 총론

- 대궐 밖의 왕실 공간, 별궁 14
- 대궐 밖 왕자·왕녀의 집 20
- 조선 후기 별궁의 유형과 특징 27
- 소결 36

2장 별궁 건축과 한양 도시공간

- 궁궐 안의 왕실, 궁궐 밖의 왕실 — 40
- 왕실 사람들의 일생과 공간 — 44
- 임금이 되기 전에 살던 도시 속의 집, 잠저 — 51
- 궐 밖으로 나간 왕실 구성원의 집 — 54
- 종묘에 부묘되지 못하는 왕실 구성원의 사당 — 59
- 민가에서의 궁중의례, 왕실혼례의 공간 — 66
- 별궁, 민가와 다른 건축 — 72
- 그림사료를 통해 살펴본 별궁 — 78
- 왕실사묘의 건축 — 85
- 늘어나는 요구, 별궁의 용도 전환 — 93
- 별궁의 도성 내 입지 — 96
- 임금의 도성 행차, 임어 궁궐 그리고 도성의 변화 — 102
- 한양, 경성, 서울, 그리고 별궁의 땅 — 106
- 도시 속의 왕실, 희미한 경계 — 109

3장 별궁의 의례적 역할과 국왕 행차

- 왕족의 성인식과 결혼식、출합(出閤)、궁가의 성립 114
- 궁궐을 나갔어도 내 자손이라、왕자·공주집에 거둥한 왕 128
- 사친을 그리워 한 왕이 바꾼 대궐 밖 풍경、제사궁의 성립 132
- 내 행차가 이 궁을 영광스럽게 하리라 139
- 왕비、세자빈、왕자부인、후궁의 별궁 체험: 왕실 혼례의식과 별궁 144
- 폐출된 왕비의 어려운 시절 153
- 이 궁의 주인은 누구인가、왕의 별궁 행차와 왕조 기억의 발굴 160
- 잠저의 특별한 유지와 관리 169

4장 별궁의 경제적 역할과 한양상업

- 별궁의 범주와 관리 체계、내수사에서 현주방까지 178
- 별궁의 창설과 지속、경제적 기반의 유형 186
- 별궁의 장기적 경제 기반、궁방전 192
- 토지 재산의 중간 관리자、도장(導掌) 199
- 18~19세기의 전환、내노비의 폐지와 새로운 권리의 등장 205
- 왕실 의례를 위한 별궁의 주요 기능、혼례와 제례 212
- 왕실의 일상적 유지를 위한 별궁의 기능、조달청과 유사한 공기업의 성격 218
- 별궁은 서울 시장의 대표적 소비자、사무(私貿)의 실태 225

5장 별궁 사람들의 생활사

- 별궁 생활을 이끈 여성 궁인들 232
- 별궁의 이웃 주민들 236
- 별궁의 내밀한 경제생활 엿보기 244
- 행자·수긴·거내 등 별궁의 헝겊 247
- 복날의 보양식은 삼계탕이 아닌 팥죽 259
- 소 한 마리의 남김 없는 소비 270
- 풍속과 미신 사이, 액막이에서 살풀이까지 277

참고문헌 290

1장

총론

서울대학교 규장각한국학연구원
• 김지영

01

대궐 밖의 왕실 공간, 별궁

"공간에 우리의 경험과 삶, 애착이 녹아들 때 그곳은 장소가 된다"는 유명한 말이 있다.[1] 이제 우리가 하려는 것은 시간 속 공간 위에서 펼쳐진 다양한 경험과 삶을 드러내고, 다시 장소를 역사화하는 작업이다. 특정 공간이 장소가 되어 온 과정을 되짚고 장소가 되어 가면서 잃어버린 다양한 가치와 의미, 이야기들을 다루려 한다. 장소의 역사화, 역사 속의 '장소'들을 찾는 것이다. 살펴볼 대상은 조선 후기 서울 대궐 밖에 존재한 여러 '궁'이다.

19세기에 그려진 도성 지도를 보면 크게 자리 잡고 있는 궁궐들이 우선 눈에 들어온다. 그 바깥으로도 빼곡하게 도로와 물길과 작은 집 그림들이 그려져 있다. 그 내용들을 찬찬히 들여다보면 궁궐 밖에도 '궁'이라는 명칭이 붙은 집이 상당히 많이 있다는 사실을 알게 된다. 먼저 왼편 그림 속에는 경복궁이 있다. 경복궁의 서북쪽 담장 밖에는 '연호궁'과 '육상궁'이 있다. 그 아래로 똑바로 내려와 경복궁 서남쪽 담장 밖쯤에서 멈추면 '창의궁'이 있다. 경복궁 광화문 아래로 뻗은 육조거리를 내려오면서 좌우에 있는 여러 건물 가운데 오른편 가장 끝에 있는 호조에서 더 오른쪽으로 눈을 돌리면 점선으로 그려진 오부의 경계선 바로 못 미친 곳에 '수진궁'이라는 건물을 찾을 수 있다.

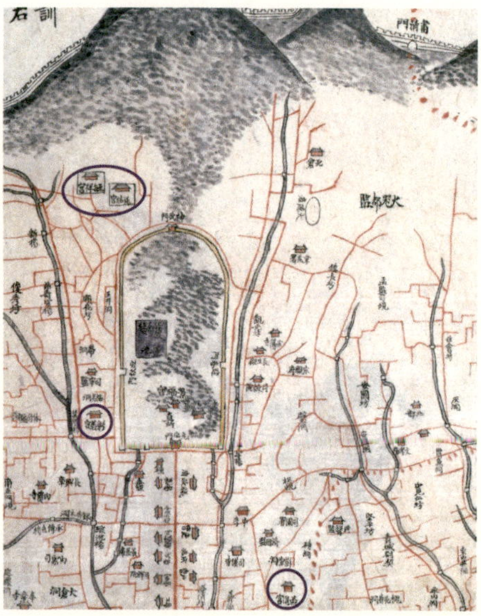

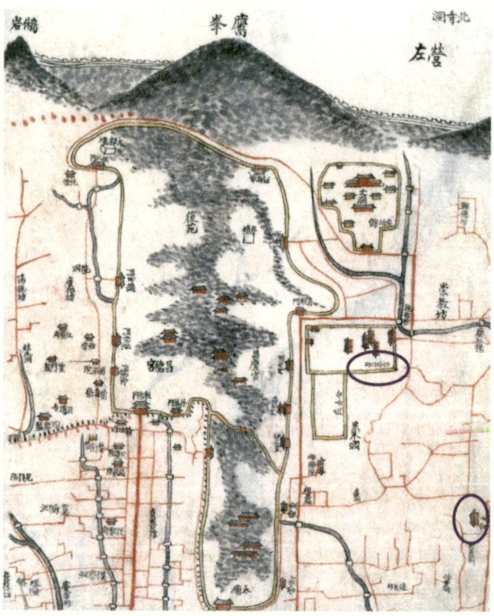

그림 1 19세기 한양 도성 속 여러 궁들(『청구요람』 중 「도성전도」, 1863년, 서울대학교 규장각한국학연구원/중앙도서관 소장)

오른쪽 그림에는 중앙에 있는 창덕궁-창경궁-종묘[태묘]로 이어지는 큰 공간이 보인다. 창경궁 담장 동편에 네모진 두 개의 담장으로 둘러싸인 공간이 보이고, 그 위쪽에 '경모궁'이 있다. 경모궁의 동남쪽 모퉁이에서 시선을 대각선 방향으로 쭉 끌어내려 보면 '본궁'이라고 쓰인 건물이 있다.

서울 지도의 일부만 살펴보았는데도 벌써 대궐 밖에서 여섯 개의 궁을 찾을 수 있었다. 지도 말고 자료를 읽다 보면 더 많은 대궐 밖 궁들을 찾을 수 있다. 아래 표에 제시된 세 사료는 조선 후기 한양의 주요 공간에 대해 기록하고 있는 대표적인 책들이다. 『한경지략』, 『증보문헌비고』, 『동국여지비고』 등 세 종의 책에 쓰인 궁은 묘전궁(廟殿宮)이라는 분류나 궁실(宮室), 궁묘(宮廟), 궁궐(宮闕) 등 각기 다른 분류 속에서 나열되고 있다.

표 1 조선 후기 문헌에 나타난 여러 궁들

한경지략	묘전궁	종묘, 영녕전, 영희전, 선원전, 저경궁, 육상궁, 경모궁, 영경전, 의소묘, 장보각, 문희묘, 연호궁, 대빈궁, 선희궁, 경우궁
		어의궁[상어의궁], 용흥궁[하어의궁], 수진궁, 명례궁, 창의궁, 용동궁, 이현궁, (효사묘, 경수궁)
증보문헌비고	궁 실	별궁[안동별궁], 인경궁, 어의궁, 용흥궁, 창의궁, 수진궁, 명례궁, 용동궁, 연희궁
	궁 묘	조경묘, 저경궁, 육상궁, 연호궁, 선희궁, 경우궁, 순회묘, 소현묘, 의소묘, 문희묘, 대원군묘[덕흥대원군묘, 전계대원군묘]
동국여지비고	궁 궐	덕수궁, 인수궁, 계운궁, 혜경궁, 인덕궁, 수강궁, 자수궁, 정청궁, (영응대군) 별궁, (수양대군) 별궁, 경운궁, 인경궁, 가순궁, 이현궁, 운현궁, 어의궁, 용흥궁, 창의궁, 수진궁, 명례궁, 용동궁
		문소전....저경궁, 육상궁, 창의궁 장보각, 경모궁, 대빈궁, 연호궁, 선희궁, 경우궁, 순회묘, 의소묘, 문호묘, 덕흥대원군묘

먼저 『한경지략』 묘전궁 조에는 ~묘, ~전, ~궁이라는 이름이 붙은 한양의 여러 장소를 열거했다. 종묘에서 경우궁까지는 모두 죽은 이에게 제사를 올리는 사묘(祠廟) 공간이다. 아

01 이투 투안, 구동회·심승희 역, 『공간과 장소』, 대윤, 2014.

래에 있는 어의궁, 용흥궁, 창의궁은 인조, 효종, 영조의 잠저이던 곳이다. 어의궁, 수진궁, 명례궁, 용동궁은 조선 후기 내수사와 함께 내탕 기능을 수행한 사궁에 속한 궁들이다. '궁'이라는 이름에 제사 공간, 왕자의 생활공간 또는 왕의 잠저, 내탕궁 등 각기 다른 기능을 하던 공간들이 뒤섞여 있음을 알 수 있다. 『증보문헌비고』에는 제사 기능을 하던 공간들을 궁묘 항목, 생활공간 또는 내탕궁을 궁실 항목에 각각 분류하고 있다. 『동국여지비고』에서는 혜경궁, 가순궁처럼 대궐 내에서 줄곧 생활한 궁부의 명칭을 뒤섞어 놓았다. 또 영응대군, 수양대군 등 대군의 집을 별궁으로 부르며 목록에 포함시켰다.

위의 지도와 표에서 볼 수 있는 '궁'이라는 이름이 붙은 공간에는 여러 쓰임이 있었지만 공통적인 요소가 있다. 산 자의 공간이든 죽은 이의 공간이든 재정 기능을 한 창고 및 사무 공간이든 모두 왕실, 그중에서도 왕의 지친으로 분류되는 왕가 사람들과 밀접한 관련이 있다는 점이다. 현대의 연구자들은 산 자의 공간인 때는 '궁가', 죽음 이후의 공간은 '궁묘', 공간에 더해 인적·물적 지원 기구를 포함한 관부 전체를 지칭할 때는 '궁방'이라고 부른다.

왕자나 공주·옹주 등 관부의 법적 명칭은 '방(房)'이다. 다음 용례를 보자. 숙종 때 아들 연잉군이 결혼하게 되었다. 후궁의 아들이어서 '군'이라는 이름으로 불린 왕자들은 결혼식을 가례라 하지 않고 길례라 했다. 복잡한 의례 내용을 빼고 간단하게 말하면 결혼식을 위해 대궐 밖에 다른 장소를 빌려서 써야 했는데 그 집이 영안위라는 왕실 부마의 집이었다. 왕에게 보고하기 위한 서류를 작성하면서 영안위의 집에는 '궁'이라는 이름을 붙이고, 왕자의 결혼 장소는 '길례소'라고 적어 올렸다. 숙종은 '방'이라 불러야 할 공주의 집은 버젓이 궁이라 적고 친왕자의 결혼 장소는 오히려 낮추어 '소'로 했다고 화를 내고는 영안위방과 길례궁으로 고쳐 오라고 했다. 원래 어떤 것이 맞는 호칭인지는 중요치 않다. 당시 사람들은 일부러 그랬든 무심코 그랬든 공주와 같이 귀한 이의 공간에는 '궁'이라는 이름을 붙여 사용했다. 숙종 또한 친왕자(親王子)의 귀함을 표시하기 위해 '궁'이라는 명칭을 사용하도록 했다. 각자 누가 더 중요한가에 대한 생각이 달랐을 수 있지만 가장 귀한 이의 공간에 '궁'이라는 글자를 붙여야 한다는 데에서는 차이가 없었다.

조선 후기의 용례를 볼 때 일반적으로는 궁과 방을 구분하지 않고 왕족의 공간 일체를 '궁'이라 인식하고 영안위궁, 월성위궁, 죽동궁, 누동궁 등 왕족과 관계된 많은 공간을 궁이라 불렀다. 즉 실제 당시 한양 도성 사람들이 느끼는 별궁의 위상은 별궁의 법적 지위와 상이할 수 있었다. 그렇다면 역사 속 왕족들의 수많은 공간은 어떤 과정을 거쳐 우리가 알고 있는 장소로 변화해 왔을까.

표 2 대궐 밖 별궁의 역사

별궁 명칭	이 칭	주인공	전 사	후 사
저경궁	송현궁	인빈 김씨	정원군 옛 집	
남별궁			경정공주/의안군	사신 처소
영희전	봉자전/남별전/숭은전		의숙공주 궁가	진전
경모궁	수은묘	사도세자		영희전
하어의궁	용흥궁	효종		
이현궁	계운궁	숙빈 최씨	광해군, 계운궁, 소현세자, 민회빈 강씨[강빈, 소현세자빈], 능원군	장용영
경우궁		유빈 박씨	용호영 터	
계동궁		흥녕군 이창원/이재원		갑신정변 후 시어소/남연군 사우
선희궁	의열궁	영빈 이씨		
연호궁		정빈 이씨		
육상궁		숙빈 최씨		
창의궁		영조	숙휘공주가	
자수궁		후궁거처		
안국동별궁	연경궁(延敬宮)	고종 별궁	정명공주가(영안위가)/연령군-은신군가/전계대원군 사우/*혜순옹주(광천위 김인경) 집/월산대군가, 의경묘/연경궁/영응대군가	
도정궁	덕흥대원군 사우	덕흥대원군	덕흥군	
순화궁		경빈 김씨		
대빈궁		희빈 장씨		
상어의궁	향교동 본궁, 향교동 어의궁	인조		재정궁
누동궁	전계궁	전계대원군		
죽동궁		명온공주		
사동궁		의친왕		
용동궁		순회세자		재정궁
수진궁		제안대군	평원대군	재정궁
운현궁		대원군		
명례궁	서궁	인목대비		재정궁
수성궁	안평대군			미상
경수궁		화빈 윤씨		미상
순화궁		경빈 김씨	구윤옥가	

위의 〈표 2〉은 여러 사료에 등장하는, 한양에 존재하던 '궁'들의 역사를 개략적으로 정리해 본 것이다. 조선 후기 사료에 등장하던 시기 그 궁을 자기 집으로 삼던 이를 주인공으로 적었다. 그 처소가 원래 다른 이의 처소에서 비롯되었다면 전사 부분에 기입했고, 이후 다른 이의 처소로 전용된 경우에는 후사 부분에 기입했다. 저경궁, 육상궁, 경우궁 등은 산 자의 처소가 아니라 죽은 이의 처소, 즉 사당이었다. 그 경우에도 전사와 후사가 있으므로 각각 사례에 따라 기입했다. 수진궁, 용동궁, 명례궁 등은 조선 전기 왕자의 집이었지만 처소 기능이 사라진 조선 후기에는 내수사의 관리 하에 이미 내탕궁으로 기능하였기에 후사 부분에서 재정궁으로 기입했다. 물론 수진궁에는 제사궁 성격이 동시에 있었지만 독립된 처소가 없는 이들을 모아서 제사를 지내 주는 경우여서 여타 제사궁과는 구분했다.[2]

대부분 궁에는 세자·대군 등 왕자나 공주·후궁 등 왕실 인물의 처소이던 역사가 있다. 왕실에서 독립해 나간 왕자나 공주의 처소라면 대대로 그 집에서 왕자와 공주의 역사가 이어졌을 것이라고 예상하기 쉽다. 그런데 〈표 2〉에서 보이듯 남별궁같이 본래 왕자나 공주의 처소였다가 외교 사절의 숙소로 이용된 곳도 있다. 영희전은 본래 공주의 집이었지만 후궁이던 인물의 사당이 되었다가 다시 왕들의 초상을 모시고 제향을 올리는 진전(眞殿)이 되었다.

하나의 궁이 여러 인물의 처소가 된 곳도 있다. 창의궁은 효종 딸 숙휘공주의 집이었다가 숙종의 아들 연잉군의 집이 되었다. 이현궁이나 안국동 별궁의 역사는 훨씬 더 복잡하다. 이현궁은 한양 동부 연화방 이현에 있던 별궁이다.[3] 본래 광해군의 잠저(潛邸)이던 곳이다. 1610년 세자빈을 간택할 때 가례별궁으로 활용하기도 했다. 인조가 즉위한 후 자기 사친[연주부부인 구씨]을 옮겨 모시게 되었는데 이때 이름을 새로 계운별궁이라고 고쳤다.[4] 계운궁은 연주부부인의 거처이기도 하고, 그대로 연주부부인을 지칭하는 칭호로도 쓰였다. 속칭인 이현궁이라는 이름도 계속 사용되었다. 계운궁이 세상을 떠난 후 상주는 인조 동생 능원군(綾原君)이 되었고, 이현궁은 능원군에게 지급되었다. 1631년 봉림대군의 결혼식도 이현궁에서 거행되었다. 이현궁은 숙종대에는 숙빈 최씨의 궁이 되었다. 정조 대 친위군영인 장용영 본영을 바로 이곳에 두었다.

안국동 별궁은 고종대 별궁으로 영조된 곳이다. 왕세자 순종의 가례가 이곳에서 행해졌다. 안국동 별궁지의 역사는 매우 깊다. 세종 때 영응대군의 집이 바로 이곳에 건립되었고, 이 집의 동별궁에서 세종이 홍서(薨逝)하였다. 이후 이 집은 이궁인 연경궁(延敬宮)으로 쓰이다가 성종이 자신의 아버지 의경세자를 모신 사당 의경궁을 연경궁 후원에 마련하면서 봉사손인 월산대군에게 집을 하사했다. 중종대에는 혜순옹주의 집으로 하사되었고, 인조 대에 선조의 딸인 정명공주의 궁가를 이 터에 건립했다. 정명공주가 거의 60년을 지내는 동안 이 집은 도성 안 최고 집[甲第]으로 꼽혔다. 이후 숙종이 이 집을 매입해서 왕자 연령군의 궁가로 내주었다. 연령군이 후사 없이 죽고 난 후 이 집은 연령군 봉사손으로 세워진 여러 왕가 후손들의 집이 되었다. 정조가 사도세자 아들 은신군을 연령군 봉사손으로 세웠고, 순조 대에는 인평대군 5대손 남연군이 은신군 봉사손이 되었다. 철종이 즉위하면서 아버지 전계대원군을 모신 사당을 이곳에 건립하면서 연령군-은신군-남연군 사우와 종가 집도 다른 곳으로 옮겨졌다.[5] 다시 남연군 손자 고종이 재위하던 때 전계대원군 사우를 내보내고 별궁을 건립했다. 이것이 안국동 별궁[안동별궁]이다. 도성 안 여러 궁가 가운데 주인이 가장 많이 바뀐 예라 할 수 있다.

요약하면 조선 후기 한양에 존재한 궁들은 왕자나 공주·후궁의 처소에서 출발해 다른 이의 처소가 되거나 사당[제사궁]이 되거나 왕실의 내탕 기능을 하는 곳 또는 외교나 군사 등 공적 용도의 공간으로 전용되어 왔다. 쓰임이 제각기 다른 여러 공간으로 변모했지만 시작이 왕실 지친의 공간이었다는 점에서는 같다.

여기에서 여러 의문이 생긴다. 왜 왕실 지친의 공간이 대궐, 즉 왕이 기거하는 궁궐 안이 아니라 도성 안 여러 곳에 자리 잡게 된 것일까. 그것은 조선만의 특징인 것인가. 또 조선시대에도 국초 이래 같은 방식인 것이었을까.

---

02 조영준, 『조선후기 왕실 재정과 서울 상업』, 소명출판, 2016, 20~25쪽.

03 『서울6백년사』 7권, 문화유적편, 170~171쪽. 이현궁은 현재 종로구 인의동에 해당된다.

04 『인조실록』 권1, 인조 1년(1623) 3월 23일(계축); 『월사집』 권61, 「남궁록중(南宮錄中)」, 청봉이연주부부인이현궁계사(請奉移連珠府夫人梨峴宮啓辭).

05 고종 당시 남연군의 봉사는 흥선대원군의 백형 이창응, 이창응의 양자 이재원, 이재원의 맏아들 이기용으로 이어졌다. 이재원의 집이 경우궁 바로 아래쪽에 있은 계동궁이다. 고종 즉위 초반에 창덕궁에서 경우궁으로, 경우궁에서 남연군 사우로 행차할 때 경우궁 대문에서 남연군 사우까지 좌우에 포장을 설치하고 시위 군사를 포장 밖 계동 어귀에 세워서 지키게 했다.(『승정원일기』, 고종 2년 1월 5일 신축) 이를 통해 볼 때도 은신군-남연군의 사당이 경우궁 바로 아래에 있던 계동궁에 있었음을 알 수 있다.

02
대궐 밖 왕자 · 왕녀의 집

조선 왕자녀의 공간, 고려 왕자녀의 공간

조선시대에는 정비가 낳은 자식과 후궁이 낳은 자식의 공식적 지위가 달랐다. 즉 왕비 소생은 대군과 공주라는 이름을 받지만 후궁 소생은 군과 옹주라는 이름을 받았다. 태어난 순서나 후천적 능력, 왕의 총애와도 관계가 없었다. 오직 어머니의 지위만이 중요했다. 여기서 지위란 어머니의 신분이나 가문을 말하는 것이 아니라 혼인 관계에서의 법적 지위를 말한다. 생각 외로 많은 사람이 조선시대 왕실에서도 일부일처제를 따랐다는 사실을 알지 못한다. 유명한 사극들이 '왕의 여인'을 많이 다뤄 왔고, 후궁들(왕의 부인들) 사이의 암투, 권력 투쟁, 복수 등을 시기와 주인공만 달리하며 반복적으로 보여 주었기 때문이다. 그러나 우리가 맘먹은 대로 되지 않는 일이 없었을 것이라고 여기는 조선의 왕들도 단 한 사람의 부인에게만 처, 즉 왕비의 지위를 줄 수 있었다.

왕의 가정은 나머지 조선 땅 모든 가정의 모범이 되어야 했다. 모범 가정이란 남녀 두 사람이 부부로 맺어져서 사랑과 공경의 마음으로 자손을 낳아 길러 내는 곳이어야 했다. 처첩과 적서 구분 및 차별은 애초에는 일부일처의 혼인관계와 그로 인해 형성되는 일가 보전을 더없이 소중하게 여기려는 의지의 결과물이었다. 이 때문에 나머지 여인들은 그 왕비가 살아 있는 한 아무리 왕의 총애를 받고 아무리 훌륭한 자식들을 두었더라도 내명부 1품의 빈 이상 지위로 오를 수 없었다. 즉 조귀인이나 장희빈처럼 인형에 바늘을 꽂고 죽은 동물의 뼈를 묻어 가면서까지 저주하며 왕비의 죽음을 기원하는 일이 왕실에서 반복된 것은 처첩의 구분이 확실하던 조선에서나 있을 수 있는 이야기인 셈이다.

『고려사』 열전에는 종친·후비·공주 열전도 있다. 종친 열전에는 왕이 되지 못한 왕의 아들들에 관해 기록하고 있다. 후비 열전은 왕의 후비 자리에 오른 여성들을 기록했다. 공주 열전에는 왕의 딸들 이야기가 수록되어 있다. 왕실 내 근친혼이 많았고, 능력이 닿는 한 재가가 얼마든지 허용되던 시대였기 때문에 공주 중 다수가 후비 열전에도 이름을 올렸다. 고려시대 왕의 아들과 딸의 지위는 어머니의 지위 영향을 받지 않았다.

고려 현종은 7명의 왕후, 3명의 비, 3명의 궁인을 후비로 두고 아들 다섯과 딸 여덟을 낳았다. 고려시대에도 정비는 왕후, 후궁들을 비로 불러 구분했다. 왕비와 후궁 수에는 한정이 없었던 셈이다. 현종의 경우를 살펴보자. 현종은 즉위하자마자 바로 성종의 딸을 맞

왕의 가정은 나머지 조선 땅 모든 가정의 모범이 되어야 했다. 모범 가정이란 남녀 두 사람이 부부로 맺어져서 사랑과 공경의 마음으로 자손을 낳아 길러 내는 곳이어야 했다.

아들여 왕후로 삼았다. 그가 원성왕후 김씨다. 일곱 왕후 중 원성왕후만 처음 책봉 때 왕후가 되었고, 나머지는 모두 사후에 왕후로 추존되었다.

두 번째 왕후는 항춘전비로 불리다가 사후에 왕후가 된 원화왕후이다. 세 번째는 덕종, 정종과 두 딸을 낳은 원성태후 김씨다. 김은부의 딸로, 현종의 첫 아들 흠을 낳고 연경원주가 되었다. 『고려사』에는 "궁인 김씨가 왕자를 낳자 흠이라는 이름을 내리고 연경원과 은기, 필단, 전장, 노비, 염분, 어량을 내려주었다"고 했다.[6] 왕이 새로 태어난 아들에게 이름과 함께 연경원이라는 거주 공간과 은 그릇, 비단, 땅, 노비 등 특별한 재산을 떼어 줌으로써 왕족으로서 풍족한 생활이 가능하도록 해 주었다. 연경원주라 불리던 궁인 김씨는 2년 후 둘째 아들을 낳고 연경궁주가 되었다. 7세가 된 맏아들 흠이 태자로 책봉되자 연경궁주는 왕비가 되었다. 1028년 세상을 떠나자 시호를 원성왕후라 하고, 훗날 현종과 함께 부묘(祔廟)했다. 덕종이 즉위한 후 추존하여 왕태후로 삼았다. 네 번째 후비 역시 김은부의 딸로, 문종과 평양공 왕기를 낳은 원혜태후 김씨다. 안복궁주, 연덕궁주가 되었다. 죽은 후 왕비, 왕후로 차례로 추존되었다. 다섯째 원용왕후는 종실인 경장태자의 딸로, 곧바로 왕비가 되었다가 사후 왕후로 추존되었다. 여섯째 원목왕후 서씨는 맞아들인 후 숙비로 삼고 홍성궁주라 칭했다. 사후에 원목왕후가 되었다. 일곱째 원평왕후 김씨 역시 사후에 왕후가 되었다.

06 『고려사』 권4, 세가4, 현종 7년. "五月 乙巳 宮人金氏生王子賜名欽仍賜延慶院金銀器匹段田莊奴婢鹽盆魚梁"

이상을 보면 현종은 생전은 물론 왕후가 살아있는 동안 여러 후궁을 들였다. 이는 조선시대와 같다. 아들을 낳은 두 명의 후궁은 원주 또는 궁주에서 왕비가 되고 사후에는 왕후로 추존되었고, 본래 왕후이던 다른 왕후 대신 태묘에 부묘되었다. 소생이 없는 경우에도 왕비가 되었다. 그들은 선왕 또는 종실의 딸이었다. 왕후와 후궁들이 낳은 아들들은 왕후나 후궁의 소생 관계없이 모두 군으로 불렸다. 딸은 궁주로 불렸다. 이러한 점은 조선시대와 다르다. 현종은 아들이 4~5세가 되었을 때 군으로 작호(爵號)했다. 맏아들 흠은 5세 때 연경군, 셋째 형도 5세 때 평양군, 넷째 서는 4세 때 낙랑군에 각각 봉해졌다.

태자나 왕자들이 독립된 거주 공간을 받게 되는 것은 언제였을까. 맏아들 흠은 7세 때 태자로 책봉되면서 자신의 관부(官府)를 두게 되었다.[7] 나머지 아들들도 11~12세 무렵에 관작을 받고서 후 또는 공에 책봉되는 한편 곡식, 전결, 노비를 받았다. 셋째 아들 형은 10세에 관작을 받고 12세에 곡식 2,000석, 전 300결, 노비 30구를 하사받았다. 거주 공간을 특정하지는 않았다. 연경궁, 연덕궁의 사례나 태자의 경우를 보면 지위와 재화와 용역과 함께 독립 관부를 두게 되었다. 왕자에 대하여 처음 이름이 내려지는 때나 관작을 받을 때 따로 거주 공간에 대한 언급이 없고 곡식, 전결, 노비를 하사받았다고만 기록했다. 조선시대처럼 왕자·공주의 집을 공가에서 지어 주는 법제나 관행은 없었으며, 각자 식읍과 노비 등을 바탕으로 경영해서 재산을 일군 것으로 보인다.

조선시대 대궐 밖 왕실 공간 형성의 원칙들

조선시대에는 어머니가 왕비인지 후궁인지에 따라 자녀의 봉작에도 차등이 있었다. 처첩의 구분은 자식에게도 적용되어 아들은 대군과 군의 구분, 딸은 공주와 옹주의 차등을 감수해야 했다. 왕비의 아들이 태어나면 바로 대군이 되고 후궁의 아들이 태어나면 바로 군이 되는 것은 아니었다. 고려시대와 마찬가지로 일정한 나이(대략 7세 무렵)에 이른 후에 대군, 군, 공주, 옹주의 작호가 내려졌다. 봉작하기 전에는 태어난 순서에 따라 일공주, 이공주, 일왕자, 이왕자 등으로 불렸다. 왕자를 모시는 각 궁도 왕자방, 공주방, 옹주방 등으로 불렸다.

조선시대에 같은 왕에게서 태어난 자손이라도 왕이 아닌 자는 궁궐 안에 살 수 없었다. 아들이건 딸이건 성인이 된 후에는 단 한 명의 후계자를 제외하고 모두 궁궐을 떠나야 했다. 왕자는 10세 무렵에 관례, 12세 무렵에 혼례를 치렀다. 아직 어린 나이이기 때문에 궁에서 더 머무르더라도 무한정 대궐 안에 있지는 못하고 대궐 밖에 거처를 마련해서 나갔다. 이를 '출합(出閤)'이라고 한다. 출합 후에도 부모를 뵙고 왕족으로서의 역할을 수행하기 위해 이들을 위한 거처는 대궐 담장 밖 민가 사이에 자리 잡았다. 이들의 거처는 '○○방(房)'으로 불리며 일정한 시기가 지나면 사가로 혼입되었지만 매매 또는 다른 방식에 의해 다시 왕족과 왕가를 위한 공간으로 재편되기도 했다.

혼례 후 일정한 시기가 지나면 출합한다는 원칙은 그 이전에는 궁중에서 양육한다는 것을 전제로 하였다. 세종이 많은 자녀를 두고 구족(九族)을 친히 여긴 일은 조선시대에도 많이 칭송받은 일이었다. 그러나 실제 자녀의 궁중 내 양육은 중종 대 이후에야 정착되었다. 연산군 폭정 시기를 지난 후 원자뿐만 아니라 여러 왕자들을 궁중에서 양육하면서 여염의 풍속에 물들지 않도록 해야 한다는 여론이 높아졌고, 궁중 관행으로 정착되었다.[8]

일정한 나이에 이르면 출합한다는 원칙도 국초부터 지켜진 것은 아니었다. 세종은 뒤늦게 얻은 여덟 번째 아들 영응대군을 매우 아꼈다. 당시 왕자들은 어머니의 집으로 나가서 자라는 경우가 많았지만 세종이 슬하에 두고 기르며 사랑했다. 1448년(세종 30)에 영응대군의 집을 내려주기로 했는데 그 위치가 문제였다. 세종이 검토한 것은 북부 안국방동이었다. 김종서는 그곳이 너무 시끄럽고 번잡한 곳이라 대군의 집으로 적당하지 않다며 상림원, 즉 경복궁의 후원에 영건하자고 하였다. 이때 세종은 외간 소문을 걱정하며 이를 보류시켰다. 얼마 후 다시 영응대군의 집을 안국동으로 정했다. 1449년(세종 31) 봄에 시작한 공사는 그해 11월경에 완성되었다. 집의 규모가 너무 커서 물의가 일자 세종은 영건 중인 대군집을 왕세손(단종)에게 하사할 것까지 검토했다가 결국 영응대군에게 내려주었다. 이듬해 2월 세종은 병이 들어 영응대군 집으로 옮겼다. 그러고는 10여 일 만에 이곳 동별궁에서 세상을 떴다. 이곳은 세종의 빈전이 되었고, 문종 역시 빈전 문 앞에서 즉위례를 거행했다.

출합해서 나가게 되면 살게 될 집터의 규모는 법전에 규정되어 있어 그 한도를 넘지 못하게 되어 있었다. 『경국대전』의 규정은 대군·공주는 30짐[負], 왕자·군·옹주는 25짐이었다. 주택 역시 규정이 있었다. 대군은 60칸, 왕자·군·공주는 50칸, 옹주는 40칸이었다. 이러한 규정은 왕실이 민간을 함부로 침탈하고 빼앗지 않는다는 큰 원칙을 강조하고 지키려는 데에서 나왔다. 국초의 규정은 날로 느슨해졌다. 칸수 규정이나 남향하지 못하도록 한 것을 지키는 이가 드물었다. 세조 때 장흥동에 지어진 김국광의 집이 당시 너무

07 『고려사』 예지(禮志)에는 '왕태자 칭호를 정하고 부를 설립하는 의식[王太子稱名立府儀]'의 의절이 수록되어 있다.

08 『중종실록』 23권, 중종 10년(1515) 10월 3일 (병진).

커서 사치라는 비난을 받았고, 이 때문에 김국광은 관료 생활을 그만두어야 했다. 이 집은 훗날 광해군 대 좌의정을 지낸 심희수의 집이 되었는데, 당시 아무도 심희수의 집이 대단하다고 말하지는 않았다고 한다.[9] 중종 대 권세가 김안로 역시 그의 죄상을 말할 때 빠지지 않고 들어가던 것이 한강 가의 사치스러운 별장 경영이었다. 선조 대 정유길이 바로 그 옆에 백배나 화려한 집을 지었으나 아무도 그것을 지적하는 사람이 없었다고 한다.[10] 느슨해진 것은 왕실만이 아니었지만 왕실은 민간의 풍조를 선도한다고 보았기 때문에 더욱 비판을 받았다.

조선 후기 들어와 『경국대전』에 규정된 칸수 규정은 완전히 유명무실하게 되었다. 선조 임금 때 민간을 함부로 침탈하지 않는다는 원칙을 잘 지킨 예가 미담으로 전해질 뿐이었다. 즉 선조의 옹주가 집을 짓고 출합했는데 여항(閭巷) 한가운데 있어서 소란스러웠다. 이를 막고자 터를 더 늘려서 건물을 세우려고 왕에게 청했는데 선조가 집을 늘려 주는 대신 억새 주렴 여러 장을 내려주었다는 것이다. 효종의 딸 숙휘공주와 숙경공주는 인경궁 터에 궁가를 지어 독립했다가 다시 현종 때 궁가를 옮겨 재건축하였다. 이들 공주 집 건축 때는 궁궐 터에 공주 집을 짓는 것, 집의 규모가 너무 커서 사치라는 것 때문에 거센 비판을 받았다.[11]

본래 『경국대전』 규정과 같이 대군·공주·군·옹주의 집이 정해진다면 대군의 집은 대군에게, 공주·군의 집은 공주나 군에게 대대로 전해져야 했다. 법적으로 가장 작은 규모의 땅과 제택(第宅)을 하사받게 규정된 옹주가 대군이나 공주의 집을 이을 수는 없었다. 그런데 이러한 원칙에도 예외가 나타났다. 양녕대군의 집은 증손인 구산군 이계남(李繼男)의 제택이 되었다가 중종조 때 개수 후 왕자 금원군에게 하사되었다. 이미 대군의 집이었으므로 집터가 넓었지만 근방의 인가들을 철거하고 터를 더 넓혔다. 월산대군의 궁가는 옹주에게 내려졌다. 이 옹주는 중종의 옹주 가운데 첫째인 혜순옹주였다. 이곳은 선왕조의 이궁이기도 하던 곳이어서 왕이 거처하던 곳을 부마에게 내려줄 수는 없다는 반대도 있었다.[12] 이 집의 규모는 거의 300칸이었고, 옹주의 제택으로는 지나치게 넓었다.[13] 왕이 거처하는 궁궐과 왕자대군의 집 간 경계도 모호했다. 성종 3년 의묘[의경묘(懿敬廟)] 건립 시기의 사료를 통해 알 수 있다. 의묘는 성종의 아버지 의경세자의 사당이다. 의경세자가 죽은 후 왕위는 동생에게 승계되었고, 그가 예종이다. 예종이 다시 일찍 죽고 자손이 어렸으므로 의경세자의 둘째 아들 자산군에게 왕위를 승계시켜 자산군이 왕위에 올랐다. 그가 성종이다. 성종은 즉위 후 아버지 의경세자의 사당을 왕의 아버지 격에 맞게 하되 종묘에는 들어가지 않는 별묘로 건립하였다. 그것이 의묘(懿廟)이다.[14] 성종은 의묘를 영응대군의 부인 송씨가 바친 후 이궁으로 사용되던 연경궁 후원에 세우기로 하고 연경궁을 의경세자의 맏아들 월산대군에게 하사했다.15 물론 이 사례는 사우를 세우는 것이므로 특별한 예로도 볼 수 있었다. 그러나 앞의 영응대군가 사례에서 보았듯이 건립 당시부터 대군의 집이 아예 왕이 거처할 수 있는 곳으로 설정되기도 했고, 실제 세종과 당시 세자이던 문종은 이어(移御)할 일이 있을 때 대군의 집을 활용했다. 이궁이 왕자대군의 집이 되기도 했지만 왕자대군의 집이 이궁이 되기도 했다.

그럼 이런 왕자녀의 궁가는 하나만이 내려졌을까. 한강변 등 경치 좋은 곳에 마련된 도성 밖 별서를 제외하고도 한양 도성 안에 복수의 궁가가 마련된 예도 있다. 앞에서 살펴보았듯이 월산대군 이정의 집은 안국동, 즉 훗날 안국동 별궁이 된 그 자리에 있었다.16 그런데 임진왜란 후 피란 간 선조가 돌아와서 '정릉동 행궁'으로 정한 곳도 월산대군 집이었다. 안국동과 정릉동 두 곳에 월산대군 궁가가 있었다는 이야기다. 『안동별궁고』에서는 이를 구저와 신저 또는 본저와 별저 관계로 보았다. 즉 정릉동에 있는 집이 원래 월산대군의 집이고, 나중에 연경궁을 하사받아 집을 두 곳에 두게 되었다는 것이다.

명나라와 청나라의 황자, 황녀, 별궁

이상과 같은 고려와 다른 조선의 궁가 제도는 국초에 유교를 법제화한 결과로 알려져 있다. 그리고 그 유교는 중국으로부터 온 것이다. 그렇다면 중국의 경우에는 어땠을까. 조선

09 『연려실기술』, 별집 권13, 정교전고, 제택.

10 『연려실기술』, 별집 권13, 정교전고, 제택.

11 현종 대 장의동 궁가 홍평위가에 이층 누각이 있다는 설로 논란이 되었다.(『승정원일기』, 현종 5년 10월 15일)

12 『중종실록』 44권, 중종 17년(1522년) 5월 17일(임술).

13 강진철은 「안동별궁고」에서 혜순옹주의 집이 300칸에 가깝고, 풍월정이 있다는 사실 등을 통해 안국방 월산대군가가 혜순옹주에게 하사되었다고 추정했다.(강진철, 「안동별궁고」, 『아시아여성연구』2, 1963, 16~17쪽)

14 의묘의 본래 위치는 미상이다. 원래 이름은 효정묘(孝靖廟)이며, 세자빈 한씨의 집 옆에 건립되었다. 묘는 성종 4년에 완성되었다. 월산대군에게는 봉사의 경비조로 노비 100구, 전 300결을 하사했다. 대군의 아들에게는 홍록, 손에게는 가덕, 증손에게는 승덕, 현손에게는 정의 등 정1품에서 종2품의 지위를 주어 대대손손 봉사하게 했다. 성종 6년에 회간왕을 덕종으로 추숭하였고, 7년 정월 종묘에 모셨다.

15 『국조보감』 권15, 성종조 1, 3년 12월.

16 『동문선』에 수록된 상량문을 통해서도 연경궁이 대궐 동쪽의 이궁임을 알 수 있다.[『동문선』 권108, 잡저, 연경궁정전상량문(延敬宮正殿上樑文)]

이 처음 나라를 세운 후 고려 및 한·당·송·원의 제도뿐만 아니라 유가 경전 속 예제의 본의를 연구해서 조선 국제를 만들었다. 유가 경전을 해석할 때 가장 중요한 주석으로 참조한 것은 주자성리학이었다. 명나라 역시 주자성리학의 학문적 입장을 중시하며 국가 제도를 설계했기 때문에 조선과 명나라 제도는 비슷한 점이 많았다.

명나라에서 황후(皇后)와 비빈(妃嬪)의 구분은 엄격했지만 황자·황녀들을 황후 출생과 비빈 출생에 따라 구분하지 않았다. 이런 점은 조선 제도와 매우 다르다. 적장자인 황제의 맏아들을 황태자로 세우고, 황자인 황제의 아들들은 모두 친왕으로 책봉하였다. 친왕은 봉작되더라도 직접 자기 백성들을 거느리고 다스리는 지위에 있지 못했다. 유럽식으로 말하면 영주에게 저택과 딸린 하인들이 있지만 백성이 없는 셈이었다. 친왕으로 책봉될 때 친왕 관부를 받아 독립했다. 종법제도에 의하면 황제의 지자(支子)들은 종가를 이끄는 가장 역할을 하게 하였고, 친왕의 독립된 관부에는 이후 이어진 종가의 사당이 자리하였다. 친왕의 결혼식[가례]도 조선과 같이 육례(六禮)에 따라 진행되었다. 『명집례』에 친왕이 친영하는 의절을 살펴보면 모든 의식의 중심은 친왕의 왕부(王府)였다. 친영 전에 황궁으로 들어와서 황제와 황후를 알현하는 의식이 있지만 부인의 집에 가서 친영한 후에는 친왕의 왕부로 돌아와서 동뢰례(同牢禮)를 치렀다.[17]

청나라의 경우에는 명나라 제도와 완전히 달랐다. 일단 황후와 비빈의 구분이 엄격한 점은 동일했다. 황후 1인은 중궁에 거처했다. 황귀비 1인, 귀비 2인, 비 4인, 빈 6인 등은 경인궁(景仁宮), 영수궁(永壽宮), 승건궁(承乾宮), 익곤궁(翊坤宮), 종수궁(鍾粹宮), 저수궁(儲秀宮), 연희궁(延禧宮), 계상궁(啓祥宮), 영화궁(永和宮), 장춘궁(長春宮), 경양궁(景陽宮), 함복궁(咸福宮) 등 동서 12궁 가운데 하나씩을 배정받아 거처했다. 귀인(貴人), 상재(常在), 답응(答應) 등은 정해진 수가 없었다. 독립된 궁을 배정받지 못한 채 12궁 가운데 하나에 속하게 했다.[18] 청나라 황실에는 적서 구분이 없어서 아들을 낳으면 황자, 딸을 낳으면 공주로 불렀다. 황자나 공주는 비빈이 배정받은 궁, 즉 자신이 태어난 궁에서 자랐다. 강희제는 경인궁, 옹정제는 영화궁에서 각자 태어나 성장했다. 결혼 후에도 왕으로 책봉돼 독립된 저택과 관부를 받기 전까지는 궁에서 생활했다.

청 황실 전례에는 「황자의 혼례의절[皇子婚儀]」과 「공주를 시집보내는 의절[公主下嫁儀]」이 수록되어 있다. 이에 따르면 황자는 궁을 나가 신부[복진]를 맞이한 후 자금성 안 황자궁으로 돌아오도록 규정되어 있었다. 옹정제의 경우 황자 윤진 시절에는 자금성에 있다가 친왕으로 책봉되면서 환관 수장인 대내총관의 저택을 하사받았다. 건륭제 역시 이곳에서 태어나 자라다가 9세 때 강희제에게 발탁되어 자금성 안에서 교육을 받았다.

이 저택은 옹친왕부로 불리다가 옹정제가 등극한 후 옹화궁(雍和宮)으로 이름을 바꾸고 절반은 라마교 사원, 나머지 절반은 행궁으로 삼았다. 현재도 베이징에 라마교 사원으로 남아 있다. 황실 이궁으로 알려져 있는 베이징의 원명원 역시 본래 강희제가 하사한 옹친왕의 별장이었다. 옹정제 등극 후 증축되고 원명원(圓明園)으로 개칭하여 황실 이궁으로 활용되었다.

03

조선 후기 별궁의 유형과 특징

앞에서 살펴본 바와 같이 19세기 말 서울에 존재한 여러 별궁들은 대부분 왕자 · 공주의 집이던 곳이다. 조선 후기 역사에는 훗날 남아 이름을 전하게 된 것보다 훨씬 더 많은 왕자 · 공주의 집이 있었다. 또 이전에 없던 두 종류의 새로운 궁들이 존재하며 활약하게 된다. 이 책에서 다룰 별궁 역사를 이해하기 위해 조선 후기에 존재한 별궁의 유형과 특징을 간략하게 개괄해 보려 한다.

조선 후기 왕자·공주의 궁가와 별궁

인조 대에서 순조 대까지 많은 왕자, 공주, 옹주가 결혼해서 궁 밖에 자리를 잡았다. 왕자나 왕녀의 궁가는 대궐 밖에 존재하는 대표적 왕실 공간으로서 왕실 의례와 행차, 왕실 생활의 무대가 되었다. 일부 궁가는 왕의 본궁이나 왕실 인물의 사당 형식으로 오랫동안 존속하며 조선 후기 한양의 중요한 장소가 되었다. 궁가들은 정확하게 장소를 아는 경우도 있지만 사료에서 경행방, 향교동, 사직동, 장의동, 이현동 같은 식으로 동명만을 기재하고 있는 경우도 많아 정확한 장소를 알기 어렵다.

17 이러한 제도는 조선 후기 왕자, 공주의 결혼식에서도 동일하다. 자세한 내용은 3장 5절 참조.

18 『국조궁사』, 상책, 권8, 전례4, 궁규(宮規).

표 3 조선 후기 왕자 · 왕녀 궁가

왕명	이름	배우자명	생몰년	책봉연도	출합연도	궁가 위치
선조	정명공주	영안위 홍주신	1603~1685		1624	안국동/소공동
원종	능양군		1595~1649	1607년	1610년	경행방 향교동 사저 [상어의궁]
원종	능양군		1598~1656	1608년		이현궁
원종	능양군		1599~1615	1612년		
인조	봉림대군		1619~1659			하어의궁
인조	인평대군		1622~1658	1629년		어의동 인평대군방
인조	효명옹주	낙성위 김세룡	1637~1700	1647년	1649년	
인조	숭선군		1639~1690	1646년	1659년	
인조	낙선군		?~1695	1648년	정유년	
효종	숙안공주	익평위 홍득기	1636~1697	1646년 [군주]/ 1649년 [공주]	1651년	어의동 성종잠저/?
효종	숙명공주	청평위 심익현	1640~1699	1648년 [군주]/ 1649년 [공주]	1652년	사직동/?
효종	숙휘공주	인평위 정재현	1642~1696	1649년	1660년	인경궁터/창의궁
효종	숙정공주	동평위 정재륜	1645~1668	1652년	1661년	인경궁터
효종	숙경공주	흥평위 원몽린	1648~1671		1661년	인경궁터/장의동
효종	숙녕옹주	금평위 박필성	?~1668		1663년	
현종	명선공주	삼간택 후 졸서	1659~1673			
현종	명혜공주	조졸	1662~1673			
현종	명안공주	해창위 오태주	1665~1687	1671년	1681년	박석동/향교동
숙종	연잉군		1694~1776	1699년	1712년	창의궁
숙종	연령군		1699~1719	1703년		안국동
영조	화순옹주	월성위 김한신	1720~1758	1725년	1734년	적선방 공주제
영조	화평옹주	금성위 박명원	1727~1748	1731년	1742년	계생동 공주제
영조	화협옹주	영성위 신광주	1731~1752	1739년	1747년	대사동 공주제
영조	화완옹주	일성위 정치달	1738~1808	1743년	1752년	향교동 공주제
영조	화유옹주	창성위 황인재	1741~1777	1746년	1755년	향교동 공주제
영조	화령옹주	청성위 심능건	1752~1821		1764년	
영조	화길옹주	능성위 구민화	1754~1772		1765년	남양주시 평내동

왕명	이름	배우자명	생몰년	책봉연도	출합연도	궁가 위치
정조	숙선옹주	영명위 홍현주	1793~1836	1802년	1807년	
순조	명온공주	동녕위 김현근	1810~1832	1817년	1817년	죽동궁(관훈동 198번지)
순조	복온공주	창녕위 김병주	1818~1832	1824년	1830년	
순조	덕온공주	남녕위 윤의선	1822~1844	1829년	1837년	
철종	영혜옹주	금릉위 박영효	1859~1872	1866년	1872년	종로구 관훈동 30번지

〈표 3〉는 왕자·공주들의 책봉 및 출합 시기, 제택 위치를 최대한 고증해 본 것이다. 가례·길례 등록이나 승정원일기 등의 연대기 자료, 드물게 호구장적 등 고문서를 참조해서 찾아본 것이다. 〈그림 2〉는 왕자, 공주 궁가가 서울의 어느 곳에 있었는지를 지도에 표시해 본 것이다.

왕자·공주의 궁가 위치를 직접적으로 알려주는 자료들도 있다. 〈그림 3〉은 현종 셋째 딸 명안공주의 남편인 부마 해창위 오태주의 호구단자이다. 명안공주 집은 대개 중부 경행방 2리에 위치하고 있었음을 이 자료가 확인해 준다. 중부 경행방은 현재 종로구 익

그림 2 조선 후기 왕자·공주 궁가의 분포(『여지도』 중 「도성도」, 1740년대, 서울대학교 규장각한국학연구원/중앙도서관 소장)

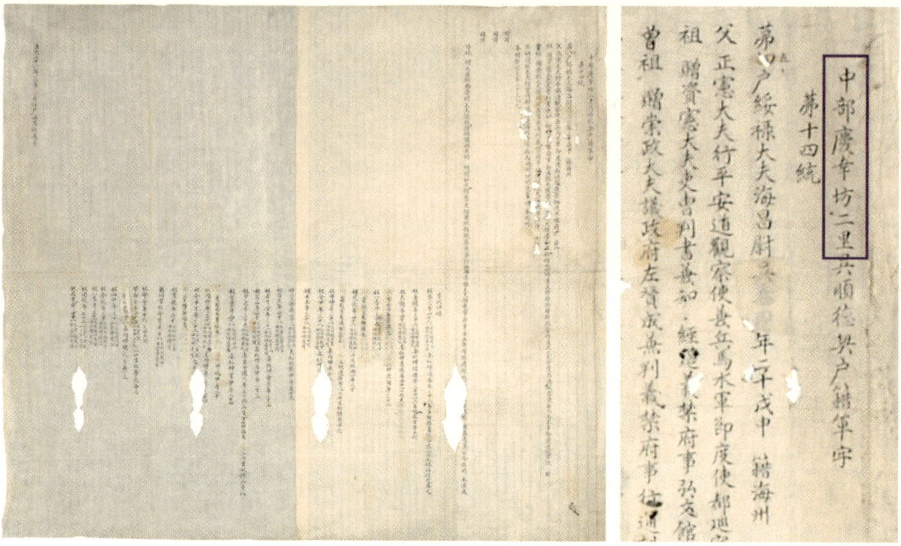

그림 3 명안공주방이 있던 장소를 알려주는 1687년 해창위 오태주의 호구단자

선동·낙원동 일대로, 부근에 인조 잠저인 상어의궁이 있었다. 영조의 공주들 중 화완옹주, 화유옹주 등도 향교동에 궁가가 있었다. 이 같은 사료를 바탕으로 고증한 조선 후기의 나머지 궁가들을 살펴보기로 하자.

인조의 아버지 원종은 추숭 왕이지만 조선 후기 별궁 역사에서 중요하다. 정원군의 궁가로 알려진 것은 두 곳이다. 그 가운데 하나는 경덕궁 자리에 있었다. 이곳은 왕기가 있다 하여 광해군이 빼앗아 궁궐을 세운 것으로 잘 알려져 있다. 훗날 정조가 경희궁 내력을 쓰면서 정원군 사적에 관해 상세하게 소개한 일이 있다.[19] 또 하나의 궁가는 남별궁 아래쪽에 있는 송현궁이다. 광해군이 경덕궁의 영건을 시작한 것이 1617년이고, 정원군은 1620년까지 생존했다. 그러므로 광해군에게 경덕궁 집을 빼앗긴 후에도 3년간 더 살았던 셈이다. 그렇다면 정원군이 매우 아끼던 아들 능창군(1615년 몰)을 잃고 실의에 빠져 술로 지내던 곳이 바로 이 송현궁이라 할 수 있다. 훗날 영조는 이곳에 정원군의 어머니 인빈 김씨의 사우를 다시 모셔 와서 저경궁으로 봉하였다. 송현궁과 남별궁은 아주 가까이 있은 것으로 여겨진다. 영조가 1751년에 행차했을 때 북쪽 담장 쪽에 나무를 심어서 남별궁을 가리도록 하였다. 남별궁이 당시 청 사신들의 도성 내 숙소로 활용되던 것을 생각하면 영조가 이를 꺼린 이유를 짐작할 수 있다.

인조가 즉위하고 정원군을 원종으로 추숭한 후에는 인조가 결혼 후 독립해서 살던 향교동의 집이 본궁이 되었다. 인조는 생존해 있는 어머니 계운궁을 이현에 있던 광해군의 옛 궁인 이현궁으로 모셨다. 인조에게 하나 남은 동생 능원군(綾原君)은 선조의 요절한 아들 의안군(義安君)의 후사로 입적되었다. 의안군의 옛 집이 남별궁이었다. 계운궁이 세상을 떠난 후 인조는 이미 다른 사람의 후사로 간 능원군을 다시 데려다가 이현궁에 살게 하고, 계운궁의 제사를 모시게 했다. 나중에 원종 부부는 추숭, 부묘되었다. 인조가 여러 번 예를 어겨 가면서 부모와 동생에게 신경을 쓴 셈이었다.

세자를 제외한 인조의 아들들은 모두 동촌 이현동에 집을 얻었다. 봉림대군의 집과 아우 인평대군의 집은 각자의 집에 있는 조양루와 석양루에 올라가면 서로 보일 정도로 가까운 곳에 있었고, 집의 거리만큼이나 형제간 우애도 돈독한 것으로 알려져 있다. 인조의 세 대군들은 모두 정비인 인렬왕후 소생이고, 조귀인과의 사이에서 유일한 딸인 효명옹주와 숭선군·낙선군 등 두 아들을 두었다. 조귀인은 인조 말년에 효종을 죽이고 사기 아들을 왕으로 만들려고 창덕궁 곳곳에 더러운 물건들을 묻어 두고 저주하려 했다. 이때 조귀인을 적극 도운 인물이 딸 효명옹주이다. 남편이 김자점의 손자 김세룡이라 김세룡의 처라고 더 많이 기록되어 있다. 사도세자를 해치려 한 화완옹주가 정치달의 처, 정처로 불린 것과 같다. 효명옹주와 남동생 둘 모두 귀양 갔다가 풀려나 도성으로 돌아와서 생을 마쳤다. 그러나 그 장소가 어디인지, 본래 궁가는 어떻게 처리되었는지는 알 수 없다.

효종은 딸이 많았다. 어의동에 있던 봉림대군 시절의 집은 본궁이 되었다. 세자 시절에 낳은 딸들은 군주에 봉해졌다가 효종이 왕위에 오른 후 공주가 되었다. 효종은 인조 국상을 마친 후부터 잇달아 공주들을 시집보냈다. 공주들을 시집보낼 때에는 왕이 주혼이 되지 않고 종실을 별도로 주혼을 삼았고, 친영례를 행하기 위한 궁을 따로 지정했다. 효종은 자신의 잠저인 어의동 본궁을 공주들의 가례궁으로 활용했다. 공주들의 신혼집은 민가 속에 마련하지 않고 빈 터로 남아 있는 인경궁 자리를 이용했다. 이미 공가 소유로 되어 있는 땅이었기에 매입 비용은 들지 않았지만 궁궐이던 곳을 공주궁으로 사용한다는 점과 과다한 건축비 등으로 시끄러웠다. 청에서 혼인을 요구하는 통에 몰래 혼인을 올려야 한 맏딸 숙안공주의 궁가는 성종의 잠저이던 곳이라고 『승정원일기』에 기록되어 있다. 이곳에는 어정(御井)이 있었다고 되어 있다.[20] 이 집은 성종이 물을 길러 왕에게 올리던

19 『홍재전서』 권4, 춘저록, 경희궁지(慶熙宮志).

20 『승정원일기』 212책, 현종 10년 1월 21일 을묘 "益平尉所居之宮 乃先王潛邸時所御 決非人臣所敢入處之地.東平尉·寅平尉諸駙馬之宮 卽大闕之基 國家雖欲作舍以給 而諸駙馬何敢晏然入處乎? 上曰 益平所居之宮 初是成宗大王潛邸時所御 而賜公主者 故家前小井 尙有舊刻御井二字也"

곳이고, 나중에 딸 경순옹주와 의성위 남치원에게 하사하였다. 이곳의 위치는 타락산 아래 어의동이라고 되어 있다.[21] 효종의 잠저와 멀지 않은 곳인 셈이었다.

효종의 나머지 딸들은 모두 서촌 일대에 자리 잡았다. 둘째 숙명공주-청평위 심익현의 궁가는 무덕문 밖 사직동에 자리하였다. 무덕문은 경희궁의 북문으로, 사직이나 인경궁 쪽으로 갈 일이 있을 때 지름길로 경유하는 문이었다. 숙명공주궁이 사직동에 있은 것은 의외의 기록에서 확인된다. 인조 계비 장렬왕후는 인경궁 초정에 자주 목욕을 하러 갔다. 1656년(효종 7) 7월에도 장렬왕후가 인경궁 초정에서 목욕하길 원했다. 이때 대비의 처소는 공주가로 정했다. 1656년 당시 결혼한 공주는 1공주 숙안공주와 2공주 숙명공주뿐이었으며, 1공주의 집은 동촌 어의동에 있었으므로 당시 대비의 처소로 삼을 공주가는 숙명공주 집뿐이었다. 인경궁 터 일부를 숙명공주의 궁가로 내려주었음을 알 수 있다. 3공주 숙휘공주와 4공주 숙정공주의 궁가도 대궐 터에 있은 것으로 전해진다. 이들 공주의 집은 현종 대에 들어와 일제히 재건축에 들어갔다. 5공주 숙경공주도 인경궁 근처에 있다가 현종 5년경에 다시 궁가를 건축하는 일로 조정을 들썩이게 했다. 궁가 자리는 장의동이었다. 역시 경복궁 서쪽에 다른 언니들처럼 집을 정한 것이었다. 숙경공주-흥평위의 집은 2층 누각을 세우고 처마를 길게 해서 엄청 큰 비난을 받았지만 공사는 그대로 진행되었다.[22]

현종은 세 명의 딸을 두었다. 그러나 1공주 명선공주와 2공주 명혜공주는 일찍 여의었다. 3공주 명안공주는 해창위 오태주와 결혼했으며, 집을 한 차례 이전했다. 1680년에

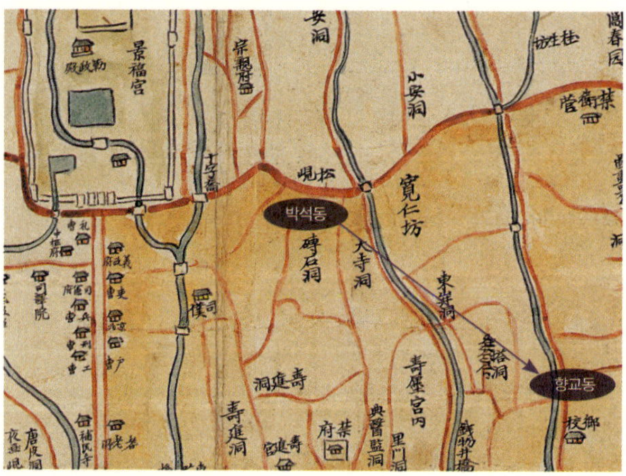

그림 4 명안공주궁의 이동, 박석동에서 향교동으로(『여지도』 중 「도성도」 위에 표시)

처음 마련한 공주궁은 박석동에 있었다. 이 터에는 선조에게 백부가 되는 영양군의 사당이 있었으나 매입해서 궁가로 삼았다.[23] 정확한 시기를 알 수 없지만 나중에는 향교동으로 옮겼다. 박석동 옛 궁가는 오랫동안 비워진 채로 남아 있은 것으로 보인다. 1686년에 숙종이 간택 후궁인 숙의 김씨[영빈(寧嬪) 김씨]를 처음 맞아들일 때 명안공주의 박석동 궁가를 가례 별궁으로 활용한 일이 있다.[24]

숙종은 인경왕후와의 사이에서 두 딸이 있었으나 모두 아기 때 죽었고, 경종·영조·연령군 등 세 아들만이 생존해서 장성했다. 숙종은 결혼한 후에 대궐을 나가야 하는 두 아들에게 서울에서 갑제로 꼽히는 집을 마련해 주려 했다. 연잉군에게 정명공주궁을 매입해서 주려 했다. 그러나 사정이 여의치 않아 실패하고 숙휘공주의 궁가를 매입해서 주었다. 이것이 영조의 잠저 본궁인 창의궁이다. 연령군에게는 이문 안 능성 구씨 구혁의 집을 매입해서 주려다가 인현왕후 부모의 사우가 있는 곳이라 하여 취소하고, 다시 안국동 정명공주가를 거의 강제로 사서 주었다. 영조는 훗날 연령군을 '안국동 아우[安國洞 介弟]'라고 불렀다.

영조는 효종과 마찬가지로 옹주가 많았다. 영조가 옹주들을 결혼시킬 때는 숙빈 사우궁을 별궁으로 적극 활용하였다. 1옹주 화순옹주-월성위 김한신의 궁가는 적선동에 있었다. 영조 본궁인 창의궁과 지척이었다. 나머지 옹주들은 모두 경복궁과 창덕궁 사이 계생동, 대사동, 향교동 일대에 궁가를 마련했다. 2옹주 화평옹주-금성위 박명원은 계생동, 3옹주 화협옹주는 대사동, 4옹주 화완옹주와 5옹주 화유옹주는 향교동에 각각 집을 두었다. 6옹주 화령옹주와 7옹주 화길옹주는 숙의 문씨와의 사이에서 태어난 딸들이다. 화령옹주의 궁가 위치는 알 수 없고, 화길옹주의 경우 남양주시 평내동에 궁가가 있었다.

영조는 사도세자 자손들의 길례, 혼사, 출합에도 모두 간여했다. 적모인 혜경궁이 있었지만 할아버지로서 왕손들을 직접 챙기고자 했다. 바로 정조의 친동생인 청연군주와 청선군주, 서동생인 은언군·은신군·은전군 등이다. 청연군주의 궁가는 정선방에 있는 옛 해평부원군 정미수의 집이었다. 청선군주와 은언군, 은신군, 은전군의 집은 미상이다. 정조가 즉위한 후 은신군을 연령군의 후사로 삼고 사당을 함께하도록 했다. 즉 은신군의 사당 역시 안국동 연령군 궁가로 들어가게 된 것이다. 은신군의 후사는 순조대에 남연군으

21 『동국여지비고』 권 2, 한성부, 정지.

22 『승정원일기』 185책, 현종 5년 10월 15일 계유.

23 『승정원일기』 277책, 숙종 6년 7월 10일 정유.

24 『숙의김씨가례등록』, 한국학중앙연구원.

로 정해졌다. 남연군의 아들이 흥선대원군이고, 그 아들이 고종이다. 철종이 즉위하고 철종의 아버지 전계대원군이 남연군 집에 사당을 모시면서 주인이 바뀌었다. 고종이 즉위한 후 다시 전계대원군의 사당을 현재 종로구 익선동 안 누동궁으로 옮기고, 이곳에 별궁을 건설하였다. 고종과 순종 대에 가례 별궁으로 활용된 안국동 별궁이 그것이다.

왕은 정통 계승자로서
종묘의 선조들을 충실하게
추모하는 동시에
낳고 길러 준 은혜를
잊지 않고 정성을 다해
모시고자 했다.

서울 안에는 이상에서 살펴본 왕자, 공주, 옹주 등의 궁가 외에도 후궁들의 궁가가 있었다. 조선 전기에는 자수궁이나 인수궁으로 대표되는, 국상(國喪) 이후 선왕의 후궁들 거처가 있었다. 이곳은 후궁들이 거주하며 살아가는 장소이자 선왕을 위해 불사나 기도를 올리는 사찰 역할을 했고, 자수원 또는 인수원으로 불렸다. 조선 후기 현종 대에 이르러 거접(居接)하는 후궁이 없어 일반 사찰과 다를 바 없어지자 도성 안의 자수원과 인수원은 폐지되었다. 숙종 대부터는 후궁 거처의 관행에 변화가 생겼다. 왕자를 낳은 후궁은 미리 궁 밖에 거처를 마련해 주었고, 나머지 후궁들도 선왕 사후 궁 밖에 나가 살 수 있는 궁가를 마련하도록 도와주었다. 숙종 후궁 영빈 김씨의 영빈방(寧嬪房)과 귀인 김씨의 김귀인방은 각각 영빈궁 및 김귀인궁으로도 불렸고, 통칭해서 인수궁으로 지칭되기도 했다. 영조 대의 영빈방(暎嬪房), 정조 대의 경수궁, 헌종 대의 순화궁 역시 이러한 후궁 궁가였다.

조선 후기에 제사궁 역할을 한 별궁

위에서 살펴본 왕자, 공주, 옹주, 후궁들의 궁가 외에 조선 후기에는 새로운 궁이 등장하게 된다. 죽은 이의 처소로서의 궁이다. 숙종 대 이래로 자손이 없는 후궁에게는 생전에 거처를 따로 마련해 주었지만 양자를 두지 못하는 등 제사를 잇지 못한다면 사후에 수진궁에서 제사를 모셔야 했다. 선조, 광해군, 인조, 경종, 영조와 같이 후궁의 자손으로서 왕이 된 경우에는 어떻게 했을까. 선조는 부모를 대원군으로만 부르고 부모의 사당도 덕흥대원군 사우로만 지칭했다. 광해군은 어머니 공빈을 공성왕후로 추숭하고 공빈의 사당을 따로 세웠다. 나중에 영희전이 된 공간이 본래 공빈의 사당이 있던 곳이었다. 경종은 어머니 희빈 장씨를 옥산대부인, 어머니의 사당은 대빈묘라 했다.

영조 대를 지나면서 한양의 여러 곳에 '○○궁'이라는 이름의 별묘(別廟)가 세워졌다. 조선에는 아무리 왕이라 해도 이미 확립된 정통 계보는 바꿀 수 없다는 원칙이 존재했다. 정통 계보를 이어서 왕이 되었다 해서 자신을 낳고 길러 준 아버지나 어머니에 대한 추모를 소홀히 할 수도 없었다. 이 두 원칙을 문제없이 실행하기 위해 세운 것이 사친을 위한 별묘였다. 별묘 주인의 생전 지위나 출신은 중요하지 않았다. 왕은 정통 계승자로서 종묘의 선조들을 충실하게 추모하는 동시에 낳고 길러 준 은혜를 잊지 않고 정성을 다해 모시고자 했다. 사후 안식처인 사당에 '궁'이라는 이름을 붙이고 직접 찾아가서 제향을 올렸다.

조선 왕실에서 사친을 위한 별묘의 역사는 오래됐지만 궁이라는 이름이 붙은 사친 별묘의 역사는 영조에게서 시작되었다. 영조는 육상궁이라는 사친을 위한 별묘를 세웠고, 인빈 김씨의 사우도 저경궁으로 격을 높였다. 또 일찍 죽은 맏아들 효장세자를 이어 세손을 왕으로 세우도록 한 후 효장세자의 사친인 정빈 이씨를 위한 별묘 이름도 지어 두었다. 또 별묘를 세우는 데에서 그치지 않고 별묘에 자주 행차했으며, 때로는 정기 제향에도 직접 참여했다. 영조 대에 시작된 별묘-별궁 행차는 정조 대의 경모궁, 순조 대의 경우궁 건립 및 행차의례로 이어지는 등 18~19세기 한양 거리의 주요 풍경을 이루었다.

조달과 소비로 한양 경제 활동의 주체, 별궁

조선 전기 대군들의 궁가인 용동궁(龍洞宮)과 수진궁(壽進宮), 인목대비가 유폐된 명례궁(明禮宮), 인조의 본궁인 어의궁(於義宮) 등은 내수사와 함께 왕실의 내탕(內帑) 업무를 담당하는 장소가 되었다. 내수사가 대전, 즉 국왕의 내탕 기능을 전적으로 담당하는 가운데

4궁은 대왕대비, 왕대비, 중궁, 세자 등 왕실 구성이 시기마다 달라짐에 따라 소관 전궁을 달리하며 존속되었다.[25] 영조 대 숙빈 최씨의 사당이 별도로 건립되고 궁원제가 시행된 이후에는 육상궁, 선희궁, 경우궁 등 제사궁이 장기간 존속되었다. 이 궁들에도 제수품을 조달하고 제사 업무를 수행하는 인원이 상주하며 경제적 기능을 담당했다. 위에서 본 왕자궁과 공주·옹주궁도 별도로 하사받은 노비와 전택을 독립적으로 운영하였다.

이들 궁방은 한양 주변이나 팔도에 걸쳐 보유한 논·밭을 비롯해 시장·초평·채전 등 부동산에서 들어오는 수입과 면세 특혜, 정부로부터의 보조 등을 원천으로 삼아 한양 경제의 주요 소비 주체로서 영향을 미쳤다. 수입과 지출 균형을 맞추지 못하고 궁속이나 상인들에게 부담을 전가시키던 문제적 존재이기도 했다.[26] 또 별궁에는 실제 별궁 운영의 주체인 궁 사람들이 다양하게 존재했다. 이들 궁속·궁인의 존재 형태와 자의식, 생활 문화는 한양의 도시문화 일부로 녹아들었다.

04
소결

유명한 영국 시대극 중에 '다운튼애비(Downton Abbey, 영국 1TV, 2010~2015 방영)'라는 드라마가 있다. 다운튼애비는 19세기 말 봉작을 받은 지방 귀족의 저택이다. 당연히 그 저택에 딸린 광대한 토지가 있다. 저택이나 토지 모두 귀족의 작호와 함께 상속받은 것이다. 토지를 경영해서 얻는 수입으로 다운튼애비 저택에 사는 귀족의 가족(아버지, 어머니, 세 딸)이 살아간다. 저택에는 가족 수보다 훨씬 많은 수의 고용된 남녀 하인들이 함께 살고 있다. 하인 중 일부는 능동적으로 저택 운영에 참여하는 숙련된 전문가로서 스스로를 자랑스러워 했고, 일부는 독립해서 자신의 진정한 일을 잡을 때까지 잠시 거쳐 가는 곳으로 여기기도 했다. 다양한 생각과 능력이 있는 하인 그룹을 유지하는 데에도 상당한 비용이 필요했다. 드라마는 19세기 말에서 20세기 초의 격변하는 시기에 전통적 생활 방식과 사유 위에서 위태롭게 유지하고 있던 다운튼애비를 중심으로 한 인간사를 흥미 있게 그리고 있다. 이 극에서 다운튼애비는 단지 건물이나 토지, 특정 인물이 아니라 위에서 언급한 귀족 가문의 삶을 유지하는 모든 것이 서로 얽혀 돌아가며 기능을 유지하는 총체적 시스템 그 자체였다. 다운튼애비는 단지 배경이 되는 공간이 아니라 그 작동하는 실체로서 드라마 속에 존재하며 역할 한다. 흔히 극의 주인공을 '타이틀 롤'이라고 한다. 이 드라마의 제목도 다른 것이 아니라 '다운튼애비'가 타이틀 롤이다.

우리가 이 책에서 살펴보려고 하는 것도 단순히 왕족의 살림집으로서의 궁가나 재정 기구로서의 궁방, 사후의 기념 공간으로서의 궁묘가 아니다. 왕이 사는 궁궐 밖에서 '궁'이라는 이름으로 존재한, 수많은 왕족의 삶을 지탱시켜 주며 서울 역사 속에서 주체로서 역할을 한 대궐 밖의 왕실 공간인 한양 별궁의 역사이다. 아직 별궁에 대한 연구가 충분치 않아 사료를 더듬어가며 별궁을 주인공으로 한 역사를 재구성해야 했다. 어떤 이야기는 상세하고 어떤 이야기는 미진하다. 이 연구를 출발점으로 삼아 별궁의 이야기들이 더욱 풍성해지기를 바란다. 이제 그 역사 속으로 들어가보자.

25 조영준, 「조선후기 궁방의 실체」, 『정신문화연구』 31권 3호, 2008, 281~289쪽.

26 조영준, 『조선후기 왕실재정과 서울상업』, 소명출판, 2016, 101~105쪽, 164~169쪽, 283~295쪽.

2장

별궁 건축과 한양 도시공간

경북대학교
• 조재모

01

궁궐 안의 왕실, 궁궐 밖의 왕실

궁궐은 특별한 공간이다. 국왕을 정점으로 하는 신분제 사회에서 궁궐은 최상위의 인물들이 살아가는 생활공간이자 정무를 펼치던 국가 정치의 장소다. 궁궐의 두 기능은 '궁궐'이라는 단어에도 반영돼 있다. '궁(宮)'과 '궐(闕)'은 각각 왕실의 생활과 정무 행위의 장소를 상징하는 글자로, 이 두 기능을 복합화한 곳이 바로 궁궐이다. 이 두 글자의 의미를 살펴보면 '궁'은 궁전이라는 의미도 있지만 집·가옥을 뜻하기도 하고, 용례상 임금의 사당 등을 의미하기도 한다. 매우 복합적인 의미를 띠고 있다. '궐'은 고대 중국에서 궁궐의 입구를 형성하던 궐대와 연관해 대궐의 문이라는 의미를 띤다.

궁궐에 대한 공간적 인식은 이 기능을 구분해 이해하는 데에서 시작한다.[1] 보편적인 구분법은 내전과 외전이라는 표현으로 이 두 공간을 구분하는 것이다. 내전이라는 생활공간 속에서는 임금·왕비와 왕세자·왕세자빈 그리고 대비 등 왕실의 주요 인물들이 사용하는 전각이 어떤 것인지에 대한 기본적인 질문에서부터 어떤 의식적 규정과 태도에 의해 이들 공간이 조직되고 운영됐는지, 일상의 시간은 어떤 모습이었을지 탐색해 왔다. 외전이라는 정무공간에 대해서라면 정전과 편전의 형태와 위계, 공간 사용의 방법과 위엄을 갖추기 위한 건축적 장치, 의식을 진행하기 위한 각 인물의 동선과 의장 등 주로 의식 공간 관점이 투영돼 왔다.

이러한 관심은 모두 궁궐이라는 건축 공간 내에 존재하고 있는 사람들과 관련돼 있다. 그런데 전통사회의 궁궐은 지금의 청와대와 다른 또 하나의 중요한 지점이 존재하고 있다. 그것은 바로 왕실이라는 것이 대를 이어 가며 계승되는 혈연 구조로 돼 있다는 점이다. 승하하든 양위하든 간에 임금의 치세가 끝나고 다음 임금이 즉위하는 것은 선출직 대표를 뽑는 것과 다르다. 은퇴한 대통령은 가족과 함께 청와대를 떠나 사저에서 생활하게 될 것이지만 임금은 왕실 가족의 일원으로서 즉위한 존재이며, 그를 이을 새로운 임금도 왕실 계보 내에서 선택되는 까닭에 왕실의 생활공간인 내전의 기능은 일종의 연속성을 띠고 있다.

다음 왕이 될 인물은 대개 궁궐 내에서 태어나 왕세자로서 제왕학을 교육받고 성장해서 아버지를 대신해 임금이 된다. 적장자, 즉 정비 소생으로서 맏아들인 자가 왕위를 계승하는 것은 오랜 관습이었다. 하지만 조선 왕조에서 적장자 계승 원칙이 명확하게 지켜진 것은 오히려 특별한 경우에 속할 정도로 변수가 많았다. 태종은 형인 정종을 몰아내고 왕위에 올랐고, 세종 또한 장자가 아니었다. 중종, 인조의 반정뿐만 아니라 장자의 이른

죽음이나 왕위를 이을 적자가 없어서 방계손 중에서 계승자를 선택한 예도 적지 않다. 즉 원칙은 원칙일 뿐 여러 상황 조건에 의해 적장자 계승은 쉬운 일이 아니었다고 할 수 있다. 다행인 것은 꼭 적장자가 아니더라도 후계 구도는 왕세자 책봉이라는 시스템을 통해 안정적인 방식을 추구해 왔다. 자칫 급작스러운 임금의 승하로 인해 후계자가 지정돼 있지 않은 돌발 사태가 발생한다면 단 하나의 자리를 놓고 혈족 간 쟁투가 일어날 수밖에 없기 때문이다.

오히려 문제는 왕위 계승에서 밀려난 다른 자손들의 존재다. 가족은 수직적인 연속성 외에도 자손 수에 따라 확산적인 성격도 함께 띠고 있기 때문이다. 세종은 조선 임금 가운데에서 가장 많은 아들을 두었다. 소헌왕후에게서 8남 2녀, 5명의 후궁에게서 10남 2녀 등 모두 18명의 아들과 4명의 딸을 두었다. 부왕 태종 또한 많은 자녀를 두었다. 4명의 대군과 4명의 공주를 포함해 모두 12남 17녀 등 무려 29명의 자식을 낳았다. 이렇게 많은 자녀 가운데 왕위를 이어 궁궐 내에서 생활하게 되는 자식은 오로지 1명뿐이었다. 나머지 자식들은 장성해서 궁궐 바깥으로 나가 별도의 생활공간을 꾸릴 수밖에 없는 것이 조선 궁궐의 공간 점유 방식이었다. 그 1명의 자식은 곧 왕세자였다. 궐내에서 태어나 왕세자 책봉을 받게 되면 비로소 별도의 공간을 이용할 수 있었다.

왕세자에게는 동궁이라 불리는 세자궁이 별도로 마련됐다.[2] 동궁이라는 명칭은 말 그대로 동쪽에 위치한 궁전이라는 의미다. 청대의 유학자 호배휘(胡培翬, 1782~1849)는 장자의 공간을 동궁이라 하는 것은 아버지의 궁 동쪽이라는 뜻이 아니라 여러 아들의 집이 동서남북으로 위치하고 있는데 그중 장자의 집을 동쪽에 놓기 때문이라는 견해를 펴기도 했다.[3] 어쨌든 동궁은 장자의 집이라는 의미가 있으며, 왕실이라면 이는 왕세자의 궁전이 될 것이다. 그런데 이 '동쪽'이라는 말이 궁궐 내의 동편인지 궁궐 바깥의 동편인지는 분명하지 않다.

01 궁궐 건축에 대한 연구사를 여기에서 일일이 정리하지는 않겠으나 크게 보면 고급 건축 기술 대상으로서 궁궐을 구성하는 각 전각에 대한 기술적 분석, 각 전각에서 있은 사건, 행위에 대한 유형적 분석, 건축물의 용도와 형태 변화에 대한 연대기적 분석, 의식 및 의례 측면에서의 분석, 조경 공간으로서의 후원 분석, 지형 활용과 전각 배치법에 대한 이론화 등 다양한 관점에 의해 궁궐은 연구돼 왔다. 비교적 최근인 2000년 이후의 궁궐연구사에 대해서는 조재모, 「2000년 이후 궁궐에 관한 연구성과와 과제」, 『2019년 한국건축역사학회 춘계 학술발표대회 논문집』, 2019.5 참조.

02 왕세자의 공간 이용에 대해서는 이효석, 『朝鮮時代 世子의 宮闕 空間 使用에 關한 硏究』, 서울대학교 석사학위논문, 2005 참조. 이효석은 세자가 책봉돼 있던 기간과 동궁 설치 위치, 왕세자 관련 의례의 공간 활용 양상에 대해 상론했다.

03 胡培翬, 『燕寢考』

처음 경복궁을 지을 때는 왕세자의 공간이 궁궐 내에 마련돼 있지 않았다. 동궁을 궁궐 내에 건립한 것은 세종 9년(1427)이 돼서야 시작된 일이었다.[4] 세종 대는 각종 왕실 의례가 정비되던 때였으며, 동궁 관련 의절을 정리하면서 이 시설이 궐내에 있는 것이 합리적이라는 판단을 내린 것이었다.

이는 매우 중요한 변화다. 왕세자의 공간이 궁궐 내에 마련되기 전까지 내전은 오로지 임금과 왕비가 거주하기 위한 곳이었다. 즉 궁궐은 왕실 공간이 아니라 왕의 공간이었다고 보아야 하는 것이다. 동궁이 건립됨으로써 비로소 왕실 공간으로서 궁궐이 자리매김했다. 이 변화는 성종 대에 더욱 확대된 방향으로 전개됐다.

성종 대 궁궐사 전개에서 가장 중요한 장면은 창경궁 건설이다. 세조 승하 후 정희왕후는 조선 왕실에서 처음으로 홀로 남은 대비가 됐다. 그는 세조 양위 후 수강궁에 거처하고 있었으며, 세조 승하 후 예종 승하 시까지도 계속 이곳에 머무르고 있다가 성종 대에 들어 궁궐로 돌아오게 됐다. 이것이 임금과 대비가 한 궁궐에 거처하는 시초가 된 것으로 판단된다. 그런데 이 시기에는 정희왕후뿐만 아니라 덕종비 소혜왕후, 예종계비 안순왕후 등 세 분의 대비전이 있었기 때문에 이들이 궐내에서 생활하기 위해서는 상당히 넓은 공간이 필요하게 됐다. 특히 성종은 태종 대에 건설된 창덕궁에 주로 임어했기 때문에 별도의 대규모 공간을 마련할 필요가 있었고, 이것이 창경궁 영건으로 이어졌다.[5]

이 같은 과정을 거쳐 궁궐은 임금·왕비와 왕세자 내외 및 대비에 이르는 3대가 함께 거처하는, 명실공히 왕실 공간으로 정돈됐다. 거주 인원의 증가는 별도의 전각을 건축하는 일과 연동됐다. 동궁전 마련, 대비전 건설은 궁궐 내의 밀도를 크게 높이는 변화를 추동한 것이다. 특히 이들은 단순한 인물이 아니라 왕위 계승의 수직 계보 축을 이루는 사람들이기 때문에 다른 이들보다 훨씬 큰 공간을 영위했고, 부속된 공간도 많았다.

궁궐은 한정된 공간이다. 임금을 중심으로 하는 아래와 윗대 인물까지가 궁궐에서 수용할 수 있는 최대한의 인원이었다. 또한 임금의 자식이라 해도 모든 이를 궁궐에 수용하는 것도 불가능한 일이었다. 그렇게 보면 궁궐은 왕실 공간이지만 왕실의 일부, 즉 특별한 이들을 위한 공간일 뿐 나머지 왕실 구성원에 대한 공간적 배려는 별도의 전략을 필요로 하는 것이다. 그곳은 궁궐 밖의 공간, 도성의 도시 공간을 우선적으로 생각하지 않을 수 없다. 도성은 그 자체로 특별히 구분된 장소였다. 시간을 거슬러 갈수록 도성 혹은 왕경(王京)이 상징하는 위계는 높았다. 영토 국가 이전의 시절, 도성이 곧 국가나 다름없던 때는 도성 사람들과 그 밖의 사람들 사이에 극복하기 어려운 사회적 지위의 간극이 있었다. 특권 귀족이 존재하지 않는 조선 사회에서 왕실 구성원의 범주는 어떻게 정의되는 것일까? 확장되는 자손들 모두를 왕족으로 취급해서 특별대우를 해야 했을까? 또한 도성이라는 공간의 위계성은 어떻게 존재하는 것일까?

궁궐 밖 도성의 이곳저곳에 존재한 왕실 공간은 한정된 궁궐 공간과 확산되는 왕실 규모가 충돌하는 지점으로부터 등장했다. 이를 통칭해 '별궁(別宮)'이라 부를 수 있다. 별궁으로 지칭할 만한 시설은 다종다기하다. 경복궁·창덕궁 등 궁궐이 아니라 궁궐 밖에 존재하는 왕실 관련 시설이라는 큰 범주에서 본다면 임금의 잠저, 임금이 바깥으로 행차할 때 사용되는 이궁이나 행궁, 왕자와 공주 등 왕실 자손들의 거주와 관계된 시설들, 가례 시 친영을 위한 별궁, 종묘에 부묘되지 못하는 왕실 인물의 제사를 위한 사묘군, 재정궁 등이 모두 여기에 포함될 것이다.

궁궐 내에서 이러한 시설 요구를 수용하지 않는 것은 궁궐의 안팎이 상징하는 위계상의 경계가 뚜렷하기 때문이다. 국왕권의 계승자로 연결되는 단일한 계보를 벗어나는 왕실의 여타 인물들은 궁궐 안이 아닌 바깥에 존재하는 것이 옳다. 또한 해당 집단의 인구 측면에서 볼 때 확산되는 양상을 띨 수밖에 없는 왕실 구성원들의 공간 요구를 한정된 공간 내에서는 결코 해결할 수 없기 때문이기도 하다. 즉 궁궐은 도성이라는 '배후지'를 확보함으로써 신분적 위계 측면에서든 기능 공간 측면에서든 오로지 소비만 하는 시설과 배후 생산지와의 연결 관계라는 측면에서든 간에 궁궐이라는 한정된 장소의 순수성과 공간의 적정 밀도를 유지할 수 있었다.

그렇게 보면 도시와 건축 관점에 국한하더라도 한양 도성 내의 별궁은 여러 세부적인 관점에서 접근해야 한다. 먼저 왕실 시설 관점이다. 왕실의 공간적 중심은 궁궐이다. 대전, 중궁전, 대비전, 동궁전 등은 핵심적인 왕실 구성원들의 생활공간이자 의식 영역이다. 궁궐 바깥에도 왕실 공간은 필요하다. 대를 이어 가면서 확산되는 자손들 가운데 세자를 제외한 다른 자손들은 궐 밖에서 생활해야 하며, 왕실은 이들에게 생활을 영위할 수 있는 주택과 경제적 기반을 제공해야 한다. 또한 왕실 중심 계보로 편입되는 과정인 혼례의 공간이나 잠저, 세사궁 등은 모두 궐 밖에 존재하는 왕실 공간이다. 이들에 대한 체계적인 이해는 왕실 구성원들의 생애 주기를 통해 분석돼야 한다. 궁궐 밖 공간을 어떻게 획득하는지, 각 기능에 따라 적합한 입지는 어떠하며 궁궐과 어떤 지리적 관계에 있는지 등이 이 관점에서 바라볼 항목들이다.

04 『세종실록』 37권, 세종 9년(1427) 8월 10일(을축).

05 조재모, 「창경궁의 배치와 건축」, 『창경궁 복원정비 기본계획』, 문화재청, 2010. 57~76쪽.

다음으로 주택이나 제사묘 등 특정 기능을 띠고 있는 단일 시설 접근 관점이다. 다양한 성격의 별궁은 기능에 따라 제사·가례 등 의식공간, 주택 등 생활공간으로 분류할 수 있다. 의식공간으로서의 별궁은 의주에 따른 의식 설행이 요구하는 공간적 요건을 갖추어야 할 필요성이 있기 때문에 민간 주택 등과는 상이한 점이 있을 수밖에 없다. 예를 들어 용흥궁이나 안동별궁에서는 조선 후기 내내 친영례가 빈번하게 설행됐으므로 국조오례의의 혼례 의주와 각각에 해당되는 가례도감의 의궤 등 관련 자료를 통해 이 시설에 요구된 공간적 장치를 분석해 볼 수 있다. 한편 주택으로서의 별궁은 왕실 가족이라는 특수한 신분적 위치에 의해 민간 주택과는 규모, 구성, 의장 등 측면에서 차별된다. 현존하는 사례는 많지 않으나 다행히 관련되는 가옥도가 다수 남아 있고, 이에 대한 연구도 진행된 바 있다.

마지막으로 도시 공간 관점에서도 별궁을 살펴볼 수 있다. 왕실의 궐 밖 공간인 각종 별궁들은 민간 주택이나 상점 등 시설에 비해 규모가 큰 편이다. 만약 왕실 가계 확산에 따라 이들 공간에 대한 수요가 계속 확장되기만 한다면 민간이 차지할 수 있는 땅을 왕실과 관계된 시설로 전환하는 상황이 지속될 수밖에 없다. 성곽으로 둘러싸인 한정된 면적을 갖는 도시공간인 한양은 이러한 상황을 관리하지 않으면 전체가 왕실 공간이 되는, 즉 도시 기능이 쇠퇴할 위험성이 있다. 그렇기 때문에 별궁은 적절한 수량 내에서 관리돼야 했다. 별궁으로 사용하기 위한 땅이 각각 어떤 역사성이 있는지를 살펴보는 것은 이러한 지점을 이해하기 위해 필요한 과정이다. 별궁이라는 단어의 범주가 여전히 모호하고, 본궁·제사궁·재정궁 등으로 단순하게 분류하기 어려운 것도 이러한 관점에서 이해할 수 있을 것이다. 이 관점의 접근에는 주로 지도 자료를 이용하게 될 것이다.[6]

02

왕실 사람들의 일생과 공간

별궁이라는 용어는 명확히 정의된 것이 없다. 궁궐 이외 '궁(宮)'이라는 이름이 붙은 시설을 통칭해서 별궁이라 부르기도 하지만 용도로 보면 뚜렷한 공통점을 찾기 어렵다. 궁가·궁집 등으로 불리는 왕실 구성원의 궁궐 밖 주거 용도의 시설, 묘·전·궁 등의 이름이 붙은 왕실의 사묘(私廟) 계통 시설, 재정궁과 관련된 것들, 왕실 혼례와 연관돼 일시적으로 사용되는 시설 등 매우 복잡하다. 다만 이러한 시설들은 모두 궁궐 밖의 왕실 공간이라는 공통점이 있다. 어쩌면 이 점이 별궁을 규정할 수 있는 단서가 아닐까 한다. 또한 이렇게 다양한 별궁 기능은 궁궐을 차지하고 있는 임금이라는, 즉 위계와 공간이 합치된 존재 바로 주변에 있는 인물들의 일생과 연관된다는 공통점을 읽을 수 있다.

모든 사람은 태어나서 성장하고 결혼해서 자식을 낳으며, 언젠가는 죽음을 맞고, 이후 제사 대상이 된다. 전통사회에서는 이를 관혼상제(冠婚喪祭)의 통과의례 체계로 인식하고 중시해 왔다. 네 가지 통과의례는 각각 개체로서의 인간이 경험하는 일련의 과정이면서도 사회적 관계망의 구성원으로서 인간이 거쳐야 할 각각의 단계이기도 하다. 즉 관례를 통해 사회 구성원 자격을 갖추었음을 선언하고, 혼례로 사회적 재생산 과정에 참여하는 과정을 상징한다. 또한 관계망에서 퇴장하고 앞 시대를 살다 간 선조로서 존숭되는 과정을 상례와 제례로 설정했다.

이러한 과정은 왕실 인물들에게도 동일하게 적용된다. 다만 그들에게는 사례(四禮) 개념보다 오례(五禮)라는 별도의 개념으로 분류된 왕실의례 부분으로 통과의례가 규정돼 있는 점이 차이다.[7] 길례(吉禮)·가례(嘉禮)·흉례(凶禮)·군례(軍禮)·빈례(賓禮) 등 5개 의례 범주로 구성되는 오례(五禮)는 군주에게만 해당되는 예의 규범으로, 관례(冠禮)·혼례(婚禮)·상례(喪禮)·제례(祭禮)의 민간 의례인 사례(四禮)와는 위계가 다르다. 관혼상제의 사례에 해당하는 내용은 모두 가례와 흉례에 포함돼 있지만 군주의 예를 오례로 따로 구분하는 것은 예의 본질은 같더라도 신분에 따라 구현돼야 하는 예의 형식이 다르기 때문이다. 따라서 오례에는 천자 이하의 모든 신민이 행해야 하는 보편적인 의례와 더불어 군주만이 행할 수 있는 국가의례 규범이 포괄돼 있으며, 의례 규모와 요구되는 시설 또한 특별한 위치를 점하는 성격을 띠고 있다. 오례 이해에서 국가시설을 함께 논할 수밖에 없는

06 궁가, 왕실사묘, 재정궁 등을 아우르는 도성 내 별궁에 대해서는 이미 다각도의 연구가 진행돼 왔다. 도시건축사 분야에서는 필자의 왕실사묘 연구와 더불어 주남철, 권영상, 조은주, 박희용, 박혜정 등의 연구를 참조할 수 있다. 특히 각종 그림 사료와 각 별궁 역사에 천착해 많은 논고를 발표해 온 정정남의 연구는 이 분야 연구의 가장 중요한 성과다. 지금까지 알려진 개별 별궁 역사 또한 정정남의 연구에 기대어 있다.

07 오례 개념은 『서경(書經)』 순전(舜典)이나 『주례(周禮)』 춘관(春官) 등에서 기록을 찾을 수 있는 것으로 보아 연원이 아주 오래된 것이라고 볼 수 있다. 『주례』의 글을 빌려 개념을 살펴보면 "길례로써 나라의 귀신에게 제사 지내고, 흉례로써 나라의 상사(喪事)를 슬퍼하고, 빈례로써 다른 나라들과 친하고, 군례로써 나라들을 화동(和同)하며, 가례로써 만백성을 친한다."라고 해 기본적으로 민간이 아닌 국가 차원에서의 의미를 담고 있다. 이러한 개념은 8세기의 『대당개원례(大唐開元禮)』와 두우(杜佑)의 『통전(通典)』으로 이어져 그 체제를 완성하게 됐고, 이후 중화문화권의 의례 제정에 모델로 참조됐다.

것은 이러한 오례 성격 때문이다.

궁궐 내 왕실 인물들의 통과의례는 대부분 궁궐이라는 공간적 배경에서 이루어졌다.[8] 그런데 궁궐 내에서 왕실의 일원으로서 생애를 보내게 되는 선택받은 이들을 제외한 궁궐 밖의 왕실 인물들은 민간인이라는 모호한 신분적 위치 때문에 궁궐이 아닌 공간에서 진행됐다. 더 복잡한 문제는 궁궐 밖에서 궁궐 내로 거처를 바꾸는 사람들과 궁궐에서 살다가 바깥으로 거처를 바꾸는 사람들에게서 발생한다. 혹은 궁궐 내에서 살았으나 죽은 이후 종묘에 부묘되지 못하는 인물들도 마찬가지다. 즉 궁궐 안팎의 경계를 넘어서는 순간이 이 논의의 핵심이다.

궁궐 밖 도성의 이곳저곳에 존재한 왕실 공간은 한정된 궁궐 공간과 확산되는 왕실 규모가 충돌하는 지점으로부터 등장했다. 이를 통칭해 '별궁(別宮)'이라 부를 수 있다.

첫째로는 왕세자로 책봉되지 못해 궁궐 밖에 거처를 마련해서 살고 있다가 왕위를 계승하는 경우를 꼽을 수 있다. 임금과 왕비 아들로 궁궐 안에서 태어나 제왕학을 공부하며 성장하는 것, 그리고 즉위해서 임금 노릇을 하다가 언젠가 승하하면 왕실 흉례를 통해 장례를 치르고 종묘에 부묘되는 것이 조선 임금의 이상적인 인생 경로다. 하지만 이런 '정규 코스'만 밟지 않은 임금도 생각보다 많다. 정작 태조, 정종, 태종 등 초기의 임금들은 애초에 왕족으로 태어난 것이 아니었다. 민간 생활이 더욱 익숙한 '고려시대 사람들'이었다. 중종이나 인조와 같이 반정으로 왕위를 차지한 임금들 역시 인생의 일부를 민간에서 보냈다. 그들의 아들들도 당연히 민간에서 태어난 경우가 많다. 왕위 찬탈이나 반정 같은 극적 사건뿐만 아니라 왕세자 경쟁에서 밀려났다가 나중에 왕위를 차지한 영조의 잠저, 직계 후사가 없어 방계에서 왕위를 계승한 철종의 잠저 등 성격이 다양하다.

이들이 살던 민간 집은 원래 궁궐 밖 왕실 구성원의 주택 가운데 하나였을 뿐이지만 그가 왕위에 오르는 순간 그 집은 임금의 '잠저'라는 특별한 의미를 획득하게 된다. 국왕이 궁궐 바깥에서 머물던 장소들은 모두 특별하다. 덕수궁의 석어당(昔御堂)은 말 그대로 임금이 머무른 건물이라는 의미를 띠고 있다. 임진왜란 당시 의주로 피란한 선조가 다시 한양에 돌아왔을 때는 경복궁, 창덕궁, 창경궁 등이 모두 소실해서 궁궐로 쓸 만한 임시 시설을 찾아야 했다. 그때 사용된 곳이 성종의 형 월산대군의 주택이었다. 그러한 인연을 바탕으로 임시로 정치를 행하던 곳을 기념해 석어당이라는 당호를 붙였다. 일대는 나중에 경운궁, 즉 덕수궁으로 정비되는 역사를 안고 있다. 월산대군의 집 역시 왕실 자손의 제택으로, 일종의 궁가 혹은 별궁이라 부를 만한 시설이었다. 그렇게 보면 왕실과 관련되는 시설은 필요에 따라 다른 용도로 전용돼 가면서 그 명맥을 유지하는 측면이 있다고 할 수 있다.

이런 식으로 특별해진 잠저는 한양 도성 안에만 하더라도 세조 잠저인 영희전, 선조의 도정궁, 광해군의 이현궁, 인조와 효종이 즉위 이전에 살던 어의궁, 영조의 창의궁, 고종의 운현궁 등 여러 곳이 알려져 있다. 그리고 멀리 강화도에 있는 철종의 용흥궁도 성격이 같은 별궁이다.

둘째로는 원래 왕실 계보에 들어 있지 않았으나 혼인에 의해 왕실 계보로 진입하는 때에 발생한다. 바로 임금의 배필이 되는 왕비의 경우다. 왕실 내에서 그동안 혼인해 온 고려시대까지의 관습을 버린 후 왕비는 민간에서 택했다. 혼례를 치른다고 해서 왕비의 친정이 궁궐급의 공간 체계를 바로 구축할 수 있는 것은 아니었다. 그렇기 때문에 이 과정에서는 친영을 위한 별도의 공간을 마련해야 할 필요가 있었다. '가례별궁'이라 부를 만한 이 시설은 왕실 의례를 진행할 수 있는 수준으로 구성돼 있어야 하기 때문에 민간 집들과는 다른 특별한 성격을 띤다. 일시적으로 사용되는 것이라서 매번 새로운 가례별궁을 마

08 의례와 공간은 항상 결부돼 있다. 고려에서는 팔관회, 연등회를 비롯한 불교식 의례가 중요했기 때문에 불교사원을 가장 중요한 도시 시설 항목으로 여겼다. 궁궐의 전각들도 조선과는 다른 면모를 띠었다. 중화세계의 보편적 질서체계인 유교적 의례는 기본적으로 양자 사이의 만남과 의식으로 구성된다. 여기에는 정해진 공간적 배치와 움직임이 개입되기 때문이다. 또한 의례 개념이 발생, 변화해 온 과정에서 이론적 근간이 된『주례(周禮)』,『의례(儀禮)』,『예기(禮記)』 등의 경전에서도 의례는 항상 공간적 배경 속에서 기록돼 전승된 측면이 있다.

련하는 것은 아니었다. 가장 대표적인 가례별궁은 용흥궁, 즉 하어의궁이었다.

하어의궁은 효종의 잠저로 알려져 있다. 효종은 광해군 11년(1619)에 태어났다. 인조가 반정을 통해 즉위한 것이 1623년의 일이니 그가 태어났을 때 그의 아버지도 능양군이었지만 인조 즉위 후에는 효종 역시 궐 안에서 살았다. 인조 9년(1631)에 가례를 올리고 궐 밖에서 살게 됐을 때 이곳에 거처를 마련한 것으로 보인다. 즉 하어의궁 또한 임금의 잠저 가운데 하나다. 이후 이곳에서는 수많은 왕실 가례가 진행됐다. 인조 계비 장렬왕후 조씨, 숙종 계비 인현왕후 민씨, 영조 계비 정순왕후 김씨, 헌종 계비 효정왕후 홍씨 등 국왕의 혼례뿐만 아니라 세자빈·세손빈을 맞는 가례도 다수 이곳에서 진행됐다.[9]

셋째로는 임금의 자손 가운데 세자로 책봉되지 않은 사람들의 거처다. 위의 두 경우, 즉 잠저와 가례별궁은 그 수가 한정적이지만 자손의 집은 확장 개연성이 매우 크다. 이는 단순히 공간만의 문제가 아니라 그들에 대한 예우 측면에서도 문제가 복잡하다. 장서각에 소장된 조선 왕실의 보첩은 무려 4,000책이 넘는다. 이 많은 사람을 모두 왕실 구성원으로 대접하는 것도 어려운 일일 뿐만 아니라 정치적 활동을 차단당하는 신분인 친족의 범위를 무한정 확대하는 것은 그들에게도 좋은 일이 아니다. 적절한 범위를 설정해서 권리와 의무, 즉 국왕의 친족으로서 예우를 받되 정치적으로 앞에 나서는 것을 제한받는 인물들을 관리할 필요가 있는 것이다.[10] 국왕의 친족은 동성 9촌, 이성 6촌까지고 왕비는 각각 8촌과 6촌으로 한정돼 있었다. 이는 바로 위와 같은 이유에 의한 것이다. 물론 친족의 범위가 정돈되는 데에는 충분한 시간이 필요했으며, 시간 흐름에 따라 약간의 변동이 있기도 했다. 또한 왕실 구성원을 지칭하는 명칭인 대군, 군, 공주, 옹주 등도 한 번에 정립된 것이 아니다.

종친은 국왕의 왕자군과 이들 왕자의 증손까지를 포함한다. 사료 분석에 따르면[11] 조선 왕실의 종친은 96명의 왕자와 그들의 자손 등 2,558명이었다. 종친의 역할은 국가의례에 종친 신분으로 참여하는 것이 가장 중요하다. 특히 왕실 구성원의 통과의례에 있어서는 이들의 역할이 컸다. 또한 왕실 구성원 가운데 봉작은 왕자군·공주옹주군·종친의빈 등에 대해서는 봉작해서 예우했고, 국왕 5대손 이하로는 따로 봉작의 예우를 하지 않았다. 전주 이씨로서 과거 시험에 합격한 사람이 4,652명으로 다른 성간(姓貫)에 비해 가장 많았다는 것은 특기할 만하다.

이들 왕실 구성원과 관련되는 각종 기구도 마련됐다. 종친은 종친부, 사위군은 의빈부, 인척은 돈녕부에서 각각 담당했다. 『선원보첩(璿源譜牒)』 편찬 등을 담당하는 종부시나 교육을 맡은 종학 등도 관련되는 기관이다. 이와 같이 직계와 밀지 않은 왕실 구성원에 대해서는 별도의 관리를 진행했다. 이들의 거주지도 예외가 아니었다. 자수궁, 안동별궁, 순화궁, 용동궁, 창성궁, 죽동궁, 계동궁, 사동궁, 수진궁 등은 모두 왕실 자손들의 거주지로 주목할 만하다.

넷째로는 왕실의 주요 인물이었으나 종묘에 부묘되지 못하는 경우와 관련된다. 가장 대표적인 경우는 아들이 임금이 되기는 했으나 스스로 정비가 아닌 후궁이던 모후 혹은 폐비돼 사망한 이들이다. 종묘 제도는 엄격했다. 임금의 생모라 하더라도 그 스스로 왕비가 아니었다면 종묘 부묘는 불가했다. 국가의 제사를 받지는 못한다 하더라도 자식 된 도리로 보면 별도의 사당을 마련해서 예를 갖추고 싶은 것이 인지상정이다. 그런 이유로 건립하게 되는 것이 바로 왕실의 사묘다. 이들 사묘는 효사묘처럼 묘호를 붙이거나 숭은전과 같이 전호를 붙이는 경우도 있고, 대빈궁·육상궁처럼 궁호를 쓰기도 했다. 중종비이던 폐비 신씨는 신비사라는 이름을 썼다. 이름을 붙이는 방법은 다양하지만 모두 공통적으로 왕실의 주요 인물 가운데에서 종묘에 부묘되지 못한 이를 기리는 사당이다. 왕실 남성 사당도 이에 포함된다. 세자로 책봉됐다가 일찍 세상을 뜨면서 임금이 되지 못했거나 임금의 아버지 또는 생전에 임금이 되지 못한 인물이 대부분이다. 대표적으로 정조의 아버지 사도세자를 모신 사당인 경모궁이 여기에 해당한다. 이들 가운데 일부는 훗날 추존왕으로서 종묘에 부묘되는 경우도 있었다.

이와 같이 국왕 자리 승계라는 직렬 계보를 중심으로 여기에 새로 편입되거나 벗어나는 경우에는 항상 궁궐의 바깥 공간이 연계돼 있다. 애초에 이 계보의 바깥에만 존재하는 계통에 대해서는 인식이 달랐다. 소위 별궁이라는 시설은 왕실 계보의 중심축 주변에서 필요로 하는 것이었다고 할 수 있다. 그리고 별궁의 지리적 입지는 한양 도성의 시가지가 가장 우선적으로 선택됐다. 여기에서 별궁의 도시사적 함의가 존재한다.

09 『도성지』.

10 왕실 구성원에 대해서는 원창애, 『조선왕실의 계보와 구성원』, 세창출판사, 2018 참조.

11 『선원계보기략』, 선원록을 토대로 원창애가 분석한 바를 인용.

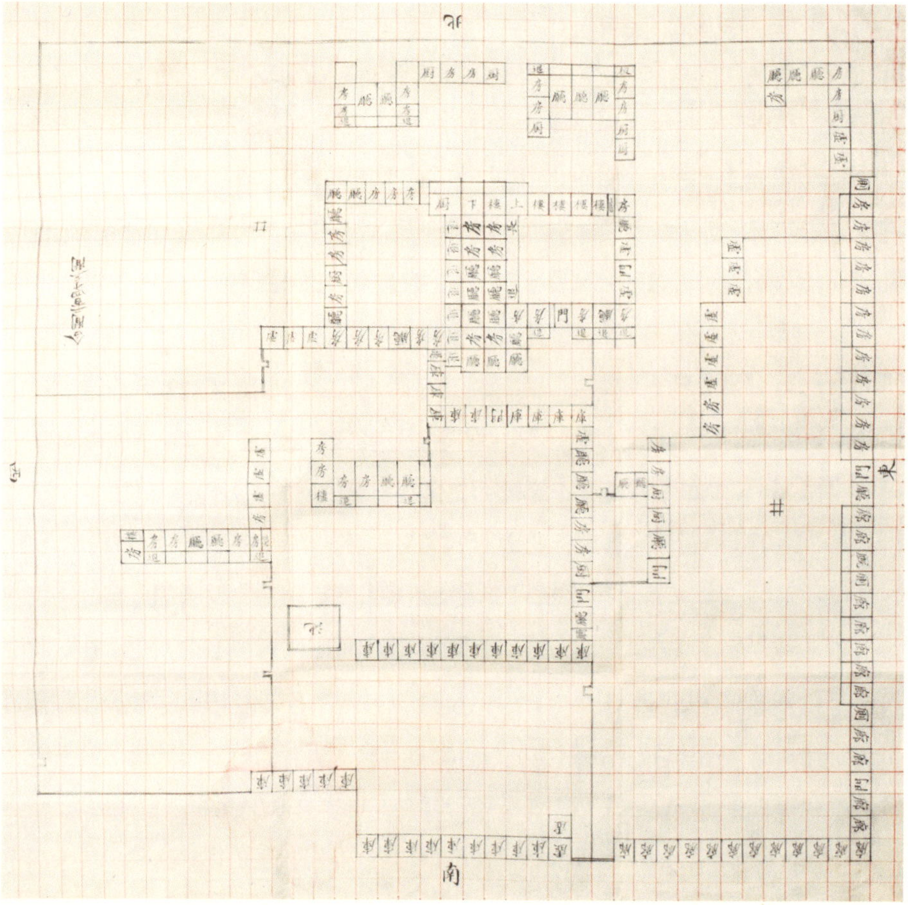

그림 1 「창의궁배치도」(1900년대 초기, 229.4×158.4cm, 고려대학교 박물관 소장)

03

임금이 되기 전에 살던 도시 속의 집, 잠저

별궁으로 지칭될 수 있는 집은 다양하지만 그중에서도 위상이 가장 높은 건축은 바로 '잠저(潛邸)'다. 잠저는 왕위 계승 계보에서 벗어난 인물이었지만 특별한 연유로 인해 왕위에 오른 이가 왕위에 오르기 전에 궁궐 밖에서 살던 집이다. 용이 났다는 뜻인 '용흥궁(龍興宮)' 또한 잠저의 다른 명칭이다. 조선 임금 가운데 궁궐 안에서는 자라지 않았으나 왕위에 오른 인물은 여럿이다. 우선 개국 군주 태조부터도 고려의 민간인으로서 조선의 임금이 됐으니 모든 임금이 궁궐에서 제왕학을 교육받으며 성장한 것은 아니다. 정종이나 태종도 유사한 경우에 해당한다. 특히 태종은 이미 그의 형이 왕위에 올라 있었지만 왕자의 난을 통해 권좌에 올랐으니 민간 살림살이를 두고 있었다. 국초의 이러한 경우 말고도 반정을 통해 왕위에 오른 중종과 인조, 조카인 단종을 폐위하고 자리에 오른 세조, 경종의 뒤를 이은 영조, 조선말의 철종·고종 같은 임금들이 모두 여기에 해당한다. 하지만 여전히 이러한 별궁은 본질적으로 예외적일 수밖에 없다.

인조와 효종의 어의궁(於義宮)

능양군, 즉 인조는 정원군[12]과 추존왕후인 인헌왕후 구씨[13]의 사이에서 태어났다. 정원군은 선조와 인빈 김씨 아들이다. 이미 윗대에서부터 군왕의 직계에서 벗어난 터라 그의 거주 공간은 별달리 주목받을 대상이 아니었다. 전란 중에 해주에서 태어났다.[14] 그의 아들 소현세자가 1612년에 태어나고 봉림대군, 즉 효종이 1619년 한성의 중부 경행방 사제에서 태어났으니[15] 이 시기에 능양군 일가가 살던 집의 위치가 파악된다. 그 집을 보통 상어의궁(上於義宮)이라 부른다. 그리고 이들이 상어의궁을 떠나 잠시 옮겨 살던 집을 별도로 하어의궁(下於義宮)으로 불러 구분했다. 하어의궁은 동부 숭교방에 있었다.[16]

인조 입장에서 보면 이상의 여러 집 가운데 의미가 가장 큰 곳은 경행방의 상어의궁

12 나중에 원종으로 추존.

13 구사맹의 딸.

14 『인조실록』 50권, 인조대왕행장

15 『효종실록』 1권, 효종 즉위년(1649) 5월 8일(병인).

16 한편 능양군 일가는 다시 서부 인달방으로 이사했다가 반정을 통해 임금 자리에 올랐다. 서부 인달방의 집 또한 어의궁(於義宮)이라는 이름을 가지고 있다.

일 것이다. 경행방의 집에서는 오래 살았을 뿐만 아니라 소현세자와 봉림대군이 태어나기도 했기 때문이다. 하지만 상어의궁은 인조가 즉위한 지 얼마 지나지 않아 폐궁된 것으로 파악되고 있다.[17] 하어의궁은 인조로서는 짧게 스쳐 간 집이기는 하지만 1645년 중국 심양에서 돌아온 봉림대군이 이 집에 머물러 있다가 소현세자의 죽음으로 왕위 계승자가 됐기 때문에 효종 입장에서는 이 집이야말로 잠저로서 큰 의미가 있는 것이었다. 하어의궁을 용흥궁(龍興宮)이라 부르는 이유는 효종과 연관됐기 때문이다. 실록에는 성종의 계비 정현왕후의 본궁 또한 어의동 본궁이라는 이름으로 기록하고 있다.[18] 정현왕후 소생인 중종과 손자 인종도 이 집과 인연이 있다. 거슬러 올라가 보면 반정으로 왕위에 오른 중종과 인조, 중종 및 인조의 아들들인 인종과 효종 등이 모두 어의동의 궁가와 인연이 있다고 할 수 있다.

영조의 창의궁(彰義宮)

숙종과 숙빈 최씨의 아들인 연잉군, 즉 영조가 태어난 곳은 창덕궁 보경당이었다. 연잉군은 궁궐 안에서 태어났으나 희빈의 아들로서 세자에 책봉된 경종이 있었기에 장성해서는 궁궐 밖으로 나가 살게 됐다. 연잉군은 지금의 통의동, 연령군은 안국동에 각자 별도의 거처를 마련했다.[19] 나중에 창의궁으로 불리며 임금의 잠저라는 위상에 오른 연잉군 집만큼이나 연령군의 집도 규모가 상당했다. 기록에 따르면 연령군의 집을 위해 호조에서 여러 집터를 합해 2,260칸을 사들였다고 한다.[20] 이 집은 선조의 딸 정명공주와 영안위 홍주원의 집이었다. 이보다 앞서 연잉군도 이 집에 욕심이 있었지만 결국 연령군에게 돌아갔다.[21] 경종이 후사가 없어 이복동생 연잉군이 왕세제 자격으로 궁궐로 들어가게 되면서 그가 살던 통의동의 집은 창의궁이라는 이름을 얻게 됐고, 왕위에 오르면서 잠저가 됐다.

「창의궁배치도」[22]를 살펴보면 집터와 건물이 매우 크고 복잡하다. 대문간과 본채 사이에도 건물 몇 동이 포함된 큰 마당이 자리하고 있었고, 본채의 정문 안으로는 장보각 영역과 안채 영역으로 구분되는 대규모 가옥이 배치됐다. 안채는 행각으로 둘러싸여 독립적인 마당을 구성하고 있는 등 보통의 민간 가옥에 비하면 구성이 복합적이다. 특징적인 것은 이 배치도에 의소묘의 정당이라고 이름 붙은 사당 건물이 포함돼 있다는 점이다. 영조가 궁궐로 들어가면서 실질적인 기능이 없어진 창의궁은 이후 영조의 장자로서 세자에 책봉됐으나 10세에 요절한 효장세자[23]와 역시 사도세자의 장남으로서 세손에 책봉됐으나 요절한 의소세손을 위한 사묘(私廟)를 이곳에 설치한 것이다. 영조에게는 자신의 잠저일 뿐만 아니라 아끼던 아들과 손자의 사당을 둔 곳이라는 큰 의미가 창의궁에 있었다.[24] 또한 이후 순조의 세자로 책봉됐으나 역시 요절한 효명세자[25], 정조의 아들 문효세자의 두 신위가 이곳에 모셔졌다.

고종의 운현궁(雲峴宮)

운현궁은 고종의 잠저다. 고종은 이미 왕위 계승 계통에서 한참 멀리 떨어진 인물이었다. 숙종과 명빈 박씨 사이의 연령군에게 입적된 은신군의 양자인 남연군의 아들 가운데 하나가 홍선군 이하응이고, 이하응의 아들 고종은 순조의 세자인 익종의 양자로서 왕위를 이은 것이니 그 계통이 매우 복잡하다.[26] 홍선군과 고종 부자의 집이 지금의 운현궁으로 위세를 갖춘 것은 고종 1년의 일이다. 기록은 '대원군궁' 건축비로 1만 7,830냥을 지출했다고 했으며, 이것이 전례에 따른 것이라고 했다.[27] 또 다른 기록에는 터를 넓히고 담장과 대문을 정비했다고 했으니[28] 고종이 즉위하기 전에 살던 집은 꽤 달랐을 것으로 보인다. 또한 민간의 집이 임금의 잠저라는 위상을 띠는 등의 변화에 있어서는 비용을 크게 들여서라도 위상에 걸맞은 건축 공간으로 재정비되는 것이 보편적인 일이었다는 점을 확인할 수 있다.

홍선군이 운현으로 이사한 시점은 명확하지 않으나 대략 1840년경에 이미 있던 가옥을 매입해서 이사한 것으로 추정된다. 그러다가 고종의 즉위 이후 새로이 조성된 운현

17 『서울육백년사 문화사적편』 169쪽.

18 『중종실록』 46권, 중종 17년(1522) 12월 16일(무자).

19 6명의 숙종 아들 중 3명은 일찍 죽었다. 연령군(延齡君 李昍, 1699~1719)은 숙종과 명빈 박씨의 소생으로, 경종과 영조에게는 이복동생이 된다.

20 『숙종실록』 46권, 숙종 34년(1707) 10월 28일(경오) 및 11월 5일(정축).

21 『숙종실록』 45권, 숙종 33년(1706) 9월 3일(임자).

22 「창의궁배치도」, 고려대학교 박물관 소장, 1900년경으로 제작 시기 추정.

23 정조 즉위년에 진종으로 추존.

24 『拜私廟興感而作』(국립고궁박물관 소장), 『易安窩詩幷序』, 『歷孝章廟有感』 등 여러 글을 남긴 바 있다.

25 헌종 즉위년에 익종으로 추존.

26 홍선군의 선대는 안동별궁이 있던 지역에 살았다. (주남철, 『궁집』, 일지사, 2003, 183쪽)

27 "호조(戶曹)에서 '대원군궁(大院君宮)의 건물에 대해서 전례대로 거행하라고 명한 일에 대해 건물 비용으로 1만 7,830냥(兩)을 지출해 새로 건축하는 일과 수리하는 일을 순서대로 거행하겠습니다.'라고 아뢰었다." 『고종실록』 1권, 고종 1년(1864) 1월 7일(기유).

28 황현, 『매천야록』.

궁은 임금의 잠저라는 위상에 맞게 조성됐다. 운현궁은 대대적인 공사를 통해 1864년 9월에 낙성했으며, 고종은 3년 후 운현궁의 노락당에서 가례를 올렸다.[29] 1912년경에는 흥선군 손자 이준의 저택으로 알려진 양관을 운현궁 동편에 건립함으로써 아재당, 노안당, 노락당, 이로당, 영로당 등으로 이루어진 전체 일곽이 완성됐다. 지금은 이 가운데 일부 건물이 사라졌다.

운현궁은 고종의 잠저이자 실질적 권력이던 흥선대원군의 집이기도 하다. 더욱이 고종의 즉위 이후 대대적으로 신축하다시피한 집이라 규모가 크고 의장도 화려하다. 이 집과 관련된 주요 자료로는「운현궁구도」와「운현궁구도형」등이 있다.[30] 그밖에도 덕흥대원군의 집이자 선조가 태어난 서부 인달방의 도정궁[31], 전계대원군의 집으로 철종이 태어난 중부 경행방의 누동궁[32] 등 임금의 잠저라 할 수 있는 집은 여럿 있었다. 그렇게 보면 궁궐에서 태어나 일찍부터 세자로 책봉돼 제왕학을 교육받고 장성해서 왕위에 오르는 정규 코스를 밟지 않은, 세자 책봉 경쟁에서 도태됐거나 이미 선대에서 왕권으로부터 멀어져 있다가 임금이 된 인물들이 살던 집은 모두 잠저 개념 속에서 이해될 수 있다. 대부분의 경우 그들은 임금과 멀지 않은 왕실 구성원일 공산이 높기 때문에 궁가 혹은 별궁이라 할 수 있는 집에 거주하고 있었다. 또한 이러한 집들은 여러 왕실 인물들이 거쳐간 경우가 많았다. 별궁은 왕실 구성원 사이에서 계승되거나 매매돼 지속적으로 왕실에서 사용한 것이었다. 또한 잠저로 분류되는 집들이 임금이 되기 전에 살던 바로 그 집이었다고 보기는 어렵다. 아무래도 잠저라는 특별한 이유로 인해 일종의 성역화 과정을 거칠 수밖에 없기 때문이다.

04
궐 밖으로 나간 왕실 구성원의 집

위에서 살펴본 잠저는 왕실 인물이 거주하고 있던 집이 특별한 신분적 변동에 의해 격상된 경우에 해당한다. 만약 그러한 '사건'이 없었다면 그 집은 왕실 구성원의 주택, 즉 궁가의 하나일 뿐이다. 일찍이 왕세자에 책봉돼 즉위 계보에 처음부터 들어 있던 인물이 아니라면 임금의 자식들은 장성해 궁 밖에서 생활하는 것이 상례였다. 역대 100명 가까운 수의 왕자군, 하가(下嫁)한 공주·옹주군과 그들의 자손 수는 실로 방대하다. 물론 이들 모두에게 왕실에서 거주지 등을 제공할 수는 없는 일이다. 그래도 임금들은 자기 자식들을 위해 상당한 규모의 집을 하사하곤 했다. 하지만 임금의 자식에게 저택을 지어 주는 일은 종종 신료들의 반대에 부닥치곤 했다. 예를 들어 인조가 정명공주에게 집을 지어 주는 일에 대해 사헌부와 사간원은 아래와 같이 반대했다.[33]

> 헌부가 아뢰기를 "조종조 이래로 사대부 및 궁가(宮家)의 저택은 본디 정해진 제도가 있으므로 지켜야 할 것인데, 지난해에 지은 공주의 집은 간살[間架]이 제도를 넘었으므로 물의가 미안하게 여깁니다. 그런데 이번에 영건(營建)에 쓰고 남은 재목과 기와 중에서 2백 칸을 짓는 데에 드는 물량을 또 공주에게 주었으므로 해방 승지가 옳지 않다는 것을 힘껏 아뢰고 대죄까지 했는데도, 성비(聖批)는 따르지 않으실 뿐만 아니라 도리어 좁고 누추하다고 하교하셨습니다. 공주의 집은 이미 제도를 넘었으므로 궁궐의 남은 재목은 주지 않아야 마땅할 것인데, 더구나 200칸을 지을 많은 물량의 경우이겠습니까. 재목과 기와를 제급(題給)하라는 명을 빨리 도로 거두소서."[34]

> 간원이 아뢰기를 "대군(大君) 이하의 저택은 조종 이래로 지어 준 전례가 있으나 간살이 많고 적은 것은 품계(品階)에 따라 정해진 한계를 감히 어겨서 넘을 수 없었는데, 태평세월이 오래 계속됨에 따라 세도(世道) 역시 쇠퇴해져 집이 사치하고 큰 것이 임진란 전에 이르러 극에 달했습니다. 그때 의

29 주남철, 앞의 책, 184-186쪽. 『고종실록』과 더불어 『대한계년사』, 『노락당기』, 『매천야록』 등에 관련 기록이 존재한다..

30 이에 대해서는 국립문화재연구소의 『조선왕실건축도면』, 2013에 수록된 도판와 해제를 참고할 수 있다. 또 정정남의 연구 성과에 기대어 살펴보았다. 정정남, 「의친왕부 사동본궁을 통해 본 대한제국기 궁가의 특징」, 『2014년 한국건축역사학회 추계학술발표대회 논문집』, 2014.11 등.

31 덕홍대원군의 사묘인 덕홍궁이 포함돼 있으며, 그의 장자 하원군의 집안으로 이어지면서 도정궁이라 불렸다.

32 철종 즉위 후 영평군이 거주했으며, 1869년에 안국동별궁의 전계대원군 사당을 이곳으로 옮겼다. 영혜옹주와 박영효가 혼례를 치른 곳이다.

33 정명공주와 부마 홍주원 집안의 저택으로, 사의당이라는 집이 있다. 이 집은 1671년(현종 12) 한성부 남부에 지어진 가택으로, 정명공주가 인조에게 사여받은 땅에 홍만회(1643~1709)가 건립했다. 이 집에 대해서는 후손인 홍경모가 『사의당지』라는 글을 남겨 상세한 내용을 알 수 있다.

34 『인조실록』 6권, 인조 2년(1624) 6월 7일(기축).

안군(義安君)의 집을 대간이 제도를 넘었다 하여 논계했더니, 선조(宣祖)께서 특별히 그 외곽(外廓)을 헐라고 명해 물 흐르듯이 간언을 따르는 아름다움을 보이신 것은 신들이 실로 눈으로 본 것입니다. 일전에 공주에게 궁궐의 재목과 기와를 특별히 내려 집을 짓는 밑거리로 삼게 하셨으므로 정원이 쟁집(爭執)하고 헌부가 간쟁했으나 윤허받지 못했으니, 신들은 성의(聖意)가 어디에 있는지 모르겠습니다. 지난해 공주의 혼례 때에 이미 지어 주는 전례에 따라 살 곳을 만들어 주었는데, 좁고 누추하다 하더라도 법전의 제한으로 바루자면 줄여야 하겠습니까, 아니면 늘여야 하겠습니까. 또 지금이 어느 때입니까. 경도(京都)가 함몰되고 종사(宗社)가 파천하는 망극한 변란을 이제 겨우 겪었으니, 군신 상하가 바로 절약해 환난에 처했던 때의 생각을 간직해야 할 것인데, 어찌 가졌어도 거듭 갖고 집 위에 집을 더해 쇠퇴기의 당(唐)나라 때 일어난 목요(木妖)의 비난이 경신(更新)할 때에 다시 일어나게 할 수 있겠습니까. 더구나 영건(營建)에 쓰는 재목과 기와는 다 자식을 팔고 지어미를 잡혀 고혈(膏血)을 짜낸 끝에 나온 것인데, 국가에 혹 수선할 일이 있으면 이 물건을 흩어 주고서 민간에서 다시 거둘 것입니까. 더욱 대수롭지 않은 것으로 보고 법에 어그러지는 용도에 낭비할 수 없는 것이니, 재목과 기와를 특별히 내리라는 명을 도로 거두소서." 하니 답하기를 "공주에게 작은 집이 있기는 하나 옛집은 좁고 누추해서 오래 살기에 합당하지 않으므로 이 재목과 기와를 주지 않을 수 없으니, 다시는 번거롭게 하지 말라."[35]

이들의 주장을 통해 왕자군·공주군에게 집을 지어 주는 일은 유사한 사례가 없지 않다는 점, 소위 가사제한[36]의 범위 안에서 지어져야 한다는 점이 명확해진다. 하지만 의안군의 예를 들었듯이 이미 지나치게 큰 집을 지어 제공한 것 또한 어느 정도 일반적인 일이었다는 것도 확인된다.

조선시대의 가대(家垈), 가사에 대해서는 여러 차례 제한 규정이 만들어졌다. 가장 먼저는 태조 대의 가대제한이다.[37] 정1품 35부로부터 서인 2부[38]까지 차등적인 제한이었다. 장지화 등은 개경의 가대제한을 한양에도 똑같이 적용한다면 집을 지을 땅이 부족할 것을 염려하기도 했다. 35부의 정1품 가대는 이러한 염려를 반영한 것이었다. 성종 대에는 이를 다시 줄였다. 『경국대전』의 「호전(戶典)」 급조가지조(給造家地條)에 규정된 제한 규정은 대군·공주 30부, 왕자군·옹주 25부, 1~2품 15부, 3~4품 10부, 5~6품 8부, 7품 이하 4부, 서인 2부였다. 대군과 공주의 집은 약 1,180평, 왕자군과 옹주의 집은 약 980평의 땅을 가질 수 있는 것이니 결코 작은 집터는 아니었다.

가사제한은 세종 13년(1431)에 시작돼 22년(1440)과 31년(1449), 성종 9년(1478) 등 여러 번 개정됐다. 품계별로 지을 수 있는 집의 규모를 정했다. 제1차 가사제한의 경우 임금의 자식은 50칸이되 대군은 60칸으로 했다.**39** 집 규모와 더불어 숙석(熟石), 즉 다듬은 돌로 초석을 쓰지 말 것과 공포·단청을 하지 말 것 등을 함께 규정했다. 이러한 규정에는 여러 가지 예외가 있었다. 특히 지방에 짓는 집이 해당했다. 이로 보면 가사제한의 기본적인 목적은 한양 도성의 인구 밀도와 관련되는 지역적 규정이었음을 알 수 있다.

제2차 가사제한에서는 누각과 주요 건물의 기둥 간격, 대들보와 도리 길이, 기둥 높이 등을 구체적으로 규정했다. 제3차 제한규정에는 "대군과 공주의 가사에서 정침과 익랑의 들보 길이는 10척이고 기둥 높이는 13척이라 했으나 대들보 10척은 너무 짧고 종보 10척은 너무 길며 기둥 높이 13척은 너무 길고, 각 품계 가옥의 정침과 행랑의 치수에 차등이 없어서 실로 적당하지 못하다."는 문제를 들어 가옥 내 각 건물에 사용하는 부재의 규격을 더욱 구체적으로 정했다. 특히 이때의 규정에서 누(樓), 정침(正寢), 익랑(翼廊), 서청(西廳), 내루(內樓), 사랑(斜廊), 행랑(行廊) 등 공간 구성 요소들이 명시된 것은 주택사 연구에서도 중요한 대목으로 평가된다. 『경국대전』으로 최종 정리될 때는 제1차 가사제한을 그대로 적용한 것으로 후퇴된 경향을 보였지만 성종 대의 제4차 가사제한에서는 제3차까지의 발전된 제한 규정을 기본으로 해서 높은 집을 짓지 못하게 하는 등 일부 수정된 내용으로 구성됐다.

35 『인조실록』 6권, 인조 2년(1624) 6월 9일(신묘).

36 '가사제한(家舍制限)'은 신분의 높고 낮음에 따라 집터의 면적, 가옥의 전체 규모 및 치장 등을 제한하는 세도를 이른다. 조선 왕조에서는 초기부터 신분에 따라 집터의 면적을 규제한 가대제한과 주택 규모·장식 등을 엄격히 제한하는 가사제한이 시행됐다. 신라의 옥사조가 골품제에 의해 차등을 두었다면 조선시대에는 관직의 품계에 따라 집터의 면적, 주택의 규모와 장식 등을 제한했다. 관직 품계 기준으로 주택 규모를 제한한 가사규제는 성리학을 통치이념으로 하는 문무 양반 사회의 상하 신분 질서와 유가 사상의 명분론에 바탕을 둔 것이었다. 이호열, 『조선전기 주택사 연구』, 영남대 박사논문, 1992: 주남철, 『한국주택건축』, 일지사, 1980 등 참조.

37 "개성부에서 다시 각품(各品)의 집터를 정했다. 정1품이 35부(負), 이하 한 품에 5부씩 내려 6품에 이르러 10부, 서민은 2부씩 주었다." 『태조실록』 7권, 태조 4년(1395) 1월 14일(기유).

38 서인의 2부 가대는 지금으로 보면 약 80평에 해당한다.

39 2품 관리는 40칸, 3품 이하는 30칸, 서인은 10칸이 한계였다.

> 의정부에서 예조의 정문(呈文)에 의거해 아뢰기를 "정통 5년 7월에 수교(受教)한 절목(節目)에, '대군(大君)과 공주의 집 정침 익랑(翼廊)의 들보 길이는 10척, 기둥 길이는 13척이라.'고 했으나, 대량(大樑)은 10척이 너무 짧고, 소량(小樑)은 10척이 너무 길며, 또 기둥 높이가 13척이면 또한 너무 길으옵니다. 각품(各品)의 집 정침과 행랑의 척촌(尺寸)이 차등이 없어서 실로 적당치 못하오니, 이제 다시 상정(詳定)하옵니다. 대군은 60간인데, 내루(內樓)가 10간이고, 정침·익랑·서청(西廳)·내루·내고(內庫)는 매간(每間)의 길이가 11척, 너비가 전후퇴(前後退) 아울러서 18척이며, 퇴 기둥이 11척이고, 차양(遮陽)과 사랑(斜廊)이 있으면 길이가 10척, 너비가 9척 5촌, 기둥이 9척이고, 행랑은 길이가 9척 5촌, 너비가 9척, 기둥이 9척이며, 공주는 친형제·친아들은 50간인데, 내루(內樓)가 8간이고, 정침·익랑·서청·내루·내고는 매간의 길이가 10척, 너비가 전후퇴 아울러 17척이고, 퇴 기둥은 10척이며, 정침·익랑·서청·내루에 차양과 사랑이 있으면, 길이가 9척, 너비가 8척 5촌이고, 기둥이 8척 5촌이며, 행랑은 사랑과 같습니다. 종친 및 문·무관 2품 이상은 40간인데, 정침·익랑·서청·내루·내고는 매간의 길이가 9척 5촌, 너비가 전후퇴 아울러 16척이고, 퇴 기둥이 9척이며, 정침과 내루에 차양과 사랑이 있으면, 길이가 8척 5촌, 너비가 8척, 기둥이 8척이고, 행랑과 사랑은 같습니다. 3품 이하는 30간인데, 내루가 5간이고, 간각(間閣)의 척촌(尺寸)은 2품 이상과 같습니다. 서인(庶人)은 10간인데, 내루가 3간이고, 매간의 길이는 8척, 너비는 7척 5촌, 기둥은 10척 5촌으로 할 것입니다." 하니 그대로 따랐다.[40]

이렇게 여러 차례 제한 규정이 개정된 것은 이 규정을 넘어서는 집이 항상 존재했기 때문이다. 인조 대 정명공주의 집에 대해 사치다, 규모가 크다 하는 비판이 있은 것도 마찬가지다. 평면도 형태로 남아 있는 여러 궁가의 모습을 보면 지방의 큰 종갓집들보다 규모도 크고 구성도 복잡한 건축적 특징이 나타나고 있음을 볼 수 있으며, 궁궐과 민간 사이의 위계가 있었던 것으로 판단된다.[41]

이처럼 규모가 큰 궁가는 얼마나 많았을까? 현재 구체적인 모습을 확인할 수 있는 궁가는 그리 많지 않으나 왕가 자손들의 규모로 보면 상당한 수의 궁가가 존재했을 것으로 여겨진다. 다만 이들 궁가는 때때로 후대에 왕실이나 여타 왕족에 의해 다시 매입돼 다시 궁가로 쓰이는 일도 많았다. 이를 보면 대군 등 임금 자식들을 위한 집으로 사용할 만한 규모의 집터를 구하는 것은 제한적인 범위에서 가능했을 것으로 보인다.

05

종묘에 부묘되지 못하는 왕실 구성원의 사당[42]

조선시대의 왕실은 적장자 왕위 계승 중심의 종적으로 이어지는 가계 구조를 원칙으로 삼았다. 그러나 태조의 다섯 번째 아들인 정안대군(靖安大君) 방원(芳遠)에 의한 '왕자의 난'으로 인해 조선 왕조는 초기부터 적장자 계승이라는 원칙에 대한 변칙계승이 시작됐다. 이어서 세조의 왕위 찬탈, 성종의 방계손 계승 등 500년간의 왕위 계승에는 적장자 계승에 어긋나는 일이 빈번했다. 조선시대의 종묘가 여러 대에 걸쳐 횡적으로 확장되는 특별한 건축 형식을 띠는 것도 이러한 관계에 의한 것이었다.[43] 태종의 형제간 계승으로 정종과 태종의 신위를 각각의 실에 봉안한 것에 이어 문종·세조·성종 연간의 덕종 추숭으로 인한 덕종과 예종 봉안, 불천위(不遷位)에 대한 세실(世室) 도입으로 인해 이미 명종조에 들어 종묘 정전이 4칸 증축되는 등의 사건이 일어났다.

종묘의 신실이 계속 늘어난 것과는 별개로 아예 종묘에 부묘되지 못하는 왕실의 주요 인물들이 있다. 영조 생모 숙빈 최씨처럼 임금의 생모이지만 정비가 아닌 이들, 세자로 책봉됐지만 임금이 되지 못하고 일찍 죽은 이들은 명분상 종묘에 부묘될 수 없지만 인정상 종묘에 준하는 사당에 모시고 싶은 마음이 드는 사람들이다. 군주 입장에서 자신의 부모를 종묘에 향사하고자 하는 것이 당연한 마음이나 왕위 계승의 정통성 입장에서는 용납될 수 없는 일이다. 이들의 제사는 어디에서 모셔졌을까.

그들을 위해서는 별도의 사묘(私廟)[44]를 세웠다. 창덕궁을 비롯한 제 궁궐과 육조거

40 『세종실록』 123권, 세종 31년(1449) 1월 26일(정미).

41 구체적인 모습에 대해서는 따로 다루었다.

42 이 부분은 조재모, 「영 · 정조대의 왕실사묘 건립과 영향」, 『대한건축학회논문집(계획계)』, 18권 7호, 2002.7을 정리한 것이다.

43 종묘의 건축 형식에 대해서는 정기철, 『17세기 사림의 묘침제 인식과 서원 영건』, 서울대학교 박사학위논문, 1999 등을 참조.

44 왕실사묘는 의소묘(懿昭廟), 영경전(永慶殿), 저경궁(儲慶宮) 등 왕실 구성원을 향사하는 제반 묘(廟) 건축을 지칭한다.

리를 중심으로 하는 관아 시설이 도성의 가장 주요한 건축물이었지만 이와 더불어 군주 입장에서는 왕실 가족 구성원들이 생사를 통틀어 사용한 건물인 왕자와 공주의 사제(私第), 선왕의 후궁이 거처하던 자수궁(慈壽宮)·인수궁(仁壽宮)·정업원(淨業院) 등 시설, 종묘에 향사되지 못한 선대를 배향하는 각종 왕실사묘 또한 중요한 시설이었다. 특히 이들 사묘는 종묘와 더불어 선대에 대한 존숭의 의미가 있기 때문에 군주들에게 특히 중요하게 취급됐고, 조선 후기에 군주가 출궁하는 가장 빈번한 이유 역시 이들 사묘에 대한 향사 때문이었다.

특히 영·정조 대에는 육상궁(毓祥宮), 의소묘(懿昭廟), 저경궁(儲慶宮), 선희궁(宣禧宮), 경모궁(景慕宮), 연호궁(延祜宮), 문희묘(文禧廟) 등 다수의 왕실사묘가 건립됐다. 영·정조 대의 사묘 건립은 『한경지략(漢京識略)』의 '묘전궁(廟殿宮)', 『궁궐지(宮闕志)』의 '도성지(都城志)' 부분, 『동국여지비고(東國輿地備攷)』의 '경도단묘(京都壇廟)' 부분에 기술돼 있는 왕실사묘의 수가 채 서른이 되지 못하는 상황으로 볼 때[45] 상당히 큰 부분을 차지하고 있다고 할 수 있다. 더욱이 영조와 정조가 도성의 제반 시설에 대해 큰 관심을 보인 군주이던 것과 관련해 이때의 사묘 건립은 건축적·도시적으로 중요한 의미가 있을 것으로 판단된다. 이렇게 다수의 사묘가 건립된 것은 이 시기의 왕위 계승이 띠고 있는 복잡성에서 기인한다.[46]

숙종과 인경·인현·인원 왕후, 경종과 정의왕후, 영조와 정성·정순 왕후, 정조와 효의왕후, 순조·헌종·철종·고종 등 정통 군주와 왕후는 종묘에 향사됐다. 추존왕인 효장세자 진종[47] 역시 종묘에 향사됐다. 그러나 군주의 생부, 생모 또는 세자로 책봉된 인물임에도 왕위에 등극하지 못했거나 왕후가 아니라 빈(嬪)인 인물은 종묘 향사가 불가능했다. 군주 입장에서는 부모와 근친에 대한 존숭을 통해 유교적 질서의 근간인 '효(孝)'를 실현하고 자신의 정통성을 확보하고자 하는 것은 이해할 만하지만 종묘 향사는 군주의 일방적인 결정으로 이행될 수 있는 문제가 아니었다.

이렇게 서로 상치되는 문제의 해법과 관련해 연산군의 생모 폐비 윤씨의 향사에 대한 연산군 2년(1496)의 논의는 주목할 만하다. 연산군이 생모 윤씨가 성종에 대한 죄로 인해 폐비된 사실을 뒤늦게 알고 윤씨 묘소를 천장(遷葬)하고자 하면서 신주를 봉안할 사당의 건립이 제안됐다. 윤씨가 이미 종묘에 향사할 수 없는 상황인데 군주의 사은(私恩)으로 종묘 향사를 하는 것은 예법에 어긋난다는 점에는 이론 없이 합의됐다. 그러나 따로 사묘를 세워서 향사하는 문제에 대해서는 복잡한 논란이 있었다. 홍문관은 사묘 건립이 불가하다는 상차를 올려 지속적으로 반대 입장을 표명했고, 연산군 자신도 처음에는 굳이

표 1 영 · 정조 중심의 왕실가계

- 19대 숙종(돈)
  - 인경왕후 김씨
  - 인현왕후 민씨
  - 인원왕후 김씨
  - [희빈 장씨]
    - 20 경종(윤)
      - 정의왕후 심씨
    - 성수
  - [숙빈 최씨]
    - 영수
    - 21 연잉군(금)영조
      - 정성왕후 서씨
      - 정순왕후 김씨
      - [정빈 이씨] — [효장세자 · 진종]
      - [영빈 이씨] — [장헌세자 · 장조]
        - [혜빈 홍씨] — [의소세손]
          - 22 정조(산)
            - 효의왕후 김씨
            - 의빈 성씨 – [문효세자]
            - [수빈 박씨] – 23순조(왕공)…24헌종(환)
        - 영빈 임씨
          - 은언군(린)…[전계군]…25철종(변)
          - 은신군(진)…남연군…흥선군…26고종(희)
        - 숙빈 임씨
        - 경빈 박씨 — 은전군
      - 귀인 조씨
      - 숙의 문씨(폐)
  - 명빈 박씨 — 연령군

범 례

19대 숙종: 즉위 군주
진종: 추존왕
인경왕후: 종묘향사
[숙빈최씨]: 사묘향사
[효장세자]: 사묘향사후 종묘이안

45 『동국여지비고』 등의 문헌에 기록된 왕실사묘는 일시 혼전으로 사용된 사례 및 종묘 등의 국가시설을 제외하고도 문소전, 계성전, 연은전, 의경묘, 효사묘, 영경전, 숭은전, 영희전, 천한전, 신비사, 저경궁, 육상궁, 장보각, 경모궁, 대빈궁, 연호궁, 선희궁, 경우궁, 순회묘, 소현묘, 의소묘, 문희묘, 문우묘, 덕흥대원군묘, 전계대원군묘, 연산군묘, 광해군묘 등 27개다. 상기 문헌에 기재되지 못한 조선 전기의 왕실사묘가 더 존재했을 것으로 생각되나 대상에서는 제외하는 것으로 했다.

46 그러나 1908년 저경궁, 대빈궁, 연호궁, 선희궁, 경우궁이 육상궁에 합설되고 1929년 덕안궁까지 합설됨으로써 칠궁(七宮)으로 남겨진 것을 제외하고는 이들 제 사묘 건축은 현재 남아 있지 않다. 대규모 경역을 두고 있던 경모궁 역시 1899년 장헌세자를 추숭해 경모궁에 있던 신위를 종묘로 옮긴 후 기능을 잃었다.

47 장헌세자 장조 역시 종묘에 향사됐으나 이는 1899년의 일이다. 원래 장조는 사후 수은묘(후의 경모궁)에 향사됐다.

사묘를 건립하겠다는 의사를 표명하지 않았다.

사묘 건립을 주장하는 측은 위(魏)나라의 명제(明帝)가 그의 모후를 위해 따로 사당을 세운 것과 "송(宋) 양공(襄公)의 어머니가 아버지에게 내쫓겼는데 선유(先儒)들이 의논하되 '종묘에서는 은(恩)이 의(義)를 가리지 못하지만 규문(閨門) 안에서는 의가 은을 앞설 수 없는 것이므로 출모(出母)가 본디 종묘와는 끊어졌으나 어미와 자식은 본디 끊어질 도리가 없는 것이니 또한 그 예를 다해야 할 뿐이다.'"라는 점을 근거로 하여 신승선과 윤효손을 중심으로 사묘 건립을 주장했고, "원침(園寢)의 예는 우리나라의 제도가 아니니 따로 사당을 세워서 제사를 받드는 것이 정과 예에 합당하다."라고 했다.[48] 그러나 승정원에서는 "효손의 의논이 사리에 맞으나 효손이 이 의논을 한 것은 오로지 신주와 사당을 세우기 위해 말한 것인데 전하께서 그 의논을 아울러 좇으신다면 신은 바깥사람들이 위에서 추숭하는 전례를 거행하고자 한다고 의심할까 염려되니 효손의 의논을 쓰지 마소서."라고 하며 반대 의견을 제시한 바 있다. 그러던 중 연산군은 결국 6월 9일 전격적으로 사묘 건립을 결정했고, 그 뒤에는 오히려 추숭 문제로 논의가 전환됐다.[49] 이때 세워진 폐비 윤씨의 사묘는 효사묘(孝思廟)라 하여 『동국여지비고』에 기재돼 있으며, 나중에 폐지해 그 땅을 종부시로 했다고 했다.

이 논의에서 드러난 의와 은의 문제는 후대 군주들에게도 동일하게 적용됐으며, 종묘에 향사되지 못하는 빈(嬪)에 대해서는 왕실에서 사묘를 건립해 따로 향사하는 것이 관례로 자리 잡은 것으로 보인다. 조선 후기에 건립된 영경전(永慶殿)·신비사(愼妃祀)·대빈궁(大嬪宮)을 비롯해 영조 모후 숙빈 최씨의 육상궁, 진종 모후 정빈 이씨의 연호궁, 장조 모후 영빈 이씨의 선희궁, 순조 모후 수빈 박씨의 경우궁 역시 같은 맥락으로 이해될 수 있다. 또한 적장자로서 세자(또는 세손)로 책봉됐다가 사망, 폐위 등의 이유로 왕위를 계승하지 못한 영조의 아들 장헌세자와 손자 의소세손, 정조의 아들 문효세자에 대해서도 역시 따로 사묘를 건립해서 대대로 향사했다.

이들 묘·전·궁은 향사인의 사후에 바로 건립되는 경우도 없지 않으나 일반적으로 향사인의 자손이 왕위를 계승한 직후에 건립 또는 승격·확장됐다. 효사묘, 육상궁, 경모궁 등은 그 대표적인 예에 속한다. 1720년 숙종이 59세를 일기로 승하한 이후 희빈장씨(禧嬪張氏)의 장자 윤(昀), 즉 경종이 등극하게 됐다. 그러나 3세에 왕세자로 책봉된 경종은 즉위 당시 이미 32세였음에도 후사가 없어서 초년부터 후사 논의가 시작됐다. 효종과 현종은 자손이 귀했기 때문에 숙종의 방계로는 자손이 거의 없었고, 남아 있는 자손으로는 숙종의 네 번째 아들로 숙빈 최씨(淑嬪崔氏) 소생인 연잉군(延礽君) 금(昑)이 유일했다.

경종 1년(1721) 8월에 영의정 김창집, 좌의정 이건명, 판중추부사 조태채 등의 청에 따라 연잉군을 왕세제로 삼을 것을 논의했다. 연잉군의 위호를 왕세제(王世弟)로 한 것은 인종의 후사로 명종을 세제로 봉한 예를 따른 것이었다.[50] 유봉희를 비롯한 대신들과 연잉군 자신의 왕세제 책봉 반대 상소가 이어지는 가운데 예조에서는 이미 왕세제 책례의 복색에 관해 논의하는 등 연잉군의 왕세제 책봉은 기정사실로 받아들여지는 분위기였다. 같은 해 9월에는 왕세제가 효령전(孝寧殿)에서 망제(望祭)를 섭행한 것을 시초로 이후의 망제에서는 항상 왕세제가 섭행하도록 했으며, 결국 9월 26일 왕세제와 세제빈의 책봉례(册封禮)가 행해졌다.[51] 이러한 과정을 거쳐 왕세제는 궐 밖의 사제(私第)[52]를 떠나 다시 궁궐로 들어오게 됐으며, 시민당(時敏堂)에서 조하를 받는 등 동궁 영역을 사용하게 됐다.

경종이 승하하고 즉위한 영조는 자신의 생모 숙빈 최씨를 위해 묘우를 건립했다. 영조 1년(1725) 12월의 기록에는 "숙빈의 사당이 이루어졌다. 즉위하던 처음에 땅을 골라 사당을 세우라고 명했는데 이때에 와서 이루어지니 경복궁의 북쪽에 있다. 20년 후에 묘호를 고쳐 정해 육상궁(毓祥宮)[53]이라 했다."라고 전하고 있다. 이때의 육상궁 건립은 경종의 생모인 옥산부대빈 장씨를 대빈궁(大嬪宮)에 향사한 경종 2년(1722)의 예를 따른 것이었다.

즉위 후 정빈 이씨(靖嬪李氏)의 아들 행(緈)을 세자로 삼아 후사를 정했다. 그런데 효장세자(孝章世子)는 불행히도 오래 살지 못하고 10세를 일기로 영조 4년(1728)에 세상을 뜨게 됐다. 효장세자는 영조 6년(1730) 6월 창의궁(彰義宮) 자리에 세운 사우에 향사됐다. 따로 사우를 건립하는 근거로 예조에서 인조 아들 소현세자(昭顯世子)의 입묘 때 예관이 명종 아들 순회세자(順懷世子)의 전례를 모방해 따로 사우를 세우기를 청하자 대신들과 의논하도록 명해 순회세자 사당에 부묘(祔廟)한 예를 따른 것이다. 사우 입지에 대해서는 영조가 직접 자신의 잠저이던 창의궁으로 하도록 명했다.[54] 효장세자는 나중에 영조가 왕세손 정조로 하여금 효장세자의 계통을 잇게 한 바에 따라 정조 즉위 후 진종(眞宗)으

48 『연산군일기』 15권, 연산군 2년(1496) 6월 7일(임오).

49 『연산군일기』 15권, 연산군 2년(1496) 6월의 논의 참조.

50 『경종실록』 4권, 경종 1년(1721) 8월 20일(무인) 및 8월 21일(기묘).

51 『경종실록』 4권, 경종 1년(1721) 8월 24일(임오), 9월 15일(계묘), 9월 26일(갑인).

52 영조의 잠저 창의궁을 말한다. 현재의 종로구 통의동 35번지 일대에 있었다.

53 『영조실록』 8권, 영조 1년(1725) 12월 23일(병술).

54 『영조실록』 24권, 영조 5년(1729) 11월 5일(을해) 및 26권, 영조 6년(1730) 6월 19일(병진).

표 2 한양도성 내 주요 왕실사묘 목록

	향사인물	위 치	향사인졸년	입묘년
의경묘	의경세자(성종 부)	연경궁 자리	세조 3년	성종 4년
효사묘	폐비 윤씨(연산 모)	북부 진장방	성종 13년	연산 3년
순회묘	순회세자(명종 자)	영경전 자리	명종 18년	선조 34년
숭은전	원종 정원군(인조 부)	남부 훈도방	광해 11년	인조 10년•1
소현묘	소현세자(인조 자)	영경전 자리	인조 23년	인조25년
신비사	폐비 신씨(중종 비)	영경전 옆쪽	명종 12년	숙종 24년
대빈궁	희빈 장씨(경종 모)	중부 경행방	숙종 27년	경종 2년
육상궁	숙빈 최씨(영조 모)	백악산 아래	숙종 44년	영조 1년
효장묘	효장세자(영조 자)	창의궁 자리	영조 4년	영조 6년
의소묘	의소세손(정조 형)	창의궁 자리	영조 28년	영조 30년
저경궁	인빈 김씨(원종 모)	남부 회현방	광해 5년	영조 31년
경모궁	장헌세자(정조 부)	동부 숭교방	영조 38년	영조 40년•2
선희궁	영빈 이씨(장조 모)	북부 순화방	영조 40년	영조 41년•3
연호궁	정빈 이씨(진종 모)	북부 순화방	경종 1년	정조 2년
문희묘	문효 세자(정조 자)	북부 안국방	정조 10년	정조 13년
경우궁	수빈 박씨(순조 모)	북부 양덕방	순조 23년	순조 25년
문우묘	효명세자(순조 자)	창의궁 자리	순조 30년	순조 32년

◆ 『동국여지비고』,『한경지략』의 기재항목 중심으로 했으며, 『조선왕조실록』을 통해 보충함.(입묘년 순)

● 1 숭은전은 곧 남부 훈도방의 남별전=영희전. 인조 10년 2월에 '별묘를 남별전에 설치한다'고 했는데 원종의 별묘인 듯.

● 2 경모궁은 원래 사도묘·수은묘라 했는데 정조 즉위 후 궁으로 승격.

● 3 선희궁은 원래 의열묘라 했는데 정조 12년에 궁으로 승격.

로 추숭되면서 영조와 함께 종묘에 향사됐고, 창의궁에 세워진 사우 역시 그 역할을 다했다.[55]

효장세자의 죽음으로 영조 12년(1736)에 영빈 이씨(暎嬪李氏) 아들 사도세자(思悼世子)[56]가 왕세자에 책봉됐다. 그러나 영조 38년(1762)에 사도세자를 서인으로 폐하고 결국 죽음에 이르게 됨으로써[57] 왕세손인 정조가 효장세자의 계통을 이어 후사로 책봉됐다. 사도세자의 사우는 영조 40년(1764) 북부 순화방에 수은묘(垂恩廟)라는 이름으로 건립됐으나 그해 여름 현재 서울대학교 의과대학 자리인 동부 숭교방으로 이건됐다. 정조가 즉위하면서 자신의 생부 사도세자를 장헌(莊獻)으로 추숭하며 숭교방의 수은묘의 묘호 역시 경모궁(景慕宮)으로 개명했다. 사당 제례는 태묘보다 하나 낮추는 것으로 결정됐다.

이보다 앞서 영조 28년(1752) 3세의 어린 나이로 죽은 정조의 형 의소세손(懿昭世孫)을 위해서는 영조 30년(1754) 창의궁 안에 의소묘(懿昭廟)를 건립했다. 영조 31년(1755)에는 인조의 생부이자 광해군의 이복형제 정원군(定遠君), 즉 원종의 어머니 인빈 김씨(仁嬪金氏)를 위해 저경궁(儲慶宮)을 남부 회현방 송현에 건립한 바 있다. 또한 영조 40년(1764)에 사도세자의 생모 영빈 이씨가 사망하자 의열묘(義烈廟)를 북부 순화방에 건립하고, 정조 12년(1788)에 선희궁(宣禧宮)이라고 개명했다.[58]

장헌세자의 아들이었으나 백부 효장세자(孝章世子), 즉 진종(眞宗)의 계통을 이어 즉위한 정조는 2년(1778)에 진종의 생모 정빈 이씨(靖嬪李氏)를 위해 따로 사묘를 건립하고 연호궁(延祜宮)이라 했다. 연호궁의 향사의절은 육상궁 예법보다 저경궁 예법을 따르도록 했다. 이는 육상궁의 경우 당저(當宁), 즉 현재 임금의 사친(私親)으로 향사했으나 추존왕 사친의 의절은 격이 다를 수밖에 없다는 것이 그 이유였다. 따라서 동일한 사례에 속하는 원종모 인빈 김씨의 저경궁 예법을 따르도록 한 것이다.[59] 이어 아들 문효세자(文孝世子)가 이른 나이에 졸(卒)함에 따라 정조 13년(1789)에 따로 문희묘(文禧廟)를 건립해 향사하도록 했다. 문희묘의 건립기지에 대해서는 원래 경모궁의 남쪽 담장 밖으로 했다가 다시 의빈묘(宜嬪廟) 서쪽 담장 밖으로 정했다.[60] 의빈묘는 정조의 빈으로, 문효세자를 낳은 의빈 성씨(宜嬪成氏)를 위한 사묘였다. 문희묘의 위치를 이곳에 정하게 된 것은 그러한 인정(人情) 때문이었다. 현재 이들 제 왕실사묘는 칠궁(七宮)이라 하여 육상궁, 저경궁, 대빈궁, 연호궁, 선희궁, 경우궁, 덕안궁이 합설돼 현재 종로구 궁정동에 남아 있을 뿐이다.

55 『정조실록』 1권, 정조 즉위년(1776) 3월 19일(경인) 및 5권, 정조 2년(1778) 5월 2일(신유). 종묘배향에 대해서는 2년 5월 2일조에 "태실에서 체제(禘祭)했는데, 영종대왕과 정성왕후를 13실에, 진종대왕과 효순왕후를 14실에다 제부(躋祔)했다."라고 했다.

56 '사도'는 세자 사후에 붙여진 시호다.

57 『영조실록』 99권, 영조 38년(1762) 윤5월 13일(을해) 및 21일(계미).

58 현재 선희궁의 신위는 칠궁에 합사돼 있다.

59 『정조실록』 5권, 정조 2년(1778) 3월 19일(기묘).

60 『정조실록』 23권, 정조 11년(1787) 1월 10일(기묘).

06
민가에서의 궁중의례, 왕실 혼례의 공간

궁궐은 수많은 종류의 의례가 진행되는 공간이다. 『국조오례의』를 기준으로 보면 주로 궁궐에서 진행되는 의식인 가례는 모두 50조 항의 예법으로 구성돼 있다.[61] 일련의 과정으로 기술돼 있는 흉례 또한 궁궐에서 진행되는 대표적인 의식이다.[62] 이들 의식은 근정전, 근정문, 사정전, 대전, 중궁정전, 동궁정당, 혼전, 빈전 등에서 진행하도록 규정됐다. 각 공간의 사용 방식 또한 매우 상세하다. 조하의식을 예로 살펴보면 임금의 준비·대기 공간인 사정전, 백관의 조당(朝堂)과 문외위, 동궁의 대기소인 막차(幕次) 등이 공간적 장치로 동원된다. 음악, 장식, 복식, 의장, 기물 등에 대해서도 상세히 기술돼 있다. 이를테면 화려하고 규모도 큰 왕실의 의식이 제대로 진행되기 위해서는 궁궐이라는 복합적인 대형 공간이 그에 걸맞게 마련돼 있어야 한다는 것이다.

그런데 왕실 의례 중에는 궁궐의 바깥 공간을 함께 사용하는 경우도 있다. 대표적인 것이 혼례다. 『국조오례의』에는 임금이 왕비를 맞이하는 납비의식, 왕세자가 세자빈을 맞이하는 납빈의식, 왕세자빈으로 궁궐에 들어와 왕비가 되는 책비의식이 상세하게 기술돼 있다. 뒤를 이어 왕자들의 혼례, 왕녀들의 하가, 종친 및 문무관의 혼례까지 포함돼 있다. 이 가운데에서 왕자·왕녀·종친·문무관의 혼례는 전체가 궁궐 밖에서 진행되는 의식으로, 좀 더 민간 의식에 가깝다고 할 수 있다. 납비, 납빈의 가운데에도 궁궐 밖의 공간을 사용하는 절차가 포함돼 있는데 별궁 관점에서 주목해야 하는 것은 바로 이 지점이다.

납비의식은 택일(擇日), 납채(納采)[63], 납징(納徵)[64], 고기(告期), 책비(冊妃), 명사봉영(命使奉迎)[65], 동뢰(同牢) 절차로 진행된다. 이어서 새로운 왕비가 왕대비에서 인사를 드리고, 백관과 외명부로부터 인사를 받으며, 임금이 백관들과 연회하는 등 절차가 붙어 있다. 이 가운데 납채부터 명사봉영에 이르는 단계에서는 사자(使者)가 궁궐의 정전에서 명을 받아 '비씨제(妃氏第)'에 가서 수납채(受納采), 수납징(受納徵), 수채(受采) 등 절차를 진행한다. 아래는 비씨 제택에서의 비수책 의주를 발췌한 것이다.

○ 비수책(妃受冊)

기일 전 1일에 충호위에서 사자의 막차와 포막을 설치하기를 처음과 같이 하고, 상궁(尙宮) 이하 여관(女官)의 막차를 내문 밖의 동쪽에 서향하여 설치한다. 그날에 봉례랑이 사자의 자리를 대문 밖의 동쪽에 서향하여 설치하되, 북쪽을 상으로 하고, 교명안과 책보안을 든 사람은 남쪽에 있어 조금

뒤로 물러가서 서되, 모두 서향하게 하고, 주인의 자리는 대문 밖의 서쪽에서 동향하게 하고, 또 배위(拜位)를 문 남쪽에 북향하게 하고, 사자 이하의 관원과 주인의 자리를 중문 밖에 설치하되 또한 이와 같이 한다.【다만 배위를 설치하지 않는다.】동판내시(同判內侍)의 자리를 중문 밖의 주인의 남쪽에 설치하고, 교명과 책보를 들고 의장을 받든 내시는 남쪽에 있어 조금 물러가서 모두 동향한다. 내시가 먼저 안(案) 3개를 내문(內門) 밖에 문지방 가까이 설치하고, 주인이 왕비의 책명 받는 자리를 당(堂)의 뜰 복판에 북향하여 설치한다. … 경창부(慶昌府)에서 그 소속 관원을 거느리고 왕비의 의장을 연 앞의 왼쪽과 오른쪽에 진열하고, 육상(六尙) 이하의 여관(女官)은 내문(內門)에 들어가서 차례로 서되, 북향하고 동쪽을 상으로 한다. 알자(謁者)가 사자 이하의 관원을 인도해 막차에서 나와 자리에 나아간다. 주인이 나가서 대문 안의 서쪽에 동향하여 서면, 빈자(儐者)가 앞으로 나아가서 명령을 받고 문 서쪽에 나가서 동향하여 말하기를, … 알자가 사자를 인도해 문에 들어가는데, 오른쪽으로 들어가고, 교명안(教命案)과 책보안(冊寶案)을 든 사람이 따라 들어간다. 주인은 문에 들어가는데, 왼쪽으로 가서, 중문 밖에 이르러 각각 자리에 나아간다. … 동판내시가 받아 내문(內門) 밖에 나아가서 꿇어앉아 안(案)에 두고는, 부복했다가 일어나서 물러간다. 또 내시가 의장을 받들어 내문 밖에 나아가서 북향하여 서면, 왕비가 적의(翟衣)를 갖추어 입고 수식(首飾)을 가(加)하고, 부모(傅姆)가 도와서 나간다. 상궁이 왕비를 인도해 서계(西階)로부터 내려와서 책명 받는 자리에 나아간다. … 왕비가 부복했다가 일어나서 네 번 절한다. 이를 마치면, 상침이 그 소속 여관(女官)을 거느리고 왕비의 좌석을 당상(堂上)의 북벽(北壁)에 남향하여 설치하고, 교명(教命)·책보안(冊寶案)을 왕비의 좌석 앞에 동쪽 가까이 설치하되, 북쪽을 상으로 한다. 상의가 부복하고 꿇어앉아 왕비에게 좌석에

61 중국에 대한 의식군, 조하·조참·상참 등 조의군, 관례, 혼례, 교서반포, 교육과 과거시험, 연회 등이 가례 의식을 구성한다.『국조오례의』.

62 오례 중 가례와 흉례 외 길례, 군례, 빈례는 대부분 궁궐 밖의 시설에서 진행된다.

63 혼례를 구성하는 육례 중 첫 번째 절차로, 신부 측에서 신랑 측의 혼인 의사를 받아들임.

64 혼인이 이루어짐을 표시하는 패물을 줌.

65 사자(使者)에게 명해 왕비로 봉영함.

오르기를 계청하여, 상궁이 왕비를 인도해 중계(中階)로부터 올라가서 좌석에 오르는데, 산과 선으로 시위하기를 평상시의 의식과 같이 한다. 전언(典言)과 사기(司記)가 교명·책보를 안(案)에 두고, 내시가 의장을 뜰의 동쪽·서쪽에 진열한다. 전찬(典贊)이 동계(東階)의 아래에 나아가서 서향하여 서고, 육상(六尙) 이하의 여관(女官)이 모두 내려와 뜰에 서서 겹줄로 북향하고, 동쪽을 상으로 한다. … 왕비가 자리에서 내려오면, 상궁이 인도해 내전(內殿)으로 들어가고, 경창부(慶昌府)에서 교지(敎旨)를 받들어 의장(儀仗)을 해산시킨다. 그 사자(使者)를 인도하는 사람과 사자가 복명(復命)하기를 고기(告期)의 의식과 같이 한다.66

건축적으로 주목되는 부분들은 공간의 명칭이다. 대문(大門)·내문(內門)·중문(中門) 등 몇 개의 문이 등장하고, 각 문의 안팎으로 의식에 참여하는 사람들의 자리가 정해져 있다. 또한 당(堂)과 그 앞의 뜰이 필요하다. 이 뜰에서는 육상 이하의 여관들이 겹줄로 동쪽을 높은 자리로 하여 북향해서 설 수 있는 규모여야 한다. 또한 당에는 동계와 서계 등 오르기 위한 계단이 각각 설치돼 있어야 한다. 중계(中階)라는 명칭도 등장하며, 내전(內殿)이라는 이름의 공간도 필요하다.67 이렇게 보면 '비씨제(妃氏第)'로 불리는 주택은 적어도 대문·중문·내문의 3중 문을 지나 당이 있는 마당으로 진입할 수 있어야 하고, 그 안쪽으로 내전을 거느리고 있는 상당한 규모여야 한다. 또한 연속적인 혼례 절차를 위해 비씨제택과 궁궐 사이 거리가 지나치게 먼 것도 곤란한 문제로 취급됐을 것이다.

그렇다고 궁궐과 멀지 않은 적당한 거리에 큰 규모의 저택을 두고 있는 집안의 사람만 왕비 자격이 있는 것은 어불성설이다. 왕비가 되기 전까지 민간인 신분이었다가 혼례를 거치면서 '왕비' 타이틀을 획득하고 왕실의 고귀한 신분으로 전환되는 이에게 민간과는 차원이 다른 규모의 왕실 의례를 진행할 수 있는 준비를 하도록 하는 것보다 왕실이 준비한 별도의 장소를 임시로 비씨제택으로 삼아 의식을 거행하는 것이 합리적이지 않겠는가. 아예 왕실에서 사용하던 궁가라면 이러한 문제를 간단하게 해결할 수 있지 않을까.

용흥궁, 즉 어의궁은 바로 이러한 점에서 주목된다.68 '가례별궁'이라고도 불리는 이 궁가는 인조가 살던 집의 하나로, 동부 숭교방에 위치하고 있었다.69 인조반정 이후 궁궐에 거처하던 어린 봉림대군이 장성해 이곳에서 살다가 소현세자와 함께 중국 심양에서 긴 시간을 보내게 됐다.70 집이 비어 있는 동안 인조는 이곳에서 계비 장렬왕후와 가례를 올리기도 했다. 이 시기부터 수많은 왕실 가례가 이곳 용흥궁에서 진행되면서 가례별궁이라 불릴 정도로 중시됐다.

효종·현종 대에는 현종-명성왕후, 숙종-인경왕후 등 세자와 세자빈의 가례가 이곳에서 있었다. 숙종 대에는 계비와의 가례 및 세자-세자빈의 가례가 2회씩 용흥궁에서 진행됐다. 인현왕후, 인원왕후, 세자빈으로 들어온 단의왕후, 선의왕후가 그들이다. 영조 연간에도 이곳에서 가례가 여러 번 있었다. 효장세자-효순왕후의 가례, 사도세자-헌경왕후의 가례, 계비 정순왕후의 가례, 세손 정조-효의왕후의 가례가 모두 이곳에서 진행됐다. 순조와 순원왕후의 가례, 세자인 익종과 신정왕후의 가례, 헌종 계비 효정왕후와의 가례도 이곳이었다.

이렇듯 용흥궁, 즉 하어의궁은 왕실 가례의 장소로 지속 사용됐다. 용흥궁 외에 가례별궁으로 사용된 대표적 사례인 순종 가례별궁으로 사용된 안동별궁이 있기는 하나 용흥궁이 조선 후기에 가장 빈번하게 사용된 가례별궁이라는 점은 명확하다. 왜 이 집이었을까? 이는 이 집의 위치·규모, 집의 용도와 관련이 있을 것이다. 우선 이 집은 지금의 효제동 이화사거리에서 가까운 곳으로, 창덕궁·창경궁과 멀지 않은 곳에 있었다. 친영 이후 창덕궁이나 창경궁에서 혼례 절차를 이어 가기에 불편하지 않은 거리다.

순조 2년(1802)에 계비 순원왕후 김씨와의 가례를 준비하면서 대왕대비는 "삼간택을 위해 대궐에 나아갈 때 외문(外門)은 요금문(曜金門) 길을 이용하고 내문(內門)은 신우문(神佑門) 길을 이용하며, 별궁(別宮)에 나아갈 때에는 외문(外門)은 돈화문(敦化門) 동쪽 협문(挾門) 길을 이용하라.", "삼간택을 한 뒤에는 어의궁(於義宮) 본궁(本宮)으로써 별궁(別宮)으로 정하라."[71] 했으니 용흥궁에서 창덕궁으로의 이동은 창경궁을 통해서 움직이기보다 종묘 앞을 돌아 돈화문으로 들어갔음을 알 수 있다.

66 『세종실록』 오례의 납비의(納妃儀) 중 비수책(妃受冊).

67 비수책 외의 납채, 납징, 고기, 명사봉영 등의 절차도 대동소이한 편이다. 비수책의 공간 규정이 가장 복합적이므로 이로 대표한다.

68 어의궁이라는 이름의 궁가는 여러 곳이다. 중부 경행방의 어의궁은 인조의 잠저로, 효종이 태어난 곳이다. 이를 상어의궁이라 했다. 동부 숭교방의 집은 이후 인조와 효종이 살던 곳으로, 하어의궁이라 하여 상어의궁과 구분했다. 또한 서부 인달방의 어의궁이 있었다. 용흥궁은 동부 숭교방의 집, 곧 하어의궁이다.

69 용흥궁은 인조 대에 새로 건립한 것이라는 견해(주남철, 『궁집』, 87쪽)와 능양군, 즉 인조 이전에도 왕실에서 다각도로 사용하던 곳이라는 견해가 있다. 성종 계비 정현왕후의 본궁으로 출발해 중종, 인종, 명종, 호혜공주, 순회세자 등이 거처했다고 한다.

70 소현세자의 죽음으로 봉림대군이 효종으로 즉위하면서 어의궁을 용흥궁, 즉 임금이 난 집으로 부르게 됐다.

71 『순조실록』 4권, 순조 2년(1802) 8월 10일(무신).

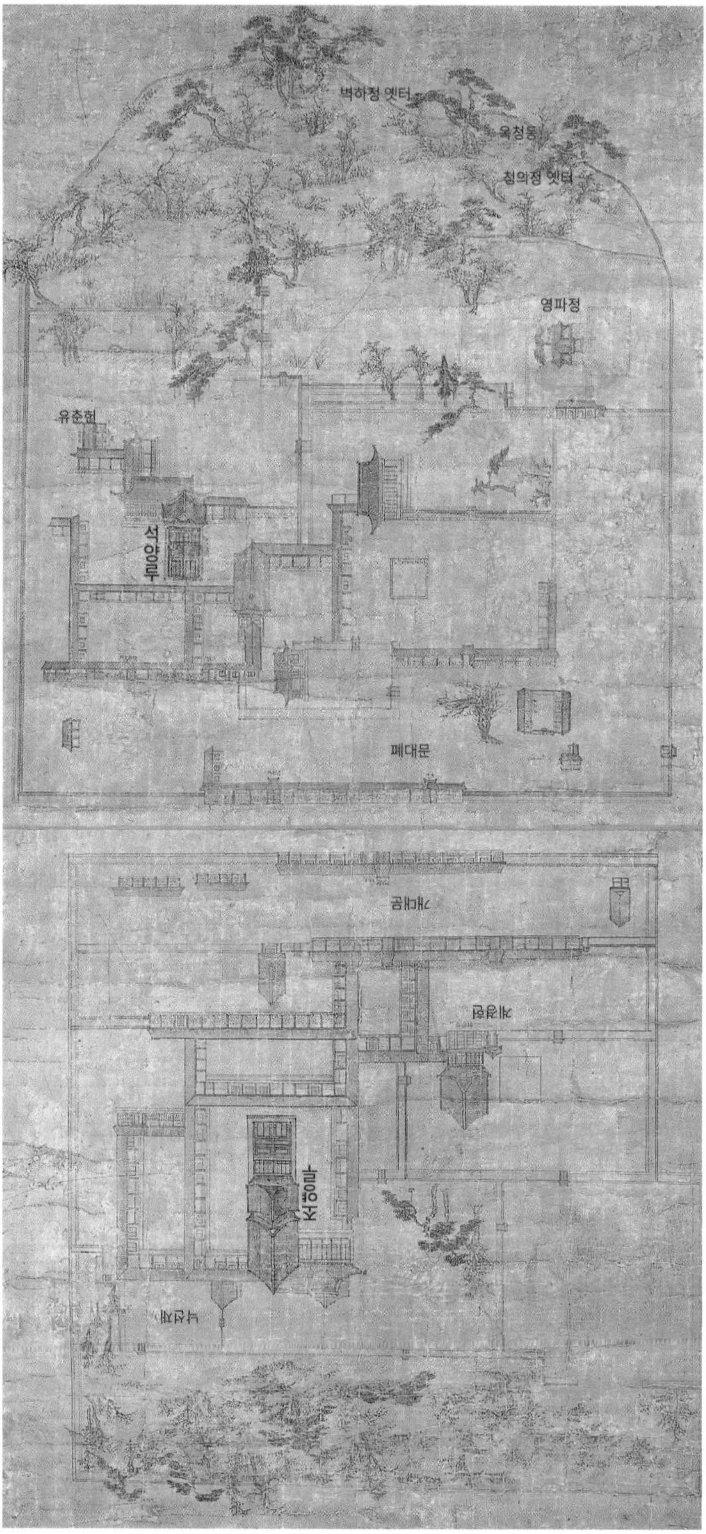

그림 2 「인평대군방전도」(효종 연간, 185×90cm, 서울대학교 규장각한국학연구원/중앙도서관 소장)

하지만 다른 별궁들도 대부분 청계천 이북의 궁궐 근처에 있었기 때문에 이것이 결정적인 이유는 아니었을 것이다. 또한 이 집의 규모가 민간 집들에 비하면 압도적으로 큰 것이지만 궁가 입장에서 보면 특별한 것은 아니었다. 그렇다면 아마도 병자호란 이후 중국 심양으로 간 봉림대군의 처소가 비어 있던 상황에서 인조계비와의 가례를 여기에서 치른 경험이 이후의 사용 양상에 영향을 미치지 않았을까. 용흥궁에서의 가례가 여러 번 누적되면서 이곳은 공간에 맞추어 새로 구체적인 의주를 정비하거나 필요한 공사를 별도로 진행할 필요가 없는, 가례에 적합한 공간으로 인식됐을 공산이 높다.

「인평대군방전도(麟坪大君坊全圖)」[72]로 알려져 있는 그림이 있다. 인평대군[73]은 인조의 셋째 아들 봉림대군, 즉 효종의 동생이다. 인조에 의해 후사 없이 죽은 삼촌 능창대군의 사후양자로 입양됐다. 두 형과 함께 중국 심양으로 끌려간 바 있고, 효종과는 유일한 동복형제이기에 인조나 효종 입장에서는 특별함이 있는 가족이었다. 「인평대군방전도」에는 2개의 저택이 묘사돼 있다. 그림의 이름에 인평대군이 들어 있는 것으로 보아 하나는 인평대군제택임이 분명하다. 이 집들의 주인을 확인할 수 있는 것은 위치에 대한 문헌 기록과 더불어 그림에 표기된 '조양루'와 '석양루'라는 누다락집 이름이다. 『한경지략(漢京識略)』에 "동부 숭교방에 있다. 하어의궁이라 한다. 조양루가 있으며 효종의 잠저다."라고 한 집이 바로 용흥궁이다. 이에 덧붙여 『동국여지비고(東國輿地備考)』에서는 이 집이 본궁이라고도 불린다는 점, 가례를 행하는 곳이라는 점 등이 추가돼 있다. 이어 인평대군저택에 관해 기록하면서 "건덕방 낙타산 아래, 용흥궁 동쪽에 있으며, 용흥궁과 서쪽으로 대면하고 있다. 석양루가 있다 … 지금의 장생전이다."라고 한 것을 보면 그림에서 석양루가 있는 집이 바로 인평대군의 집이다. 또한 그림이 마치 행랑을 마주하고 있는 연이은 집으로 보이지만 실은 이 두 집은 숭교방과 건덕방에 각각 존재하던 별개의 집이다.[74]

이 그림에 속한 용흥궁의 모습은 다음과 같다. 행랑으로 가로 입면을 구성한 대문간을 들어서면 좌우로 긴 마당을 먼저 만나게 된다. 다시 가로막고 있는 행랑이 있다. 그림에 '폐대문'이라 적힌 왼편 솟을문 안으로는 '계경헌(啟慶軒)'이라는 이름의 누다락집을

72 효종 연간, 185×90cm, 서울대학교 규장각한국학연구원 소장.

73 인평대군 이요(麟坪大君 李㴭), 1622~1658년.

74 원래 이 두 집이 하나의 그림으로 그려진 것인지 따로 그려진 그림을 표구하면서 하나로 붙인 것인지에 대해서는 명확하지 않다. 주남철은 애초에 하나로 그려진 것으로 판단했다. (주남철, 『궁집』, 일지사, 2003, 71-73쪽.) 하지만 문헌에서 이 두 집에 동서로 나란히 있었다고 기록한 것과 방위상의 차이가 있다.

향해 나아갈 수 있다. 담장에 난 문을 다시 들어가면 계경헌의 방당이 있는 마당까지 연결된다. 계경헌으로 오르기 위한 계단이 어느 쪽인지는 잘 확인되지 않지만 길에서부터 3개의 문을 지나야 이 건물에 다다를 수 있었을 것으로 보인다. 이는 인평대군 저택에서도 유사하다. 한편 '조양루(朝陽樓)'가 연결된 안채까지는 문간마당에서 다른 문을 통해 동선이 구성됐을 것으로 보인다. 또한 계경헌과 조양루 사이에는 이용할 수 있는 별도의 일각문이 묘사돼 있어서 두 건물 사이의 동선을 짐작할 수 있다.

이러한 구성은 앞에서 살펴본 왕실 혼례의 '비씨제(妃氏第)'에 요구되는 공간 구성에 부합한다. 대문·내문·중문의 3중의 문을 거쳐야 하는 점, 당과 마당으로 표현된 의식 공간, 내전까지 빠짐없이 구성돼 있으면서도 각 공간의 규모와 분위기가 왕실 의식에 모자람이 없었을 것이다. 이러한 규모의 집은 민간에서 쉽게 확보되지 않았을 것이며, 그 점에서 임시로 가례에 사용할 수 있는 가례별궁을 궁궐 가까이에 마련해 놓은 것은 합리적인 공간 활용의 해법이라 할 수 있을 것이다.

07
별궁, 민가와 다른 건축

궁궐 밖에서 생활하는 왕실 구성원들의 집은 통상 '궁가(宮家)' 혹은 누군가의 '제택(第宅)'으로 지칭되곤 했다.[75] 이러한 집들은 신분 논리로 볼 때 궁궐 내의 전각들과 민간의 가옥 간 위상을 가질 것으로 추정되며, 실제로 일반적인 민간의 가옥에 비해 그 가대와 가옥 규모가 훨씬 크고 구성도 복잡한 것으로 파악된다. 앞에서 살펴본 제3차 가사제한[76]에 따르면 대군 등의 집에는 내루·정침·익랑·서청·내고 등이 구성 요소로 기재돼 있고, 이어서 종친 및 문무관 2품 이상에 대해서도 동일한 구성 요소를 거론하고 있는 것으로 보아 이들 요소가 반드시 궁가에만 존재하는 것은 아니라는 점은 명확하다. 하지만 거주하는 이의 신분에 따라 각 요소의 규모를 규정하고 있는 점에서 차이가 있다. 한편 3품 이하 및 서인에 대해서는 다른 요소의 명칭은 기재되지 않았고, 단지 내루 규모만을 각각 5칸과 3칸으로 규정한 것으로 보아 정침·익랑·서청·내고 등이 모든 계층에 보편적으로 사용된 주택 요소는 아니라고 할 수 있을 것이다. 성종조의 제4차 가사제한에서는 사용된 용어에 차이가 있다. 대군에게는 정방·익랑·서청·침루, 왕제군·공주군에게는 정방·익랑·별실, 옹주 미 2품 이상과 3품 이하에 대해서는 규모를 달리하되 정방·익랑만을 공간 구성 요소로 기재했다. 또한 서인에 대해서는 별도의 공간 요소를 특정하지 않았다.[77] 세종조와 성종조의 가사제한 기사를 함께 살펴보면 공통적으로 서청(西廳)를 살필 수 있다. 또한 정침(正寢), 정방(正房)으로 이름을 달리 쓰기는 했지만 다른 요소들보다 먼저 등장하는 것으로 보아 주택의 가장 중심 공간을 지칭하고 있는 서로 다른 명칭으로 볼 수 있다. 세종조의 '내루'는 성종조의 '침루'에 서로 대응하는 것으로 이해되는 가운데 세종조에는 모든 계층에 내루를 거론한 데 반해 성종조에는 대군에 대해서만 침루를 거론했기 때문에 그 의미는 조금 달라 보인다. 별실(別室) 또한 주목해 둘 만하다.

주택 중심은 정침[78]이다. 정침은 의식과 연거의 공간으로, 뚜렷한 건축 형식을 띠고 있었다. 당(堂)·실(室)·방(房)·협(夾) 등 각 부분이 어떤 역할을 하여야 하는지, 신분별로 어떤 형식으로 구성되는지, 정침 내에서는 어떤 방식으로 의식이 진행되는지 등은 오랫동안 경학 대상으로 논의된 주제들이다. 정침은 정면 3칸의 당(堂)을 중심으로 구성된다. 당에는 2개의 독립기둥, 즉 영(楹)이 있어서 행동과 위치의 기준으로 삼는다. 당의 좌우에

75 제택은 곧 저택을 뜻하는 것이니 이를 특별한 집의 분류 명칭으로 쓰기는 어렵다. 왕실 구성원의 집 말고도 신하들의 저택 또한 제택으로 기록된 경우가 많다. 다만 제택의 앞에 대군, 왕자, 공주, 옹주 등의 이름이 붙어 누군가의 제택이라고 지칭된다면 이를 궁가로 판단할 수 있다.

76 『세종실록』 123권, 세종 31년(1449) 1월 26일(정미).

77 『성종실록』 95권, 성종 9년(1478) 8월 22일 (신해). "~대군(大君)의 집은 60간(間) 안에 정방(正房)·익랑(翼廊)·서청(西廳)·침루(寢樓)가 전후퇴(前後退) 아울러 12간인데, 고주(高柱)의 길이가 13척, 과량(過樑)의 길이가 20척, 척량(脊樑)의 길이가 11척, 누주(樓柱)의 길이가 15척이고, 나머지 간각은 기둥[柱]의 길이가 9척, 대들보[樑]의 길이와 척량(脊樑)의 길이가 각각 10척입니다. 왕자(王子)·제군(諸君) 및 공주(公主)의 집은 50간 안에 정방·익랑·별실(別室)이 전후퇴 아울러서 9간인데, 고주(高柱)의 길이가 12척, 과량(過樑)의 길이가 19척, 척량(脊樑)의 길이가 10척, 누주(樓柱)의 길이가 14척이고, 그 나머지 간각은 기둥의 길이와 대들보의 길이가 각각 9척, 척량의 길이가 10척입니다. 옹주(翁主) 및 2품 이상의 집은 40간, 3품 이하는 30간 안에 정방·익랑이 전후퇴 아울러 6간인데, 고주의 길이가 11척, 과량의 길이가 18척, 척량의 길이가 10척, 누주의 길이가 13척이고, 그 나머지 간각은 기둥과 대들보의 길이가 각각 8척, 척량의 길이가 9척입니다. 서인(庶人)의 집은 10간 안에 누주의 길이가 11척이고, 그 나머지 간각은 기둥의 길이가 각각 8척, 척량의 길이가 9척인데, 모두 영조척(營造尺)을 씁니다."

78 정침은 천자, 제후, 경대부, 선비에 이르기까지 모든 계층에게 존재하고 있는 연거 공간이다. 의식 공간으로서의 당을 포함하고 있다. 정침의 건축 형식은 경학사적으로 논정돼 온 유형일 뿐만 아니라 송대 이후에는 민간에서도 정침을 실제로 영건하고자 하는 경향이 뚜렷해졌다. 정침 논의에 대해서는 정기철, 『17세기 사림의 묘침제 인식과 서원영건』, 서울대학교 박사학위논문, 1999 참조.

는 협실이 있고, 북쪽으로는 방과 실을 두는 것이 정침의 형식이다.[79] 이 형식을 '오가옥(五架屋)'으로 칭하기도 하여[80] 평면 구성과 더불어 건축 구조까지 완전한 형태로 정침을 상정하고 있었다. 조선시대 학자들 또한 이 정침의 건축에 대해 관심이 깊었다. 일례로 돈암서원의 응도당은 조선 학자들이 이해한 고대 정침 형식을 당시의 기술과 안목으로 재해석한 사례라 할 수 있다. 그렇지만 이는 매우 특별한 사례일 뿐이며, 보편적으로는 정침의 건축 형식을 원론적으로 따르지 못했다. 퇴계는 "정침이란 전당(殿堂)을 말하는 것이지만 지금의 사람들은 집 안에서 제사를 지내거나 손님을 응대하는 장소를 통틀어 정침이라고 부르고 있다. 만약 옛 제도를 적용한다면 매우 좋기는 하겠지만 시대와 걸맞지 않은 점이라도 있을까 그것이 염려된다."[81]고 하여 당시 사회에서 정침은 개념적인 이해와 실제의 상황, 건축의 형태가 원론과는 다른 점이 많았음을 지적한 바 있다. 요컨대 세종조 가사제한의 '정침'은 대략 안채 정도로 이해하는 것이 옳다. 완전한 형태의 정침은 아니라 하더라도 이 자리에서 제사를 모시는 것을 통상적인 이용 방식으로 삼았기 때문에 안채에서도 특히 대청마루가 의례공간으로서 '당'에 해당한다. 또한 이때의 당, 즉 대청마루는 제사 등 의식의 설행을 위해 비교적 규모가 있는 공간일 필요가 있었다.

서청(西廳)과 익랑(翼廊)의 의미는 정침만큼 명확하지는 않다. 서청은 서쪽의 마루라는 어의가 있지만 반드시 서쪽에 위치한 방을 칭했는지, 서청과 대비되는 동청(東廳)이 있었는지 등에 대해서는 명확히 밝혀지지 않았다. 가사제한에서 명시적으로 사용한 단어인 만큼 서청이 특정한 용도를 띠고 있거나 보편적인 구성 요소일 공산이 높은 것은 분명하다. 그런데 이 단어의 의미가 비교적 평이하기 때문에 그저 서쪽에 있는 마루를 뜻하는 일반명사로 사용되는 경우와 잘 구분되지 않는다는 것도 서청의 의미 탐색에 어려움으로 작용한다. 이러한 한계 때문에 지금까지의 연구에서는 이 단어의 문헌상 용례를 통해 간접적으로 짐작하고 있을 뿐이다.

『조선왕조실록』에서 발견할 수 있는 사례로는 태조·태종 등이 즉위 전에 살던 사저의 서청, 수양대군 주택의 서청 등이 있다. 서청에 앉는 것에 대해 허락을 받았다는 기록과 남성들 연회는 서청, 여성들 연회는 익랑에 각각 열었다는 기록 등을 토대로 서청을 격식 있는 접객 공간으로 이해할 수 있다. 그에 대비해 익랑은 그보다 낮은 위계 공간으로 보인다.[82] 세종 연간에 승려들로 하여금 시어소의 서청에 모여서 기도하게 하고 또 빈소를 설치했다는 기록이나[83] 세조 연간에도 본궁 서청에 빈전을 마련했다는 등[84] 이와 유사한 기록은 적지 않다. 또한 태평관의 동서청[85], 남별궁의 서청[86]이라는 기록도 보인다. 여러 정황으로 보아 서청은 궁궐보다 시어소·본궁 등 궐 밖의 시설에서 확인되는 단어라는 점, 동청이라는 표현은 드물게 등장하는 점,[87] 서청에서는 주로 격식 있는 일들이 이루어지던 점 등이 파악된다고 할 수 있다.

유의할 점은 이러한 가사제한 규정은 세종, 성종 대 등 조선 전기의 기록이라는 사실이다. 우리나라 주택사에서 조선 전기까지의 주택은 남아 있는 것이 거의 없기 때문에 문헌사료를 통해 추정할 수밖에 없는 한계가 있기는 하지만 적어도 현존하는 이른바 전통가옥들이 조선 전기 양상을 그대로 보여 주지 않는다는 점은 분명하다. 연구에 따르면 조선 전기 상류주택의 뚜렷한 특징 가운데 하나는 바로 누(樓) 혹은 층루(層樓)의 존재다.[88] 한옥은 대개 단층집이라는 인식이 강하지만 그것은 지금 우리에게 익숙한 전통 한옥 형태일 뿐이다. 한옥이 단층으로 정착하게 된 것은 후대로 갈수록 온돌 사용이 확대되는 경향과 연관된다.[89] 겨울철에 난방을 위한 온돌이 확대되면서 온돌을 시설하기 어려운 2층 이상의 공간을 만드는 일 또한 감소하기 시작했다. 온돌이 보편화되기 전에는 화로 등 난방 기구를 이용한 것으로 추측되고 있다.[90]

주택 문화의 변화는 홍경모가 『사의당지』에서도 언급했다. 홍경모는 정명공주와 결혼한 홍주원의 자손이다. 그가 기록으로 남긴 사의당은 한성부 남부에 1671년(현종 12) 3

79 방-실의 구성은 좌우방제와 일방제(혹은 동방서실제)로 구분되며, 이는 신분과 관련이 있다. 상세한 내용에 대해서는 李如珪(宋), 儀禮釋宮 등을 참조할 수 있다. 정기철, 「주자대전 의례석궁 연구」, 『대한건축학회논문집(계획계)』, 14권 5호, 1998.5 참조. 참고로 의례석궁은 이여규가 쓴 것으로, 주자의 글은 아니지만 주자대전에 포함돼 있어 더 큰 영향을 미칠 수 있었다.

80 이강민, 「동아시아 목조건축의 구조원리와 지붕구조의 유형」, 서울대학교 박사학위논문, 2009 참조.

81 『퇴계선생문집』 권39. 퇴계학연구소 1992.

82 이정미, 「조선전기 상류주택 별당의 기능 및 건축형식 연구」 「한국주거학회논문집」, 30권 1호, 2019.2.

83 『세종실록』 111권, 세종 28년(1446) 3월 13일(경진) 및 3월 27일(갑오).

84 『세조실록』 9권, 세조 3년(1457) 9월 4일(을축).

85 『예종실록』 4권, 예종 1년(1469) 윤2월 20일(을해).

86 『선조실록』 145권, 선조 35년(1602) 1월 21일(갑인).

87 참고로 동청은 잘 등장하지 않을 뿐만 아니라 위격도 서청에 비해 낮은 것으로 짐작된다. "정원에 전교하기를 '두목들에 대한 인견 여부를 어제 승정원에 의논해 아뢰도록 했는데 어떻게 할 것인가?' 하니 박홍린 등이 회계했다. '두목의 인견은 비록 전례가 없기는 하지만, 어제 두목을 보낸다고 천사가 면대해 말했습니다. 이는 전례와 다른 상황이니 인견하시는 것이 합당할 듯하고, 술대접하는 등의 일은 동청(東廳)에서 하는 것이 무방합니다.'" 『중종실록』 84권, 중종 32년(1537) 3월 12일(신묘).

88 이종서, 「朝鮮前期의 住居用 層樓 建築 傳統」, 『역사민속학』 22호, 2006.

89 선봉희, 권용찬, 『한옥과 한국주택의 역사』, 동녘, 2012.

90 이종서, 「고려~조선전기 상류 주택의 防寒 설비와 炊事 도구」, 『역사민속학』 24호, 2007.

월에 지어진 풍산 홍씨 가택으로, 정명공주가 인조로부터 사여받은 땅에 홍만회가 건립한 집이다. 인조는 정명공주에게 많은 재산을 사여했다. 그 가운데 하나가 사의당의 집터였다.[91] 이 집은 궁가라 할 수 없지만 궁가로부터 많은 영향을 받았을 것으로 보인다. 그중 하나가 후당(後堂)에 대한 기록이다.

> 부엌을 나누어 지었는데 궁가 관습을 본받은 것이었으나 지금은 폐했으며, 거처하는 사람의 후당이다.[92]

별동으로 짓는 부엌은 반빗간이라 하여 별도로 채를 짓고 반빗아치들이 음식을 장만하며 빨래·다듬이질 등 집안일을 하는 곳[93]으로, 의식-연거의 공간과 지원 시설을 구분한 것이다. 집주인이 부엌일까지 하는 경우라면 이들 공간이 붙어 있는 것이 편리하겠지만 신분으로 구분돼 있다면 가급적 떨어져 있는 것이 옳다. 다만 이 경우 취사와 난방의 아궁이를 각각 설치해야 하는 부담은 생긴다. 아무튼 이 기록을 통해 궁가가 민간 집들과는 차별적인 점이 많았음을 짐작할 수 있다. 더욱 주목되는 기사는 아래의 묘사다.

> 당은 모두 중간에 온돌을 두어 겨울에 알맞게 하고, 그 마루를 열어 두어 여름에 알맞게 했다. 널찍한 마루는 온돌의 두 배인데 이는 옛 제도이고 지금은 모두 이와 반대로 하는 것이 알맞다.[94]

> 징회각은 옛것을 바꾸어 새로 고쳤고, 아래 두 개의 당은 마루를 덜고 온돌을 더해 지금에 알맞게 따랐다.[95]

마루가 많은 집과 온돌이 많은 집을 대별하면서 예전에는 마루 중심 주택이 보편적이었지만 점차 온돌의 면적이 늘어났음을 분명하게 지적한 대목이다. 사의당은 궁가의 모습을 따른 점이 많은 민간 주택이다. 17세기에 지어졌지만 조선 전기 모습에 좀 더 가까이 있기도 하다. 이 주택이 지금 남아 있다면 궁가와 민간 가옥의 사이에서 양자에 대한 많은 단서를 제공할 텐데 사라지고 없는 점이 아쉽다.

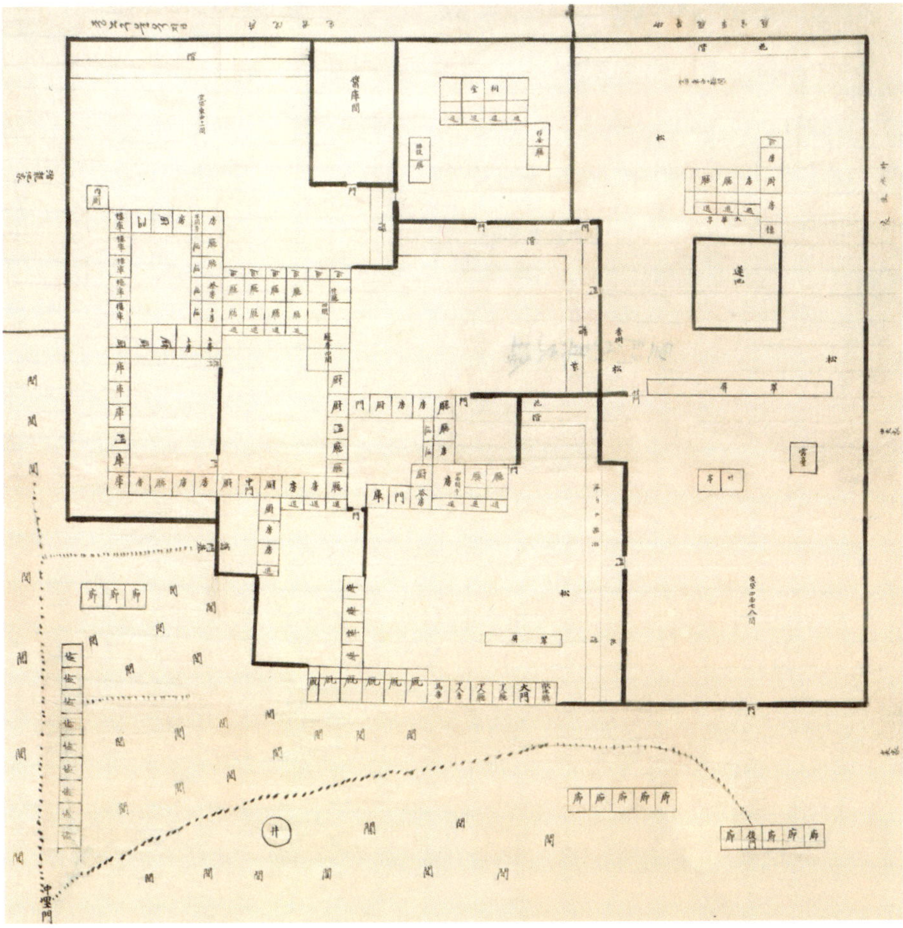

그림 3 「이문내구윤옥가도형」(18세기 후반, 75×81cm, 한국학중앙연구원 장서각 소장)

91 사의당 및 사의당지에 대해서는 여러 논고가 있으나 여기서는 주로 박혜정, 조재모, 「조선후기 사의당의 위치와 건축적 특징에 대한 추론」, 『건축역사연구』 26권 2호, 2017.4.를 참조.

92 홍경모, 『사의당지』, 「堂宇第二」.

93 『퇴계선생문집』 권39. 퇴계학연구소, 1992.

94 이정미, 「조선전기 상류주택 별당의 기능 및 건축형식 연구」, 『한국주거학회논문집』, 30권 1호, 2019.2.

95 『세종실록』 111권, 세종 28년(1446) 3월 13일(경진) 및 3월 27일(갑오).

08
그림사료를 통해 살펴본 별궁

수많은 궁가 사례 가운데 특히 주목되는 것은 순화궁이다. 순화궁은 헌종 후궁 경빈 김씨[96]의 궁호이자 궁가를 지칭한다. 헌종 승하 후 경빈 김씨는 관례에 따라 선왕의 후궁으로서 궁궐을 떠나 별도의 거처를 마련하게 됐다. 그의 거처는 중부 견평방으로 정해졌다. 이 집은 원래 세조 13년(1467)에 영응대군 딸 길안현주와 사위 구수영의 집으로 마련해 준 것이었다.[97] 구수영의 후손 구윤옥이 소유하고 있던 시절의 가옥 모습이 「리문내구윤옥가도형」이라는 이름으로 남아 있어 이 집의 모습을 짐작할 수 있다.[98] 『매천야록』에는 순화궁을 이윤용에게 주었는데 원래 이 집은 김흥근의 집으로 이문동에 있었다고 기록돼 있어[99] 순화궁 전후의 이력 또한 추적이 가능하다.

이 집은 담장과 행각에 의해 몇 개의 영역으로 나뉘어 있다. 대문간을 들어서면 취병으로 시각을 한 번 걸러 두었고, 정면에 사랑채를 마주하게 된다. 여기서 오른편으로는 태화정과 연지가 있는 넓은 영역으로 연결된다. 태화정의 마당에는 소나무, 향나무가 서 있어서 꽤 운치 있는 풍경이었을 것으로 생각된다. 태화정은 앞쪽으로 툇마루를 놓고 마루와 방을 위치시킨 몸통에 한쪽으로 누마루가 있는 방과 부엌을 익랑으로 하여 연결했다. 부엌은 3면으로 방에 면하도록 하여 난방을 위한 아궁이를 한 곳에 집중시켜 놓은 것을 볼 수 있다. 뒤쪽으로는 화계가 있다. 경사진 땅인 듯하다. 왼쪽 담장 너머로도 화계가 있어 집 안에서는 태화정 자리가 비교적 높은 땅인 것으로 보인다. 앞쪽으로는 취병과 대나무로 만든 문을 두고 앞마당과 분리했다. 그 마당에는 운대(雲臺)와 죽정(竹亭)을 두어 조경 요소로 삼았다.

집의 중앙부에는 안채와 사랑채 역할을 하는 건물이 서로 꺾인 형태로 연결돼 있다. 안채의 대청은 상당히 큰 규모로, 정면 4칸에 양통으로 모두 8칸에다 앞뒤로 툇마루를 두는 등 보 칸 크기가 매우 큰 집이다. 대청마루의 오른편으로는 부청 4칸, 건넌방 4칸을 익랑 형태로 두었다. 역시 양통으로 잡았다. 왼편으로는 방과 마루, 누고와 부엌 등으로 ㅁ자를 이루어 중정을 둔 구역이 붙어 있다. 한쪽 구석에는 내측(內廁)을 두었다. 안채 앞쪽으로는 꽤 큰 규모의 안마당을 배치했고, 주위를 둘러 곳간 등을 놓았다. 마당은 좌우를 나누는 담장에 의해 2개 마당으로 분리돼 있다. 왼편에는 주로 곳간, 오른편에는 마루·방·부엌이 있다. 앞쪽 행랑 가운데로는 중문이 있어 출입을 여기에서 한 것을 알 수 있다. 즉 중문을 들어와서 왼편이 살림을 지원하는 영역을 두면서 담장으로 시각적인 분리를 의도한 것이다.

안채 영역의 오른편 조금 앞으로 사랑채를 두었다. 사면으로 난간을 둘러 장식적인 느낌이 강했을 것이다. 마루를 오른편, 방을 왼편에 두었다. 방 뒤쪽으로는 행각이 연결돼 별도의 마당을 구획하고 있다. 사랑채와 안채에 서쪽으로 각각 다방(茶房)을 한 칸씩 붙여 둔 것이 눈에 띈다. 가장 안쪽으로는 사당을 별도의 영역으로 두었다. 사당은 정면 4칸으로 했다. 통상적인 3칸 사당보다 규모가 크다. 이안청과 배설청을 마당에 함께 두어 제사에 불편함이 없도록 구성돼 있다.

이상의 모습은 구윤옥 가옥, 즉 길안현주와 구수영의 집 모습이다. 이 모든 구성이 일시에 만들어졌다고 확신할 수는 없지만[100] 조선 전기에서 후기에 이르는 오랜 기간 존재했을 궁가의 모습을 살펴볼 수 있다. 규모가 크고 복잡한 구성을 하고 있으며, 도심에 있던 집임에도 태화정 영역 같이 큰 정원 공간을 꾸미고 있었다. 안대청의 보 칸 규모를 보면 지붕도 매우 높았을 것이며, 누고(樓庫)가 여러 칸 연결돼 있는 등 전체적으로도 집을 높게 구성하고 있었다고 할 수 있다. 부엌을 안채에 붙이지 않고 별도의 영역에 구분해 놓은 것도 반빗간과 같은 공간 구분을 짐작할 수 있게 한다.

경빈 김씨가 세상을 뜨고 나서 견평방의 집은 이윤용·이완용에게 넘어갔고, 순화궁은 엄준원 집으로 옮겨졌다.[101] 국립고궁박물관 소장의 「순화궁도형」은 이 시기의 집을 그린 것이다. 집의 규모가 이전에 있던 견평방의 구윤옥 가옥에 비해서는 비교도 되지 않을 정도로 작다. 대규모 궁가인 구윤옥 가옥에 있던 궁속들에게는 이 집은 매우 좁은 것이

96 경빈 김씨(1832~1907)는 김재청의 딸로, 1847년 후궁에 간택돼 경빈으로 책봉됐다. 1849년 헌종 승하 이후 궁궐 밖으로 나가 세상을 떠날 때까지 살았다. 궁궐 밖에서 산 집 또한 순화궁으로 칭한다. (한국학중앙연구원, 조선왕조실록사전, 검색어 '순화궁' 요약)

97 길안현주와 구수영 집의 마련에 대해서는 세종의 하사로 기록된 英祖御製表太華亭揭板帖과 세조가 마련해 준 것으로 기록된 세조실록 사이에 차이가 있다. 정정남은 이를 분석해 세조 대의 일로 판단했다.

98 순화궁에 대해서는 정정남이 그의 논문, 「인사동 194번지의 都市的 變化와 18세기 漢城府 具允鈺 家屋에 관한 연구-장서각소장 『里門內具允鈺家圖形』의 분석을 중심으로-」, 『건축역사연구』 17권 3호, 2008.6에서 상세히 다룬 바 있다. 이 글에서 순화궁에 대한 내용은 그의 연구에 기대어 있음을 밝힌다.

99 "以順化宮賜李允用, 宮故相金興根第也, 在里門洞, 精緻甲北村, 屢易主, 爲故慶嬪所居, 允用使金珏鉉, 言于兩宮, 百計得之", 황현, 『매천야록』.

100 정정남은 각각의 영역이 시차를 두고 순차적으로 건립돼 전체를 이룬 것으로 파악했다.

101 대한매일신보 1908년 3월 6일자 잡보의 이사 소문에는 이윤용은 종로 리문안 순화궁으로, 순화궁은 슈각다리 엄준원의 집으로, 엄준원은 새문 밖 이윤용의 집으로 이사하기로 했다는 기록이 있다. 또한 『梅泉野錄』 卷之六 隆熙二年戊申에도 順化宮을 李允用에게 下賜했다고 기록됐다. 엄준원(嚴俊源, 1855~1938)은 한성판윤, 헌병사령관, 진명여학교장, 중추원 참의 등을 거친 인물이다.

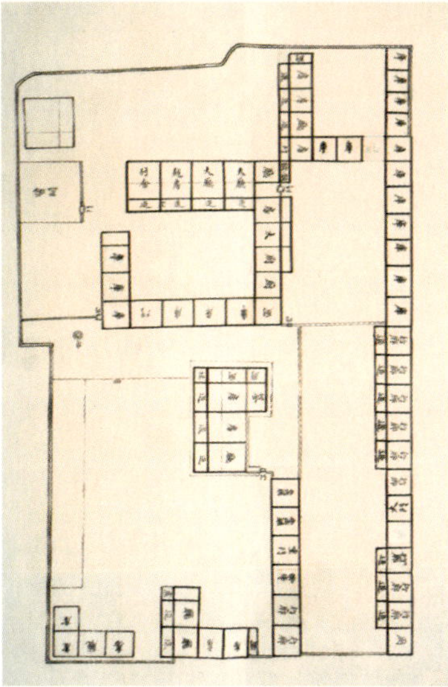

그림 4 「순화궁도형」

(1910년경, 78.0×54.5cm, 국립고궁박물관 소장)

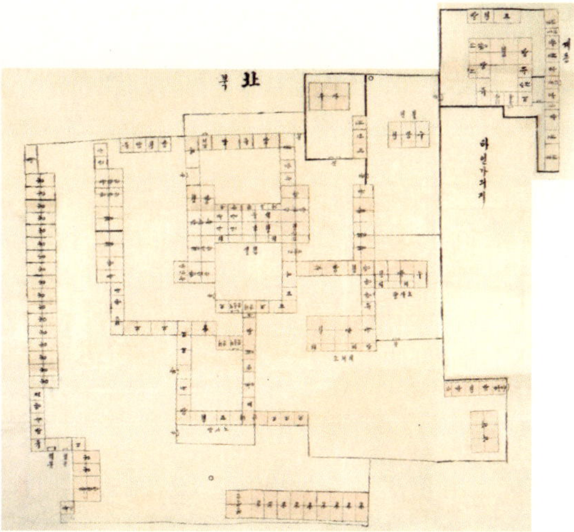

그림 5 「재동순화궁도형」

(1911년 이후, 92.8×115.4cm에 29.7×37.3cm 붙임, 국립고궁박물관 소장)

었다. 곧 다른 곳으로 순화궁이 옮겨졌는데 재동으로 옮긴 것으로 보인다.[102] 「재동순화궁도형」은 이 시기의 순화궁을 보여 주는 도형이다.

한편 「재동궁도형」이라는 도형 또한 순화궁의 것으로 추측된다. 『국립문화재연구소 소장 조선왕실건축도면』의 해제에 따르면 이 도형은 위의 「재동순화궁도형」과 상당 부분이 일치하고, 위쪽 부분이 더 그려진 것으로 보아 같은 대상을 묘사한 것으로 파악됐다. 그리고 도형의 오른쪽 변에 '三白三十二間內 新建三十一間(삼백삼십이간내 신건삼십일간)'이라고 적혀 있는 점을 또 하나의 근거로 삼았다.[103]

재동의 순화궁은 견평방 시절만큼 대규모의 복합 건축군이었다. 이 집의 대문은 도면의 오른쪽 아래 꺾인 부분에 있다. 대문 주변으로 긴 '행랑(行廊)'[104]으로 경계를 만들어 도시 공간과 집이 접하도록 했다. 대문을 들어서면 오른쪽으로 꺾어 구획된 정사각형의 마당으로 들어간다. 이곳의 행랑은 '노자거소(奴子居所)'로 사용됐다. 여기에서 위쪽과 오른쪽으로 다시 각각의 문이 나 있어서 크게 2개의 동선으로 분리된다. 위쪽으로는 '지밀(至密)'이라 적혀 있는 안채, 오른쪽으로는 '사랑(舍廊)' 영역이 각각 위치하고 있다. 안채와 사랑채는 행각으로 이어진 건물이지만 각각의 마당으로 별개 영역을 구성한다. 사랑채는 전면퇴를 둔, 모두 4칸의 방과 마루가 중심 공간을 구성한다. 사랑채의 오른편에서 도면의 위쪽 방향으로 연결되는 행랑에는 다시 오른쪽으로 '별당(別堂)'이 있다. 단부

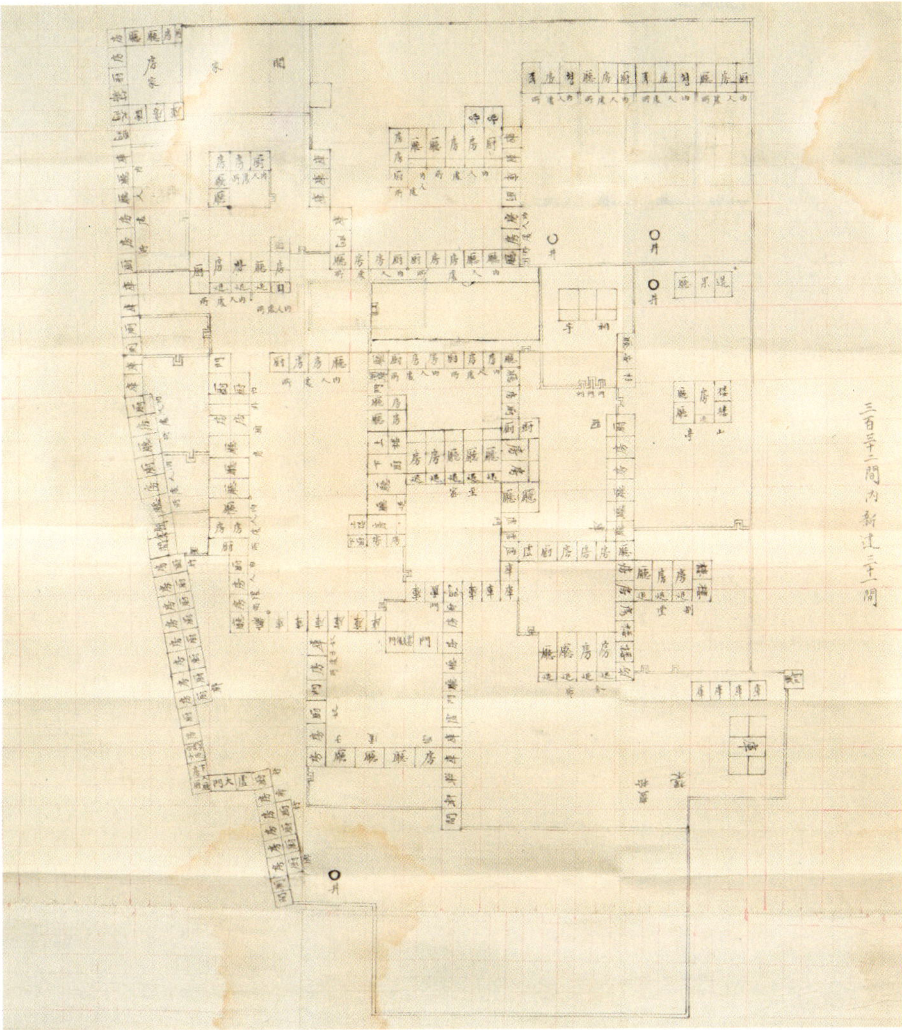

그림 6 「재동궁도형」(1911년 이후, 94.0×74.0cm, 국립고궁박물관 소장)

102 정정남은 구윤옥가에서 엄준원가로 옮긴 이후 다시 옮겨간 순화궁에 대해 칙령에 기록된 관광방 간동이 아니라 재동인 것으로 추론했다. 이에 동의한다.

103 『국립문화재연구소 소장 조선왕실건축도면』 재동궁도형 해제 참조.

104 도면에도 이 부분이 '行廊'으로 기재돼 있다.

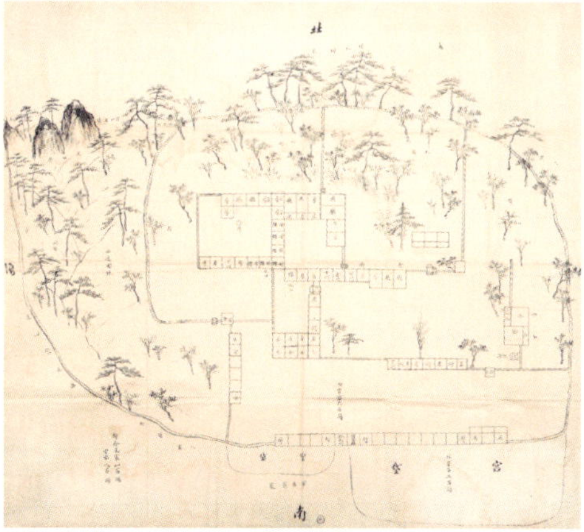

그림 7 「세심궁도형」
(1764년 이전, 99.0×115.6cm, 국립고궁박물관 소장)

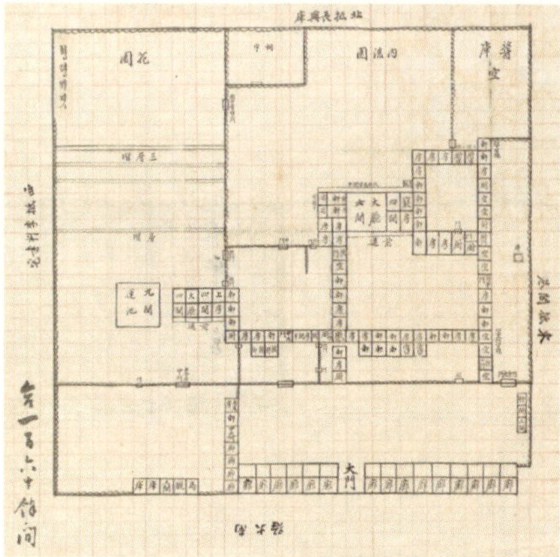

그림 8 「청평위궁평면도」
(연대 미상, 57.8×60.1cm, 한국학중앙연구원 장서각 소장)

에는 '누(樓)' 2칸이 조성됐다. 사랑채의 마당이 매우 넓은 것과 달리 별당 마당은 비교적 안온하게 공간을 위요하고 있다.

안채는 각각 전후퇴를 둔 3칸과 2칸의 마루와 방으로 몸채를 구성했다. 왼편으로는 상층에 '누(樓)', 하층에 '주(廚)'를 둔 중층의 익랑이 붙어 있다. 그 왼편으로 '내외주방(內外廚房)', '나인거소(內人居所)'가 행랑 형식으로 둘러싸는 마당이 붙어 있다. 이러한 구성은 구윤옥 가옥 모습과 유사한 점이 있다. 안채의 오른편으로는 방과 청이 오른쪽 마당을 보고 있다. 이 마당은 '곳간[庫間]'의 행랑이 둘러싸고 있다. 안채의 뒤쪽으로는 'ㅁ'자형의 마당이 다시 구성됐고,[105] '나인거소(內人居所)'가 둘러싸고 있다. 안채의 오른편 및 별당의 뒤쪽으로는 '산정(山亭)'과 '조과청(造果廳)', 그 옆 가장 깊숙한 위치에는 '사우(祠宇)'가 있다.

이상의 구성은 「재동순화궁도형」의 묘사와 크게 다르지 않다. 다만 「재동궁도형」에는 안채와 사우 위쪽으로도 일군의 건물이 묘사돼 있는 점이 큰 차이다. 거의 모든 건물에 '내인거소'라고 적혀 있어 그 용도를 짐작하게 한다. 특이하게도 이 부분의 건물에는 한자가 아니라 한글로 '쥬', '청', '방' 등이 적혀 있는 곳이 몇 곳 있다. 원래 한자로 적혀 있던 다른 글자를 지우고 새로 쓴 것으로 보인다. 또한 도면의 일부 선이 지워진 흔적이 있기도 하고 새로 그려진 것이 확실한 선들도 있어서 이 일곽의 구성은 여러 차례 변경된 것으로 추측된다.

「세심궁도형」을 살펴보면 이 역시 안채 왼편으로 '주루(廚樓)'라고 기재된 부분이 있고, 오른쪽으로는 '산정(山亭)'이 확인된다. 전체적으로 사랑채와 안채의 연결 구성 등에

요컨대 궁궐 밖의 왕실 구성원이 살던 집들이 모두 동등한 수준의 규모와 구성을 한 것은 아니었다. 왕실 관계의 가깝고 먼 정도와 집을 구할 당시의 여건 등에 따라 구성과 규모가 서로 달랐다.

서 순화궁과 유사한 부분이 많다. 「원동이궁도형」106에서도 대청과 상방이 중심이 되는 안채 왼편으로 '상루(上樓)'와 '주(廚)'가 함께 기재된 칸이 붙어 있어서 이러한 구성은 규모 있는 궁가에서 보편적인 모습이었음을 짐작할 수 있다. 또한 '사랑(舍廊)'뿐만 아니라 '소사랑(小舍廊)', '후사랑(後舍廊)' 등이 별도로 존재하고 있는 등 상당한 규모를 갖춘 저택이었음이 확인된다. 안채 위쪽으로는 '판장(板墻)'으로 구획된 ㄷ자 형의 별동 건물이 있고, 그 안쪽으로 '사우(祠宇)'가 배치됐다.

「청평위궁평면도」에 묘사된 청평위궁 또한 궁가 사례다. 큰길에 면한 남쪽 행랑 중앙에 대문이 위치하고 있고, 대문을 들어서면 담장이 좌우로 길게 가로막고 있다. 그 안쪽으로 안채와 사랑채 등이 위치한다. 안채는 행랑으로 둘러싸인 안마당과 함께 안채 동편으로 별도로 구획된 마당을 중심으로 부엌 시설이 위치한다. 안채 서편으로는 난간이 있는 '헌(軒)'이 '내후원(內後園)'을 바라보도록 마련됐다. 사랑채는 안채의 서남쪽에 연지를 바라보고 있다. 대청과 상방이 각 4칸 있고, 동편으로는 '헌(軒)'을 두었다. 사랑채 북쪽으로는 여러 단의 층계가 있는 '화원(花園)'이 있으며, 안채 내후원 깊숙이 사우를 두었다.

반면에 「운현궁구도」, 「운현궁구도형」은 지금의 운현궁을 만들기 전에 사용하던 비

105 이 부분 왼쪽 행각의 문 옆에 '酒庫'가 있는 점이 흥미롭다.

106 국립문화재연구소의 해제에 따르면 원동의 2궁은 지금의 낙원동 284번지에 있었으며, 규모는 크지만 기존의 다른 궁가들이 갖추고 있는 공간 명칭이 보이지 않는 점을 들어 궁가로 판단하기는 어렵다고 했다.

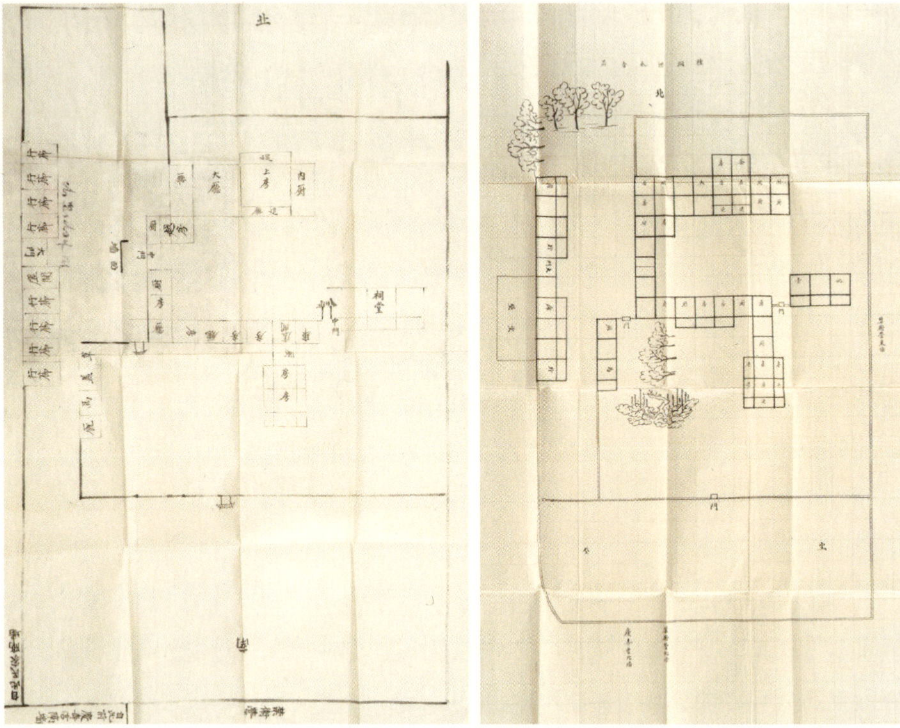

그림 7 「운현궁구도」(1863년, 97.2×63.2cm, 국립고궁박물관 소장) 및 「운현궁구도형」(1863년, 121.2×77.4cm, 국립고궁박물관 소장)

교적 작은 집을 묘사하고 있다.107 운현궁 또한 행랑, 사당 등을 갖추기는 했으나 순화궁급 집들과는 확연히 차이가 있다. 앞에서 살펴본 엄준원의 집에 일시적으로 있던 순화궁을 묘사한 「순화궁도형」도 유사하다.

요컨대 궁궐 밖의 왕실 구성원이 살던 집들이 모두 동등한 수준의 규모와 구성을 한 것은 아니었다. 왕실 관계의 가깝고 먼 정도와 집을 구할 당시의 여건 등에 따라 구성과 규모가 서로 달랐다. 그 가운데에서도 몇몇 집은 민간 집과 규모와 위세 면에서 차원이 달랐다. 특히 여러 곳으로 위치를 옮긴 순화궁을 묘사한 일련의 도형을 살펴보면 여건이 허락하지 않을 때라면 모르겠으나 규모를 갖출 수 있는 상황이라면 이러한 저택에는 일종의 공통적인 구성 방식이 읽혀지기도 한다.

가사제한의 어휘들이 일일이 그림사료에서 확인되는 것은 아니지만 정침으로 이해되는 안채 공간의 충분한 규모, 별도로 구획된 부엌, 창고 등의 지원 시설 영역, 외부 공간을 충분히 확보하고 있는 사랑채, 종종 중층으로 구성되는 부분의 존재, 사당 영역, 후원 영역, 도시와 면한 장대한 행랑과 넓은 면적의 창고 등은 규모 있는 궁가에서 공통적으로 보이는 모습으로 이해된다. 또한 서계소, 장무소 등 궁가의 역할과 관련되는 시설이나 사우 일곽을 크게 구성하는 등의 특징도 보인다. 산정 등 접객 공간이 발달한 점이나 화계 등 고급 조경 공간이 마련되는 것도 특징적이다.[108]

세부 장식에서도 차별적인 기법이 사용된 것으로 보인다. 조선 후기 궁실 건축에 사용된 기법에 대한 최근 연구[109]를 살펴보면 민간 건축과 달리 왕실과 연관되는 건물들에서는 기단·초석·동바리·고막이·기둥에서의 재료 가공 차이, 여모판·초엽·사벽첩·토소란·처마·기와에서의 부가적 요소 차이가 있음을 밝힌 바 있다. 또한 이러한 고급 기법은 시기적으로도 변화하는 양상을 보였다. 아마도 당시의 유행과 관련이 있는 것이 아닐까 여겨진다.

09
왕실사묘의 건축

제사를 위한 별궁, 즉 왕실사묘(王室私廟)에 대해서는 의궤를 비롯해 의궤 속에 포함된 도설(圖說)을 통해 대략적인 건축 구성의 윤곽을 파악할 수 있다. 그 가운데 영조대에 건립된 수은묘(垂恩廟)와 정조대에 승격된 경모궁(景慕宮), 역시 정조대에 건립된 문희묘(文禧廟)에 관해 의궤를 통해서 살펴보았다.

107 구 운현궁의 위치에 대해서는 국립문화재연구소의 해제에 현 운현궁의 동편, 양관의 북쪽인 것으로 비정됐다.

108 정정남, 「조선후기 궁가의 공간구성 및 배치」, 『2009 한국건축역사학회 추계학술발표대회 논문집』. 2009.11.

109 안소현, 전봉희, 「조선후기 궁실건축에 사용된 격식기법의 유형과 변천」, 『건축역사연구』 28권 6호, 2019.12. 이 연구에서는 25개의 궁실건축을 대상으로 분석을 진행했다. 창녕위궁(북온공주가), 김진흥가옥(덕온공주가), 운현궁, 남양주궁집 등 4개 사례 외 나머지는 궁궐 내의 전각 및 왕릉 전각이 대상이었다. 따라서 이 연구가 본고에서 주목하는 별궁 성격의 궁가와는 일부 어긋나는 점이 있을 것이다.

수은묘(垂恩廟)와 경모궁(景慕宮)

수은묘와 경모궁에 대해서는 영조 40년(1764)에 수은묘를 건립하고 이건하면서 작성된 『수은묘영건청의궤(垂恩廟營建廳儀軌)』와 권말의 『수은묘이건시의궤(垂恩廟移建時儀軌)』, 정조 초년에 경모궁으로 승격하면서 작성된 『경모궁개건도감의궤(景慕宮改建都監儀軌)』, 제 의궤를 정리한 『경모궁의궤(景慕宮儀軌)』, 『궁원의(宮園儀)』 등을 통해 건축형제(建築形制) 변화를 파악할 수 있다.

경모궁이 위치한 숭교방(崇敎坊)의 함춘원(含春苑)은 성종 15년(1484)에 창경궁을 창건한 후 궁 동편의 지세를 보강하기 위해 나무를 심고 원장을 두른 것에서부터 비롯돼 성종 24년(1493)에 함춘원이라는 이름이 붙게 된 창경궁의 원유(苑囿)다. 인조 대에는 함춘원의 절반가량을 사복시(司僕寺)가 사용하도록 하면서 오랜 기간 방마장(放馬場)으로 사용되기도 했다.[110] 영조 40년에 순화방의 수은묘를 이건했다가 정조 즉위 후 경모궁으로 승격되면서 확장됐다. 이후 광무 3년(1899)에 장헌세자를 장조로 추숭해 경모궁의 신위를 종묘로 이안하게 되면서 경모궁은 사라졌다.[111]

영조 40년(1764)에 원래 순화방으로 정한 수은묘를 이건하게 된 사유는 명확하지 않으나 『수은묘영건청의궤』를 통해 대략적인 추측이 가능하다.[112] 이해 2월 20일 정우(正宇)부터 공사를 시작했다. 그런데 5월 21일 영조는 재실이 태실보다 크고 사치다 하여 향대청을 재실로 삼되 영건도형에 따라 재건을 명했다. 당시 대부분의 공정이 진행되고 있었지만 아직 영건이 완료되지 않은 상태였으므로 6월 21일 정우 개기역을 시작으로 도형에 따라 사도묘를 동쪽으로 옮겨 개건에 착수하도록 했다. 7월 15일에는 도감을 영건청이라 칭하고 8월 21일 사도묘의 명칭을 수은묘로 개칭하는 등 제반 공사 과정에 큰 변화가 있었다.[113] 한편 정조 대의 기록에는 "임오년에 사당을 지을 땅을 결정할 때 처음에는 이 누각 아래로 하려고 의논했으나 그때 권흉이 그 땅이 좋은 것을 꺼려서 동쪽 기슭에 옮겨 지었으니 지금의 경모궁이 그것이다. 그러나 궁터가 좋기로는 도리어 이곳보다 나으니…"라고 하여 당시의 이건 결정에 정치적인 의도 역시 개입됐음을 알 수 있다.[114]

◎ 初建 垂恩廟 : 『垂恩廟營建廳儀軌』

正宇 9間 / 移安廳 1間 / 神三門 3間 / 中排設廳 2間 / 祭器庫 2間 / 中三門 3間 / 祭官房 3間 / 香大廳 4間半 / 守僕房 3間 / 外大門 3間 / 齋室 4間半 / 東夾門 1間 / 內墻 140間 / 外墻 207間 等

◎移建 垂恩廟 :『垂恩廟移建時儀軌』

正宇 9間 / 移安廳 1間 / 神三門 3間 / 中排設廳 2間 / 祭器庫 2間 / 中大門 1間 / 祭官房 2間 / 香大廳 3間 / 守僕房 2間 / 外大門 1間 / 齋室 4間半 / 守宮廳 4間 / 典祀廳 4間 / 夾門 各1間 2個所 / 中門 各1間 3個所 等

◎景慕宮 :『景慕宮改建都監儀軌』

正堂 20間 / 左右翼閣 3間 / 內三門 3間 / 三門左右月廊 10間 / 御齋室 15間 / 小次 10間 / 香大廳 8間 / 守僕房 4間半 / 祭官房 13間 / 典祀廳 6間 / 宰殺廳 6間 / 沐浴廳 3間 / 水剌間 4間 / 禁漏廳 2間 / 庫間 1間 / 齋室大門 2間 / 中三門 3間 / 樂器庫 6間 / 樂工廳 10間 / 守門將廳 3間 / 外三門 3間 / 西門 1間(日瞻門) 以上新建

移安廳 6間(舊正堂) / 典設司庫 2間 / 守奉官房 十三房(舊私家) 以上仍舊

祭井 1(中三門外新鑿) / 舊祭井(正堂左邊今廢不用) / 省牲壇 1 / 饌盤 1 / 望燎位(仍舊) / 內墻 202間 / 外墻 342間 / 下馬碑(立於洞口北邊) 等

이상에서 순화방의 초건 수은묘에 비해 숭교방으로 이건된 수은묘는 일부 부속전각 및 문간의 규모를 축소했으며[115], 정조조의 궁(宮) 승격에서 대대적인 확장이 있었음을 알

110 『연산군일기』 51권, 연산 9년(1503) 11월 9일(임신) 및 『궁궐지』, 「창경궁지」의 함춘원조 참조.

111 이때 경내에 있던 망묘루는 선희궁의 경내로 옮겨져 평락정이라고 개명됐다. 봉안하고 있던 정조, 순조, 익종, 헌종, 철종의 어진 역시 이안됐다. 이듬해에는 경모궁터에 영희전을 이건했다가 일제강점 후 경성제국대학이 세워지면서 원래의 모습을 잃게 됐다.

112 영조 40년(1764)에 수은묘를 영건한 기록이다. 이해 여름의 이건 과정에서 『수은묘이건시의궤』를 재작성했으며, 권말에 덧붙여져 있다.

113 이상의 논의는 『수은묘영건청의궤』의 승전과 권말의 『수은묘이건시의궤』 내용 및 해제 참조. 또한 『영조실록』 103권, 영조 40년(1764) 5월 19일(경오)의 기사에서 '홍화문 동쪽'을 수은묘의 기지로 삼았다고 했다. 문헌상으로 보아 수은묘가 북부 순화방에서 동부 숭교방으로 이건된 것은 제도의 사치스러움에 대한 재건 명령이 주된 것이었으나 수은묘 이건 조치에 즈음해 왕세손을 창덕궁에서 경희궁으로 옮기도록 한 것과 정치적인 관련성이 있을 것으로 추측된다.

114 『정조실록』 32권, 정조 15년(1791) 3월 17일(신묘).

115 영조는 이건한 수은묘에 尊酌禮를 행하면서 "내가 세심궁에서 묘를 너무나 사치스럽게 짓는 것을 보고 사치를 미워해 고치라고 명했었다. 그러나 이처럼 너무나 비좁게 짓고 싶지는 않았다."하여 협소함을 한탄했다. 『영조실록』 104권, 영조 40년(1764) 7월 12일(임술).

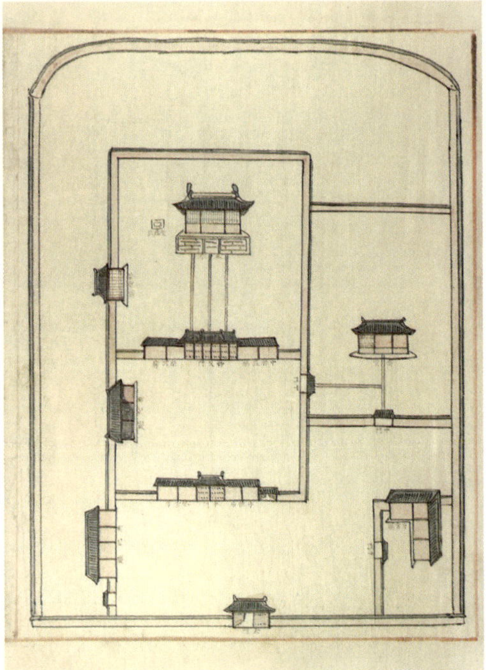

그림 10 『수은묘영건청의궤』 도설
(1764년, 서울대학교 규장각한국학연구원 소장)

수 있다. 경모궁 승격에서는 기존 수은묘 건물 가운데 정우를 이안청으로 용도 변경한 것을 포함해 사가를 매입해서 용도 변경한 전설사고[116]와 수봉관방[117] 등을 제외한 정당 이하 130여 칸은 새로 건립한 것이었다. 여기에는 묘와 궁의 위계 차이가 반영된 것으로 보인다. 특히 정당(또는 정우) 규모가 9칸(3×3)에서 20칸(5×4)으로 확장된 것[118]은 주목되는 바다. 또한 궁역 확장과 일첨문 주변의 담장 설치 등의 변화가 있었다.

문희묘(文禧廟)

문효세자 사우인 문희묘의 건축 규모는 『문희묘영건청등록(文禧廟營建廳謄錄)』을 통해 파악할 수 있다. 권수(卷首)의 도설에서는 연이어 문효세자 생모 의빈 성씨의 사우 의빈묘(宜嬪廟)의 규모를 서술했다.

—

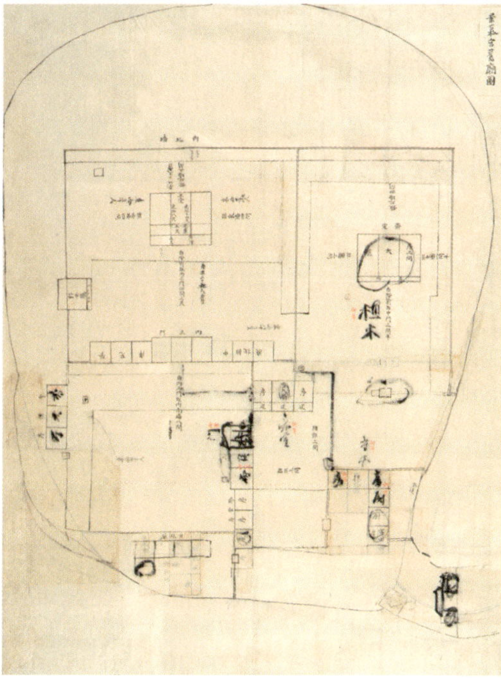

그림 11 「경모궁구묘도」
(1764년, 97.0×74.8cm, 국립고궁박물관 소장)

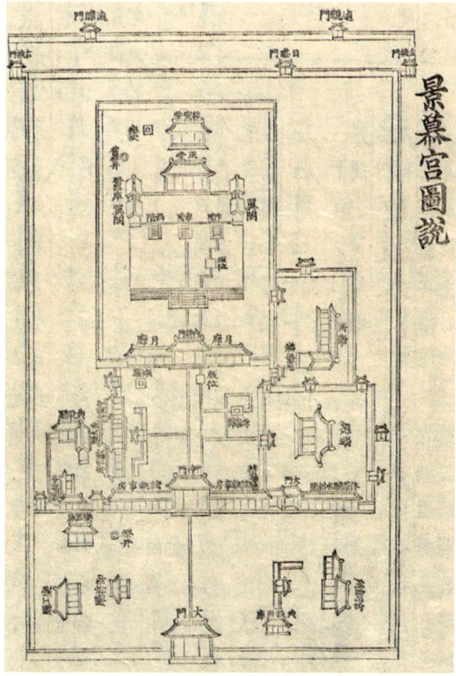

그림 12 『궁원의』, 「경모궁도설」
(1780년, 서울대학교 규장각한국학연구원 소장)

◎ 文禧廟 : 『文禧廟營建廳謄錄』

文禧廟 正堂退幷 9間 / 移安廳 1間 / 內神三門 3間 / 中排設廳 3間 / 祭器庫 3間 / 中神三門 3間 / 內官入接處 3間 / 守僕入接處 3間 / 香大廳 6間 / 典祀廳 5間半 / 外行閣 25間 / 外大門 3間 / 西外行閣退幷 13間 / 南外行閣 4間半 / 後大門 1間 / 井二(一舊鑿祭井 一新鑿小井) 等

御齋室十一間半 齋室大門二間 左右行閣三間 西行閣九間 中門一間

116 所入物目에서 전설사고는 虛間 1間을 포함해 모두 3칸으로, '以買入民家仍修補'했다고 했다. 도설에는 4칸으로 그려져 있다.

117 守奉官房 13房의 '房'은 '間'의 오기인 것으로 보인다.

118 『경모궁개건도감의궤』, 「정당상량문」에서는 새로이 '오가지제(五架之制)'로 증수했다고 기록했다.

◎ 宜嬪廟 : 『文禧廟營建廳謄錄』

正堂退幷 9間 / 移安廳 1間 / 神三門 3間 / 中排設廳 3間 / 祭器庫 3間 / 香大廳 5間 / 祭官房 4間 / 合[119]內墻 121間半內(文禧廟七十六間半 宜嬪廟四十五間) / 外墻 86間 等

문희묘와 의빈묘의 예를 볼 때 두 묘의 향사인 위상은 세자 및 빈으로 차이가 나지만 건축 규모는 유사함을 알 수 있다. 정당 9칸, 이안청 1칸, 배설청 3칸, 제기고 3칸 등은 기본적인 건립 규모로 보이는 가운데 향대청을 비롯한 부속 건물들의 규모에서는 차이가 있다. 그밖에 어재실, 서외행각 등 일부의 건물은 두 묘가 공통으로 사용한 것으로 보인다. 고종 7년(1870)에 문희묘가 창의궁으로 이안된 이후의 모습으로 보이는 「창의궁배치도」에서도 정당 9칸과 이안청 1칸이 동일 영역에 그려져 있어 기존의 제도가 유지되고 있음을 알 수 있다. 「창의궁배치도」[120]의 좌측 상단부에는 두 동의 묘우가 그려져 있다. 이 그림이 그려진 1900년대 초반 당시 창의궁에 존재한 묘우는 의소묘와 문희묘였다.[121] ①의 위쪽에는 세로로 '의소묘(懿昭廟)'라 표기돼 있고, ②에는 다만 '정당(正堂)'이라고 돼 있다. 그런데 『의소묘영건청의궤』 권말의 도설에 그려진 의소묘의 형상은 오히려 ②와 닮아 있어서 「창의궁배치도」의 표기와 차이를 보인다. 문희묘를 의소묘의 별묘에 두었다 한 것으로 보아 ②의 정당이 의소묘이고 ①은 문희묘인 것으로 판단된다.[122]

이상에서 살펴본 바와 같이 영·정조 대에 한정해서 볼 때 왕실사묘 건축의 특성은 첫째 정당(정우) 9칸[123]을 기본으로 하되 경모궁과 같이 특별히 격이 높은 궁묘에서는 20칸으로 했다.[124] 둘째 정당까지 이르는 문은 외대문·중신문·내신문의 삼중으로 돼 있으며, 대부분 삼문 형태를 띤다. 셋째 부속 전각은 정당(正堂) 좌측에 어재실이 따로 담장으로 구획돼 배치되며, 이안청은 정당과 같은 영역 내에서 정당의 좌측·우측 또는 후면에 배치된다. 제기고와 배설청은 내삼문 좌우월랑에 부설된다. 경모궁의 경우에는 정당 월대에 놓여 있다.[125] 전사청은 중삼문 바깥쪽 등 정당과 이격된 곳에 배치된다.

이 외에 왕실사묘에는 묘호에 따라 건축 규모의 위계가 존재한다. 전, 궁, 묘 순이다. 수은묘를 비롯한 제 묘뿐만 아니라 같은 궁호를 사용하는 육상궁이나 선희궁 등과 비교해도 경모궁의 규모가 큰 것은 경모궁의 위상이 컸기 때문으로 풀이된다. 특히 군주의 생모를 향사하는 다른 궁들과 달리 생부를 향사한다는 점에서 위상이 더 큰 것으로 보인다. 육상묘를 궁으로 승격한 영조 29년(1753)에도 정조의 경모궁 승격과 마찬가지로 건축 규모의 변화가 있었다.[126] 『육상궁소령원식례』에 따르면 육상궁 내에는 전사청, 현관집사

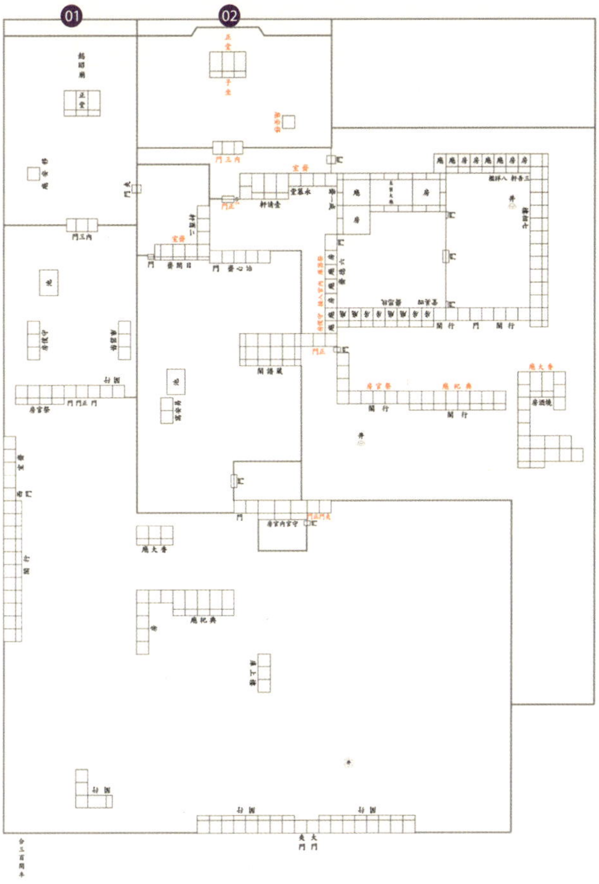

그림 13 「창의궁배치도」에 표기된 의소묘(①)와 문희묘(②)

119 문희묘와 의빈묘의 내측 담장을 합해 계산된 바다.

120 「창의궁배치도」(1900년대 초)는 고려대학교 박물관에 소장돼 있는 필사본이다.

121 효장묘와 문우묘는 효장세자와 효명세자가 각각 진종과 익종으로 추숭되면서 이안됐다.

122 문희묘 공간 구성에 대해서는 조재모, 「영정조대의 왕실사묘 건립과 영향」, 『대한건축학회논문집(계획계)』, 18권 7호, 2002.7. 및 이현진, 박희용, 「조선 정조대 문희묘의 건립과정과 공간구성」, 『규장각』 42호, 2013.6.을 참조할 수 있다. 이현진, 박희용의 논문에서는 문헌기록을 바탕으로 추정 복원도가 작성됐다.

123 현재 남겨져 있는 육상궁 역시 정면 3칸, 측면 3칸의 9칸 건물이다. 선희궁지의 건물은 정면 3칸, 측면 2칸의 조금 더 작은 규모다.

124 영희전을 경모궁 자리로 이건하면서 작성된 「영희전도」(1900)에 그려진 정전은 퇴를 포함해 정면 9칸의 대규모 건물이었다.

125 경모궁의 배설청에 대해서는 도설 및 연이은 규모 설명에 나와 있지는 않으나 물목에 대한 부분에서 제기고, 좌우월랑(도설의 익각)과 함께 서술됐으므로 그 위치를 알 수 있다.

126 『영조실록』 79권, 영조 29년(1753) 6월 25일(기유) 및 80권 동년 8월 5일(정해).

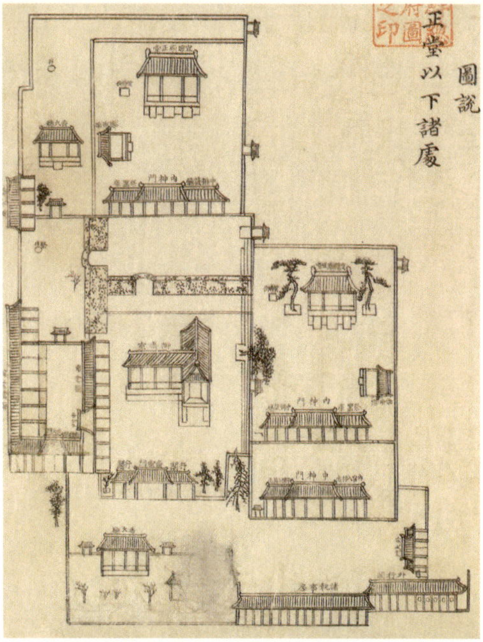

그림14 『문희묘영건청등록』 도설, 문희묘 · 의빈묘

(1787년, 서울대학교 규장각한국학연구원 소장)

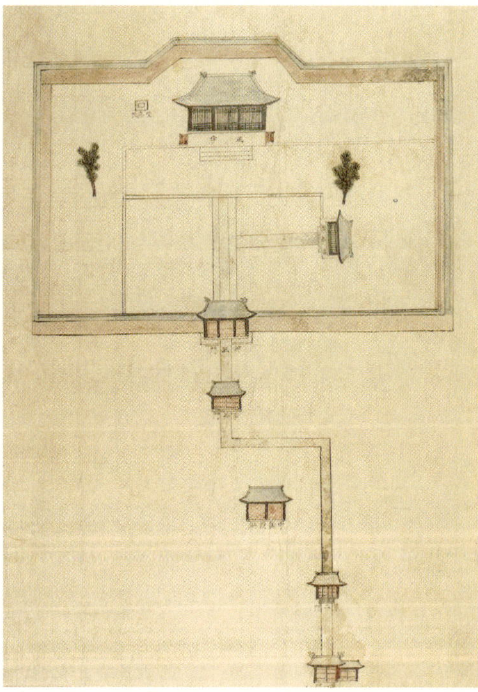

그림 15 『의소묘영건청의궤』 도설

(1752년, 서울대학교 규장각한국학연구원 소장)

청, 향대청, 내관고직방, 수복방 등이 있었음을 알 수 있다.

이러한 구성은 제사를 봉행하기 위해 필요한 것들이기 때문에 대부분의 제사 시설에 공통적이기는 하다. 그 속에서 왕실 시설로서의 격식을 갖추고 있던 것으로 이해할 수 있다. 독립된 시설로 조성된 경우에는 여러 개의 마당과 진입 축을 구성하는 방식으로 위격을 표시했다. 궁가의 일부로 사우가 만들어진 경우라면 독립 시설 경우보다 규모가 작아 보이지만 궁가 전체의 여러 시설이 사우에 필요한 기능을 함께 지원하기 때문에 기능 수행에는 문제가 없었다.

10
늘어나는 요구, 별궁의 용도 전환

조선은 긴 시간 동안 지속된 왕조다. 선대의 기념비적 장소와 공간이라면 함부로 어찌하기 어려운 격상된 지위를 누리게 되는 경향에서 왕실에 연관되는 별궁은 왕조의 존속 기간이 길어질수록 수가 늘어나는 것이 일반적이다. 대를 거듭할수록 가족 규모가 확대되는 것도 그러하다. 적장자로만 왕위 계승이 되더라도 이러한 확산적인 경향이 존재하겠지만 조선 후기에 들어 변칙적인 왕위 계승이 많아지면서 왕실이 신경 쓰지 않을 수 없는 인물 수도 크게 늘었다. 그렇다고 해서 마냥 별궁 수가 느는 것은 재정적으로도 부담이 커질 뿐만 아니라 도시 입장에서도 불편한 일이다.

> 왕자와 옹주에게는 으레 전택(田宅)을 내려 주어야 하나, 새로 주면 폐단이 있게 된다. 잠저 때의 창의궁(彰義宮)을 그 창의궁이라는 이름을 버리고 신위 봉안의 사우(祠宇)로 하여 봉사하는 자가 인하여 그 궁에 들어가게 하더라도 불가할 것이 없을 듯한데, 대신들이 사체가 미안하다고 말하기 때문에 바야흐로 별도의 사우를 지어 봉안한 후 이를 마땅히 왕자의 궁을 삼아야 한다. 창의궁은 그 호칭을 버리고, 전민(田民)을 왕자나 옹주에게 내려주는 것은 새로 설치하는 폐단을 줄이고, 본궁은 중관(中官)으로 하여금 수직하게 하라는 뜻을 승정원에서 내수사에 분부하는 것이 옳다.127

127 『영조실록』 3권, 영조 1년(1725) 2월 2일(경오).

위의 기사는 영조가 즉위한 후 그의 잠저인 창의궁에 대해 논의한 것이다. 왕자, 옹주군에게 전택을 내리는 것은 필요한 일이나 여러 폐단이 있으니 창의궁을 활용하는 것으로 대안을 잡은 것이며, 왕자궁을 삼는 이유로 사우를 지어 제사를 모시는 것을 중요시했음을 볼 수 있다. 새로 별궁을 조성하는 것과 기존의 별궁을 활용하는 것은 서로 다른 가치를 지향하는 방법론으로 거론됐다고 할 수 있다. 전자는 사우와 별궁의 위상, 후자는 경제적 합리성을 각각 지향한 것으로 보인다. 창의궁은 원래 효종 딸 숙휘공주가 살던 집이었다. 숙종이 연잉군, 즉 나중의 영조에게 하사해 살게 했다가 영조가 즉위하면서 잠저 위상을 갖게 됐다. 이후 효장묘, 의소묘, 문호묘, 문희묘가 창의궁 내에 설치되면서 영조·사도세자·정조·순조의 장남들로서 일찍 죽은 이들의 사묘 공간으로 사용됐다.

이러한 고민은 상당히 보편적인 상황이었을 것이다. 그만큼 별궁의 용도 전환은 빈번하게 일어났다. 특히 조선 후기에 이르러서는 애초에 10만 규모의 도시로 계획된 한양이 이미 포화상태인 것으로 알려졌다. 인조 26년(1648)에 9만 5,569명이던 한양 인구는 현종 10년(1669)에 이미 19만 4,030명으로 증가했다. 임진왜란 등 전쟁의 영향으로 감소한 인구가 이처럼 급증하게 된 것은 도시로 몰려든 사람이 많았기 때문으로 해석된다.[128] 이러한 상황은 개국 초에 설정한 도시 관리 개념을 근본부터 흔들어 놓았으며, 그만큼 왕실에서 가용할 수 있는 공간의 여지도 넉넉지 않았다고 보아야 한다. 이는 결국 별궁의 총량을 제한하는 요인으로 작용하게 됐다. 사우와 별궁의 위상을 갖추는 것이 중요하지만 가능하다면 재사용을 통해 왕실 공간을 일정한 수준으로 유지하는 것이 합리적이다.

예를 들어 영희전이 있던 자리는 애초에 세조가 의숙공주와 정현조에게 하사한 세조의 잠저였다고 전해진다. 의숙공주가는 중종 조에 폐비 신씨가 잠시 거처하기도 했다. 또한 광해군 생모 공빈 김씨를 위해 이 집을 사당으로 삼아 봉자전(奉慈殿)으로 했다. 이후 공빈이 왕후로 추존된 이후 공성왕후의 신주가 종묘에 이안되면서 봉자전의 기능은 멈추었다. 태조와 세조의 어진을 모신 남별전(南別殿)으로부터 숭은전(崇恩殿), 영희전(永禧殿)으로 변화하면서 이 집은 지속적으로 왕실의 사당 기능을 했다. 영희전에 있던 6위의 신위는 1900년에 경모궁으로 옮겼다. 이 또한 사도세자가 추존되면서 종묘에 부묘돼 역할을 잃은 경모궁의 공간을 재활용한 것이었다.[129]

이현궁 역시 광해군의 잠저였다. 한때 인조 모후 연주부부인이 거주해 계운궁이라 했다가 연주부부인이 경덕궁으로 옮기고 나서 인조 동생 능원대군에게 하사됐다. 봉림대군의 가례처, 인조의 이어소, 장희빈의 가례청, 숙빈방, 소현세자빈의 신주 임시봉안소 등으로도 사용됐다가 장용영으로 변모한 역사가 있다.[130]

용흥궁, 즉 하어의궁은 성종 계비이자 중종 모후 정현왕후의 본궁이다. 중종이 여기에서 산 바 있다. 인종과 명종도 일시 머물렀으며, 인조와 효종 부자의 잠저이기도 하는 등 여러 임금과 인연이 있는 곳이다. 중종 16년(1521)에 장녀 효혜공주의 가례를 치렀고, 이후 수차례 왕실 가례가 이곳에서 진행돼 가례별궁이라는 기능이 강화됐다.

명종 장자 순회세자[131]가 살던 용동궁은 공회빈 윤씨, 혜경궁 홍씨, 효명세자빈의 속궁을 거쳐 왔다. 순회세자는 명종의 장남으로 명종 6년(1551)에 태어났다. 6년 후에 세자로 책봉됐고, 황대임의 딸이 세자빈으로 결정됐으나 건강상의 문제로 윤옥의 딸로 바뀌어 가례를 올렸다. 순회세자는 하지만 가례를 올린 뒤 얼마 되지 않아 후사 없이 13세의 어린 나이로 죽었다. 어려서 세자로 책봉돼 궐내에서 살았기 때문에 거주를 위한 별도의 궁가가 필요한 상황은 아니었다. 아무튼 서부 황화방에 있던 이 집은 순회세자 사후에 공회빈 윤씨 재산으로 있다가 지속적으로 왕실 내탕과 관련돼 조선왕조실록에 등장한다. 이로 보아 용동궁은 대비전 계통의 내탕으로 소속돼 있었음을 알 수 있다.

무안군의 자수궁은 좀 특별하다. 태조와 신덕왕후 사이에서 태어난 무안군[132]이 살던 집이다. 무안군은 조선이 개국하던 1392년에 겨우 10대 초반의 나이였다. 하지만 조선 개국 전인 1387년에 이미 고려 정양군 왕우의 딸과 혼인했고, 직위도 있었다. 개국 후 무안군에 책봉되고[133] 세자로 점쳐지기도 했으나 제1차 왕자의 난으로 일찍 생을 마감했다. 자수궁은 짧은 기간이지만 그에게 마련된 집이었다. 자손이 없는 무안군에게는 세종이 그의 5자 광평대군을 후사로 삼아 제사를 받들게 했다.[134] 시간이 흐른 뒤 인왕산 아래에 있던 이 집은 문종 대에 수리해 이름을 자수궁으로 했으며, 이후 선왕의 후궁이 거처하도록 했다.[135] 이를테면 이 집이 자수궁이라는 이름으로 불리는 것은 왕자군의 주택으

128 대동법 실시, 화폐 유통 등 시대적 변화와 관계된다.

129 장필구, 「복원연구를 통한 영희전의 고찰」, 서울대학교 석사학위논문, 2004. 참조.

130 정정남, 「壯勇營의 漢城府內 立地와 營舍의 建築的 특성-『本營圖形』의 분석을 중심으로」, 『장서각』 21호, 2009.

131 李暊(1551~1563). 명종의 장자.

132 이방번(1381~1398). 태조의 7번째 아들. 신덕왕후의 장자. 숙종조에 신덕왕후를 종묘에 부묘한 이후 1680년에야 무안대군으로 추증됐다. 『숙종실록』 9권, 숙종 6년(1680) 7월 27일(갑인).

133 『태조실록』 1권, 태조 1년(1392) 8월 7일(병진). "서자 李芳蕃은 撫安君이라 하여 義興親軍衛節制使로 삼았다."

134 『세종실록』 106권, 세종 26년(1444) 12월 7일(임자). 광평대군 여(廣平大君 璵)의 졸기 참조.

135 『문종실록』 1권, 문종 즉위년(1450) 3월 21일(을축).

로서가 아니라 선왕 후궁이 궁을 나와 거주하기 위한 시설을 지칭하는 것이다. 궁가가 전혀 다른 용도로 전용된 예이지만 이 또한 왕실의 주변부가 어떻게 궁궐 밖에서 공간을 마련하는지를 보여 주는 대목이다.

북부 순화방의 창성위궁은 화유옹주의 집이었다. 그는 영조와 귀인 조씨의 딸로, 창성위 황인점과 결혼했다.136 창성위궁은 황인점의 후손이 살다가 왕실로 귀속됐다. 이후 고종 조에 엄비 소유가 됐다가 진명여학교 부지로 활용됐다. 이상과 같은 사례는 많고도 다양하다.

이처럼 별궁은 하나의 용도로만 존재하는 것이 아니었다. 왕실 자손의 궁가, 제사궁, 재정궁, 잠저, 가례별궁 등 여러 차례 용도를 전환하면서 관리돼 왔다. 당장의 쓰임새가 끝나더라도 계속 왕실의 별궁으로 재활용된 예가 많다는 것은 왕실에 의해 마련된 대지와 건물이 완전히 민간 영역으로 넘어가기도 하겠지만 상당 부분 왕실이 지속적으로 관리하는 입장을 취하고 있었음을 보여 준다. 또한 거주, 제사, 의식, 재정 등 여러 항목들이 하나의 공간에서 전환되는 것이 가능하다는 점에서 이들 공간의 형식이 완전히 고정적인 것은 아니었음을 짐작하게 한다. 때로는 궁가의 한쪽에 사당이 편입되기도 했고, 그 과정에서 궁가를 구성하는 여러 건축 공간들이 제사를 위한 보조 공간으로 사용되기도 했다. 또한 특정 별궁이 다른 장소로 자리를 옮겨 가기도 했고, 그 과정에서 동일한 별궁이 위치에 따라 규모와 공간 구성의 차이가 뚜렷하게 드러나기도 했다. 별궁으로 사용되던 땅이 관청 등 이질적인 용도의 국가 시설로 전용되는 예도 있다.

이를테면 왕실이 사용할 수 있는 공간의 한계는 분명히 존재하고 있었다. 민간에서 대지와 건물을 매입하는 등 방식으로 별궁을 마련하기도 했지만 한 번 왕실의 소용이 된 별궁은 필요에 따라 재활용하는 것이 여러모로 합리적이었으며, 이러한 정황 속에서 별궁의 도시적 입지와 건축 구성에 대해 이해하는 관점이 필요하다.

11

별궁의 도성 내 입지

별궁이 몇 개 유형으로 분류된다는 점은 앞에서 살펴본 바와 같다. 하지만 결국 많은 별궁이 왕자공주군의 제택에서 잠저로, 혹은 사당이 설치됐다가 다시 이봉(移封)되는 등 유형들 사이에 뚜렷한 경계가 있기보다는 필요와 여건에 따라 서로 넘나드는 관계에 있었다. 이와 같이 별궁의 유형과 입지 관계는 용도에 따른 건축적 형식보다도 더 유연한 시각으로 바라볼 필요가 있다.[137] 심지어 같은 이름의 시설이 다른 곳으로 이전된 사례도 많기 때문에 일목요연하게 정리하기도 쉽지 않다. 오히려 중요한 것은 결국 이들 별궁은 모두 왕실이 어떤 방식으로든 사용할 수 있는 땅과 건물이었다는 점이고, 그러한 땅과 시설이 어디에 분포하고 있었는지를 살펴보는 것이 핵심일 수 있다.

표와 지도에서 보듯이 대부분의 별궁은 경복궁과 창덕궁 주변에 입지하고 있었다. 아무래도 궁궐 내의 왕실 공간을 보조하는 역할을 하기 때문일 것이다. 특히 가례궁으로 자주 사용된 용흥궁, 안국동별궁 등은 왕실의 혼례 절차 연속성을 고려한다면 궁궐 가깝게 위치하는 것이 여러 가지로 유리한 점이 있었다. 다만 영희전, 저경궁, 녕안궁, 도정궁은 비교적 두 궁궐과 떨어진 위치에 있었다.

뚜렷하게 밀집된 지역은 현재의 칠궁, 즉 육상궁 주변이다. 선조 대에 순회묘가 들어선 이후 소현묘, 신비사, 연호궁, 육상궁, 선희궁 등이 가까이에 입지했다. 경복궁 서쪽의 골짜기는 창의문으로 이어지는 중로(中路)[138]급 이하 폭의 길을 중심으로 동쪽으로는 경복궁, 서쪽으로는 인왕산에 각각 가로막혀 있는 데다 창의문은 조선 초기부터 폐쇄되어 사용하지 않은 경우가 많았다. 태종 13년(1413)에 이미 풍수가 최양선의 상서로 문을 닫았고,[139] 세종조에도 숙청문과 함께 창의문을 열어 군인들이 출입하는 길로 통하게 했다고 한 것[140]으로 보면 평소에 이 문은 닫혀 있는 상태였음을 알 수 있다. 중종반정 이후에도 양궐의 궁성문을 열되 혜화문과 창의문은 그대로 닫아 두기로 했으며,[141] 광해군 대에 창덕궁 공역의 편의를 위해 창의문을 열어 자재를 운반하게 했다는 것도 이 문의 상태를 보

136 『영조실록』 74권, 영조 27년(1751) 10월 5일(무술); 79권, 영조 29년(1753) 2월 27일(계축). 황인점은 참판 황재의 아들이다. 원래 영조 27년에 가례를 올리고자 했으나 화협옹주가 세상을 떠나면서 연기돼 2년 후에 가례를 거행했다.

137 조은주는 별궁 입지에 대해 거주 용도의 별궁은 대체로 평지, 사당은 구릉지를 중심으로 입지하고 있다는 분석을 했다. 조은주, 송인호, 「도성 안 현존 조선별궁의 변화에 관한 조사연구」, 『2008 한국건축역사학회 춘계학술발표대회논문집』, 2008. 5.

138 조선 초기부터 한성부에서는 도성 내 도로를 大路·中路·小路로 나누어 그 폭을 각각 7, 2, 1軌로 규정했다. 대로는 현재의 종로, 세종로, 남대문로에 해당한다.

139 『태종실록』 25권, 태종 13년(1413) 6월 19일(병인).

140 『세종실록』 15권, 세종 4년(1422) 1월 15일(계유).

141 『중종실록』 1권, 중종 1년(1506) 9월 3일(기묘).

표 3　별궁의 위치, 유형, 시기 일람표

연번	별궁 명칭	위 치	현재 주소	주요 기능	시 기	비 고
01	의경묘 (효정묘)	남부 명례방	중구 정동	제사	성종 3년	연경궁
02	저경궁 (송현궁)	남부 회현방	중구 남대문로	궁가/제사	영조 31년	
03	남별궁	남부 회현방	중구 소공동	궁가/기타	선조 16년	「소공동홍고양가도형」, 「사대부가배치도형」
04	영희전	남부 훈도방	중구 저동	제사	광해 11년	「남전속지 전우간가도」, 봉자전/남별전/숭은전
05	경모궁 (수은묘)	동부 숭교방	종로구 연건동	제사	영조 40년	『수은묘영건청의궤』, 「경모궁구도」, 『경모궁의궤』
06	하어의궁 (용흥궁)	동부 숭교방	종로구 연지동	궁가/ 가례/재정	인조 대	「인평대군방전도」
07	이현궁	동부 연화방	종로구 인의동	궁가	선조 대	(「장용영본영도형」)
08	경우궁	북부 광화방	종로구 계동 →옥인동	제사	순조 24년	『현사궁별묘영건도감의궤』, 「경우궁도형」, 용호영터
09	계동궁	북부 광화방	종로구 원서동	궁가	철종 대	
10	선희궁 (의렬궁)	북부 순화방	종로구 신교동	제사	영조 40년	
11	순회묘	북부 순화방	종로구 청운동	제사	선조 36년	영경전
12	소현묘	북부 순화방	종로구 청운동	제사	인조 25년	=11.순회묘
13	신비사	북부 순화방	종로구 청운동	제사	숙종 24년	
14	연호궁	북부 순화방	종로구 궁정동	제사	경종 대	
15	육상궁	북부 순화방	종로구 궁정동	제사	영조 1년	칠궁
16	창의궁	북부 순화방	종로구 통의동	궁가	숙종 대	「창의궁배치도」
17	효장묘	북부 순화방	종로구 통의동	제사	영조 6년	=16.창의궁
18	의소묘	북부 순화방	종로구 통의동	제사	영조 30년	=16.창의궁 / 『의소묘영건청의궤』
19	문호묘	북부 순화방	종로구 통의동	제사	순조 30년	=16.창의궁
20	자수궁	북부 순화방	종로구 옥인동	궁가	문종 원년	후궁거처
21	문희묘	북부 안국방	종로구 안국동	제사	정조 13년	『문희묘영건청등록』, 『문희묘일기』

연번	별궁 명칭	위 치	현재 주소	주요 기능	시 기	비 고
22	안국동 별궁	북부 안국방	종로구 안국동	궁가/가례	고종 11년	연경궁
23	효사묘	북부 진장방	종로구 삼청동	제사	연산 3년	
24	도정궁	서부 인달방	종로구 사직동	궁가	선조 대	
25	순화궁	중부 견평방	종로구 인사동	궁가	헌종 15년	「이문내구윤옥가도형」, 「계동순화궁도형」, 「순화궁도형」, 「재동궁도형」
26	대빈궁	중부 경행방	종로구 낙원동	제사	경종 3년	향교동 완풍대원군가 매입해 사우 건립
27	상어의궁	중부 경행방	종로구 낙원동	궁가	광해군 대	
28	누동궁 (전계궁)	중부 경행방	종로구 익선동	궁가	철종 대	
29	죽동궁	중부 관인방	종로구 관훈동	궁가	순조 대	
30	사동궁	중부 관인방	종로구 관훈동	궁가	고종 대	
31	용동궁	중부 수진방	종로구 수송동	궁가/재정	명종 대	(불명확)
32	수진궁	중부 수진방	종로구 수송동	궁가/제사/재정	중종 39년	
33	운현궁	중부 정선방	종로구 운니동	궁가	철종 14년	「운현궁구도」, 「운현궁구도형」

여 준다.[142] 이를테면 특별한 필요가 있을 때만 문을 열어 통행하게 한 것이어서 창의문 안쪽의 육상궁 일대는 통행량이 많은 번잡한 곳이 아니었음을 알 수 있다. 제사에 관계되는 시설이 이 일대에 밀집하게 된 것은 이러한 도시적인 상황과 관련돼 있다.[143]

더욱이 문종조에 건립된 자수궁,[144] 광해군 연간의 인경궁, 영조의 잠저 창의궁 등 제반 왕실 시설이 위치한 곳이던 까닭으로 창의문 남쪽 일대는 왕실사묘 입지로 적합한

142 『광해군일기(정초본)』 113권, 광해 9년(1617) 3월 17일(임오).

143 장순용, '2.성곽과 문루', 『서울건축사』, 서울특별시사편찬위원회, 1999, 224~226쪽 참조.

144 자수궁은 문종 원년에 무안군의 예전 집을 수리해 선왕의 후궁을 살게 한 것에서 비롯됐다. 수성궁, 영수궁 등 세 궁은 이러한 용도로 건립된 것이다. 『문종실록』 권1, 문종 원년(1450) 3월 21일(을축); 『연산군일기』 53권, 연산 10년(1504) 윤4월 19일(기묘) 등 참조.

그림 16 별궁의 입지(기호는 〈표 3〉의 목록에 따름, 「수선전도」 위에 표기함)

것으로 판단된다. 목록에서 가장 이른 시기에 이곳에 건립된 순회묘는 원래 중종조에 장경왕후 묘우인 영경전이 있던 곳이었다. 장경왕후는 예법에 따라 중종 사후에 함께 종묘에 부묘됐으므로 영경전은 그 기능을 다했다. 선조 34년(1601)에 순회세자를 위해 이곳에 묘우를 건립하면서 조선 후기에도 창의문 남쪽 지역에 왕실사묘가 건립되는 계기가 된 것으로 보인다.

이상과 같이 이전 시기까지의 관례를 이어받아 영경전 자리를 이용한 것 외에 창의궁 부지 활용을 꼽을 수 있다. 영조의 잠저 창의궁이 있던 현재 통의동 35번지 일대는 원래 인평위(寅平尉)의 제택이었다가[145] 숙종이 매입해서 아들 연잉군(延礽君), 즉 영조에게 하사한 것이다.[146] 그러나 9년 후인 경종 1년(1721)에 연잉군이 왕세제로 책봉되면서 다시 궐 안에 거처하게 됨으로써 창의궁은 기능을 다했다. 그러나 영조 즉위와 더불어 금상의 잠저라는 의미를 띠게 됐다. 영조 5년(1729) 이곳에 효장묘를 짓고 영조 30년(1754)에 의소묘를 지으면서 일대의 별궁 영역은 좀 더 도성 중심에 가까운 영역까지 확대되게 됐다. 이후 순조 32년(1832)의 문호묘 건립과 고종 7년(1870)의 문희묘 이안 등 지속적으로 왕실사묘 부지로 활용됐다.[147]

경복궁과 창덕궁 사이 북촌에도 별궁이 밀집해 있었다. 이르게는 수진궁·용동궁·효사묘·상어의궁 등에서부터 경우궁·계동궁·문희묘·안국동별궁·순화궁·대빈궁·누동궁·죽동궁·사동궁·운현궁 등이 조선 말까지 하나하나 이곳에 입지했다. 몇몇의 예외가 있기는 하지만 이 일대의 별궁들은 대체로 궁가 성격을 띠는 것에서 출발했다. 이로 보면 북촌 일대는 왕실 구성원들의 주요한 거주처이던 것으로 짐작할 수 있다. 궁가로 출발했다가 해당 인물의 사후에 제사 기능이 덧붙여지는 경우가 많아 실질적으로는 궁가와 사우가 결합된 별궁이 많이 분포하는 곳이 됐다. 정조 맏아들 문효세자를 모신 문희묘는 문효세자의 생모를 모신 의빈묘에 근접하게 건립하도록 한 것이다.

남부 훈도방의 숭은전(영희전)은 원래 세조 때 의숙공주의 제택이었지만 중종 원년

145 『궁궐지』 참조. 인평도위 정제현은 효종의 딸 숙휘공주와 결혼했지만 현종 3년에 21세로 졸(卒)했다. 현종 5년에 홍평위 제택이 2층 누각을 짓는 등 호사스러움을 논하면서 "오늘날 공주의 제택이 모두 지나치게 사치스러운데 인평위의 집은 더욱 큽니다."라고 한 것으로 보아 규모가 상당히 큰 제택이었을 것으로 보인다. 『현종개수실록』 11권, 현종 5년(1664) 10월 15일(계유); 『현종실록』 18권, 현종 11년(1670) 8월 21일(을사).

146 『숙종실록』 39권, 숙종 30년(1704) 4월 17일(병술); 45권 숙종 33년(1707) 8월 29일(무신); 51권 숙종 38년(1712) 2월 12일(을축).

147 상궁 역시 처음에 기지로 결정된 곳은 창의궁이었다. 『영조실록』 2권, 영조 즉위년(1724) 11월 20일(경신).

(1507) 단경왕후 신씨의 폐위 후 거소로 사용했다. 광해 2년(1610)에 공빈의 사당으로 사용하면서 남별전 또는 봉자전이라 부르게 됐으며, 광해 11년(1619)에 태조와 세조 영정을 봉안하면서 본격적으로 군주의 묘우로 이용된 곳이다. 회현방의 저경궁은 원래 인조의 잠저이던 곳을 인조 조모 인빈 김씨를 위한 사우로 사용했다는 점에서 입지 이유를 찾을 수 있다. 추존왕 덕종을 위해 성종 4년(1473)에 건립했다가 7년의 종묘향사 이후 폐지한 의경묘는 『동국여지비고(東國輿地備攷)』에 연경궁 자리에 있다고 했지만 연경궁은 현재 덕수궁(경운궁)이 위치한 자리였을 것으로 판단된다.[148]

도성 내의 별궁들은 각자의 역사와 사연을 안고 도성 곳곳에 입지했다. 북촌을 중심으로 궁가, 창의문 안쪽으로 제사 시설이 집중적으로 입지한 경향이 있었다. 거주지로 적합한 곳과 제사 시설로 적합한 곳은 차별적인 선택 요인이 있었을 것으로 보인다. 하지만 대부분의 별궁이 역사 속에서 여러 기능을 복합적으로 안고 있었으며, 각각의 별궁이 한 곳에 고정된 것도 아닌 만큼 섣불리 입지 논리를 논하기에는 어려움이 많다. 그럼에도 이들 별궁은 모두 궁궐과 종묘 등 국가 시설에서 수용할 수 없는 기능을 도성 내 공간에서 해결하고자 한 공통점이 있으며, 궁궐 주변으로 대부분의 별궁이 입지하는 이유가 된다고 할 수 있다.

12
임금의 도성 행차, 임어 궁궐 그리고 도성의 변화

영·정조 대, 즉 18세기의 한양이 이전 시기에 비해 상업화·도시화가 급격하게 진행됐다는 점은 기존의 연구에서 충분히 밝혔다. 한양 도성 지도 제작의 활성화, 실학자들의 도시문제 인식 등은 이러한 시대적 상황에 부응하는 제반 특성이라 할 수 있다. 특히 이 시기에 군주가 궁궐을 벗어나 도성 내외의 백성들과 직접 만나는 빈도가 증가했다는 것은 가장 중요한 변화의 하나다. 영조는 도성 내에 있는 종묘, 육상궁을 비롯한 제 왕실 사묘에 대해 재위 기간에 꾸준히 행행했다. 정조 역시 영조가 진행한 도성 내 행차를 확대·발전시키고, 도성 밖으로의 능행도 여러 차례 행했다.[149]

당시의 이러한 변화는 별궁 중에서도 특히 영·정조 대 왕실 사묘 건립과 긴밀한 관계가 있다. 영조는 즉위 초년에 생모 숙빈을 위한 사묘를 건립했지만 간혹 숙빈 기신제(3월 9일)를 위해 행행하는 것을 제외하고는 사묘에 대한 행행이 처음부터 많은 것은 아니었다. 그러던 것이 재위 중반에 들어 숙빈의 묘호를 육상궁으로 승격하면서 사묘로의 행행이 급증하기 시작했다. 자신의 잠저인 창의궁에 건립한 효장묘로의 행행을 겸하는 경우와 따로 효장묘에 행행하는 경우도 존재했지만 육상궁으로의 행행이 대다수를 차지했다. 영조 24년 7월부터 36년 7월까지 창덕궁에 임어하고 있던 149개월간 육상궁으로의 행행이 54회, 창의궁 내의 효장묘·의소묘로의 행행이 각각 16회 및 15회인 것은 이전 시기에 비해 대단히 높은 빈도다. 창덕궁을 출발한 영조가 종로 저자거리를 거쳐 광통교를 지나 경복궁 서쪽의 육상궁과 창의궁으로 도달하는 과정에서 도성민 생활을 직접 확인하고, 때로는 그들과 대화함으로써 군주가 궁궐 밖 상황을 직접 이해했다는 점은 이 시기 행행이 띠는 중요한 의미이다.[150]

정조는 재위 기간에 동궐, 즉 창덕궁과 창경궁에 주로 임어했기 때문에 가장 높은 빈도수를 차지하는 경모궁 행행이 띠는 도시적 의미는 영조대의 육상궁 행행에 비해 약하다고 할 수 있다. 그러나 선대왕 능침으로의 행행, 생부를 위한 화성 행행 등은 오히려 군주가 직접 경험하는 영역의 폭이 더 넓어졌음을 의미하는 것이다. 정조 대 주교사의 설치는 한강 이남으로의 행행을 상례화했음을 방증한다.

이 당시 군주의 행행 경로는 종묘-영희전-저경궁의 도성 동남부 행행과 육상궁-선희궁-연호궁-창의궁의 서북부 행행이 가장 많으며, 이 두 경로가 결합돼 도성 전체를 순행하는 경우도 다수여서 군주의 행행이 띠는 의미는 상당히 크다고 할 수 있다. 영조가 경복궁에 각별한 관심을 보이면서 근정전 구기(舊基)를 자주 방문한 것 역시 왕실사묘 행행

148 연경궁은 원래 세종의 왕자 영응대군 이염이 세종 사후에 다시 불러들인 첫 부인 송씨를 위한 제택으로 난신 조영달의 집을 빼앗아 준 것이었다. 2년에 연경궁이라 이름을 고쳤고, 3년에 연경궁을 월산대군 이정에서 주도록 한 바 있다. 월산대군의 집은 임진왜란 이후 선조가 정릉동행궁으로 사용하면서 후에 경운궁으로 재정비된다. 『성종실록』 2권, 성종 1년(1470) 1월 30일(기유); 11권 성종 2년(1471) 7월 24일(을미); 25권 성종 3년(1472) 12월 2일(갑자) 등 참조.

149 18세기 한양 도성의 변화에 대해서는 이태진, 「18~19세기 서울의 근대적 도시발달 양상」, 『고종시대의 재조명』, 태학사, 2000, pp.316~328; 한상권, 『조선후기 사회문제와 소원제도의 발달』, 서울대학교 박사학위논문, 1993, 45~47쪽 참조.

150 영조가 도성민의 생활에 관심이 많은 것은 오랫동안 잠저 창의궁에서 생활한 경험에서 영향 받은 측면이 있는 것으로 생각된다. 영조대왕행장 참조.

과의 관련성 속에서 파악돼야 할 것이다.[151]

사묘 성격의 별궁 입지와 임금 행차는 임어 궁궐 선택에도 영향을 미친 것으로 보인다. 조선시대를 통해 경복궁·창덕궁·창경궁·인경궁·경희궁 등 다수 궁궐의 영건, 고종조의 경운궁 정비에 이르기까지 조선시대 궁궐의 가장 큰 특징은 다수 궁궐의 동시적 사용과 임어 제도다. 군주의 임어지 결정 요인에 대해서는 군주의 정통성 문제 및 군신 간 권력 관계에 영향을 받기도 했지만[152] 영·정조 대의 임어지 결정 요인에 대해서는 왕실 사묘의 도시적 입지 상황과 관련해 이해돼야 할 부분이 존재한다.

영조와 정조의 궁궐 사용에서 주목되는 점은 경희궁과 창경궁을 오랜 기간 사용했다는 점이다. 효종 이후 철종까지 9대 214년여 동안 창덕궁·창경궁·경희궁은 각각 약 133년(62.2%), 37년(17.4%), 44년(20.4%)간 군주의 임어지로 사용됐다. 그러나 영조는 경희궁을 약 19년간(35.4%), 정조는 창경궁을 약 11년간(45.8%) 사용했다.[153] 조선 후기의 다른 군주에 비해 영조와 정조의 경희궁·창경궁 사용은 월등히 긴 기간이며, 효종·현종·헌종·철종이 창경궁을 공식적으로 전혀 사용하지 않았다는 사실과 비교하면 정조의 창경궁 사용은 특징적이라 할 수 있다. 반면에 영조가 창경궁에 임어한 기간은 약 8년(14.6%)이고 정조가 경희궁에 임어한 기간은 약 1년(5.7%)이어서 영조와 정조의 궁궐 사용 간에도 큰 차이가 난다.

영조가 오랜 기간, 특히 재위 말년의 12년간 경희궁을 사용한 것은 육상궁과 가장 가까운 거리에 있는 궁궐이었기 때문으로 풀이된다. 앞에서 살펴본 바와 같이 영조가 육상궁으로 행행을 본격화하는 시점 이후부터는 대부분의 기간을 경희궁에서 보내게 된다. 이때의 육상궁 행행은 창덕궁에 임어하고 있던 영조 24~36년의 12년간에 비해 급증한다. 영조 24년부터 149개월간 54회의 육상궁 행행이 있었다. 다음 50개월간의 경희궁 임어 기간에는 44회의 행행이 있었고, 말년의 139개월 동안 경희궁에 임어하면서 81회의 행행이 있었다.[154] 이는 경희궁 사용이 육상궁 향사와 밀접한 관련이 있음을 보여 준다. 장헌세자 묘우인 수은묘로의 행행이 단 2회에 그친다는 점은 당시의 정치적 상황과 관련해 해석될 부분이다.[155] 영조가 경복궁 중건에 지대한 관심을 보인 것도 육상궁(毓祥宮)으로의 행행과 관련돼 이해될 수 있다.

정조는 즉위 직후 수은묘를 경모궁으로 승격하면서 공역을 일으켰고, 이어 빈번하게 경모궁으로 행행했다. 춘분·추분과 동지·하지의 중삭제(仲朔祭)뿐만 아니라 각종 제사의 준비 점검, 의식의 예행연습 등을 구실로 정조의 경모궁 행행은 상례화됐다. 25년의 재위 기간에 무려 336회의 행행이 기록돼 있는 등 평균 1개월에 1번 이상 경모궁에 출입했다. 또한 정조 3년(1779)에 창경궁 홍화문 북쪽으로 월근문(月勤門)156을 세운 것은 경모궁 행행을 간편하게 한 조처였다. 영조의 육상궁 행행과 마찬가지로 정조 역시 재위 말년 즈음에는 경모궁 행행이 더욱 빈번했다. 창덕궁에 임어한 정조 5~13년의 101개월 동안 119회의 행행이 있은 것에 비해 정조 13년부터의 133개월 동안 행행이 176회여서 그 빈도 증가를 살펴볼 수 있다.

정조 대에 들어 육상궁, 의소묘에 대한 행행이 급격히 줄어든 것은 사친에 대한 향사가 왕실 사묘 행행의 근간이었기 때문이었다. 경복궁 서북쪽 일대의 행행이 줄어든 것은 정조가 경희궁에 거의 임어하지 않았다는 점과 긴밀하게 연관되는 부분이다. 순조 조 이후로는 다시 창덕궁 중심 임어 형태가 지배적으로 나타나게 됐다.

별궁 입지와 관련된 임금의 행행, 임어 궁궐의 선택은 도시적으로도 큰 영향을 미쳤다. 영조 40년(1764)에 수은묘가 동부 숭교방에 건립되면서 이 일대의 도시적 상황은 큰 변화를 맞았다. 조선 초기에 존재한 흥덕사(興德寺)가 연산조에 철폐157된 이후 성균관과 문묘에 대한 행행을 제외하고는 비교적 군주의 출입이 적은 지역이었다. 그러나 정조의 경모궁 행행이 본격화되면서 행차가 잦아지자 기존의 도로 폭으로는 군주의 행행에 문제가 있어 이를 개선하도록 한 바 있으며,158 경모궁 일대를 활성화하기 위해 일대의 도성민에게 특혜를 부여하는 등의 정책을 펴게 됐다.

경모궁 주변에 대한 도성민 유치책은 정조 5년(1781)에 처음으로 제기됐다. 정조는 경모궁 근처의 공지에 민호를 모집하고자 했다. 이에 훈련대장 구선복은 "만일 이로운 것이 없으면 응모하는 사람이 많지 않을 것 같습니다. 혜화문(惠化門)으로 들어오는 어타(魚

151 이는 영조가 경복궁으로 행행하는 일이 육상궁의 참배와 병행된 점을 통해 살펴볼 수 있다.

152 홍순민, 『조선왕조 궁궐 경영과 「양궐체제」의 변천』, 서울대학교 박사학위논문, 1996 참조.

153 임어 기간은 홍순민, 앞의 논문, 표 4, 132쪽 참조.

154 더욱이 영조 52년(1776)에는 영조가 병환으로 왕세손인 정조로 하여금 육상궁 향사를 대신하도록 한 것을 포함하면 이 수는 더욱 증가한다.

155 왕세손 역시 생부 묘우인 수은묘의 참배는 거의 기록되지 않았다. 수은묘 행행은 왕세손이 청정하게 되는 영조 말년에 이르러서야 본격화됐다.

156 『정조실록』 8권, 정조 3년(1779) 10월 10일(경신). 월근이라는 이름은 정조가 매달 초일에 경모궁으로 행행하면서 사용하려고 건립했기 때문에 붙었다 한다.

157 『연산군일기』 54권, 연산 10년(1504) 7월 15일(계묘); 56권 동년 12월 9일(을축). 흥덕사는 『신증동국여지승람』에 '재동부연희방'이라 했는데 대체로 성균관 부근에 존재했을 것으로 판단된다.

158 정조는 경모궁, 육상궁, 선희궁을 배알하면서 도로의 협소함으로 인해 반열을 이루지 못함을 지적하고 한성부당상을 추고하도록 했다. 『정조실록』 3권, 정조 1년(1777) 1월 7일(갑술).

駄)와 포상(布商)을 모두 이곳에 취접(聚接)하게 하여 새로 모집한 백성들로 하여금 이익을 얻는 것이 있게 하소서."라 하여 구체적인 유치책을 내놓았다. 이어 정조 6년 초에는 푸줏간을 광례교 동쪽에 설치해 경모궁 인근 백성의 생업에 편리하게 했고, 정조 7년 4월에는 일대 백성들의 요역을 면제해 주었다.[159] 이러한 조처는 이미 효종조에 한인아병(漢人牙兵)을 어의궁 앞에 입거(入居)하게 한 예를 따른 것이었다.[160]

이처럼 별궁 위치는 독립적인 시설의 입지로만 끝나는 것이 아니었다. 이들 시설은 임금이 궁궐 밖으로 행차하는 중요한 근거였으며, 심지어 임어 궁궐 결정에도 그 입지가 영향을 미쳤다. 별궁으로의 행차는 격쟁(擊錚)과 같은 통치 행위와도 연관됐으며, 도시 공간 재편에도 영향을 미친 복합적인 관계망이 있는 지점이었다.

13
한양, 경성, 서울, 그리고 별궁의 땅

조선 후기의 한양은 이미 포화상태에 이르렀다. 양란으로 인구가 잠시 줄기는 했으나 꾸준히 증가한 인구로 인해 성저십리로 지칭되는 도성 밖 사방 10리 이내의 지역에 많은 인구가 집중했고, 한성부는 방(坊)을 별도로 설치하면서 실질적인 권역을 넓히고 있었다.[161] 왕실의 별궁이 도성 내 곳곳을 차지하고 있었지만 매번 새로운 땅을 찾아 별궁을 설치하기보다는 종종 기존 별궁의 용도를 전환해 사용한 것은 한양의 밀집된 인구로 인한 가용 토지 한계가 영향을 미친 것으로 보인다.

근대기에 들어와 한양 도성은 더욱 급격한 변화를 겪었다. 이는 근본적으로 도시화의 가속화에 의한 것이었으며, 더불어 500년을 지속해 온 국가 시스템의 변동이 불러온 변동 또한 큰 영향을 미쳤다. 조선시대에도 내탕은 구분돼 있었지만 일제강점기라는 상황 아래에서 국가와 왕실 간 경계가 뚜렷해지면서 국유지와 창덕궁, 즉 왕실 소유의 대지가 장부상에 명확하게 구분됐다.[162] 궁궐, 종묘, 사직, 전국의 객사, 관청, 왕실의 별궁 등은 더 이상 국가적으로 지원받지 못하게 됐고 용도조차 무의미한 상태가 됐다. 즉 도시는 새로운 시대가 요구하는 방식으로 완전히 다른 형태로 변모해 갔다. 하지만 이미 높은 밀도의 인구로 가득 찬 도시 공간을 신도시 계획하듯 전면적으로 재편하는 것은 거의 불가능에 가까운 일이었다. 따라서 세분화돼 각 개인의 소유가 돼 있는 개별 필지들을 병합해서 근대기가 요구하는 각종 시설을 설립하는 것보다는 이미 중대형 규모의 필지를 차지하고 있던, 그러나 더이상 용도가 지속되지 않는 시설을 선택하는 것이 유리했다. 한양 각처의 관청, 별궁들은 새로운 시설을 만드는 데 가장 먼저 선택될 수 있는 땅이었음은 명확하다.

이러한 정황은 1936년의 「대경성정도」[163]에서 별궁 위치를 표시해 보면 명확하게 확인된다. 지도에는 상당수의 대규모 필지가 확인되는데 가장 넓은 면적을 차지하고 있는 것은 경복궁·창덕궁·창경궁·경희궁·덕수궁 등 제 궁궐과 종묘·사직, 육조의 관청자리 및 정동 일대의 외국 공사관 필지들이다. 이들 외 중대형 필지들은 대개 북촌과 남촌 지역에 존재하고 있었으며, 상당수의 중대형 필지들이 별궁의 위치와 관련된다.[164]

이러한 필지의 연속성은 다수의 별궁에서 살펴볼 수 있다.[165] 안국동별궁은 1910년경에 궁내부 환관들이 거처하고 있다가 조선총독부 재산으로 편입됐다. 1936~1937년에 최창학 및 민대식에게 각각 768평과 4,000여 평이 불하돼 경성휘문소학교가 설립됐다가 1944년 풍문여학교로 변모했다.

경모궁은 사도세자가 장조로 추존되면서 종묘에 부묘돼 기능을 잃었다. 그 자리에는 영희전을 옮기게 됐다. 이는 영희전 인근에 명동성당이 건립되면서 마침 영희전 이건의 필요성이 생겼기 때문이다. 기존 영희전 자리에는 창의궁에 있던 의소묘, 문희묘를 옮겨와 향사 공간 기능을 이어 가고 있었으나 1908년 제사에 관한 칙령 제50호 '향사이정에 관한 안건'에 따라 이들 신위를 매안하면서 기능을 완전히 잃었다. 이 자리에는 경성본정경찰서가 세워지고 이후 중부경찰서, 영락교회로 변모하면서 중대형 필지로 계속 사용

159 『정조실록』 12권, 정조 5년(1781) 12월 13일(신사); 13권 정조 6년(1782) 1월 24일(신유); 15권 정조 7년(1783) 4월 1일(신유).

160 『정조실록』 13권, 정조 6년(1782) 1월 21일(무오).

161 세종 8년(1426)의 통계에 따르면 한양도성 내 인구는 103,328명, 성저십리 인구는 6,044명이었다. 정조 13년(1789)의 통계에서는 성저십리 인구가 76,782명으로 크게 늘었음을 알 수 있다.

162 일제강점기의 지적자료를 살펴보면 국유지와 창덕궁 소유 땅이 구분돼 있다. 당시까지 조선의 왕실이 소유하고 있던 대지의 양상이 드러난다. 『경성부관내지적목록』, 1917년 및 1927년 자료 참조.

163 서울역사박물관 소장 「대경성정도」는 1936년에 경성 지성당에서 경성부의 교열을 거쳐 발행한 서울지도이다. 지도에 지번을 표시한 것으로, 이후에도 여러 차례(1958년·1969년·1986년·1988년·1993년 등) 제작·간행됐다.

164 조선 전기에 설치된 별궁 중에서 이후 흔적이 명확하지 않은 사례들은 근대기의 필지 규모와 바로 연결되지 않는 경우가 많으나 조선 후기의 별궁들은 대부분 중대형 필지와 연관된다.

165 이 부분의 기술은 주로 조은주, 「근대기 한양도성 안 궁묘와 궁실의 변용」, 서울시립대학교 박사학위논문, 2012를 참조.

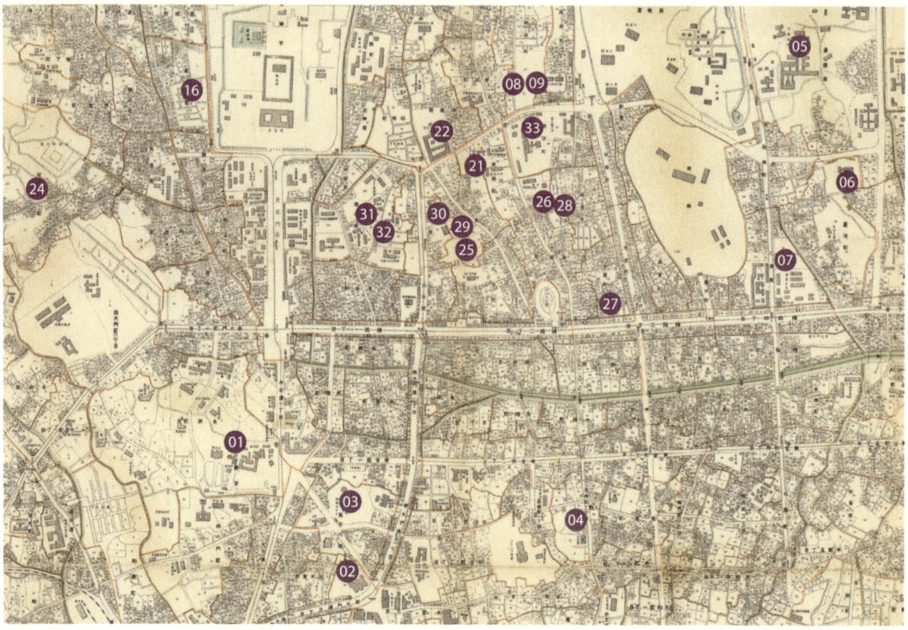

01 의경묘(효정묘) 02 저경궁 03 남별궁 04 영희전 05 경모궁 06 하어의궁 07 이현궁 08 경우궁 09 계동궁 10 선희궁 11 순회묘,소현묘 13 신비사
14 연호궁 15 육상궁 16 창의궁,효장묘,의소묘,문호묘 20 자수궁 21 문희묘 22 안국동별궁 23 효사묘 24 도정궁 25 순화궁 26 대빈궁 27 상어의궁
28 누동궁 29 죽동궁 30 사동궁 31 용동궁 32 수진궁 33 운현궁

그림 17 1936년 「대경성정도」 상에 표시한 별궁 위치

됐다. 또한 경모궁 자리에는 1907년 대한의원이 설립되고 총독부의원, 경성대학 의학부 부속병원을 거쳐 지금의 서울대학교병원 자리로 사용되고 있다.

순화궁 땅은 1911년 이완용이 소유했다가 1918년에 명월관 주인 안순환이 인수해서 태화관으로 고쳐 사용했다. 이후 태화관은 남감리교회가 인수해 태화회관을 건설했고, 지금 태화빌딩·하나로빌딩이 자리하고 있다. 원래 계동에 있다가 1896년에 순화방 옥동, 즉 지금의 옥인동으로 이설된 경우궁의 자리에는 순화병원[166]이 들어섰다. 순화병원은 지금의 종로구보건소, 군인아파트 자리에 있었다. 1910년의 조선교통전도[167]에는 같은 자리에 경우궁이 표기돼 있다. 이 자리는 경우궁 이전에도 자수궁이 있던 자리로 보이는 등 중대형 필지 역사가 계속 이어졌음을 알 수 있다. 계동의 경우궁 자리는 포대영문이 설치됐다가 위생실행부 사무소가 이전했다. 이후 이 부지의 일부는 휘문고등보통학교에 매각됐다.

용동궁은 독일인 파울 묄렌도르프(한국 이름 목인덕), 엄비의 소유를 거쳐 그 자리에

1906년 명신여학교[168]가 설립됐다. 남별궁은 사신 접견소로 사용되다가 1897년 원구단을 세웠으며, 1913년에 해체돼 지금은 조선호텔이 서 있다. 창의궁은 1936년 지도에서 동척사택으로 활용되고 있음이 확인된다. 1908년 문효세자의 신위를 매안(埋安)하면서 창의궁의 기능은 소멸되었고, 같은 해에 설립된 동양척식주식회사가 이곳에 사택 단지를 건설했다. 선희궁 자리에는 조선총독부 제생원양육부가 설치됐다. 대빈궁에는 경성측후소, 저경궁에는 경성치과의학전문학교가 설치됐다. 수진궁에는 홍사단을 거쳐 종로공립심상고등소학교가 자리 잡았다.

20세기에 들어와 궁궐과 육조의 관아, 각 별궁 등 기존의 기능이 약화하고 새로운 도시 시설이 진입하게 된 것은 한양이 근대도시로 전환돼 가는 급박한 변화의 큰 축이라 할 수 있다. 병원·학교·통치시설·군대시설·산업시설 등 새로운 유형의 시설은 중대형의 필지를 필요로 하고 있었으며, 관청과 별궁 자리는 수요를 충당할 수 있는 대상이었다. 별궁 자리가 근대기 이후로도 중대형 필지로 존속하는 양상은 조선시대의 도시적 양상이 근대기 이후, 현재까지도 지속되고 있음을 보여 주는 중요한 지표라 할 수 있다. 전통시대의 한양, 근대 도시 경성, 현대의 서울은 서로 다른 시간대를 표상하고 있지만 이들은 별궁 등이 서 있던 중대형 필지를 통해 시대 간극을 메우면서 연속적인 도시로 이해될 수 있다.

14
도시 속의 왕실, 희미한 경계

궁궐 밖의 왕실은 물리적으로 완전하게 파악되지 않는다. 궁궐과 종묘, 사직은 역사적 의미의 크기와 문화재로서의 보호 조치를 통해 그래도 물리적인 양태를 유지할 수 있었지만 도성 여기저기에 산재해 있던 별궁은 급격한 도시 팽창과 재개발로 대부분 자취를 감추었다. 문헌·도판·사진 기록도 궁궐 등에 비하면 수량과 밀도가 현저히 떨어지기 때문에 복원적 접근도 용이하지 않았다. 별궁이 맞은 파괴적 정황은 궁가·제사·재정 등 별궁

166 지금은 남아 있지 않은 순화병원의 위치에 대해서는 김택중, 「경성부립순화병원, 역사적 사실과 그 해석」, 『연세의사학』 16권 2호, 2013.12.에서 다루어진 바 있다.

167 서울역사박물관 소장.

168 숙명여학교의 전신.

의 여러 용도에 따른 차별도, 규모와 시대에 따른 구분도 없이 적용됐다. 합사돼 명맥을 유지하고 있는 칠궁이나 운현궁은 오히려 예외적인 경우에 속한다. 정확하지는 않더라도 대략적인 위치를 파악할 수 있는 것만 해도 다행인 별궁이 대부분이다.

하지만 반대로 생각해서 도성 내 일반 민가나 개인의 제사 시설 등과 비교해 본다면 별궁의 여건은 그래도 나은 편이다. 앞에서 살펴본 여러 문헌 기록과 도판 자료를 통해 희미한 단서라도 파악할 수 있기 때문이다. 이 점에서 별궁은 한양의 도시사, 상류 주택의 건축사, 왕실의 문화사 등 여러 영역에 걸쳐 중요한 연구 대상이어야 한다. 최근 들어 여러 연구자에 의해 별궁의 실체에 대한 추적 연구가 크게 확장됐다. 개별 별궁 역사가 상당 부분 복원돼 연구 논문과 조선왕조실록 사전 작업을 통해 일반에 공개돼 있다. 현존하는 일부 별궁의 건축에 대해서는 조사와 복원 정비가 진행됐고, 상당한 양의 도판사료가 발굴·해제돼 연구 자료로 활용되고 있다. 폐쇄지적도를 통한 필지 연구에 힘입어 별궁의 위치를 더욱 정밀하게 추적할 수 있었고, 관찬·사찬 문헌 기록을 활용해 별궁의 운영과 궁궐 밖 왕실 문화사에 대해서도 이해의 깊이를 더해 가고 있다. 또한 한양 도시사와 조선시대 건축사에 대한 포괄적인 연구에 힘입어 별궁의 물리적 상황에 대한 시대적 이해도 진전되고 있다.

이를테면 이 글은 이 분야에 대해 오랫동안 천착해 온 연구자들의 성과에 기대어 엮은 것이다. 한 걸음 정도는 더 내디딜 수 있을 것이라는 생각으로 원고를 썼지만 연구자들이 쌓아 놓은 성과를 넘어서기는 쉽지 않았다. 많은 성과에도 여전히 한양 별궁의 전모를 파악하는 것은 쉽지 않은 일이다. 별궁이라는 단어 개념을 어떻게 이해할 것인가도 그러하지만 각 별궁이 한 곳에 하나의 용도로 지속된 것이 아니라 때로 위치를 옮겨 다니기도 하고, 하나의 장소에 여러 별궁의 역사가 얽혀 있기도 하며, 관련된 왕실 인물의 지위 변화에 따라 별궁의 위상이 변하는 일도 많으며, 궁가에서 제사시설 또 재정궁으로 주 용도가 변동되는 경우도 많았기 때문에 시간과 공간의 변화를 소위 4차원적으로 이해하고 분석하는 것은 결코 만만한 일이 아니다.

이러한 한계 속에서 집중하고자 한 것은 세 가지 관점이었다. 궁궐 밖 왕실 시설로서 별궁이 첫 번째 관점이었다. 이는 별궁 개념을 어떻게 설정할 것인가의 문제와 연관돼 있다. 본고에서는 궁궐의 안팎으로 구분된 왕실 공간과 국왕 중심의 계보 사이 관계를 주로 다루었다. 개념적으로 별궁은 왕실의 중심 계보 주변 인물들에게 요구되는 공간 장치이며 왕세자를 제외한 형제들이 계보에서 멀어지면서 궁궐 밖에서 생활하기 시작하는 순간, 또는 그러한 인물이 다시 임금으로 즉위하면서 그의 궁가가 잠저로서의 지위를 획득하는 순간, 임금이나 왕세자와의 혼인을 통해 왕비나 왕세자빈이 되면서 궁궐로 들어오게 되는 순간, 선왕의 후궁으로서 궁궐 밖으로 나가야 하는 순간, 종묘에 부묘되지 못하는 주요 인물을 제사지내야 하는 순간, 이러한 방식으로 궁궐에서 멀어진 인물들의 집안이 별도의 지원을 필요로 하는 순간 등에 등장하는 건축 시설로 이해할 수 있었다.

두 번째 관점은 궁가, 사묘 등 용도에 따른 별궁 건축에 대한 것이다. 궁가는 가옥, 사묘는 사당으로서 궁궐 및 민간과 공유하는 지점이 존재한다. 궁가로 사용되는 별궁은 궁궐의 침전 일곽이 띠고 있는 격식에 따르는 엄격한 구성과 다르지만 또한 민간의 자유로운 공간 구성과도 차이가 있다. 하지만 거주라고 하는 공통된 분모는 궁가를 건축적으로 해석하는데 중요한 키워드임이 분명하다. 안채와 사랑채, 온돌과 마루, 건물과 마당, 일상적 거주 공간과 의식을 위한 공간의 조합은 별궁에도 동일하게 적용돼야 하는 항목이다. 이를 통해 별궁은 궁궐과 민간을 사이에서 이어 준다. 사묘 역시 종묘와 민간의 개인 사당 사이에서 의식의 위계에 따라 구성 요소나 규모 차이를 보이며 제사 시설의 연속성을 만들어 낸다.

마지막으로는 이들 별궁이 한양이라는 도시 역사와 어떻게 연결돼 있을까에 대한 것이다. 별궁의 땅은 어디인지를 밝히는 것은 그동안의 성과들을 종합해서 포괄적으로 이해할 수 있는 부분이었다. 여전히 왜 그 자리를 택했는가 하는 문제는 모호하지만 분명한 것은 궁궐 주변의 비교적 가까운 곳에 별궁이 입지하는 경향이 있다는 사실이다. 별궁이 위치와 규모, 용도 등에서 복잡한 변동 양상을 보이고 있는 까닭에 정돈된 이론을 세우기는 어렵다. 오히려 주목되는 점은 새로운 별궁은 이미 별궁이던 땅을 이용하는 경향이 가장 뚜렷하다는 것이다. 이는 한정된 도시 공간 내에서 왕실이 사용할 수 있는 대지는 제한적인 범위에 있었다는 점을 방증한다. 별궁 하나의 역사만큼이나 별궁의 땅, 대지의 역사도 복잡한 계승 관계에 있었다. 이는 한양이 경성으로, 다시 서울로 전환되는 속에서도 중대형 필지를 유지시키면서 규모 있는 새로운 시설의 입지에 영향을 미쳤다는 점에서 시간적인 연속성을 만들어 내었다.

왕실 인물과 건축적 공간, 도시의 시간으로 얽힌 별궁 역사를 포괄해 보면 별궁은 도시 속 왕실이자 민간 속 궁궐이며, 의식 규모와 건축 구성으로도 궁궐과 민간 사이의 위계를 갖는 물리적 공간이었다. 궁궐과 한양 도성의 경계를 희미하게 만들어 가는 것이 별궁이라 한다면 지나친 명제일까.

3장

별궁의 의례적 역할과 국왕 행차

• 김지영
서울대학교 규장각한국학연구원

01
왕족의 성인식과 결혼식, 출합(出閤), 궁가의 성립

조선시대의 왕자와 공주·옹주·현주·군주 등 후계자가 아닌 왕족들은 성인식인 관례와 결혼식인 길례[가례]를 치르면서 대궐을 떠나게 된다. 앞의 총론에서 살펴보았지만 조선 후기에는 여러 왕자·왕녀가 자신의 궁가를 받아 독립했다. 왕자·왕녀가 대궐에서 나가 독립하는 것을 '출합'이라 했다. 왕자나 공주, 옹주가 출합할 때 비용은 공가에서 지급했다. 『경국대전』에 규정된 집터와 제택에 대한 제한 규정은 조선 후기 들어와 유명무실해졌다. 왕이 백성과 토지를 사사로이 해서는 안 된다는 암묵적인 규범이 존재하는 가운데 왕실에서도 왕자·왕녀의 결혼식 등 의례와 출합에 대한 일정한 기준을 마련하고자 했다. 대략 숙종부터 영조 대를 거치며 왕자녀의 관례·가례·출합 관련 의례 규범이 정립됐다.

현재 인조의 왕자 인평대군과 숭선군(崇善君)·낙선군(樂善君), 효종 대 숙안공주(淑安公主)와 숙명공주(淑明公主)의 혼례에 관한 예조의 등록을 비롯해 현종 대 명안공주(明安公主)와 숙종 대 연잉군(延礽君, 영조) 및 연령군(延齡君) 등의 관례·길례·가례 등록이 전해진다. 영조 대에는 옹주뿐만 아니라 사도세자의 자손들, 즉 왕손과 왕손녀의 혼사가 있었다. 화순옹주(和順翁主), 화완옹주(和緩翁主), 청연군주(清衍郡主), 청선군주(清璿郡主), 은언군(恩彦君), 은신군(恩信君)의 결혼식과 출합에 대한 기록을 참조할 수 있다. 순조 대의 숙선옹주(淑善翁主, 정조의 딸), 명온공주(明溫公主), 복온공주(福溫公主), 덕온공주(德溫公主)의 결혼식 기록도 있다. 이 자료들을 참조해서 공주·왕자·옹주들에게 처음 집을 마련해 독립시킬 때의 이야기로 들어가 보자.

임진왜란 이후 도성 안의 궁궐과 관청들이 파괴되고, 상대적으로 넓은 터에 자리해 있던 궁가들이 전용돼 활용된 것을 총론에서 살펴보았다. 광해군이 도성 여러 곳에 궁궐을 새로 지어 경영하면서 대궐과 민가 사이의 오랜 균형도 깨지기 시작했다. 조선 후기의 왕들은 민가를 함부로 침탈하지 않는다는 원칙과 궁가 건립에 비용을 지나치게 하지 않는다는 원칙을 지킬 것을 요구받았다. 왕자와 공주의 집들을 새로 마련할 때마다 이런 압력은 계속됐다.

효종 공주들의 궁가는 인경궁 옛터에 건립됐다.[1] 공주들의 신혼집을 민가 속에 마련하지 않고 빈 터로 남아 있는 인경궁 자리를 이용한 것이다. 이미 공가 소유로 돼 있는 땅이었기에 매입 비용은 들지 않았지만 궁궐이던 곳을 공주궁으로 사용한다는 점과 과다한 건축비 등으로 시끄러웠다. 왕의 입장에서는 "그럼 궁궐에서 데리고 살란 말이냐."라는 말이 나왔을 법한 상황이었지만 그런 말을 대놓고 할 수는 없었다. 집터가 궁궐이던 곳이

**조선시대의 왕자와 공주·
옹주 현주 군주 등 후계자가
아닌 왕족들은 성인식인 관례와
결혼식인 길례[가례]를 치르면서
대궐을 떠나게 된다.
왕자 왕녀가 대궐에서 나가
독립하는 것을 '출합'이라 했다.**

라는 점은 양해된 듯하지만 사치스러운 비용문제에 대한 비판은 지속됐다. 묵묵히 밀어붙인 결과 맏딸인 숙안공주의 집은 어의동에 있던 성종의 잠저 터, 나머지 딸들은 인경궁 옛터에 궁가를 얻었다. 왕가의 후예이며 뛰어난 문장으로 잘 알려진 이민구(李敏求)는 숙명공주, 숙휘공주, 숙정공주, 숙경공주의 새집 상량문을 모두 지었다. 각각 부마도위의 이름을 따서 청평공주(淸平公主), 인평공주(寅平公主), 동평공주(東平公主), 홍평공주(興平公主)의 새집[新第][2]이라고 불렀다. 이민구는 상량문에서 "좋은 비단과 값진 폐백이 모두 왕실에서 나오고 적측과 청동은 외부를 번거롭게 하지 않았네."라며 민간에 부담을 지우지 않았음을 강조했다.[3] 궁가의 위치를 짐작하게 하는 대목도 있다. 청평공주[숙명공주]의 집은 동쪽으로 나서면 궁궐과 바로 닿을 수 있는 곳에 있었고, 인평공주[숙휘공주]의 집도 궁가의 길이 대궐 터로 이어지는 곳에 있었다. 동평공주[숙정공주]의 집은 북쪽에 사직단 너머 솔숲이 보이는 곳이었고, 홍평공주[숙경공주]의 집은 동쪽에 백록의 송림이 내다보이는 사직 가까운 마을에 있었다. 모두 사직 근처 인경궁 일대에 자리 잡았음을 이 상량문을 통해서도 알 수 있다.

01 『현종실록』 18권, 현종 11년(1670) 8월 21일(을사).

02 『동주집_문집』, 권5, 「청평공주신제상량문(淸平公主新第上樑文)」; 「인평공주신제상량문(寅平公主新第上樑文)」; 「동평공주신제상량문(東平公主新第上樑文)」; 「홍평공주신제상량문(興平公主新第上樑文)」.

03 『동주집_문집』, 권5, 「청평공주신제상량문(淸平公主新第上樑文)」 "輕縑重幣 悉抽內藏 赤仄靑銅 無煩外府(상량문의 번역은 고전번역원 국역 참조).

효종의 공주들은 1670년(현종 11)에 일제히 새로 궁가를 지었다. 인경궁 터에서 살기에 불편하다는 것이 이유였다. 현종은 옛날 선왕께서 공주궁을 인경궁 옛터에 지어 주었는데 편안하게 거처할 수 없어서 이번 역사가 있게 됐다며 변명했다. 편안하게 거처할 수 없다는 것은 집이 물리적으로 불편하다는 것이 아니었다. 옛 궁궐의 터에 사대부가 들어가 살 수 없다는 명분상의 문제가 걸려 있었기 때문이었다. 1669년(현종 10) 1월 인정문에서 조참할 때의 일이었다. 송시열이 효종 공주들의 집을 거론하며 모두 대궐의 옛터인데 나라에서 지어 주었다고 하더라도 부마들이 들어가 살 수 없다고 지적했다. 인평위의 아버지로부터 자식을 다른 집에 나가 살게 하고 싶다는 말을 들었다고 전하기도 했다. 현종이 그래도 효종이 내려 준 집이라며 불편해했지만 송시열은 나라에서 다시 집을 지어 주면 사리가 순조로울 것이라고 했다. 이 대화가 있은 후에 일제히 공주 집을 다른 곳으로 옮겨 짓는 역사가 시작된 것이었다. 왕실의 척족이 지나치게 권력화하는 것을 제어하려는 발언이었지만 일은 엉뚱한 방향으로 흘렀다.

당시 기근으로 어려운 때였는데 궁가의 재건축은 법도를 넘어 진행됐다. 현종에게 울면서 간언한 좌의정 허적의 말을 들어 보자.

> 숙휘공주(淑徽公主)의 집터는 비록 공공의 땅이라고는 하나 주변에 철거시킨 집이 많습니다. 숙경공주(淑敬公主)의 집터는 여염의 소유인데, 개인적으로 계약해 사들였다면 그나마 괜찮겠지만 널리 점령하고서 억지로 사들일 수 있단 말입니까. (선조임금 때) 대원군 사우의 앞이 매우 좁았는데 마침 근처에 감종친(監宗親) 집의 빈터가 있었습니다. 선조께서 5, 6칸의 땅을 사려고 여러 번 별감을 시켜 달랬으나 끝내 듣지 않았다고 합니다. 사우는 매우 중요하고, 땅은 매우 적었는데도, 억지로 사려고 하지 않으셨습니다. 또 진안위(晋安尉, 선조 부마, 정정옹주의 남편 유적)의 집을 짓기 위해 사대부 집터를 사려고 했는데, 옛날부터 전해온 터라고 거절하자 마침내 사헌부의 옛터에다 지었습니다. 그 앞에 바로 상놈 집이 있어 시끄러움을 피하기 위해 앞쪽의 담장을 높이 쌓도록 했습니다. 인조께서도 잠저에 계실 때 옹주의 집을 찾아간 일이 있는데 그 집터가 너무 좁은 것을 민망히 여겨, 즉위하신 뒤에 공공의 땅을 배로 주고 바꾸어 주었습니다. 이것이 모두 근래의 일입니다.[4]

언론의 책임을 맡은 관원들은 날마다 문제를 지적했지만 공주가의 건축은 그대로 계속됐다. 정침만 27칸, 33칸이 넘는 집이었다. 공공에 비용 부담을 지우지 않는다고 했지만 화려한 공주 집은 절제할 줄 모르는 왕실의 상징으로 비춰질 뿐이었다.

숙종 대 연잉군과 연령군의 집

창의궁은 영조가 왕세제가 돼 입궁하기 전까지 살던 옛집이다. 경복궁 같은 궁궐은 왕조 정치의 공간이기도 하지만 왕의 가족, 즉 왕비와 왕자와 공주가 함께 사는 왕의 살림집이기도 하다. 하나의 집안으로서 왕실을 보게 되면 그들의 삶 역시 다른 집안 모습과 크게 다르지 않았다. 어린 왕자와 공주들은 부모가 있는 궁궐을 자기 집으로 알고 성장하지만 다 자라서 결혼하게 되면 궁궐을 떠났다. 딸을 출가외인으로 여긴 조선시대에 공주가 결혼 후 출가하는 것은 당연했다. 왕자들도 결혼하면 따로 집을 마련해서 궁궐을 나갔다. 결혼 후에도 궁궐에 있을 수 있는 것은 왕의 후계자로 정해진 세자뿐이었다. 궁 밖으로 나가더라도 언제든지 부모를 뵙고 왕가의 일원으로서 공식 업무를 위해 입궁해야 했고, 집은 궁궐 가까이에 마련됐다.

잘 알려져 있듯이 영조는 숙종의 아들 중 둘째였다. 숙종은 왕비가 셋(인경왕후 김씨, 인현왕후 민씨, 인원왕후 김씨)이었지만 모두 자식이 없었다. 두 번째 왕비인 인현왕후를 쫓아내고 왕비가 된 희빈 장씨와의 사이에 낳은 아들이 먼저 세자에 책봉돼 숙종의 뒤를 이었다. 그가 경종이다. 영조는 인현왕후의 궁녀였다가 후궁이 된 숙빈 최씨와의 사이에서 태어난 숙종의 둘째 아들이다. 왕자 때 이름은 연잉군이었다. 연잉군이 아홉 살 때인 1704년에 서종제의 딸과 결혼했다. 나이도 아직 어려서 당장 궁궐 밖으로 나가진 않았지만 언젠가 나가서 살 집을 마련해야 했다. 새로 궁가를 짓기보다는 기왕에 있던 집을 매입하기로 했다. 시중에서는 이미 숙빈이 사는 이현궁이 있는데 또 집을 마련하려 한다고 뒷말이 있었다.[5]

본격적인 제택 매입은 1707년경에 시작됐다. 연잉군 집에서는 정명공주의 집을 사들이고자 했다. 당시 집 주인은 정명공주의 증손 홍석보(洪錫輔)였다. 그는 집을 팔아서는 안 된다는 선조의 말씀이 있어서 어길 수 없다는 내용의 단자를 올려 매각 요청을 거절했

04 『현종실록』 18권, 현종 11년(1670) 8월 21일(을사).
05 『숙종실록』 39권, 숙종 30년(1704) 4월 17일(병술).

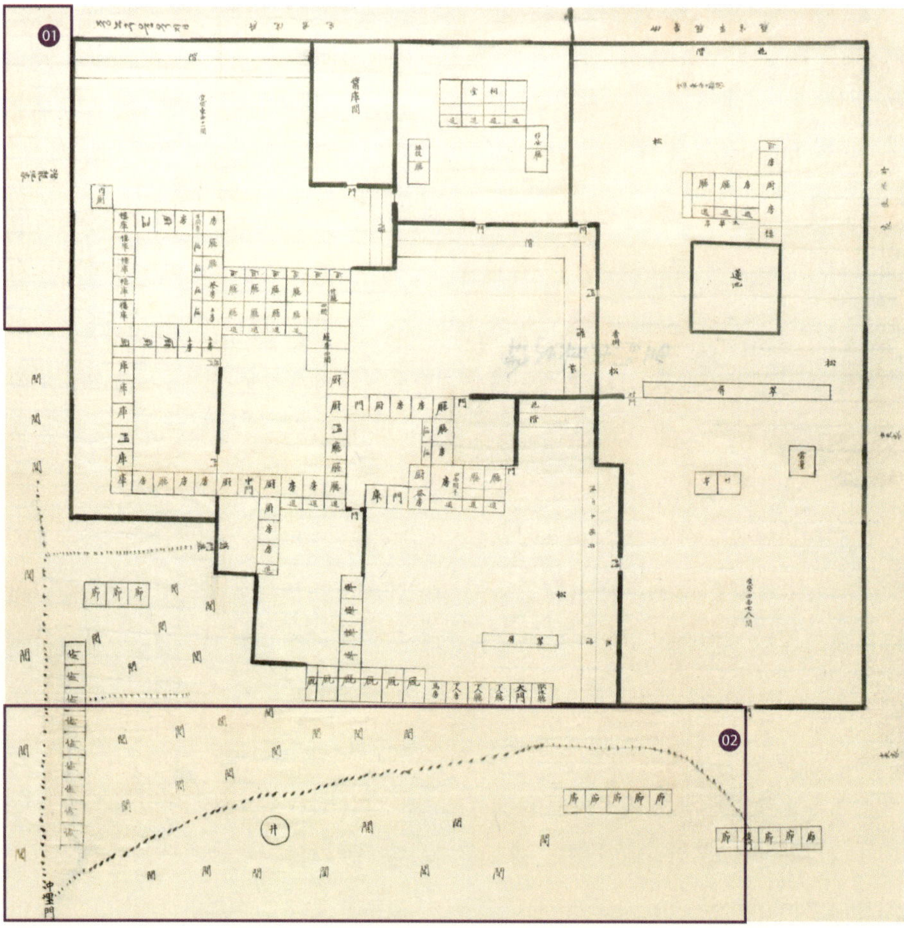

그림 1 「이문내구윤옥가 도형」[① 잠룡지가 부분, ②여항 민가 부분 표시]

(18세기 후반, 75×81cm, 한국학중앙연구원 장서각 소장)

다. 숙종 또한 억지로 할 수는 없다며 받아들였다.[6] 다른 곳을 알아보다가 중부 경행방(慶幸坊)의 민가들을 매입했다. 경행방은 현재 낙원동 일대로, 인조 잠저인 어의궁이 부근에 있었다. 사료에는 윤정봉, 윤항, 김일영, 김석구, 사노 상일 등이 소유한 집이었다고 한다. 윤정봉의 집이 963칸 반, 윤항의 집이 719칸, 김일영의 집이 28칸, 김석구의 집이 73칸 반, 상일의 집이 12칸 등 도합 1,796칸이었다. 본래 주인들이 부른 값은 2,380냥이었지만 감정가에 따라 은 2,017냥에 매입하도록 했다.[7] 다시 김일영·김석구·상일의 집은 제외하고, 윤정봉과 윤항의 집 중 일부를 제외하고 총 682칸 반을 1,850냥에 매입하도록 했다. 매각하는 주인들도 나머지 땅이 자투리땅이 돼 쓸모없어졌다고 불평하고, 사용할 측에서도 지형이 불편하다고 마음에 들어 하지 않았다.[8] 이 집터는 결국 사용하지 않았다. 다시 매각한 것인지 아닌지는 알 수 없다.

다시 1710년에 정계일(鄭繼一)의 집을 3,934냥에 매입했다. 집터가 3,539칸, 건물이 266칸 반에 이르는 큰 규모의 집이었다. 이 집은 효종의 딸이자 숙종의 고모인 숙휘공주가 인평도위 정재현과 결혼해 살던, 더 정확하게는 현종 대에 두 번째로 다시 지은 궁가였다.[9] 연잉군의 출궁은 1712년 2월 12일에 이루어졌다.[10] 그의 나이 19세 때였다.

연령군 제택의 준비도 1708년경부터 시작됐다. 처음에 검토된 집은 구혁(具爀)의 집이었다. 누대의 훈척이자 인조의 외가인 능성 구씨가였다. 인조가 어린 시절 외삼촌인 구성에게 배우기 위해 이 집에 자주 왔었다. 인조가 빠지기도 한 잠룡지가 있다고 하여 잠룡지가로도 불리던 곳이었다.[11]

이 매입 계획을 알게 된 조정에서는 두 가지 불가론을 제기했다. 하나는 매입 대상이 된 집에 인현왕후 부모의 사당이 있다는 것이었다. 두 번째는 그 집이 시장에 매우 가깝다는 것이었다. 현재 남아 있는 구혁(具爀)가의 이웃과 이문(里門) 안 구윤옥가 도형을 보더라도 집으로 들어오는 길 주변이 모두 여항의 민가이고, 종로에 매우 근접한 곳에 있었음을 알 수 있다. 시장이 가까워서 집값이 매우 비싼데 왕자 제택 구입비는 한정돼 있어 깎으면 원통하다 할 것이고 시가대로 쳐 준다면 은 3,000냥으로도 부족하다는 것이었다. 왕

06 『숙종실록』 45권, 숙종 33년(1707) 9월 3일(임자).

07 『승정원일기』 438책, 숙종 33년 11월 6일 갑인; 숙종 33년 11월 7일 을묘.

08 『승정원일기』 438책, 숙종 33년 11월 8일 병진.

09 『영조장조문집』, 어제집경당편집 권5, 「어사어헌자위문답겸부추모(於舍於軒自爲問答兼附追慕)」.

10 『숙종실록』 51권, 숙종 38년(1712) 2월 12일(을축).

11 구윤옥가도형에 대해서는 정정남, 「인사동 194번지의 도시적 변화와 18세기 한성부 구윤옥 가옥에 관한 연구」, 『건축역사연구』 17권 3호, 2008, 27~31쪽 참조.

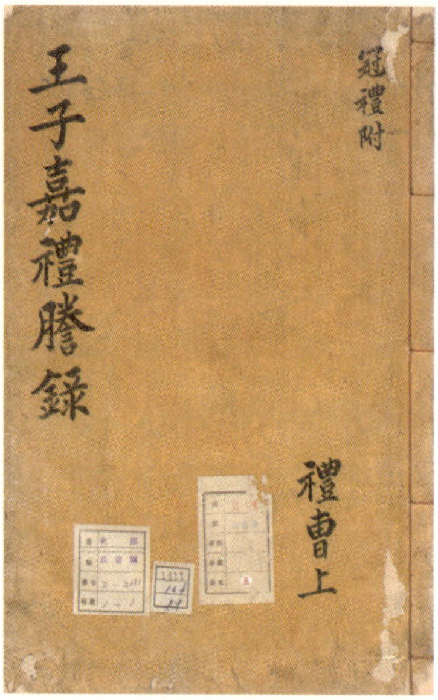

그림 2 연잉군 관례~출합까지의 기록

(『연잉군관례등록』, 1712년, 한국학중앙연구원 장서각 소장)

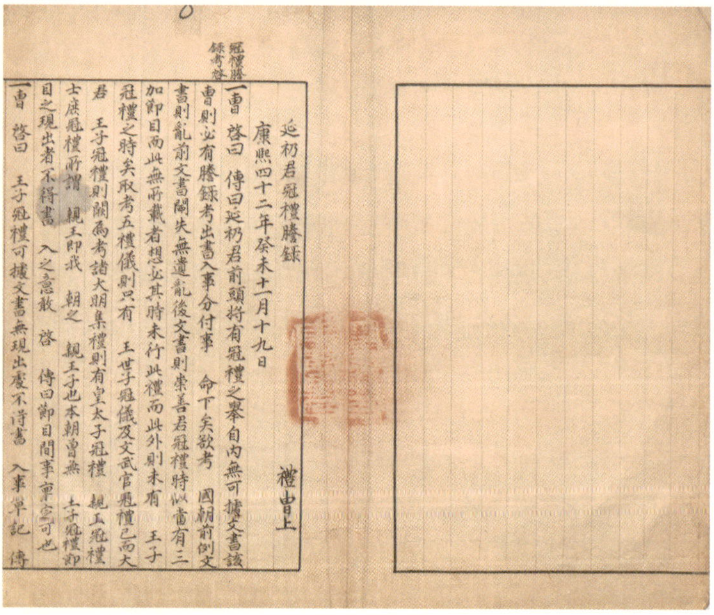
延礽君冠禮謄錄
康熙四十二年癸未十一月十九日 禮曹上
一曹 啓曰 傳曰延礽君前頭將有冠禮之擧自內無可據文書該
曹則必有謄錄考出書入事分付事 命下矣敎考 國朝前例文
書則亂前文書閪失無遺亂後文書則崇善君冠禮時似當有三
加節目而此無所載者想必其時未行此禮而此外則未有 王子
冠禮之時矣取考五禮儀則只有 王世子冠儀及文武官冠禮已而大
君 王子冠禮則闕焉考諸大明集禮則有皇太子冠禮 親王冠禮
士庶冠禮所謂 親王卽我 朝之 親王子也本朝曾無 王子冠禮節
目之現出者不得書 入之意敢 啓 傳曰節目間事更爲可也
一曹 啓曰 王子冠禮可據文書無現出處不得書 入事單記 傳

그림 3 연잉군 관례부터 출합까지의 기록, 첫면 (『연잉군관례등록』, 한국학중앙연구원 장서각 소장)

자의 출합 시기도 멀었고 연령군의 어머니 명빈이 다른 자제가 없어 그 궁 또한 왕자의 본제가 될 수 있으므로 다른 집을 구할 필요가 없다고도 했다. 숙빈 최씨의 집이 있기 때문에 연잉군의 집이 따로 필요치 않다는 주장과 일맥상통했다. 동양위 신익성이 집 앞을 눌러 굽어보는 인가가 있어서 옹주가 이를 막기 위해 몇 칸의 집을 세워 달라고 청했는데 선조가 이를 허락하지 않고 억새풀 주렴 여러 장을 내려 주며 막으라고 했다는 이야기로도 거들었다. 처음에 숙종은 집터와 간가가 달라서 집값에 차이가 있을 뿐인데 지나치게 반대한다며 받아들이지 않았다. 끝내는 인헌왕후 부모의 사우를 봉안한 곳이라는 반대에 마음을 바꿨다.

두 번째로 거론된 집은 영안위의 집, 즉 정명공주가였다. 정명공주가는 연잉군이 사려다가 집 주인이 조상의 유훈을 거론하며 반대해서 이루지 못한 집이었다. 이때는 집주인 홍만용이 조정에서 사려 하면 우리 집도 마땅히 바치겠다고 하는 말을 들었다며 추천한 사람이 있었고, 길지(吉地)와 복가(福家)로 유명한 정명공주 궁가였기에 팔기만 한다면 마다할 이유는 없었다. 실록에서는 이 추천이 정명공주가를 원하는 임금에게 아첨하려던 것이었다고 비판했다.[12]

정명공주가를 연령군의 집으로 정한 것에는 새로 건축하는 비용이 별로 필요하지 않다는 것도 하나의 이유였다. 즉 능성 구씨가는 매입할 경우 거의 새로 다시 지어야 했고, 정명공주가는 그럴 필요가 없다는 것이다. 그러나 정명공주가가 매입한 후에도 궁가를 보수할 때 누각의 주춧돌로 쓰기 위해 백금 40냥을 들이는 등 비용 문제로 시끄러웠다.[13] 연령군은 1715년(숙종 41)에 출합했다. 그러나 사제로 나간 지 몇 년 지나지 않아 21세의 나이로 세상을 떠났다.[14] 길지와 복가로 도성 안에 유명하던 이 집에 들어온 지 4년 만이었다.[15]

12 『숙종실록』 46권, 숙종 34년(1708) 11월 5일(정축).

13 『숙종실록』 56권, 숙종 41년(1715) 9월 8일(경자).

14 『숙종실록』 64권, 숙종 45년(1719) 10월 2일(신축).

15 연령군이 후사 없이 세상을 떠났다. 낙천군 이온 등 여러 종친의 아들을 후사로 세웠으나 제대로 이어지지 못했다. 정조가 즉위한 후 은신군 이진을 연령군의 후사로 삼았다. 은신군은 이미 세상을 떠났으나 이 조치로 인해 연령군가는 은신군 사당이 있는 은신군의 집이 됐다. 순조 대 은신군의 입후로 인평대군 이요의 5대손 이채중이 지명됐고, 이후 이구로 이름을 고치고 남연군이 됐다.(『순조실록』, 순조 15년 12월 19일 기사) 철종이 즉위한 후 순원왕후의 명에 의해 철종 아버지 전계대원군의 사당이 은신군의 집에 세워졌다.(『철종실록』, 철종 즉위년 6월 17일 계미) 은신군의 입후로 세워진 남연군은 바로 흥선대원군의 아버지다. 고종에게는 할아버지가 된다. 고종 즉위 후 전계대원군 사당은 현재 종로구 익선동의 누동궁으로 옮겨졌고, 전계대원군 사당이 있던 곳에는 안국동 별궁이 새로 건립됐다.

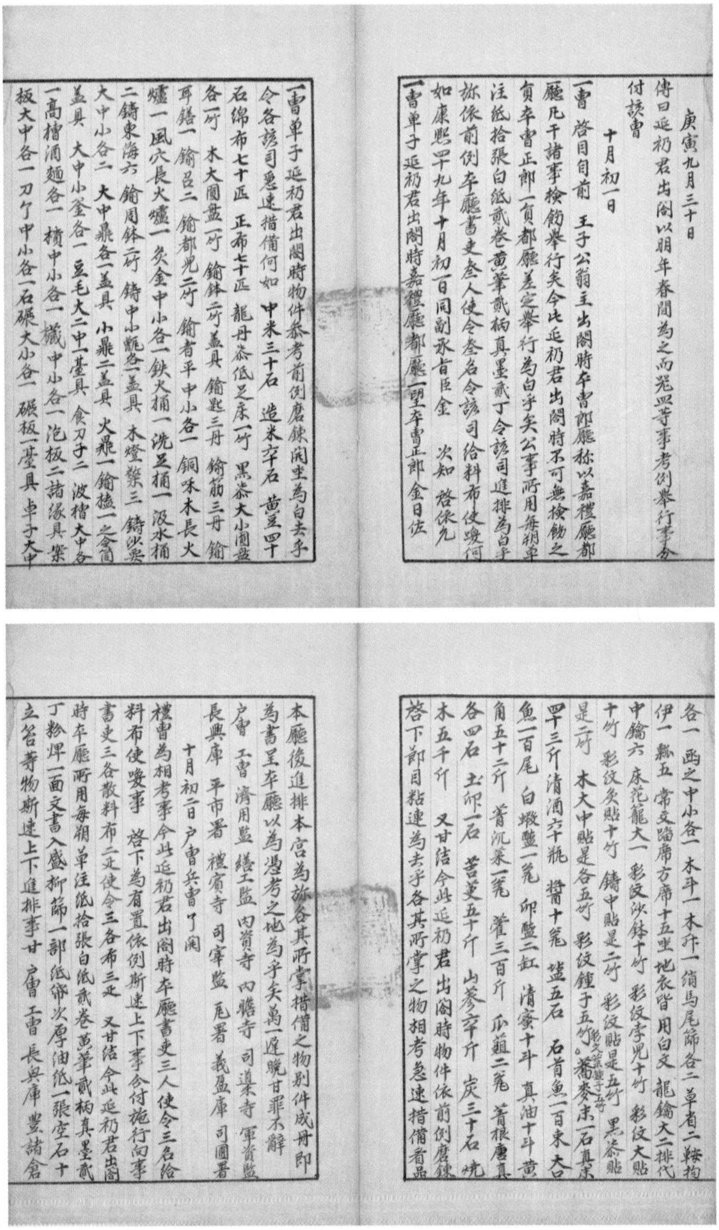

그림 4 연잉군이 출합할 때 갖춰 내보낸 살림살이(『연잉군관례등록』, 한국학중앙연구원 장서각 소장)

잠깐 다른 이야기로 넘어가면 연령군에게 집을 내준 후 정명공주 사당은 남산 아래 사의당으로 옮겨졌다.[16] 『한중록』에는 혜경궁 홍씨가 가례를 올리기 전에 종가 사당에 가서 인사를 올린 일화가 기록돼 있다. 당시 혜경궁이 찾아간 정명공주의 집은 안국동이 아니라 남산 진고개 일대에 있었다.

숙종은 두 아들의 집을 구해 주는데 그치지 않고 거처할 헌의 이름도 지어 주었다. 『맹자』 진심장에서 말한바 존심양성(存心養性), 즉 '마음을 보존하고 본성을 기르라'는 의미에서 동생이지만 먼저 집을 산 연령군에게는 '존심'이라는 이름을, 뒤에 집을 지은 영조에게는 '양성'이라는 이름을 각각 내려 주었다.

결혼과 출합 사이에는 긴 시간이 있었다. 연령군이 결혼은 나중에 했지만 출합은 1715년에 먼저 했다. 연잉군은 1717년에 출합했다. 출합 때는 당장 궁궐을 나가서 생활하는 데 필요한 물품을 지급했다. 아래는 연잉군이 출합할 때 관에서 지급한 왕자 신혼집의 살림 물품이다.[17] 쌀·콩·메밀가루·밀가루·김치·새우젓·꿀·미역·조기·대구·도라지·산삼·토란 등 먹거리, 상·그릇·수저·사발·접시·솥·시루·체·도마·칼 등 식기와 조리용구, 장·대야·항아리 등 각종 물품을 고루 갖추어 보낸 것을 알 수 있다.

> 중미(中米) 30석, 조미(造米) 60석, 황두(黃豆) 40석, 면포(綿布) 70필, 정포(正布) 70필, 용단 칠(龍丹漆) 낮은 다리 상 1죽, 흑칠대소원반(黑漆大小圓盤) 각 1죽, 목대원반(木大圓盤) 1죽, 뚜껑 있는 유발(鍮鉢, 놋바리) 2죽, 놋숟가락 3단, 놋젓가락 3단, 놋 귀대야 1, 유소(鍮召) 2, 유도아(鍮都兒) 2죽, 유자평(鍮者平) 중·소 각 1, 놋쇠화로 1, 풍혈장화로(風穴長火爐) 1, 석쇠[灸金] 중·소 각 1, 철화통(鐵火桶) 1, 세족통(洗足桶) 1, 급수통(汲水桶) 2, 주물 동이[鑄東海] 6, 놋주발[鍮周鉢] 2죽, 뚜껑 있는 주물 시루[鑄甑] 중·소 각 1, 나무 등잔걸이[木燈檠] 3, 鑄沙要 대·중·소 각 2, 뚜껑 있는 솥 대·중 각 1, 뚜껑 있는 작은 솥[小鼎] 2, 火鼎 1, 鍮榼 1, 뚜껑 있는 之令筒, 대·중·소 가마솥[釜] 각 1, 두모(豆毛) 대 2·중 1, 대구(臺具), 식칼[食刀子] 2, 물통[波槽] 대·중 각 1, 술주자[酒高槽]·면주자[麵高槽] 각 1, 궤(樻) 중·소 각 1, 장(欌) 중·소 각 1, 제연을

16 사의당의 연혁에 대해서는 홍경모, 이종묵 역, 『사의당지, 우리 집을 말한다』, 2009, 20~26쪽 참조. 사의당의 건축적 특징에 대해서는 박혜정, 조재모, 「조선후기 사의당의 위치와 건축적 특징에 대한 추론」 『건축역사연구』 26권 2호, 2017.4. 참조.

17 『연잉군관례등록』, 154~155면, 1710년(경인) 10월 1일.

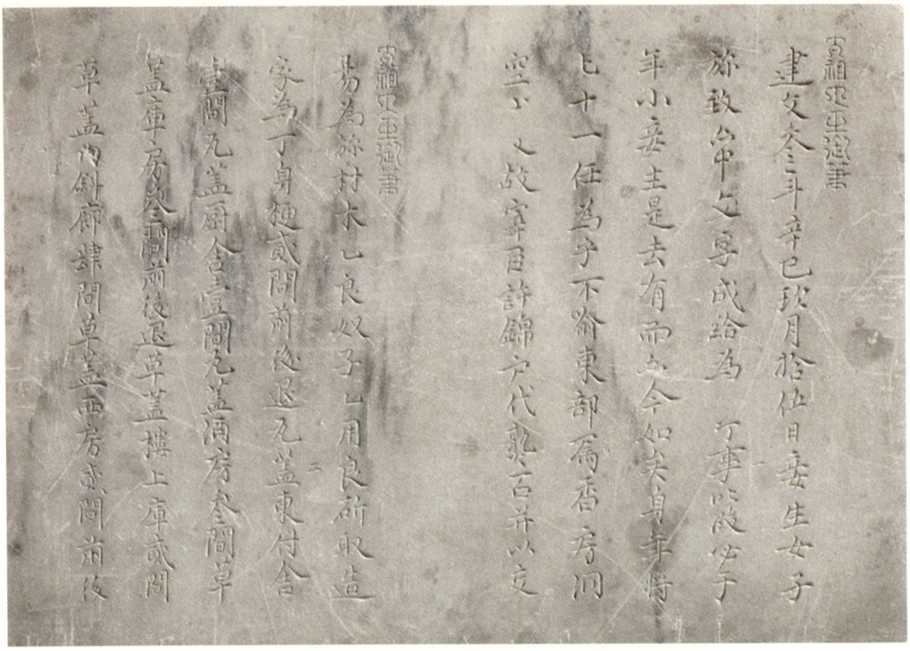

그림 5 태조가 숙신옹주에게 집을 지어 주면서 내린 글을 돌에 새긴 석본

(태조대왕어필각석, 숙종 대, 31.2×42.3×8.0cm, 국립고궁박물관 소장)

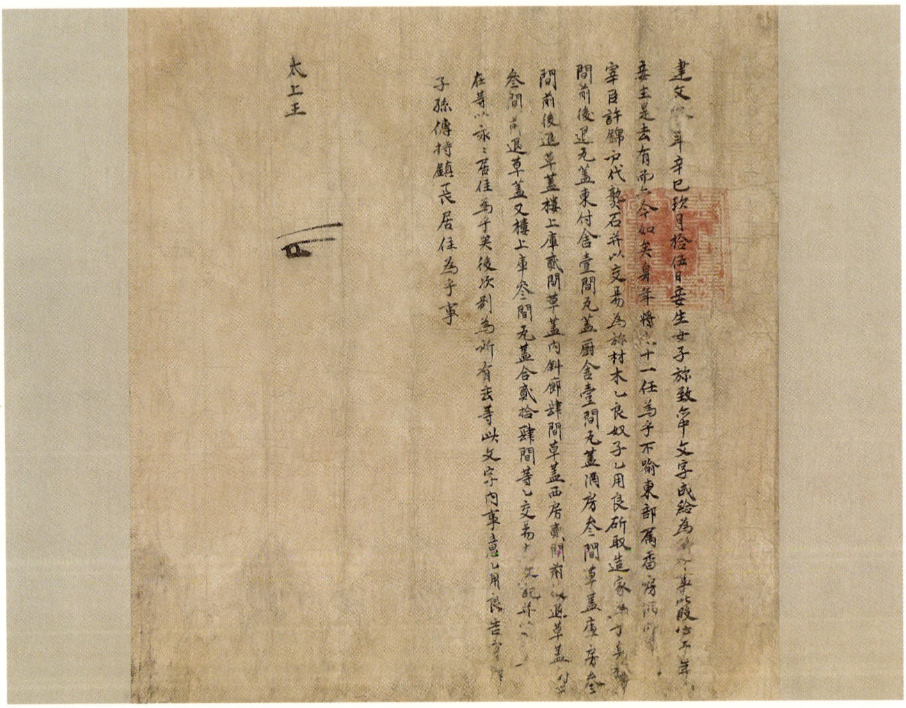

그림 6 태조가 숙신옹주에게 집을 지어 주면서 내린 글

(「숙신옹주가대사급성문(淑愼翁主家垈賜給成文)」, 56.5×55.5cm, 국립중앙박물관 소장)

갖춘 포판(泡板) 2, 안판(案板) 대·중 각 1, 도마 중·소 각 1, 돌 맷돌 대·소 각 1, 맷돌 판 1 대구, 탁자 대·중 각 1, 함지(函之) 중·소 각 1, 나무 말박[木斗] 1, 나무 됫박[木升] 1, 명주체[綃篩]·말꼬리체[馬尾篩] 각 2, 초성(草省) 2, 안장걸이[鞍拘伊] 1, 표(瓢) 5, 상문답석방석(常文踏席方席) 15좌, 지의(地衣) 개용백문(皆用白文), 용약(龍鑰) 대 2, 배대중약(排代中鑰) 6, 상화롱(床花籠) 대 1, 채문사발(彩紋沙鉢) 10죽, 채문패아(彩紋孛兒) 10죽, 채문대접시[彩紋大貼] 10죽, 채문구이접시[彩紋灸貼] 10죽, 주물 중접시[鑄中貼是] 2죽, 채문접시[彩紋貼是] 5죽, 흑칠접시[黑漆貼是] 2죽, 나무 접시[木貼是] 대·중 각 5죽, 채문종지[彩紋鍾子] 5죽, 채문엽종지[彩紋葉鍾子] 5죽, 메밀가루[蕎麥末] 1석, 밀가루[眞末] 43근, 청주(淸酒) 60병, 장(醬) 10옹, 염(鹽) 5석, 조기[石首魚] 100속, 대구[大口魚] 100미, 새우젓[白蝦醢] 1옹, 난젓[卵鹽] 2항, 꿀[淸蜜] 10두, 참기름[眞油] 10두, 황각(黃角) 52근, 무김치[菁沈菜] 1옹, 미역[藿] 300근, 오이지[瓜菹] 2옹, 무[菁根] 唐眞 각 4석, 토란(土卵) 1석, 도라지[桔梗] 50근, 산삼(山蔘) 60근, 탄(炭) 30석, 소목(燒木) 5,000근.[18]

영조의 일곱 옹주 집

영조는 화순옹주(和順翁主), 화평옹주(和平翁主), 화협옹주(和協翁主), 화완옹주(和緩翁主), 화유옹주(和柔翁主), 화령옹주(和寧翁主), 화길옹주(和吉翁主) 등 일곱 옹주를 두었다. 첫째 화순옹주는 정빈 이씨의 딸, 화평·화협·화완옹주는 영빈 이씨의 딸이다. 화유옹주는 귀인 조씨의 딸이고, 화령옹주와 화길옹주는 속칭 '문녀'라고 부르는 숙의 문씨의 딸이다. 왕자·대군의 집과 다르게 공주·옹주의 집은 사가로 귀속되는 것이었기에 집을 지을 때 훨씬 말이 많았다. 영조는 이전 왕대에 있던 궁가로 인한 잡음을 방지하고, 다른 방식으로 옹주집을 마련하려 했다. 처음 포부는 인조처럼 장동 사제[창의궁]는 사당을 모실 왕자에게 내려 주고, 근처에 자기 핏줄들을 모두 거주하게 해서 한 고조의 풍패와 같은 곳으로 만들려는 것이었다.

맨 처음 결혼한 옹주는 화순옹주였다. 화순옹주의 결혼 후 출합한 것이 1734년이다. 이때는 이미 큰 아들 효장세자가 세상을 떠났고, 아들이 더 있게 되리라는 보장도 없었다.

18 『연잉군관례등록』

외손이라도 볼까 해서 오래 궁중에 데리고 있다가 내보낸 것이었다. 장동 사제는 효장세자의 사당을 지으면서 공간이 없었고, 숙빈의 사제로 쓴 이현궁을 옹주궁으로 활용하려 했다. 숙종 때 이현궁을 다시 환수하라는 명이 있었으나 제대로 집행되지 않은 듯 영조는 이현궁을 자신의 사재로 여기고 있었다. 화순옹주에게 내려 준 집은 십자궁(十字宮)이라고도 불린 영조의 사택이었다. 경복궁 서쪽 모퉁이 십자각 일대에 있어 십자궁으로 불리던 이 집을 옹주에게 내주었다. 이 집은 밖에 대문이 있으나 안쪽 터가 좁아서 그 앞쪽 집을 매입해 집을 지어 주었다.[19] 대비는 이현궁에 집을 마련해 주라고도 했지만 숙빈의 사묘를 자주 살필 사람이 있어야 할 것 같아서 화순옹주와 월성위의 집은 장동 부근에 마련해 주었다.[20]

영조는 1737년에 이현궁을 수리하고 화평옹주 궁가로 지급하려 했다가 엄청난 비판에 직면했다.[21] 숙종 말년에 어떤 신하가 태종 어필인 '숙신옹주제택사권(淑愼翁主第宅賜卷)'을 숙종에게 보여 주었다.[22] 태조가 옹주에게 내려 준 집의 규모와 비용 등이 상세하게 기록된 것이었다. 초가 30칸에 불과한 국초 궁가의 규모를 보고 숙종이 크게 반성했고, 이현궁을 다시 환수하라는 명도 이 때문에 있었다고 한다.[23] 영조 역시 국초의 검소함을 본받겠노라 다짐했다. 또 영조는 큰 집을 가지고 있던 집안이 큰 복을 누리지 못하는 것을 보면서 이광좌가 말한 '복을 아끼라'를 유념하고 있었다.[24] 이현궁을 옹주에게 내려 주는 계획은 취소됐다. 화순옹주의 집에 비해 너무 크기 때문이었다.

화평옹주, 화협옹주, 화완옹주의 집은 각각 계동·대사동·향교동 일대에 마련됐다. 옹주 집을 크고 사치스럽게 마련하지 않는 것은 이후 하나의 전통이 됐다. 옹주 집을 출합하기 전에 마련하는 전례도 없애고 미리 옹주방의 명목을 정해 두었다가 결혼식 전에 완성하는 전통도 영조 대에 새로 만들어졌다. 1749년에는 크고 작은 왕실 가례 때 들어가는 비용을 줄이기 위해 『국혼정례』를 만들어 시행하기도 했다.

궁궐 밖 왕실 가족의 거처로 후궁의 처소를 빼놓을 수는 없다. 보통 대궐 안에서 생활하는 궁인은 병이 있거나 사망했을 때 궁 밖으로 나간다. 대궐 안에는 어느 곳보다 실력 좋은 의사와 약재가 있었지만 궁인들은 궁 안에 머물면서 병을 치료하지 못했다. 과거에 궁인이었다 하더라도 후궁의 경우엔 달랐다. 다만 왕이 세상을 떠난 후에는 후궁이 궁에 남아 있을 수 없었다. 이 후궁들을 위해 별궁을 마련해 주었다. 세종 대 의빈궁, 문종 대 자수궁·혜빈궁·신빈궁 등 여러 후궁이 함께 거처하거나 단독으로 거처하는 궁이 설치됐다. 의빈궁은 세조 대 영수궁으로 개칭됐다. 문종의 후궁들은 수성궁, 세조 후궁 근빈 박씨는 창수궁에 각각 거처했다. 성종의 후궁들은 수성궁에서 지내다가 정청궁, 자수궁에 거처했다. 후궁들의 처소는 후궁이 세상을 떠나면 폐지됐다.

처소 역할이 끝나더라도 제사궁 역할은 여전히 필요했다. 중종 대 이후에는 자수궁과 인수궁 두 궁가가 후궁 궁가로 유지됐다. 문종 대에 설치된 이래 지속된 자수궁은 주로 제사궁 역할을 했고, 질병가로 설치된 인수궁 역시 같은 역할을 했다.[25] 우리는 당연히 조선시대 제사라면 유교식 제사를 떠올리지만 왕실 여성들 세계에서는 불교와 신사가 여전히 중요했다. 자수궁과 인수궁이 거의 불당과 같은 곳이 됐다. 자수궁과 인수궁은 대비와 왕후의 후원을 받아 새로 수리하고 큰 불사를 행하면서 사실상 가장 번잡한 별궁으로 자리했다. 이곳의 번잡함 속에는 자기를 따로 기억해 줄 이 없이 세상을 떠난 후궁들의 넋을 위로하려는 마음, 그럼으로써 또 왕실이 무고하길 바라는 마음이 담겨 있었다.

자수궁과 인수궁은 각각 자수원과 인수원으로도 불리며 현종 때까지 존속되다가 폐지됐다. 현재까지 연구에서는 후궁이 많던 광해군이 폐위되고 인조와 효종의 경우 후궁이 별로 없어 후궁 거처 문제가 별로 없었고, 몇 안 되는 후궁들도 자식과 함께 거처했을 것으로 보고 있다.[26] 숙종은 자신이 살아 있는 동안에 명빈 박씨(연령군의 어머니)나 숙빈 최씨(연잉군의 어머니) 등 자손이 있는 후궁들의 집을 궁궐 밖에 마련해 주었다. 영빈 김씨나 귀인 김씨 등 자손이 없는 후궁들도 숙종 사후에 모두 본인의 집을 마련해서 나갔다. 경종은 영빈이 사제로 나갈 때 후궁의 제택으로 적당치 않다며 새로 개조해 주도록 했다. 영조 역시 선조 후궁인 영빈과 귀인 김씨를 각별히 챙기며 대우했다. 영빈의 궁과 귀인의 궁은 각각 영빈방·귀인방 또는 영빈궁·김귀인궁 등으로 불렸다. 영조는 이를 선조 후궁 궁가의 옛 이름인 '인수궁'으로 부르기도 했다.[27]

19 『승정원일기』 784책, 영조 10년 8월 16일 기미.

20 『승정원일기』 802책, 영조 11년 6월 22일 경인.

21 『승정원일기』 799책, 영조 11년 4월 4일 갑진.

22 현재 원본은 국립중앙박물관에 소장돼 있고, 숙종 때 돌에 새긴 후 탁본을 뜬 것이 규장각 한국학연구원에 소장된 『열성어제』에 포함돼 있다. 또 국립고궁박물관에 태조 어필문서와 이를 보고 숙종이 지은 찬문 및 서문을 돌에 새긴 석본 자료가 남아 있다.

23 『승정원일기』 802책, 영조 11년 6월 1일 기사 "昔年宗臣 進太祖御筆有同明文者 其時故相臣徐宗泰 以是勉戒 此則是矣."

24 『승정원일기』 784책, 영조 10년 8월 20일 계해 "第宅侈大 元非好事 五都尉第宅雖大 而子孫不蕃 李奉朝賀 亦以惜福爲言, 予嘗不忘此言矣."

25 이상 조선전기 후궁 궁가의 변천에 대해서는 한희숙, 2019, 「조선시대 선왕 후궁에 대한 처우와 궁가의 변천」, 『여성과 역사』 30 참조.

26 한희숙, 위의 글, 207~208쪽.

27 『승정원일기』 1183책, 영조 36년 7월 18일 경신.

정조 대 간택 후궁인 화빈 윤씨, 즉 경수궁에는 연지동 유학 이명유(李命裕)가를 사들여서 내려 주었다.[28] 기와집 71칸, 초가 6칸, 빈터 305칸을 은자 660냥을 들여 사들였다. 경수궁은 3년 상 후에도 궁을 나가지 않고 궁 안에 머물렀다. 화빈에게는 시어머니가 되는 혜경궁이 생존해 있었기 때문으로 생각된다. 1816년 다시 경수궁의 출궁이 논의되면서 집값을 내려 준 점으로 미뤄 새로 제택을 마련한 것으로 보인다. 정확한 위치는 확인되지 않는다.

19세기 서울의 후궁 궁가로 가장 유명한 것은 헌종의 사부빈 경빈의 궁가다. 경빈 김씨의 궁가, 즉 순화궁은 이문 안 구윤옥가에 자리 잡았다. 능성 구씨의 종가로, 숙종 대 왕자 연령군의 집으로 사들이려다 실패한 바로 그 집이었다. 이 집은 경빈 궁가로 쓰이다가 훗날 이완용을 거쳐 태화관으로 바뀌었다.[29]

02

궁궐을 나갔어도 내 자손이라, 왕자 · 공주 집에 거둥한 왕

구족을 친하게 여기되 궁금을 엄히 하라

영조나 정조는 세종이 구족을 친하게 여긴 사례를 자주 언급했고, 이를 왕가의 오랜 전통으로 삼아 되살리고 싶어 했다. 성종과 월산대군의 우애도 자주 인용하는 예였다. "양화도(楊花渡) 북쪽 언덕에 희우정(喜雨亭)이 있으니, 이것은 효령대군(孝寧大君)의 집이었는데, 뒤에 월산대군의 소유가 됐다. 성종이 해마다 농사를 구경하고, 또 배를 모아 수전(水戰)을 연습할 때 친히 거둥해 구경하니, 이름을 망원정(望遠亭)이라 고치고, 친히 시 몇 수를 지어 조신 중에 글을 잘하는 자들에게 모두 차운해 지으라고 명하고, 이것으로 현판을 만들어 정자 위에 둘러 걸게 했다. 월산대군이 죽은 뒤로는 성종이 다시 거둥하지 않았다."는 식의 이야기는 조선 후기에 널리 공유된 것이었다.[30]

조선 후기에는 출합한 왕족들이 대궐을 드나드는 것을 문제 삼는 이가 많았다. 출합 후에도 문안이나 내전에서의 의례를 위해 대궐에 출입하지만 제약이 많았다. 다섯 공주의 아버지 효종은 창경궁 안에 요화당(瑤華堂) · 취요헌(翠耀軒) · 난향각(蘭香閣) · 계월합

(桂月閣)을 지어 숙안공주, 숙명공주, 숙휘공주, 숙정공주와 공주들의 남편인 익평위(益平尉)·청평위(青平尉)·인평위(寅平尉)·동평위(東平尉)의 거처로 삼게 했다.[31] 아들 현종이 독서하던 곳도 근처에 있었고, 다섯째 공주는 아직 출합 전이었으므로 아들과 다섯 공주 등 일가가 모두 대궐 안에 모여 거처할 수 있게 된 것이었다. 출가했으나 부모나 할머니를 뵙기 위해 궁궐 출입이 잦을 수밖에 없는 공주들을 위해 마련한 곳이었지만 왕실 법도에는 어긋나는 공간이기도 했다.

다음의 사례도 있다. 효종과 인평대군의 우애는 아주 잘 알려져 있다. 인평대군이 일찍 세상을 떠난 후 효종은 인평대군의 아들 복창군·복평군·복선군을 궁궐 안에서 길렀다. 이들은 사촌인 현종이 왕이 된 후에도 궁중에 자주 드나들며 궁궐 안에서 지내는 일이 많았다. 장성한 왕자들이 궁궐에 드나드는 동안 궁인들과의 염문과 추문이 무성했고, 현종과 중전인 명성왕후가 모두 걱정할 정도가 됐다. 숙종이 즉위한 후 명성왕후가 자기 아버지를 통해 복창군 등이 연루된 궁궐 내의 추문을 조정에 알리고자 상소를 올리도록 했고, 오래지 않아 옥사로 번졌다. 어릴 때부터 친하게 지내 온 아저씨들이 문제가 되자 숙종은 처음에는 믿지 않고 보호해 주려 했다. 어머니와 영의정 등이 나서서 죄를 물어야 한다고 하자 의금부의 결안대로 처리하게 했다. 복창군 등은 골육지친이라 하여 정배되는 선에서 마무리됐다. 대궐 안에서 공과 사의 경계를 균형 있게 유지하는 것이 얼마나 어려운 일이었는지를 보여 주는 한 사례다.

조선 후기 왕실은 왕실 내부의 화목을 강조했지만 왕실 지친들은 정치적 주도권을 쥐려는 조정의 다툼에 말려들어 각종 추대 논의의 대상에 오르고, 역모에 연루돼 유배되거나 죽임을 당했다. 세종 시대를 전범으로 하여 구족이 친하게 화합하는 왕실의 이상은 손에 잡힐 듯하면서도 잡히지 않았다.

28 『승정원일기』 1461책, 정조 4년 3월 16일 을미.

29 정정남, 「인사동 194번지의 都市的 變化와 18세기 漢城府 具允鈺 家屋에 관한 연구-장서각소장 『里門內具允鈺家圖形』의 분석을 중심으로-」, 『건축역사연구』 17권 3호, 2008.6.

30 『연려실기술별집』 권16, 지리전고, 도성과 궁궐.

31 현재 창경궁 내전 일대 건물들은 모두 사라졌고, 내전 터 일대는 울창한 숲이 됐다.

영조의 옹주집 거둥, 왕실의 전범을 만들다

영조는 골육 간의 지극한 정을 내세우며 옹주의 사제에 여러 차례 거둥했다. 숙종도 숙휘공주나 숙명공주 등이 세상을 떠났을 때 지친으로서 직접 거둥해 곡림(哭臨)한 일이 있다. 아들 연령군이 세상을 떠났을 때에도 상차(喪次)에 가서 통곡했다.[32]

왕으로 있으면서 딸을 가장 많이 얻은 영조의 옹주 집 행차는 더 적극적이고 다양한 사연이 있었다. 양 궐 사이의 옹주 집에 직접 거둥한 것만 모두 48회에 이른다.

영조가 가장 먼저 거둥한 공주의 집은 계생동의 화평옹주방이었다. 화평옹주는 영조와 영빈 이씨 사이에서 태어난 맏딸로, 1738년 금성위 박명원에게 하가했다. 영조가 아주 아껴서 이현궁을 내려 주려 했다. 사도세자와 영조의 불화도 중간에서 중재해 대전이나 세자전에서 모두 의지하던 옹주였다. 1748년(영조 24) 6월 화평옹주가 위중하다는 소식을 들은 영조는 갑자기 거둥을 명해 문병했다. 결국 옹주가 세상을 떠나자 국조 전례를 어기면서 장례의 제 절차가 진행되는 동안 계속 거둥했고, 제사가 있는 날에도 빈번하게 거둥하며 먼저 간 딸을 애달파 했다.

적선동에는 정빈에게서 낳은 화순옹주가 있었고, 대사동(大寺洞)에는 화협옹주방이 있었다. 화순옹주는 남편이 세상을 떠나자 남편을 따라가겠다며 식음을 전폐해 이를 달래기 위해서 영조가 직접 거둥했다.[33] 부왕이 직접 찾아왔는데도 화순옹주는 뜻을 꺾지 않았다. 화순옹주가 세상을 떠난 후에는 곡림하기 위해 행차했다. 영빈과의 사이에서 낳은 둘째 딸 화협옹주도 1752년(영조 28)에 세상을 떠났고, 영조가 대사동의 옹주방에 곡림했다.

한편 문병이나 곡림이 아니더라도 옹주의 집에 들르는 일이 종종 있었다. 1753년(영조 29) 종묘 전알(展謁) 후 "15년 동거한 정이 있는데 가까운 곳을 지나가면서 어찌 들르지 않을 수 있겠느냐."라며 향교동의 화완옹주 집에 갑자기 거둥했다.[34] 밤 2경이 넘어 그곳을 나와 다시 계생동의 화평옹주방에도 들렀다. 1758년(영조 34)에는 화협옹주방과 화순옹주방에 갔다가 환궁할 때 화유옹주방에 행차하기도 했다.[35]

사도세자가 죽고 난 후 결혼시킨 손녀의 집에도 직접 찾아갔다. 70세가 넘은 노인이었지만 아직도 가장으로서 집안을 책임져야 하는 고단한 시절이었다. 1765년에는 매우 가물었는데 종묘 하향대제를 지낸 이튿날 비가 내렸다. 남대문 밖의 성경대에 직접 행차해서 농사 형편을 물은 후 환궁하는 길에 청연군주 집에 들렀다.[36] 청연군주는 바로 며칠 전 출합해서 독립한 터였다.[37] 왕의 행차를 기념해서 특별히 가경전(加耕田)도 더 내려 주도록 하며 손녀의 새 출발을 격려했다. 1771년(영조 47)에는 왕세손과 함께 단종비 정순왕후의 사적을 찾아 정업원 옛터에 갔다가 돌아오는 길에 또 청연군주 집에 들렀다.

재위 후반으로 갈수록 영조의 옹주집 행차는 문병이나 곡림에 그치지 않고 일상적인 가정 내 화목을 위한 것으로 변화해 갔고, 횟수도 잦아졌다. 옹주나 군주의 집에 찾아갈 때는 거창하게 시위 군사를 내지도 않고 궁궐 내에 입직한 군사와 시위만을 따르게 한 후 거둥했다. 화완옹주는 부왕 영조의 사랑을 듬뿍 받고도 역사상 유례없는 골육 간 비극에서 중요한 역할을 하기도 했다. 그래도 남은 왕가를 수습해서 다시 재기의 발판을 마련해야 할 책임이 영조에게 있었고, 노년의 왕은 부지런히 자손들이 있는 골목길을 누볐다.

동기를 아낀 영조의 실천은 정조와 순조, 효명세자에게 하나의 전범이 됐다. 정조는 여러 비난을 무릅쓰고 역모에 연루된 은언군을 강화도에서 불러내 만나 보았다. 죽은 은신군을 연령군의 사손으로 만들어 죽은 후 들어갈 좋은 집을 제공했다. 세종에게 왕위를 양보한 양녕대군과 효령대군의 옛일도 특별히 강조하며 형제간 우애를 왕실의 오랜 전통으로 만들었다. 숙종이 지은 '지덕(至德)'이라는 사우의 편액도 새겨서 내려 주고, 어제사우기문도 지어서 내려 주었다. 동기와 지친에 대한 강조가 외척이나 인척이 발호할 계기가 되도록 해 주기도 했지만 효우를 강조하는 유교 사회에서 왕실의 실천이 주는 교육적 효과 또한 무시할 수 없었다.

32 1719년 10월 11일 왕이 연령군의 상차(喪次)에 거둥했으며, 세자가 어가(御駕)를 따랐다. 어가가 상가(喪家)에 이르러 잠시 휴식한 뒤 상차에 들어갔다. 정당(正堂) 앞에서 예법에 따라 곡을 한 후 승지, 사관, 약방 신하들을 모두 물리친 다음 빈당(殯堂)에 들어갔다. 21세의 나이에 갑자기 세상을 떠난 아들을 슬퍼하는 숙종의 애통한 곡 소리가 밖에까지 들렸다고 한다.(『숙종실록』 64권, 숙종 45년(1719) 10월 11일 경술)

33 『승정원일기』 1152책, 영조 34년 1월 9일 병신.

34 『승정원일기』 1115책, 영조 29년 1월 1일 정사.

35 영조와 귀인 조씨 사이의 소생이다. 1753년 창성위(昌城尉) 황인점(黃仁點)에게 하가했고, 1755년에 출합했다. 화유옹주방의 위치는 정확하지 않다. 향교동 화순옹주방에 거둥할 때 역림(歷臨)한 것으로 보아 그 근처인 것으로 여겨진다.

36 『승정원일기』 1242책, 영조 41년 4월 12일 정사.

37 청연군주는 4월 8일 출합했고, 영조가 들른 날은 4월 12일이다.

03
사친을 그리워한 왕이 바꾼 대궐 밖 풍경, 제사궁 건립

추숭·부묘하지 않고 따로 사당을 세운다는 원칙

조선시대에는 아무리 왕이라도 이미 확립된 정통 계보는 바꿀 수 없다는 암묵적 원칙이 있었다. 동시에 자기를 낳고 길러 준 아버지나 어머니에 대한 추모를 소홀히 해서는 안 된다고 여겼다. 부모의 생전 지위나 출신, 행적은 중요하지 않았다. 왕은 정통 계승자로서 종묘의 선조들을 충실하게 추모하는 동시에 낳고 길러 준 은혜를 잊지 않고 정성을 다해 모시고자 했다. 이 두 원칙을 문제없이 실행하기 위해 세운 것이 사친을 위한 제사궁이다. 종묘 외에 따로 세워진 사당이라는 의미에서 별묘라고 부르는 왕실 인물의 사당 가운데에는 '궁'이라는 이름이 붙은 곳이 다수 존재한다. 지금은 '칠궁'이라는 이름으로 도성 안에 있던 여러 제사궁이 한곳에 모여 있다. 이들 궁은 각각 다른 시기에 도성 여러 곳에 건립됐다.

조선 왕실에서 사친을 위한 별묘의 역사는 오래되지만 궁이라는 이름이 붙은 사친 별묘의 역사는 영조로부터 시작됐다. 영조는 사친을 위한 별묘를 세우는 데서 그치지 않고 별묘에 자주 행차했고, 때로는 정기 제향에도 직접 참여했다. 영조 대에 시작된 제사궁 건립과 제사궁 행차는 정조 대 경모궁, 순조 대 경우궁 건립으로 이어졌다. 이와 관련된 이야기는 한양 별궁 역사에서 중요한 위치를 차지한다. 영조 대 이후 제사궁의 건립과 의례 이야기를 살펴보기로 하자.

현재 서울 청와대 옆에는 칠궁이라는 사당이 있다. 칠궁 내에는 저경궁, 대빈궁, 육상궁, 연호궁, 선희궁, 경우궁, 덕안궁이 있다. 그 주인공은 원종의 어머니 인빈 김씨, 경종의 어머니 대빈 장씨, 영조의 어머니 숙빈 최씨, 진종의 어머니 정빈 이씨, 장조의 어머니 영빈 이씨, 순조의 어머니 수빈 박씨, 영친왕의 어머니 황귀비 엄씨 등이다. 이들은 모두 조선시대 왕이나 추숭왕을 낳은, 왕의 어머니이지만 왕의 정비(처)가 아니라 후궁(첩)의 지위에 있어 종묘에 들어가지 못한 이들이다.

산 자의 공간에 '궁'이라는 이름을 붙이려면 왕의 지친이라는 자격이 필요한 것처럼 죽은 자의 공간 역시 '궁'이라는 명칭을 들으려면 왕과의 특별한 관련이 필요했다. 위에 언급한 이들이 모두 왕이나 추숭왕을 낳았다는 것은 이미 말했다. 그렇다면 왕을 낳은 이들의 사당이 모두 '궁'이라는 이름을 받을 수 있었을까. 물론 아니다. 조선뿐만 아니라 중국에서도 생전에 왕이나 왕비가 아닌 인물의 사당 등급을 어떻게 정할지를 두고 많은 논란이 있었다. 자신을 낳은 아버지나 어머니에게 왕이 된 자식이 효도하려는 효심을 제왕의 중요한 덕목으로 생각하는 유교 국가에서는 당연한 일이었다. 그래서 많은 왕이 자신의 지위를 빌려 자기 아버지, 어머니에게도 왕이나 왕비 지위를 주고 싶어 했다. 죽은 사람에게 왕이나 왕비의 지위를 준다는 것은 조선시대 식으로는 종묘에 부묘하는 것을 의미했다. 추숭왕, 추숭 왕비 자격을 주는 것이다.

조선시대에는 아무리 왕이라도 이미 확립된 정통 계보는 바꿀 수 없다는 암묵적 원칙이 있었다. 동시에 자기를 낳고 길러 준 아버지나 어머니에 대한 추모를 소홀히 해서는 안 된다고 여겼다.

실제 조선의 종묘에는 우리가 잘 알지 못하는, 생전에 왕이 아니었지만 죽은 후 왕이 돼 종묘에 들어간 추숭왕들이 있다. 세자로 있다가 일찍 세상을 떠난 성종의 아버지 의경세자는 성종이 왕위에 오른 후 덕종(德宗)으로 추숭됐다. 선조의 여러 왕자 가운데 한 사람인 정원군(定遠君)은 아들 인조가 반정으로 왕위에 오른 후 논란 끝에 원종(元宗)으로 추숭됐다. 부부는 지위를 함께하기 때문에 덕종의 부인은 성종 대에 왕대비 자리에 올라 왕실 어른으로 대접받았다. 그가 인수대비로 잘 알려진 소혜왕후 한씨다.

연산군 역시 폐출된 후 쫓겨난 어머니 윤씨를 제헌왕후(齊憲王后)로 추숭해서 별묘에 모셨다. 광해군도 선조의 후궁[공빈 김씨]이던 어머니를 공혜왕후로 추숭했고, 봉자전이라는 별묘에 모셨다. 중국에 주청해서 왕후로 추책봉하는 교지를 받기도 했다. 인목대비를 이미 폐한 상태였기 때문에 인조반정이 일어나지 않았더라면 종묘 선조실에는 인목대비 대신 공빈이 자리 잡았을 것이었다. 왕이 된 아들 덕에 왕후 지위에 오른 연산군과 광해군 생모들은 연산군·광해군이 폐위되면서 함께 종묘에서 나와야 했다.

그러나 모든 왕이 자기 아버지나 어머니를 왕이나 왕비로 추숭하진 않았다. 선조는 왕위에 오른 뒤에 자신의 생부를 덕흥대원군으로 추존했을 뿐 왕의 칭호를 주지도 않았고 종묘에 부묘도 하지 않았다. 경종은 폐서인된 후 사약을 받고 죽은 자신의 생모 장희빈을 '옥산부대빈(玉山府大嬪)'으로 추존하는 데 그쳤다.[38] 사당도 대빈묘로 불렀을 뿐이다. 영조 역시 생모인 숙빈 최씨를 왕비로 추숭하지 않았다. 다만 일반 후궁보다 높여 사당은 궁, 묘소는 원으로 각각 부르고 제사를 융숭하게 지내도록 했다. 그 영조의 어머니 사당이 바로 육상궁이다.

우리는 흔히 칠궁을 이야기할 때 일반 후궁의 죽은 후 처지와 비교해서 아들 잘 두어 죽은 후에라도 호강했다고 이야기한다. 어느 정도는 맞는 말이다. 그러나 조선시대의 맥락에서 더 중요한 것은 칠궁에 모셔진 후궁들은 아들이 왕이었음에도 죽어서라도 왕비가 되거나 종묘의 한 자리를 차지하지 못했다는 사실이다. 그렇다면 왜 경종이나 영조는 자신을 낳아 준 어머니를 광해군처럼 추숭해서 종묘에 모시지 않고 별도의 사당에서 제사를 지내야 했을까.

흔히 '피는 물보다 진하다'라고 한다. 부모와 자식 간 사랑을 중시하는 것은 예나 지금이나 다르지 않다. 하지만 내 부모나 내 자식에 대한 사랑 때문에 법을 어겨도 된다고 감히 말할 수 있는 사람은 많지 않다. 현대 사회에서 많은 공직자의 부패나 위법도 그 부모나 자식, 친인척, 친구 등 그와 사적으로 얽혀 있는 사람들에 대한 사랑 때문인 경우가 많다. 사적으로 친소관계에 있는 사람들에 대한 배려에도 어떤 한계가 있어야 한다. 특히 큰 권력을 행사하는 지위에 있을수록 이에 대한 통제가 더욱 엄격해야 한다는 것이 요즘 사람들의 생각이다. 그래서 현대 대한민국에는 권력을 자의적으로 행사되지 않도록 감시하고 견제하는 제도적 장치가 있다. 사적인 권력 행사를 제어하는 다양한 법적 장치를 지속적으로 보완해 가고 있다.

이런 고민들을 조선시대 사람들도 했다. 공권(公權)을 대표해 행사하고 자원을 분배하는 자리에 있는 왕이 자의적이거나 사적인 친분을 더욱더 고려한다는 신호는 여러 방면으로 있을 수 있지만 자기가 사랑하는 부모나 자식에 대한 지나친 배려는 가장 흔하게 있는 일이었다. 왕도 사람이기 때문에 마음이 가는 대로 자기 권력을 나누고 영예를 더하고 싶을 수 있었다. 그러나 공공의 정의가 실현되는 사회를 만들고자 하면 왕도 예외 없이, 아니 왕부터 솔선해서 정의로운 원칙을 위배하지 않도록 해야 했다. 왕이 지켜야 할 것은 『경국대전』과 같은 조종 법제뿐만이 아니었다. 공자·맹자·이윤(伊尹)·주공(周公)과 같은 옛 성인들이 왕이나 고위 관료 같은 정치가들이 지켜야 할 원칙이라고 제시해 온 것들, 즉 유교적 보편칙도 지켜야 했다. 이 보편칙을 담고 있는 것이 바로 사서삼경이라 부르는 유교 경전이다. 흔히 천리나 예법이라고 하는 것들은 바로 조선시대에 유교 경전 상의 보편칙을 부르던 이름이기도 하다.

공적 계통이 정당한 승계에 의해 이루어진 것이라면 후계 왕은 그 계통을 침해해서 마음대로 바꾸어서는 안 된다는 원칙을 조선시대 많은 정치가가 공유하고 있었다. 추숭은 남의 후사가 돼 뒤에 가문을 이은 사람이 자기를 받아들인 가족의 사당에 자기 부모를 끼워 넣는 것이다. 왕의 경우라면 종묘에 왕이나 왕비가 아닌 이를 끼워 넣어서 제사 지내는 일이다. 조선시대에 어떤 사람을 입양해서 후계자로 삼는 것은 사당을 지키는 자로서 가장의 권한으로 일가(一家)의 전통을 보전하고, 가족 구성원을 책임지고 보호하며 길러 내는 역할을 맡는 것이었다. 그런데 그 가계의 계통에 사친(私親)을 끼워 넣는 것은 자신이 보호하고 책임져야 할 일가보다 자기 핏줄을 더 중히 여기는 것이고, 일가를 추후에 찬탈한 것과 마찬가지라고 생각됐다. 그렇기 때문에 다른 사람도 아닌 왕이 자기 사친을 추숭해서 계통을 바꾸는 일을 왕이 앞장서서 천하의 사람들을 잘못된 길로 이끄는 일로 여겼다. 조선시대 사람들 식으로 말하면 '천하의 큰 둑방[大防]을 무너뜨리는 일'이었다.

이러한 문화 속에서 사친을 올려 왕으로 삼거나 왕비로 만드는 것은 왕의 위신을 절대 강화시키지 못한다. 조선 사람들도 물론 혈통을 중시했고, 혈친을 사랑하는 마음을 가장 인간다운 마음으로 생각했다. 동시에 보편타당한 원칙이라면 그것을 지키고, 자신이 원하는 바를 뒤로 물릴 줄 아는 능력도 중시했다. 조정의 신하들은 왕이 절제하지 못하고 국가의 정의를 해치지 않기를 바랐고, 추숭을 권하며 왕의 비위를 맞추는 신하들을 나라를 망치는 더러운 아첨꾼으로 여겼다. 이런 문화 속에서 조선의 왕들은 자기 아버지나 어머니에게 최고 지위를 마음대로 더해 줄 수 없었다. 칠궁에 있는 여러 후궁의 사당은 바로 이러한 조선의 정치문화 산물이었다.

종통을 변개(變改)하지 않는다면 사친에 대한 정성을 지극히 하는 것은 사적으로 행할 수 있는 것이었고, 당연히 선택할 수 있는 일이었다. 선조가 덕흥대원군 사묘에 전알하려 했을 때 율곡 이이는 아무리 대통을 이었다 하더라도 사묘로 받들고 전배하는 것은 안 될 것이 없다고 했고, 이는 이후 하나의 전범이 됐다.[39] 정성을 다하는 것의 한계는 어디까지였을까.

38 『경종실록』 9권, 경종 2년(1722) 7월 17일(경자).

39 『숙종실록』 28권, 숙종 21년(1695) 2월 14일(병오).

어머니 사당을 궁이라 부르다

영조가 왕위에 오른 후 어머니 사당을 제대로 지을 곳을 물색했고, 창의궁에서 멀지 않은 곳에 사당을 마련했다. 처음에 이 사당은 그냥 사묘(私廟)라고 불렀다. 사친의 사당이라는 의미다. 영조에게는 종통상의 어머니인 인원왕후가 생존해 있었고, 이런 공적 계통상의 어머니와 구분해서 '사친'이라 부른 것이다. 사묘 터를 사서 사묘를 건립할 때 들어간 비용 역시 조정의 공공비용을 쓸 수는 없어서 본궁의 재산으로 비용을 지불했다. 영조가 사묘를 참배할 때에도 조정 신하들은 중문 안으로 들어오지 않았다. 공사를 구분하는 의미에서였다.

1744년, 재위 20년이 됐을 때에야 영조는 '사묘'라고만 부르던 숙빈의 사당을 높여 '육상(毓祥)'이라는 이름을 지어 올렸다. 상서로운 기를 길렀다는 의미다. 이 사당의 이름에는 숙빈 최씨 덕에 자신과 왕실의 자손들이 있게 됐다는 점을 강조하고, 남의 후사가 됐지만 자기를 낳고 길러 준 사친의 은혜를 잊지 않겠다는 뜻이 담겼다. 1753년에 영조는 육상묘를 육상궁으로 승격시켰다. 소녕묘로 불리던 묘소 역시 소녕원으로 승격시켰다. 1755년에는 원종 사친 인빈 김씨의 사당과 묘소 역시 같은 방식으로 승격시켰다. 인빈 김씨 사당이 칠궁 내에 있는 저경궁이다.

영조가 만든 국왕 사친의 사당과 묘소에 대한 공적 제향 제도를 '궁원제'라고 부른다. 종묘보다는 격을 낮추고 일반 사당보다는 격을 높여서 호칭도 만들고 제향을 올리는 격식도 만들었다. 영조 이후로는 이것이 하나의 국가 제도로 굳어졌다. 현재의 칠궁은 바로 이러한 제도의 소산이다. 그렇다면 이 사당들은 본래 여기에 있던 것이었을까.

앞에서 잠시 언급했듯이 이 장소의 원래 주인은 숙빈 최씨다. 육상궁이 먼저 이 장소에 있었고, 나머지 사당들이 나중에 이 장소로 옮겨진 것이다. 저경궁은 남별궁 근처 원종의 옛집인 송현궁 내에 있었다. 대빈궁은 지금의 낙원동인 향교동, 경우궁은 경복궁과 창덕궁 사이인 북부 순화방 계동에 있었다. 연호궁은 육상궁 옆, 선희궁은 인왕산으로 더 가까운 지금의 국립농학교 내에 각각 있었다. 농학교 안에서는 옛 선희궁의 자취를 여전히 찾아볼 수 있다.

이렇게 각각 다른 시기, 다른 장소에 건립된 사당들은 제사를 지내는 대수가 지난 후에 순차적으로 합설됐다. 경우궁처럼 아직 대수가 지나지 않아 독립적인 사당으로 있던 곳은 황실 재산 일부만 남기고 일제히 국유화하는 조치가 이루어진 1908년에 육상궁 권역으로 옮겨졌다. 마지막으로 1911년에 세상을 떠난 황귀비 엄씨를 모신 사당 덕안궁이 이 칠궁 권역에 세워지면서 일곱 개의 사당이 갖추어졌다.

숙빈 최씨를 설명할 때면 늘 '무수리 출신'이라는 말이 따른다. 무수리란 층층이 역할과 신분이 나누어진 궁중 사회에서도 가장 비천한 출신이었음을 강조하기 위해 동원된다. 그 자신이 궁인으로서 왕비의 바로 아래 등급인 빈의 자리에까지 올라 크게 나무랄 데 없는 삶을 살았고, 그 아들이 52년이라는 최장 기간 조선의 왕으로 있으면서 18세기 조선의 중흥을 이끈 왕인데도 왜 그의 비천한 출신이 이토록 강조되는 것일까. 물론 어려운 처지에 있었지만 이를 극복해서 후궁이 되고, 그 아들이 왕에 오름으로써 죽은 후에라도 왕의 어머니로 대접받았다는 조선시대식 성공 스토리를 강조하기 위한 언급일 수도 있다. 그러나 이 스토리는 영조 이야기를 할 때 어김없이 등장한다. 그리고 그 스토리는 국왕 영조의 인간적 약점, 즉 '콤플렉스'로 연결된다. 어머니가 무수리 출신이라는 것이 왜 영조에게 평생을 따라다니는 콤플렉스가 돼야만 하는가. 조선의 당당한 왕자로 태어나 좋은 스승 밑에서 정치인 수업을 받고, 스스로 군주일 뿐만 아니라 남의 스승이 될 자격이 있다고 자부할 정도로 자신감이 넘쳤으며, 여러 난관을 극복하면서 조선을 이끌어 간 영조를 이해할 때 필수불가결한 요소인지 의문이다.

연호궁은 영조의 맏아들 효장세자를 낳은 정빈 이씨를 모신 사당이다. 효장세자는 10세의 나이로 요절했지만 정조에 의해 왕으로 추숭돼 종묘에 들어갔다. 사도세자 사건이 있은 후 영조가 정조를 효장세자를 이어 왕위에 오르게 하고, 효장세자를 왕으로 추숭하게끔 미리 조처했기 때문이었다. 정빈 이씨 사당이 '궁'의 이름을 받을 수 있게 된 내력이다. 연호궁은 육상궁과 별도의 건물로 있다가 1870년 고종 때 친진(親盡)한 사당들을 함께 모으면서 육상궁과 합사돼 현재 칠궁 안에 있다.

육상궁의 서편에는 냉천정(冷泉亭)이라는 건물이 있다. '찬 우물 정자'라는 건물의 이름은 건물 오른편 뒤쪽에 있는 우물에서 유래한다. 북부 순화방 일대에서 가장 차고 단 물을 얻을 수 있었다고 이름난 우물이었다. 냉천정은 영조가 어머니 사당에 찾아올 때 머물던 곳이었다. 건물 현판 역시 영조가 직접 썼다. 영조는 창의궁만큼이나 육상궁을 자주 찾고 상당 기간 머물러 있기도 했는데 이 냉천정에 있었다고 보면 된다. 자신이 찾아오지 않을 때에도 늘 어머니 곁에 머물러 있고자 하는 마음을 담아 어진 가운데 하나를 냉천정에 두었다. 현재 영조 어진은 2종만이 전해진다. 왕이 된 후의 어진인 51세 상이 바로 냉천정에 봉안된 어진의 이모본이다. 다시 말하면 영조는 바로 우리가 초상화에서 보는 바로 그런 모습으로 어머니 곁을 줄곧 지킨 셈이다.

현재는 냉천정 서북쪽 지역에 칠궁 가운데 나머지 다섯 사당이 모여 있다. 가장 나중에 조성된 덕안궁이 가장 아래쪽에 자리하고 있고, 그 위쪽에 세 동의 사당 건물이 나란히

서 있다. 각각의 사당 영역은 육상궁처럼 구분되지 않은 채 일렬로 배치돼 있다. 가장 왼편에 있는 것이 선조의 후궁이자 추숭 왕 원종의 어머니 인빈 김씨를 모신 사당 저경궁이다.

그 바로 옆 세 동의 사당에서 가운데에 자리 잡은 것이 숙종 대에 있는 파란의 주인공 희빈 장씨를 모신 사당인 대빈궁이다. 대빈궁은 향교동의 북쪽에 있다가 이곳으로 옮겨졌다. 본래 사당 건물을 해체하고 옮기면서 다른 사당과는 겉모습에서부터 약간 차이가 있었다. 기둥도 둥글고, 사당 건물 앞 계단 역시 다른 곳보다 하나가 더 많다. 장희빈이 한때 왕비였기에 건물도 다른 건물보다 위상을 높여서 만들어졌다는 설명도 있지만 확실하지는 않다. 대빈궁 설치는 경종 대에 있었다. 경종이 재위 4년 만에 세상을 떠났지만 희빈 장씨 일파와 크게 척을 진 것으로 알려진 노론의 정권이 계속되던 영조와 정조 대에도 대빈궁에서의 향사는 그대로 계속됐다. 정비 인현왕후를 모함해서 폐출시키고 왕비위에 오른 장희빈에 대한 왕조의 부정적 평가는 바뀌지 않았지만 그 아들이 조선의 왕인 경종이었기에 왕의 어머니로서 제사는 지속된 것이었다.

대빈궁 옆에는 경우궁과 선희궁이 합사된 사당이 있다. 선희궁은 사도세자로 잘 알려진 추숭 왕 장조의 어머니 영빈 이씨 사당이다. 사도세자의 광증이 극에 달했을 때 그 심각한 상태를 영조에게 털어놓아 사도세자의 비극을 초래한 비운의 어머니였다. 죽은 후 아들 목숨보다 임금과 나라의 안위를 앞세웠다는 평가를 받고 '의열(義烈)'이라는 시호를 받았다. 사당과 묘소 이름 역시도 한동안 의열궁, 의열묘였다. 영조는 죽기 전에 정빈과 영빈에게 모두 궁원제를 적용하라고 했지만 정조는 사도세자가 왕이 아니라는 점을 들어 묘소를 원으로 봉하지는 않았다. 다만 '의열'이라는 사당과 묘소 이름이 아버지의 비극을 계속 상기시켰기 때문에 이름을 고쳐 사당과 묘소 이름을 '선희'로 고쳤다. 1899년(광무 3)에 사도세자를 황제로 추숭하면서 선희묘 역시 수경원으로 승격됐다.

선희궁과 함께 있는 경우궁은 순조 생모 유빈 박씨를 모신 사당이다. 유빈 박씨는 생전에 아들이 왕위에 오르는 것을 보지 못한 칠궁의 다른 주인공들과 달리 아들에게서 사친으로 극진한 대접을 받다가 아들이 살아 있는 동안에 세상을 떠난, 상대적으로 평탄한 삶을 살다 간 인물이다. 궁인으로 있다가 왕자를 낳은 후 후궁 자리에 오른 다른 이들과 달리 정식 간택에 의해 가례를 치르고 후궁으로 들어왔다는 차이도 있다. 경우궁의 본래 위치는 창덕궁 서쪽 담장 밖이었다.

04

내 행차가 이 궁을 영광스럽게 하리라

왕들의 사친 사당 행차

영조는 재위 기간 내내 숙빈 사당에 꾸준히 행차하면서 어머니에 대한 지극한 마음을 표현했다. 재위 초반 불시에 내려지는 거둥 명령에 말이 많았을 때 영조는 "내 행차가 사묘를 영광스럽게 하리라."는 말을 했다. 자주 찾아뵙는 것 외에 자식의 마음을 표할 길이 없는 상황에 대한 불만과 안타까움을 표현한 것이었다. 불규칙한 거둥에 대한 불만은 매년 계춘, 즉 3월에 거둥하는 정식을 마련함으로써 피해 갔다.[40]

이후 궁원제를 통해 숙빈의 사당과 제사 격을 종묘 아래 등급으로 높였다. 제사의 격을 높이는 데 그치지 않고 지속적으로 사친의 사당을 찾아가 이곳이 일개 후궁의 사당이 아니라 바로 군주의 어머니를 모신 사당임을 백성들에게 알렸다. 잦은 거둥은 그 자체가 영조의 속마음을 겉으로 드러내 보이는 것이었다. 이는 경종이 어머니 희빈 장씨를 대빈으로 추존하고 사묘를 세운 후에도 자주 찾아가지 않은 것과 대비된다.

영조 초반에는 조정 신하들도 이곳은 영조의 개인적인 정성을 펴는 자리라며 중문(中門) 안으로 발을 들여놓지도 않으려 했다. 영조는 늘 조정 대신이나 신하들에게도 국가에서 제사를 내리는데 자신의 어머니에 대해 전혀 예우하지 않는 것에 불만을 토로하곤 했다.[41] 그러면서도 굴하지 않고 숙빈 사당을 찾았다. 궁원으로 격상된 제사 의례, 거듭된 존호의식을 통해 숙빈 최씨는 죽어서나마 왕의 어머니 위상을 누리게 됐다. 〈그림 7〉의 상단 그림은 영조가 거둥한 장소에 검은 점으로 횟수를 표현한 것이다. 큰 점은 100회, 중간 크기 점은 10회, 작은 점은 1회다. 도성의 어느 곳보다 경복궁 서쪽에 유난히 집중된 많은 점을 볼 수 있다. 숙종의 후궁에서 영조의 어머니로 격상되기까지 영조의 지난한 노력을 보여 주는 지표이기도 하다.

정조 역시 경모궁을 자주 찾았다. 경모궁과 마주한 창경궁 담장에 월근문을 낸 것도 생전에 문안하듯 아버지를 찾아뵙고자 했기 때문이었다. 신광하는 「성시전도시(城市全圖詩)」를 지어 내면서 '성모미영월재관(聖慕彌永月再覲)'(임금이 사모하는 마음 깊어 월마다 두 번

40 『영조실록』 11권 영조 3년(1727) 1월 5일(임진).

41 『영조실록』 50권, 영조 15년(1739) 8월 30일(갑진).

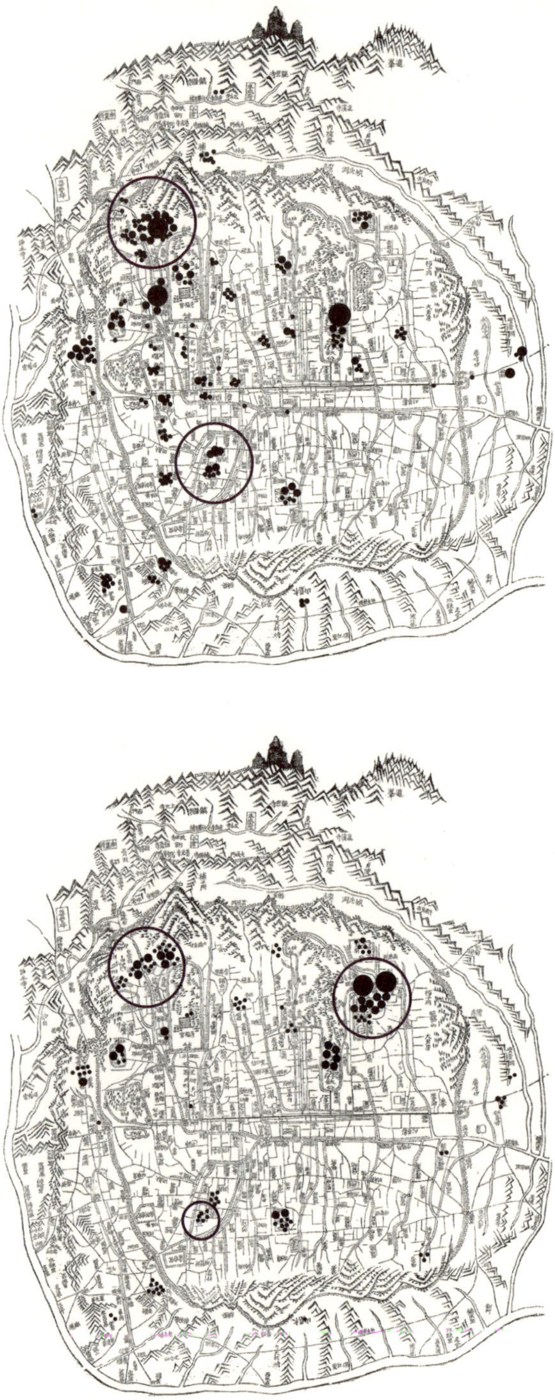

그림 7 영조(위) · 정조(아래) 대 사묘 행차 (「수선전도」 위에 표시)

뵈옵고)라는 구절을 서울 풍경의 하나로 묘사했다.[42] 하단 그림은 정조가 행차한 장소와 횟수를 표현한 것이다. 영조에게는 도성의 서북쪽, 정조에게는 경모궁이 종묘만큼이나 소중한 자신의 근본이 자리한 곳이었다.

순조·헌종·철종 대에도 육상궁 일대의 여러 묘궁에 왕의 행차가 잦았다. 육상궁에는 정조 대 연간 1.54회꼴로 찾아갔지만 순조 대에는 그 절반 이하로 줄어들었다. 그래도 매년 초에 종묘, 영희전과 함께 반드시 들러서 예를 표하는 곳이 됐다. 연호궁과 선희궁은 육상궁에 찾아갈 때 반드시 함께 들르는 곳이었기 때문에 행행한 횟수도 거의 비슷하게 나타난다.

표 1　정조~철종 대 사묘 거둥 횟수

		경모궁	저경궁	육상궁	연호궁	선희궁	창의궁	경우궁
정조	횟수	285	5	37	22	23	14	
	연평균	11.87	0.21	1.54	0.92	0.96	0.58	
순조	횟수	83	21	23	23	23	19	27
	연평균	2.44	0.62	0.68	0.62	0.68	0.55	0.79
헌종	횟수	20	11	12	9	10	2	12
	연평균	1.33	0.73	0.8	0.67	0.6	0.13	0.8
철종	횟수	24	9	9	8	8	3	8
	연평균	1.74	0.64	0.64	0.57	0.57	0.21	0.57

큰 차이가 보이는 곳은 사직과 경모궁이었다. 경모궁의 경우 정조 대 거둥 횟수가 워낙 이례적으로 많았다. 거의 한 달에 한 번꼴로 행차한 셈이었다. 그러나 19세기에 들어와 순조 대에는 종묘보다 약간 많은 수준을 유지하다가 헌종 대와 철종 대 종묘 거둥보다 비중이 낮아졌다. 다만 경모궁은 육상궁이나 저경궁, 연호궁, 선희궁보다는 더 중시되고 있음을 볼 수 있다. 순조·익종·헌종·철종 등 모든 왕이 경모궁의 혈통을 잇고 있었고, 정조 대에 이미 경모궁에 대한 의례가 확정돼 전례로 굳어진 점 등 때문이었다.

영조에게 육상궁, 정조에게 경모궁이 있었다면 순조에게는 경우궁이 있었다. 유빈

42 박현욱, 『성시전도시로 읽는 18세기 서울』, 보고서, 2015, 123쪽.

박씨 사당인 경우궁은 순조의 사친궁으로 중시됐다. 경우궁은 1824년(순조 24)에 건립됐지만 순조는 경우궁에 모두 27차례 거둥했다. 단순하게 궁묘를 찾아 절을 하고 오는 경우도 있지만 하향이나 동향대제를 직접 지내기도 했다. 전배례를 행할 때는 창덕궁의 요금문을 경유했다. 정조가 일첨문을 통해 경모궁에 갈 때 대내에서 움직일 때와 같이 지붕이 없는 소여를 탄 것처럼 요금문을 경유해서 경우궁으로 갈 때는 소여를 타고, 백관이 나와 전송하는 절차를 줄이는 등 간략하게 했다.[43] 효명세자가 생존해 있을 때는 순조가 거둥할 때 늘 함께 따라가 예를 행했다. 1827년부터 1830년까지 대리청정할 때 제향은 효명세자가 섭행했다. 순조 사후에 헌종은 경우궁 내 성일헌에 순조와 효명세자의 초상을 봉안해서 영조가 육상궁 냉천정, 정조가 경모궁 망묘루에서 늘 어머니와 아버지를 모시고자 한 마음을 이었다.

어마마마도 내 어머니라

조선의 마지막 왕비의 궁녀로 입궁해 평생을 궁에서 지낸 김명길 상궁이 지은 『낙선재 주변』이라는 책에는 다른 곳에서는 들을 수 없는 궁중 생활에 대한 증언이 담겨져 있다. 고종의 지밀상궁이었다가 황귀비 자리에 오른 엄비와 관련된 에피소드가 많다. 엄비가 낳은 영친왕이 엄비를 어마마마라 부르지 못하고 어머니라고만 부를 수 있었다는 이야기도 그 가운데에 있다. 김명길 상궁은 이를 엄비가 상궁 출신이었기 때문이라고 해석했다.[44] 그러나 엄밀히 말하면 상궁 출신이 아니라 정비가 아니었기 때문이다. 오직 명성황후만이 영친왕에게는 어마마마였고, 고종이 계비를 다시 맞아들이지 않는 한 다른 어마마마는 있을 수 없었다.

영조는 재위 기간의 절반 이상 인원왕후를 대비로 모시고 있었다. 영조는 '성모(聖母)', '자성(慈聖)'이라는 표현으로 인원왕후나 인현왕후를 지칭했다. '어마마마' 느낌이 담긴 표현인 셈이다. 육상궁과 관련된 이야기는 영조의 사친에 대한 효성을 잘 보여 주지만 영조는 종통상의 어머니, 즉 어마마마들에게도 효성이 아주 지극한 아들이었다.

영조가 왕비나 후궁들, 즉 왕실의 어머니와 관련된 곳에도 찾아가 기념한 일에서도 이 같은 일관된 행적을 찾아볼 수 있다. 숙종의 정비인 인현왕후와 인원왕후, 숙종의 후궁인 영빈 이씨, 자신의 사친인 숙빈 최씨의 탄생지나 어릴 적 옛집이 주 대상이었다. 인현왕후와 인원왕후는 영조에게 종통상의 어머니이며, 숙빈은 자신을 낳아 준 어머니였다. 조선식 가족 이념 아래에서 모후에 대한 효와 사친에 대한 효 모두 중요했다. 이미 종묘나

진전, 사친 사당 등에 자주 거둥하고 의례를 거행하면서 선후들과 어머니를 추모했지만 도성 안팎에 있는 생가나 오래 머물러 있던 처소 등에도 찾아가 그리운 마음을 붙였다.

인원왕후 외가의 옛집이자 어릴 적에 자란 장소인 장동의 양정재(養正齋)는 육상궁과 창의궁 사이에 있었다.[45] 인원왕후는 대왕대비로 왕실을 오래 지키면서 공적·사적으로 영조가 어려움에 처할 때마다 지지하고 다독여 준 어른이었다. 경종 대 왕세제를 세우자는 논의 역시 공식적으로는 인원왕후에게서 출발했고, 영조 치세 동안 편당을 가르지 말라는 뜻으로 탕평 정치를 지지하기도 했다.[46] 1757년 3월 인원왕후가 승하한 후 이곳을 인원왕후 추억 장소로 삼았다. 화원이 그린 양정재의 그림을 보며 추모의 마음을 붙이던 영조는[47] 1758년 3월 육상궁에 갔다가 돌아오는 길에 직접 거둥했고, 이후로도 다섯 차례나 거둥했다.[48]

영조의 이러한 추모는 직접 보은을 입었다고 할 수 있는 인원왕후에게만 미친 것이 아니었다. 영조가 어린 시절 자기 아들처럼 아껴 준 인현왕후의 사적도 손수 돌아보고 기념했다. 1761년에는 인현왕후가 폐서인된 후 머물러 있던 안국동 사저에 거둥해 인현왕후가 거처하던 침실 등을 둘러본 후 '감고당(感古堂)'이라는 편액을 직접 써서 내렸다.[49] 7월과 8월에는 현재 서울시 중구 순화동인 서문 밖 반석방(盤石坊) 차동(車洞)의 인현왕후가 탄생한 옛집 터에 거둥한 후 비각을 세우게 하고 '추모동(追慕洞)'이라 명명했다.[50] 또한 인현왕후가 어릴 적에 거처한 입암(笠巖) 옛터에는[51] 후손으로 하여금 집을 짓고 들어가 살게 하고, 비용은 호조에서 마련해 주도록 했다.[52]

동시에 사친 숙빈의 생가에도 같은 조치를 내렸다. 여경방 서학동은 숙빈의 옛집이 있던 곳이었다. 영조는 본래 반송방 누각동이 어머니가 태어난 곳인 줄로 알고 있었다. 그

43 『순조실록』 28권, 순조 26년(1826) 5월 25일(병술).
44 김명길, 『낙선재 주변』, 중앙일보·동양방송, 1977.
45 인원왕후의 아버지는 김주신(金柱臣), 어머니는 조경창(趙景昌)의 딸이다. 양정재는 인원왕후의 외증조인 조희일(趙希逸)의 옛집으로, 인원왕후가 이곳에서 태어났다.
46 『영조실록』 권89, 영조 33년(1757) 3월 26일(정사).
47 『승정원일기』 1150책, 영조 33년 11월 7일 을미.
48 『승정원일기』 1154책, 영조 34년 3월 8일 갑오.
49 『승정원일기』 1194책, 영조 37년 6월 13일 경진.
50 『승정원일기』 1221책, 영조 37년 8월 6일 기유.
51 처음 차동(車洞)에 거둥했을 때 먼저 입암 구기에 갔으나 어가가 들어갈 수 없을 정도로 길이 좁아 정확한 장소를 찾지 못했다.(『승정원일기』 1195책, 영조 37년 7월 30일 병인)
52 『영조실록』 98권, 영조 37년(1761) 8월 2일(무진).

러다 여경방의 집을 탄생 6개월 전에 사서 숙빈이 7세였을 때 팔았다는 사실을 기록한 옛 가옥 매매 문서를 찾아냈다. 여경방이 숙빈이 태어난 곳이라는 사실을 알게 된 것이다. 이후 호조에 명해 이 가옥을 사서 숙빈의 아버지와 어머니 후손들에게 대대로 물려주고, 이 최 씨와 홍 씨 외에는 전매하지 못하게 해서 이 사적을 보존하게 했다. 가옥 매매문기 역시 함에 담아서 이 집에 보존하게 했고, 현판을 내걸고 비각도 세웠다.[53] 본래 살던 주민은 고직(庫直) 일을 주어 내수사에 속하게 하고, 이를 원하지 않을 경우 역시 내수사에 알린 후 나갈 수 있게 했다. 차동에 있는 인현왕후 옛집은 여전히 민 씨들이 살고 있었으므로 매매는 없이 사적(비각)만 보존하도록 했다. 생가를 사들인 후에는 직접 거둥해서 집의 유래를 적은 글을 쓰고 편액도 친서해서 걸도록 했다.[54]

숙종의 후궁 영빈 김씨가 거처하던 사직 근처의 영빈방(寧嬪房)에도 행차해서 기념했다.[55] 조선 후기 처음으로 간택 후궁으로 궁에 들어온 이가 영빈 김씨다. 영빈은 인현왕후와 함께 기사년에 궁을 나갔다가 갑술년에 작호가 복구됐으며, 영조가 어렸을 때 어머니라고 부르던 인연이 있었다. 1740년(영조 16) 1월 사직에 기곡친제를 올린 후 환궁할 때 처음으로 영빈방에 거둥했고[56], 이후에도 세 차례 이곳에 거둥했다.

05

왕비, 세자빈, 왕자부인, 후궁의 별궁 체험_왕실 혼례의식과 별궁

의제적 비빈의 집, 별궁

일반 사가 출신이 왕비로 결정되면 결혼식 준비 단계에서부터 가례별궁이라는 특별한 공간을 제공해서 일정 기간 거처하게 한 후 혼례 절차를 진행했다. 효종의 본궁이던 동촌의 어의궁은 조선 후기의 대표적인 가례별궁이었다.

조선시대 왕비나 세자빈은 가례별궁에 먼저 들어가서 결혼식 준비를 했다. 결혼식 당일 왕이나 세자가 가례별궁으로 가서 왕비와 함께 궁궐로 들어가는 친영의식을 했다. 가례별궁의 쓰임새는 무엇이었을까. 대궐에 비해 왕비네 집이 소박하고 좁아서 큰 의례를 치르기에는 부족했고, 그래서 특별한 공간을 제공해 큰 행사를 준비하게 한 것이었을까. 왕비네 집이 봉작과 영지를 대대로 계승하는 귀족도 없고, 가까운 혈족 내에서의 혼인을 금기시한 조선에서 왕의 배우자에게는 왕궁과 같은 특별한 공간이 있을 리가 없었다. 『경국대전』의 규정을 보면 신분 등급에 따른 주택 규모에 제한이 있었다. 이런 점을 고려해 보면 가례별궁의 쓰임새가 이해된다. 그러나 조선 후기 서울의 주택을 묘사한 글들을 보면 도성 안에는 궁궐만큼이나 화려한 주택이 많았다고 한다. 실제 간택된 왕비들의 배경을 살펴보면 내로라하는 양반 가문 출신인 경우가 많았다. 이들은 자기들끼리, 때로는 왕실과 연혼을 통해 경화세족이 됐다. 단지 왕궁급의 드넓고 격식 있는 공간이 필요했던 것이라면 별궁을 지정해서 가례 때까지 머물도록 하지는 않았을 것이다. 별궁은 궁에 머무를 수 있는 지위로의 격상, 궁에 머무를 자격 획득 등을 의미하는 의제적 비빈의 공간, 일반 사가 출신의 신부를 왕가 사람으로 준비시키는 긴 통과의례의 공간이기도 했다.

『한중록』을 통해 1743년 11월 13일 삼간택과 가례를 치르고 입궐하기까지 과정에 대한 혜경궁 홍씨의 증언을 들을 수 있다. 혜경궁의 경우 재간택 날 영조가 "내 며느리를 얻었다."라 하고 정성왕후와 선희궁도 경춘전이라는 곳에 머무르게 해서 점심도 먹이고 새로 지을 옷을 위해 치수도 재게 한 후에야 집으로 보냈다. 세 번째 간택에서 신부로 결정되면 바로 그날부터 자기 집으로는 돌아갈 수 없었다. 본가가 궁궐에서 가까운 곳에 있어도, 그 집이 대궐 못지않은 좋은 집이어도 신부는 지정된 별궁으로 들어가야 했다. 혜경궁의 경우에는 조선 후기의 대표적 가례별궁인 한양 동촌의 어의궁 별궁으로 가게 됐다. 친지들과 미리 인사하고, 종가에도 하직하고, 외조부모 사당에도 찾아뵙고 하직했다. 혜경궁의 종가는 이 책에서 여러 차례 등장한 홍주원-정명공주 종손가다. 본래는 안국동에 있었지만 혜경궁 당시에는 남산 아래 진고개의 사의당 집으로 옮겨져 있었다. 당시 종손은 혜경궁에게 당숙이었다. 평소에는 공주 신위를 모신 사당이라 하여 후손들도 사당 안에는 들어가지 못하고 뜰에서 절했는데 혜경궁이 이미 왕가의 몸이라 하여 사당에 올라

53 『승정원일기』 1221책, 영조 37년 8월 4일 경오; 영조 37년 8월 7일 계유.

54 『영조실록』 98권, 영조 37년(1761) 8월 5일(신미).

55 영빈 김씨는 김창국(金昌國)의 딸로, 후궁으로 간택돼 궁에 들어와 숙의에 책봉됐다. 숙종이 예로 대우함이 남달랐다고 한다.(『영조실록』 권40, 영조 11년 1월 12일 계미) 영빈방(寧嬪坊)은 영빈이 궁을 나가 거처하던 곳이다. 국왕이 세상을 떠나면 후궁들은 궁을 나가야 했다. 궁에서 나간 영빈의 집은 허름해서 1721년(경종 1) 경종이 2,000냥 이상을 들여 집을 수리하게 해 주었다. 이 때문에 조정이 떠들썩하기도 했다.(『경종실록』 권2, 경종1년 1월 29일(신묘))

56 이날은 영빈의 기일이었다. 영조가 '모처어머니[某處母]'라고 부르던 인연과 정의(情誼)를 말하며 잠시 들렀다 가기로 했다. 역시 길이 협소했기 때문에 긴요한 시위만 따르도록 했다. 옥교, 보연으로도 불리는 여를 탔다.(『승정원일기』905책, 영조 16년 1월 9일 신해)

가 절을 할 수 있었다고 한다.

삼간택 날 세자빈으로 결정된 후 세수한 뒤 원삼을 입고 앉아 상을 받고, 날이 저물 무렵에 별궁으로 나왔다. 영조가 가마 타는 곳까지 따라 나와서 잘 있다가 오라는 말과 함께 소학을 보내줄 것이니 아비에게 배우라고도 했다. 어의궁에 들어가는 순간부터 혜경궁의 좌우에는 궁에서 나온 사람들로 가득 채워졌다. 어머니나 가까운 일가붙이들도 마음대로 예비 신부를 만나 볼 수 없었다. 어린 시절부터 평생을 궁중에서 지내 왕가의 어느 누구보다도 궁중 법도를 잘 알고 있는 상궁이 신부의 일거수일투족을 살펴보고 신부를 교육했다. 『한중록』에서는 궁중 법도에 엄한 경모궁 보모 최상궁에 대해 상세하게 묘사했다.[57] 최상궁을 처음 만난 것은 재간택 이튿날이었다. 풍채가 크고 늠름해서 어린 궁중 아이 모양이 아니었고, 옛날 역사와 예의법도를 잘 아는 등 식견도 가볍지 않았다. 어린 나이에 별궁에 간 혜경궁에게 별궁 시절의 기억은 엄격하고 무섭고 서러운 것이었다. 혜경궁이 별궁에 도착했을 때는 이미 날이 저물어서 궁인 둘을 데리고 낯선 곳에서 자려 하니 잠이 오지 않았다. 어머니가 올라왔으나 성격이 엄하고 사정없는 보모 최상궁이 '나라 법' 운운하며 막았고, 어린 신부는 박절함에 서러운 맘으로 별궁에서의 첫 밤을 보낼 수밖에 없었다.

조선시대 사람들이 매우 중시한 『주자가례』에서는 신부 교육을 시키고 계례(笄禮)라는 성인식을 거행한 후 혼례를 치렀다. 남자들이 일정한 나이가 되고 어른이 되기에 충분한 교육을 받은 후 관례라는 성인식을 치른 것과 마찬가지였다. 주희는 남편과 아내가 가정을 지탱하는 두 기둥이라고 했다. 이제 부모의 품에서 벗어나 일가를 책임지고 이끌어 나가는 어른이 돼야 했다. 조선의 대부분 선비 집안에서는 여성 관례(계례)를 혼례와 함께 치르는 것이 보통이었다. 통상 관례나 계례에서 머리를 올려 성인의 외양을 갖추는 외양의 변화를 중시하지만 외양의 변화보다 더 중요한 것은 성인의 책임을 맡을 준비, 즉 교육이었다. 한 가정을 책임지는 신부에게도 절절한 가르침이 필요했다. 국모가 돼 나라를 책임질 세자빈이나 왕비였으니 더더욱 교육이 중요할 수밖에 없었다.

혜경궁은 영조가 보낸 『소학』을 아버지에게서 배웠고, 영조가 직접 지은 『훈서(訓書)』도 배웠다. 두 달이라는 짧은 기간에 읽은 책에는 기거동작을 조신하고 경건하게 하도록 하는 일상 예절부터 윗사람과 아랫사람을 대하는 마음가짐, 지위에 걸맞은 처신에 대한 조언들이 담겨져 있었다. 왕실에 들어가 적게는 300명의 궁인을 거느리고 많게는 내외명부의 수많은 사람들을 만나면서 왕비 또는 세자빈의 자리에 있는 것이 얼마나 어려운 일인지를 알게 된 후에야 더 절실하게 다가올 내용들이었다. 별궁에서 교육받는 인현왕후의 모습을 지켜본 80세 넘는 궁인은 자기 평생에 이런 훌륭한 신붓감을 본 일이 없고 오래 산 것이 영광이라며 신부 어머니(부부인)에게 칭찬했다고 한다.

왕자, 왕녀의 결혼과 별궁

왕자의 결혼식 때도 왕자궁부인의 처소를 별도로 마련하고 별궁으로 지칭했다. 인조 대 봉림대군과 인평대군 가례 때는 정원군과 계운궁 사당이 있던 이현궁이 별궁이었다.[58] 다만 이때 이현궁이 친영을 위한 부인궁이었는지 동뢰연을 행하기 위한 왕자궁이었는지는 확실하지 않다. 숙종 대 기록에서는 왕자 결혼 때 왕자궁 부인의 처소와 동뢰연을 행하는 왕자궁을 따로 구분해서 기록했다. 왕자궁 부인의 처소도 별궁이라 칭했고 왕자의 처소 역시 '궁'으로 불렀다.

숙종 대 연잉군 가례 때 왕자 부인이 혼례 준비를 할 별궁은 송현에 있는 능풍군 댁인 동뢰연을 위한 길례궁, 즉 왕자궁은 영안위궁(정명공주가)으로 정했다. 연령군 가례 별궁은 남산 의산위계의 구수정가로 정했다가 다시 북부 가회방계 유학 이적 집으로 변경했고, 동뢰연을 위한 길례궁은 낭원군 궁가였다.

공주나 옹주 결혼식 때도 왕자와 마찬가지로 대궐 밖의 궁가가 활용됐다.[59] 조선 후기의 공주 결혼식은 효종 때의 전례가 전범이었다. 공주를 결혼시키려면 왕은 주혼이 되지 않고 종실을 별도 주혼으로 삼았고, 친영례를 행하기 위한 궁은 따로 지정했다. 둘째 딸 숙명공주(淑明公主) 길례 때는 어의동 본궁을 수리해서 '공주궁'으로 지정하고 예식 장소로 활용했다. 나머지 공주들의 길례 본궁 역시 어의동 본궁이었다. 현종 딸 명안공주의 가례 때도 공주궁은 어의동 본궁이었다.[60]

공주 결혼식에서 공주궁으로 지정된다는 사실이 당시 한양 사람들에게는 어떤 의미였을까. 명안공주 결혼식 때의 예를 살펴보자. 명안공주는 현종의 셋째 딸이며, 또 결혼 후까지 생존한 유일한 딸이기도 하다. 7세 때 공주에 책봉됐고, 16세 때 해주 오씨 오태주(吳泰周)와 결혼했다. 명안공주 결혼식은 『명안공주가례등록(明安公主嘉禮謄錄)』을 통해 자세한 내용을 알 수 있다. 삼간택에 의해 부마가 결정되면 관례를 치르고 작호를 받았다.

57 혜경궁 홍씨 저, 정병설 역, 『한중록』, 문학동네, 176~177쪽, 182쪽.

58 『승정원일기』 45책, 인조 12년 12월 25일 정미.

59 『승정원일기』 123책, 효종 3년 2월 10일 임자; 『가례등록』, 「임진이월초십일(壬辰二月初十日)」.

60 『명안공주가례등록』, 경진정월초사일(庚辰正月初四日).

오태주는 해창위라는 작호를 받았다. 공주 가례 때도 납채(納采), 납폐(納幣), 친영(親迎), 동뢰연(同牢宴) 등의 절차를 거쳤다. 공주의 친정집은 왕이 있는 대궐이므로 이 모든 의식은 궁궐 안에서 치러야 했다. 그러나 조선시대 공주 가례 때는 부마가와 대등한 위치에서 가례를 치르기 위해 거의 모든 예를 낮추었고, 의례 공간도 변경됐다. 우선 종친을 주혼, 즉 아버지인 왕을 대신해서 혼례를 주관하는 이로 정했다.[61] 명안공주 가례 때는 숭선군(崇善君)이 주혼 자격으로 가례를 주도했다. 친영의식의 장소, 즉 전안례를 거행하는 곳은 어의동 본궁이었다. 동뢰연은 송현 능풍군가, 즉 송현궁에서 행했다.

공주 결혼식이 온전히 대궐 밖에서 준비되고, 대궐 밖 궁가에서 거행된 것이다. 송현과 어의동 사이에는 바쁘게 결혼식을 준비하는 사람들이 오갔고, 본 의식의 예행연습도 볼 수 있었다. 친영 후 공주가 사흘 동안 머무를 송현 능풍군가 주변에는 특별히 야간 순찰도 강화하는 등 만일에 대비했다. 하이라이트는 역시 어의동에서 출발해 송현궁까지 가는 공주 결혼식 행렬이었다. 화려하게 불을 밝히고 은은하게 부용향을 뿜어내는 가운데 늠름한 부마가 말을 타고 앞에 서고, 공주의 옥교가 뒤에 서서 한양 한복판을 지나갔다.[62]

이는 옹주 결혼 때도 마찬가지였다. 화순옹주-월성위 김한신 가례를 살펴보자. 흥미롭게도 이때 친영궁은 장의동에 있는 숙빈 사우궁(신부가, 옹주궁)이었다. 숙빈 사우궁, 즉

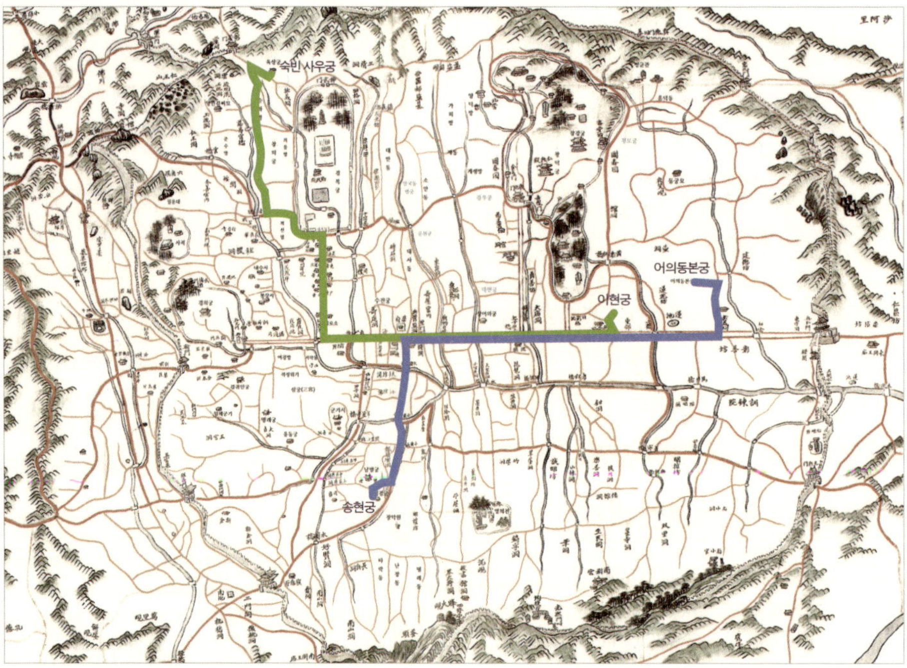

그림 8 가례 행렬의 이동로 : 명안공주 (파란색: 어의동본궁-송현궁), 화평옹주(초록색: 숙빈 사우궁-이현궁)

훗날 육상궁이 단지 제사궁으로만이 아니라 옹주 결혼식 때 별궁으로도 활용된 것이다. 동뢰연궁은 제생동에 있는 밀창군가(부마가)였다. 1738년 화평옹주 가례 때도 숙빈 사우궁이 옹주궁이었고, 동뢰연궁은 이현궁이었다.[63] 1743년 화협옹주 가례 때 옹주궁은 이전과 같았고, 동뢰연궁은 대사동의 부마가였다.[64] 1749년 화완옹주는 장동 영빈방을 옹주궁, 향교동의 새 집을 부마가로 각각 활용해서 결혼했다.[65] 숙빈 사우궁은 1751년 화유옹주 결혼식 때도 별궁으로 활용됐다. 인조의 본궁으로 향교동 본궁이 있었지만 부모를 모신 사당 이현궁을 본궁처럼 활용한 것과 비슷하다.

친영일에 부마가 먼저 궁궐로 들어가 대전, 중궁전, 세자빈궁을 찾아뵙고 예를 올렸다. 이후 집(부마가)으로 돌아가 주인에게 술 한 잔을 받고 나서 옹주 집으로 정해진 숙빈 사우궁으로 향했다. 그곳에서 전안례를 행한 후 옹주를 부마가로 맞이해 가는 친영례를 거행했다. 옹주 친영 행렬에는 종친, 의정부와 육조 2품 이상 관리들이 참여했다.[66] 부마가 말을 탄 채 앞에 서고, 옹주는 옥교를 탔다. 횃불로 행렬을 선도하는 가운데 친영 행렬은 장의동을 출발해 재동(齋洞) 부마가로 향했다.

19세기 순조 대 명온공주 가례 때는 공주가 출합할 궁을 미리 준비했다. 따라서 전안례를 행하는 공주궁은 공주 외조부가 되는 김조순의 본방으로 정했다. 동뢰연은 공주 궁방, 즉 죽동궁에서 행했다. 복온공주는 전안례를 여주목사 정의(鄭漪)의 집, 동뢰연은 공주궁에서 각각 행했다. 여주목사 정의(鄭漪)는 정조 누이동생 청선군주의 아들이다. 즉 복온공주는 청선군주 궁가에서 전안례를 행한 것이다. 청선군주와 부마 정재화의 집은 경행방에 있었다.[67]

의례상 공주나 옹주는 궁궐에서 나가 사가로 시집가는 것으로 형상화됐지만 여전히 일상에서는 왕실의 일원이었다. 화순옹주 가례는 영조 8년(1732) 11월에 치렀다. 출합, 즉

61 김문식, 「1823년 명온공주의 가례절차」, 『조선시대사학보』 56, 2011.

62 어의동 본궁의 도시 위상을 영조의 가례 행차와 관련지어 분석한 글로 송인호·조은주, 「조선별궁 어의궁(용흥궁)의 도시 위상과 영조의 친영」, 『대한건축학회논문집_계획계』 27(5), 2011, 145~154쪽 참조.

63 『화평옹주가례등록』, 66면.

64 『화협옹주가례등록』, 41면, 42면, 45면.

65 화완옹주 결혼식에 대해서는 이미선, 「1749년(영조 25) 화완옹주와 부마 정치달의 가례」, 『한국사학보』 58, 2015, 217~243쪽 참조.

66 지두환, 「의식의 극치를 구현한 혼인, 그리고 부마의 역할」, 『조선의 역사를 지켜 온 왕실 여성』, 국립고궁박물관, 2014, 155~163쪽

67 『매천선생문집』 권38, 묘지명, 「형조참판정공묘지명(刑曹參判鄭公墓誌銘)」.

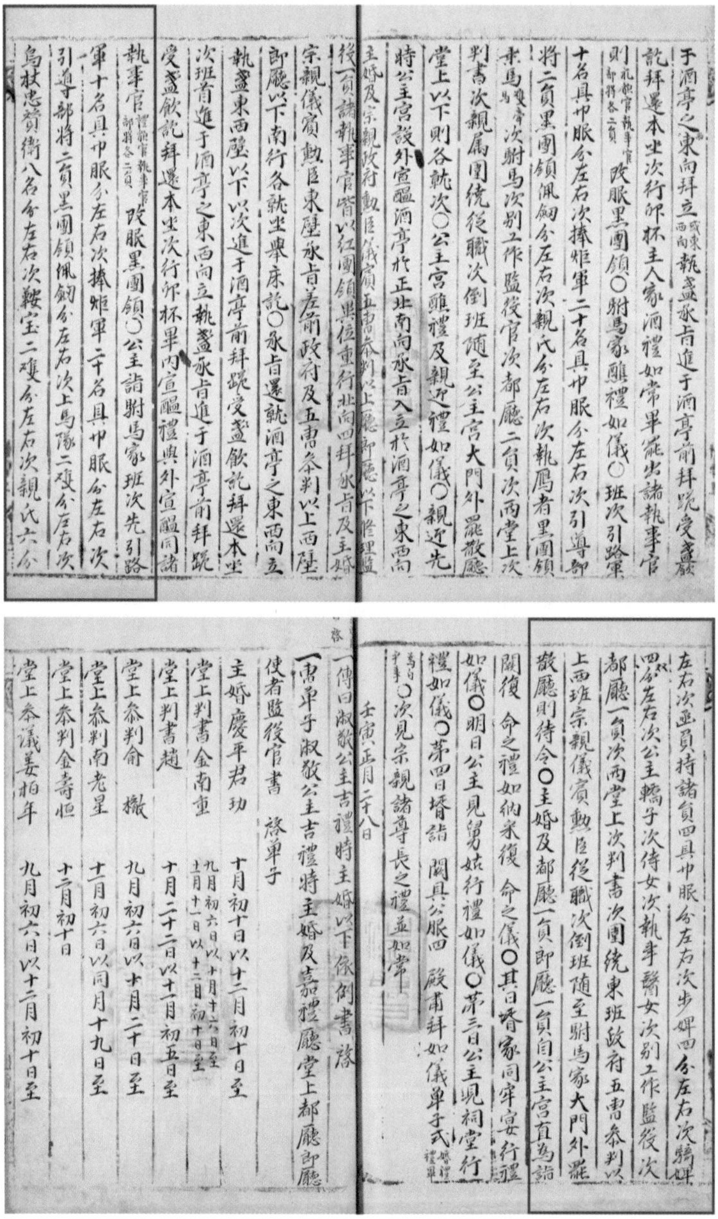

그림 9 효종 대 숙경공주 결혼식의 친영 행렬을 기록한 부분

(『가례등록』, 한국학중앙연구원 장서각 소장)

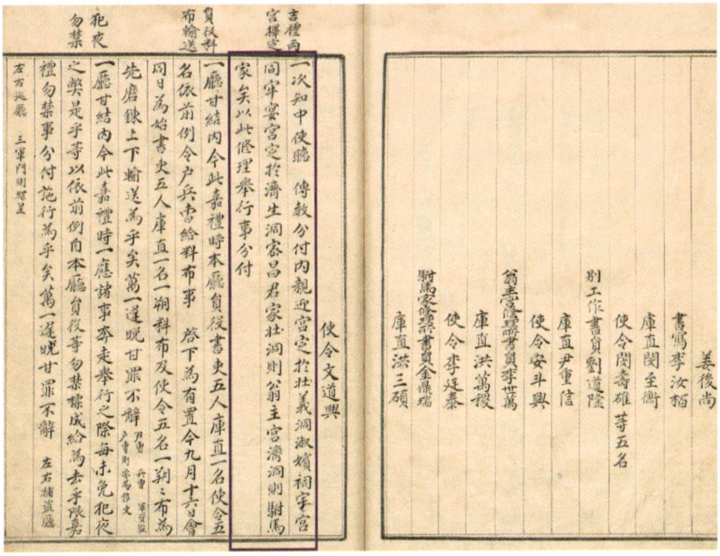

그림 10 화순옹주 결혼식의 친영궁 (숙빈 사우궁)과 동뢰연궁 (제생동 밀창군가)

(『화순옹주가례등록』, 한국학중앙연구원 장서각 소장)

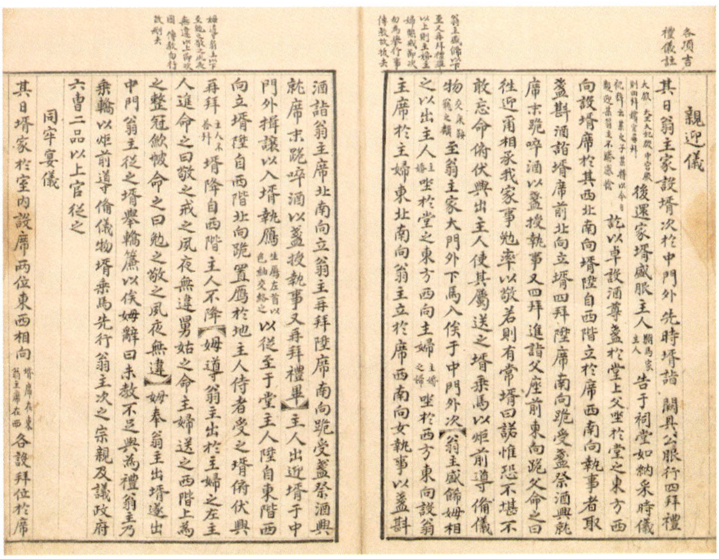

그림 11 화순옹주 결혼식의 친영의식 의절

(『화순옹주가례등록』, 한국학중앙연구원 장서각 소장)

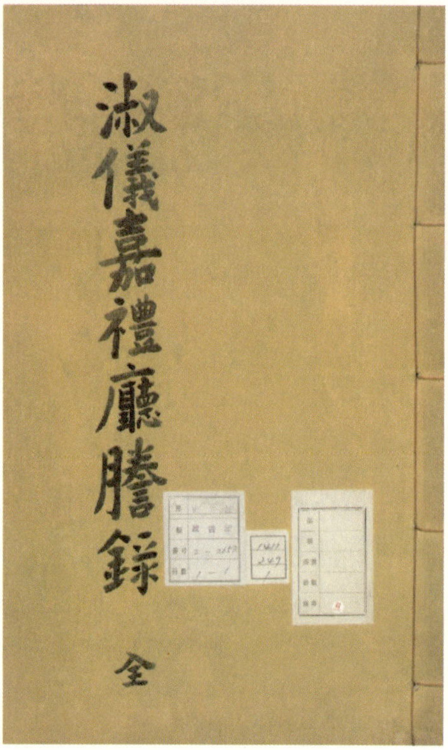

그림 12 숙종 후궁 숙의 김씨 가례 기록
(『숙의김씨가례청등록』, 한국학중앙연구원 장서각 소장)

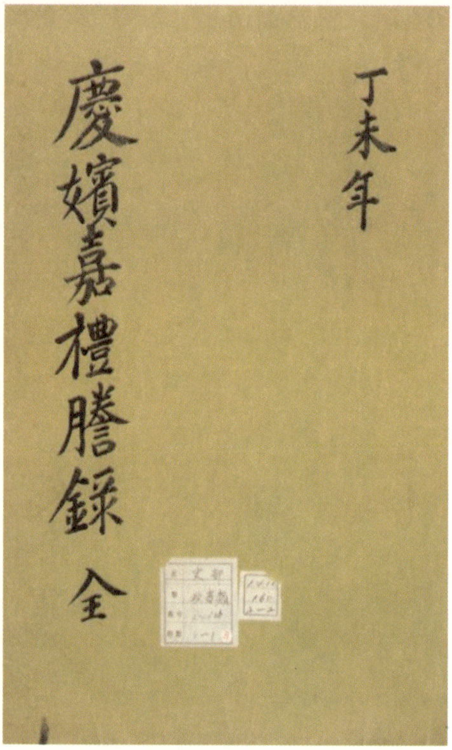

그림 13 헌종의 사부빈 경빈 가례 기록
(『경빈가례등록』, 한국학중앙연구원 장서각 소장)

집을 마련해서 독립해 나간 것은 2년 후인 영조 10년 12월이었다. 출합 후 공주나 옹주가 받던 녹봉은 더이상 지급되지 않았고, 남편인 부마가 녹봉을 받았다.68

18세기 동안에는 후궁 역시 정식 가례를 거쳐 입궁하는 관례가 정착됐고, 후궁 가례에서도 별궁이 활용됐다. 현재 기록으로 남아 있는, 정식 간택에 의해 후궁으로 들어온 첫 사례는 1686년(숙종 12) 영의정 김수항의 조카딸 숙의 김씨 가례다. 숙의는 내명부 종2품 품계이다. 숙의 김씨가 바로 영조가 어머니같이 여긴 영빈(寧嬪) 김씨다. 삼간택 후 입궐할 때까지 별궁에 머무르며 혼례를 준비하고, 역시 왕실 사람이 되기 위한 교육을 받았다. 이때 별궁으로는 어의동 별궁과 박석동 명안공주 구궁이 후보로 올랐다. 어의동 별궁은 비용 문제 등으로 행랑만을 수리해서 쓰도록 했다. 아무리 후궁이라 하지만 공간이 너무 구차하다고 해서 명안공주 구궁이 가례별궁으로 결정되었다.69

왕실 결혼식은 세자빈이나 왕비 결혼식만 있는 것이 아니었다. 세자빈과 왕비 행렬이 조선 후기 내내 가례별궁으로 활용된 동촌 어의궁에서 궁궐로 향하는 길 위에서만 볼 수 있었다면 왕자나 공주·옹주 결혼식은 훨씬 더 다양한 곳에서 경험할 수 있었다. 공주나 왕자들은 결혼식을 마치고도 대궐 안에서 한참을 살다가 출합해서 독립했다. 만일 왕가가 아니었다면 당연히 공주궁이나 왕자궁은 대궐 안에 있어야 했다. 그러나 왕자나 공주 모두 지존인 왕을 대신해서 주혼자를 따로 정해 결혼식을 거행했고, 결혼식의 주요 장소는 모두 대궐 밖의 여러 궁가였다. 혼례 장소가 어느 정도 규모가 있어야 했기에 옛 공주궁이나 왕자궁에 살고 있는 종친의 집을 빌리기도 했지만 왕의 본궁을 활용하기도 했다. 영조는 숙빈 사우궁을 본궁처럼 활용하기도 했다. 도로를 오가는 납채·친영 등의 행렬과 결혼식 준비 및 실행을 위해 바쁘게 궁가를 오가는 사람들, 대궐에서 나와 민가 골목길을 누비는 군사와 궁인들, 그들의 모습과 소리와 향기를 통해 왕실은 민가 속으로 흘러들어 갔다.

06
폐출된 왕비의 어려운 시절

폐출된 왕비가 머무르는 처소

별궁은 지위가 왕비로 바뀌는 것을 상징하는 공간이었지만 왕비가 폐출될 경우 머무르는 처소가 되기도 했다. 조선시대에는 한때 왕비였다가 폐해진 이가 여럿 있었다. 살아 있을 때 왕비였다가 죽은 후 왕비 지위를 박탈당한 태조의 두 번째 비 신덕왕후 사례도 있다. 살아 있는 동안 폐해져 대궐에서 나가게 된 왕비로는 조선 전기에 성종의 첫 왕비이자 연산군의 어머니 폐비 윤씨, 정치적 이유로 더이상 왕비 자리를 누릴 수 없게 된 중종의 폐비 신씨 등이 있다.

성종은 폐비 윤씨를 사제에 거처케 할 것인지 별궁에 거처케 할 것인지 논의하다가 별궁을 따로 짓지 말고 자수궁(慈壽宮)에 두도록 했다. 자수궁은 궁궐에서 나간 후궁들의

68 화순옹주가 봉작을 받은 후 화순옹주방의 전답매득가로 2,000냥을 받았고, 선혜청 미 200석, 태 100석을 5년간 지급받았다. 미태 지급에 한정을 둔 것은 그 이후 시기에 전답에서 얻는 수익으로 옹주방을 운영하도록 한 것이다.(『승정원일기』 588책, 영조 1년 3월 4일 임인)

69 『숙의김씨가례청등록』, 6~7면.

거처로, 자녀 없이 죽은 후궁들의 명복을 빌어 주는 사당으로 쓰이던 곳이었다. 새로 지은 별궁은 아니지만 별궁을 대신하게 한 것이므로 자신의 궁부를 따로 두고 있던 왕비에 대한 최소한의 예우를 보인 셈이다. 그러나 얼마 지나지 않아 윤씨는 자수궁마저 떠나 사제, 즉 본가로 돌아갔다. 중종의 폐비 신씨는 영조 대에 복위돼 단경이라는 시호를 받았다. 성종비 윤씨와는 달리 단경왕후에게는 폐출될 만한 잘못이 없었다. 그러나 그의 언니가 연산군 때 왕비였고, 아버지가 부원군 신수근이었다. 연산군을 내몰고 '바름을 회복한' 조정 관료들은 역적의 딸을 왕비로 둘 수 없다고 주장했고, 결국 신씨는 왕비 자리에서 물러나야 했다. 단경왕후는 의숙공주 집이던 별궁(죽동궁)으로 폐출됐고, 생활비 지급도 중단됐다. 이들 두 전 왕비의 별궁 생활에 대해서는 거의 알려진 바가 없다.

다행히도 광해군 때 폐비돼 서궁에 10년간 유폐돼 있던 인목왕후(인목대비) 김씨와 숙종 때 왕비 자리에서 물러나 6년간 사제에서 지내야 한 인현왕후 민씨의 경우 각각 『계축일기』와 『인현왕후전』이라는 기록을 통해 폐출된 당시의 거처 및 그곳에서의 생활에 대한 정보를 얻을 수 있다. 전자는 유폐된 시절을 함께한 궁인이 쓴 글, 후자는 후대에 여러 전언과 기록에 의지해서 쓴 글이다. 문학 작품으로 분류된 책들이고, 기록된 모든 것이 완전히 객관적 팩트인지는 알 수 없지만 당시 많은 사람에게 그럴듯한 진실로 받아들여진 이야기로서 사료적 가치가 있는 기록이다.

폐출 의례

인목대비 폐출은 갑자기 이뤄졌다.[70] 광해군은 인목대비를 원래 있던 서궁에 그대로 둔 채 중궁전과 함께 창덕궁으로 옮겨 갔다.[71] 대비전이 나뉘어 있는 경우에도 조정의 일부가 '분사(分司)' 형태로 대비가 있는 처소에 남아 있어야 했지만 광해군은 일시에 분사 인원을 뺐다. 인목대비 곁에는 오직 처소를 지키는 궁인들만 남았다. 출퇴근하던 내관들도 더 이상 오가지 않게 됐다. 광해군은 폐출된 인목대비를 대신해서 자신의 어머니인 공빈을 공성왕후로 추숭했다. 명에 사신을 보내 추숭 책봉을 주청하기도 했다. 이렇게 궁 밖으로 한 걸음도 나가지 않은 채 인목대비는 폐출됐다.

인현왕후는 침전에서 폐비 전교를 받았다. 전교가 내려졌다는 소식을 듣자 자리에서 일어나 예복을 벗고 관잠, 즉 머리 수식과 비녀를 제거하고 올린 머리를 풀었다. 중간 계단으로 내려와 전교를 듣고 즉시 대궐을 떠나 사제로 향했다. 왕비를 폐했다고 해도 바로 사제로 내보내는 법은 없다며 별궁을 지정해서 지내게 해야 한다고 했지만 숙종은 말

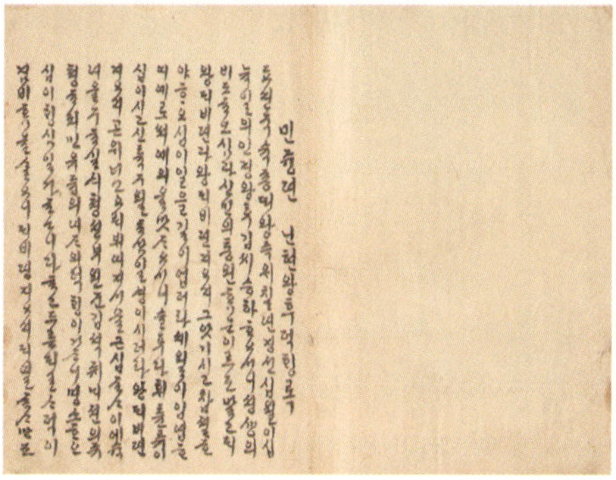

그림 14 『민중전인현왕후덕행록』

(한글본, 조선후기, 국립한글박물관 소장)

그림 15 『인현성모덕힝(행)녹』

(조선 후기, 서울대학교 규장각한국학연구원 소장)

을 듣지 않았다. 인현왕후의 사제는 안국동에 있었다. 폐비하면서 왕비의 부모에게 내려진 각종 작호도 모두 취소됐고, 중부(仲父) 민정중과 종형제들도 모두 유배됐다. 죄를 입은 처지에 성 안에 있을 수 없다고 하여 안국동 집에 있던 가족들은 몇몇 부인만 남기고 모두 성 밖 애오개로 나가 있었다. 폐비 전교 소식이 전해지고 폐비가 요금문 앞까지 나왔다는 말을 듣고서 황급히 일반 가마에 흰 명주보를 덮고 들어가서 폐비를 모시고 나왔다. 가마 뒤로는 궁녀 7, 8인이 통곡하며 따라 왔다. 이 가운데 3인은 궁궐 나인이고 나머지는 인현왕후 본가에서 궁으로 함께 들어간 궁인이었다고 한다. 선비 50여 명이 요금문, 100여 명이 돈화문 앞에서 상소를 올리고 울며 호소했다가 출궁한 폐비 행렬을 보고 미처 신을 신지도 못하고 버선발로 따라와 통곡했다. 선비 200여 명은 안국동 본가 문 밖까지 따라오며 울고, 백성들도 길을 막고 통곡했다. 시장도 모두 파하고 함께 슬퍼했다고 한다.

70 인목대비 폐출 과정의 궁 내 상황에 대한 묘사는 구인환 역, 『계축일기』, 신원문화사, 2002를 참조.

71 위의 책, 33쪽.

이때 궁궐로 달려와 상소한 선비 가운데 3인이 소두(疏頭)로서 처벌받았다. 그 가운데 한 사람이 가혹한 형추를 견디며 "나라와 운명을 함께하는 교목세가의 신하로서 망국의 신하가 될 것을 염려한다."라고 숙종의 잘못에 직언한 박태보(朴泰輔)였다.[72]

폐출 시기의 어려움: 인목대비(배신감, 생활고, 죽음의 위협), 인현왕후

인목대비의 어려운 생활에 대한 『계축일기』의 증언은 너무나도 생생하다. 서궁이 닫힌 후 가장 먼저 닥친 어려움은 사람들이 사라지기 시작한 것이었다. 우선 인목대비와 인목대비 본가가 서로 연락하며 역모를 꾀한 증거를 찾아내겠다며 대비궁의 궁인들을 데려다가 추국하기 시작했다. 가혹한 형신에 버티던 궁인들도 부모나 어린 형제들을 데려다 놓고 위협하는 것까지는 참아내지 못했다.[73] 『계축일기』 저자들도 이를 배신으로 여기지 않았다. 끝내 고통을 참으며 대비의 역모와 관련된 일을 끝내 부인하던 궁인들도 있었다. 이 와중에서 30명의 궁인이 목숨을 잃었다. 서궁에는 몇몇 나이 많은 상궁과 나이 어린 궁비만 남게 됐다. 이렇게 목숨을 잃고 사라진 궁인도 있었지만 서궁에 남아 대비나 대군의 근황을 광해군 또는 중궁전 측 궁인들에게 알리거나 서궁에 불을 놓는 등 위해를 가하는 궁인도 있었다.[74] 인목대비에게는 없느니만 못한, 사라진 것과 마찬가지인 궁인들이었다.

서궁에는 사람뿐만 아니라 살아갈 물품 공급도 중단됐다. 내수사의 공급은 일체 차단됐고, 궁 밖에는 겹겹이 지키고 서 있어 밖에서 몰래 도울 방도도 없었다. 담장 위에는 가시나무까지 올려 감옥과 다를 바 없는 곳이 됐다. 입을 것, 신을 것, 먹을 것 모두가 부족했다. 일기에 따르면 서궁에 저축된 옷감이 상당히 있었다. 다만 당시에는 아래위로 모두 흰 옷은 입지 않았다. 상복과 같기 때문이었다. 염료가 없어서 치마를 해 입을 수 없었기 때문에 윗전에서 입던 낡은 남색 치마를 잘라 치마에 드리워서 입었다. 10년 유폐 기간에 궁인들이 신던 신발이 다 해어지고 어린 궁비가 자라서 새 신발이 필요했지만 구할 수가 없었다. 천을 잘라 일일이 꼬아서 짚신을 대신할 신을 엮어 신었고, 나중에는 나무를 깎아서 신발을 만들어 신었다. 먹거리도 부족했다. 새똥이 떨어진 곳에서 자라난 가지와 상추로 나물을 해 먹었다. 수수 농사도 지었다. 밤나무와 복숭아나무에도 열매가 열려 제수나 별식으로 쓸 수 있었다. 염색에 쓸 수 있는 쪽풀도 재배할 수 있었다. 창호가 해어지거나 지붕에서 물이 새는 등 처음에는 어려운 생활을 해 나갔으나 나중에는 직접 올라가 고쳤다.[75]

유폐 후반기에 들어와 가장 큰 문제는 쓰레기였다. 조선시대 궁궐은 오물을 정기적으로 배출하고 깨끗하게 청소하는 등 쾌적한 환경을 유지했다. 인목대비가 갇혀 있던 서궁은 쓰레기조차 밖으로 내보낼 수 없었기 때문에 궁 곳곳에 오물이 쌓이기 시작했다. 두어 해가 지났을 때는 악취가 진동하고 구더기가 들끓었다. 문안 상궁이 울면서 여러 번 청하니 내관과 종사관을 보내 첩첩이 못질해 놓은 문짝을 떼어 내고 내금위·병조·액정서 하인들이 들어와 쓰레기를 치울 수 있었다. 하인들은 쓰레기를 치우면서 달라진 궁궐의 풍경에 눈물을 지었다고 한다.[76]

인현왕후는 안국동 본가에 도착한 후 스스로 안팎의 문을 봉쇄하고 오직 궁궐에서 함께 나온 궁인들만 곁에 두었다. 본가의 정당도 폐하고 아래채에서 거처했다. 처음에는 애오개로 나간 본가 식구들이 음식을 마련해서 들였지만 7~8일이 지난 후에는 음식 재료만을 들이게 한 후 안국동 본가 안에서 만들게 했다. 인목대비와 달리 인현왕후는 죄인을 자처하고 스스로를 안국동 집 안에 가두었다. 창호와 사방 벽도 바르지 않고 넓은 집안에 자라는 풀도 매지 않아 황폐한 모양이었다고 한다.

복위 의례:
인목대비(인조반정 후 대비에 대한 예우), 인현왕후(별궁, 복위 입궁 행차, 궁에서의 예우)

인목대비의 복위는 인조반정 덕에 사실상 별다른 의례 절차 없이 전격 이루어졌다. 인조 즉위의례 논란 속에서 인목대비는 이미 복위돼 있었다. 인조반정 직후에도 인목대비의 불신은 지속됐다. 인조가 대장 이귀, 도승지 이덕형에게 명해서 인목대비를 창덕궁으로 모시고 오도록 했지만 대비는 완강히 거절했다. 인조가 의위를 갖추지 않은 채 직접 말을 타고서 광해군을 끌고 경운궁으로 갔다. 서청으로 걸어 들어가 두 번 절하고는 엎드려 통곡했고, 시위 장사들과 시종신들도 모두 통곡했다. 인조가 부복한 채로 죄를 청하자 인목대비는 "능양군은 종자이니 입승대통 함이 마땅한데 왜 죄를 청하는가."라고 했다. 그 어

72 박태보의 친부는 숙종 대의 학자 박세당이다. 죽음을 불사한 직간으로 많은 이들을 감동시켰다. 일의 시말은 『박태보전』으로 전한다.

73 앞의 책, 41~46쪽.

74 앞의 책, 128~129쪽.

75 위의 책, 129~132쪽.

76 위의 책, 126~127쪽.

려운 시절에 돌아보지 않다가 왜 이제야 왔느냐는 말로 들린 것이었을까. 인조는 창황한 중에 일이 많아 이제야 왔노라고, 황공함을 견디지 못하겠다고 변명했다. 인목대비는 전국보와 계자보를 가져오라고 했다. 이귀 등이 반대했지만 인조는 국보를 인목대비에게 올리라고 했다. 국보가 들어간 후 한참이 지나고 한밤중이 돼서야 인목대비는 사군을 들어오게 했다. 인조가 경운궁 서청으로 들어가니 인목대비가 선조의 허좌(虛座)를 설치해 두어서 인조가 다시 빈 어좌에 재배를 올렸다. 인목대비는 침전으로 들어가 발을 내리고 어보를 상에 두었다. 이덕형 등이 빨리 국보를 전해 즉위하고 종묘에 고해 인심을 안정시켜야 한다고 재촉했다. 인목대비는 이튿날 예를 갖추어서 즉위하면 된다고 버티다가 결국 국보를 전하고 인조를 왕으로 인정했다. 인목대비는 이어 직접 광해군 부자의 목을 쳐서 억울하게 죽은 부모 형제와 아들의 원수를 갚고자 한다고 했다. 이덕형은 걸주와 같은 무도한 왕이라 해도 탕무는 내쫓았을 뿐 죽이는 법이 없다며 반대했지만 인목대비는 왕에게 자기를 대신해서 복수해 달라고 거듭 호소했다. 인조 역시 자기 마음대로 할 수 없는 일이라 거절했다. 인목대비는 중종반정 후 연산군도 천수를 누리게 해 주었다는 말을 듣고서야 마음을 접었다. 인목대비는 즉위와 교서 반포를 위해 선조가 시사하던 경운궁의 별당을 치워 두도록 했고, 인조는 그곳에서 왕의 일을 시작했다.77

경운궁에 머물러 있던 인조는 7월 무렵에 창덕궁으로 옮겨 왔다. 경운궁이 빈 곳이 돼 쓸모가 없으니 선왕조 폐전 양처 외에는 모두 원주인에게 돌려주도록 했다.78 인목대비 역시 창덕궁으로 옮겼고, 1624년(인조 2)에는 '명렬'이라는 존호도 받았다.79 인목대비

그림 16 광해군 즉위 후 인목대비에게 올린 존호 옥보
(선조계비 인목왕후 존호옥보, 1610년, 11.8×11.6×10.1cm,
국립고궁박물관 소장)

그림 17 인조 즉위 후 인목대비에게 올린 존호 옥보
(선조계비 인목왕후 존호옥보, 1624년, 12.1×12.2×10.1cm,
국립고궁박물관 소장)

는 맏딸 정명공주를 나라 사정을 돌보지 않는다는 비난을 받으면서도 성대하게 결혼시켰고, 큰 궁가를 마련해서 주었다.[80]

인현왕후의 경우는 숙종의 후회가 계기로 작용해 다시 궁으로 돌아오게 됐다. 1694년 4월 숙종은 대전별감을 보내 안동 본가궁을 둘러보고 오게 한 후 옛 중전의 무고함을 밝히는 비망기를 내렸다.[81] 본가에서 별궁으로 옮기도록 하고, 어찰을 내려서 상궁별감 등으로 하여금 전하게 했다. 인현왕후는 죄인을 자처하며 12일 동안 거듭 거절하며 어찰을 받지 않았다. 마침내 4월 21일 대문을 열었을 때 풀이 사람 키만큼 자라 있었고, 창호를 분간하지 못할 정도로 이끼와 먼지가 가득했다고 『인현왕후전』은 기록했다.[82] 숙종은 독촉해서 의복을 새로 지어 내리고, 왕의 금침을 감해서 내렸다. 4월 23일에는 인현왕후의 생일이라 어찰과 수라를 내리고 각종 공상을 이전과 같이 하도록 했지만 인현왕후는 사가의 분의(分義)에 넘치는 일이라며 모두 받지 않았다. 4월 27일로 입궁일자가 정해졌다. 인현왕후가 혼례 때는 왕이 직접 맞이해서 궁으로 들어가는, 친영으로 입궐했지만 복위 때는 중사를 보내 맞이해서 들어오는 형식으로 입궐했다. 훗날 인현왕후의 병이 위중해졌을 때 숙종은 친히 나아가 중전으로 맞이해 와서 예모를 갖추었어야 했다고 후회했다고 한다. 『인현왕후전』에서는 황금채련을 탄 인현왕후가 칠보단장한 궁녀가 늘어서고 어림군 수천을 거느린 각 군문대장이 호위하는 가운데 대신과 백관의 시위를 받으면서 입궐했다고 적었다. 장안 백성이 길을 가득 메운 채 구경하고, 재상 명사의 부인들도 의막을 잡고 구경하는 등 가례 때보다도 성대한 모양새였다고 한다.

77 『승정원일기』 1책, 인조 1년 3월 13일 계묘.
78 『승정원일기』, 2책, 인조 1년 7월 13일 신축.
79 『인조실록』, 2권, 인조 1년(1623) 7월 11일(기해); 인조 2년(1624) 10월 7일(무자).
80 『인조실록』, 2권, 인조 1년(1623) 9월 26일(계축); 인조 2년(1624) 6월 6일(무자); 인조 3년(1625) 2월 27일(병오).
81 『숙종실록』 26권, 숙종 20년(1694) 4월 9일(무자).
82 구인환 역, 앞의 책, 59~60쪽.

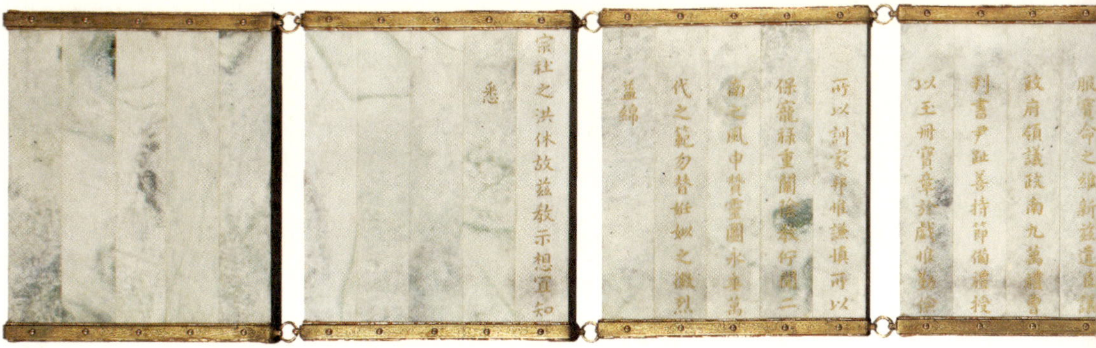

그림 18 인현왕후 복위 책봉 때의 옥책 (숙종계비 인현왕후 왕비복위 옥책, 1694년, 25.0×184.3×1.8cm, 국립고궁박물관 소장)

그림 19 인현왕후 복위 책봉 때의 옥책함
(숙종계비 인현왕후 왕비복위 옥책함, 1694년, 41.8×27.8×30.0cm, 국립고궁박물관 소장)

07

이 궁의 주인은 누구인가, 왕의 별궁 행차와 왕조 기억의 발굴

영조는 원종 잠저인 송현궁, 인조 잠저인 향교동 어의궁, 효종 잠저인 어의동 본궁 등 선왕들의 잠저 본궁들과 명례궁·수진궁 등 내탕이나 제사궁으로만 인식된 별궁들을 답사했다. 왕업이 시작된 터전으로 창업한 고궁으로 명명하고, 찾는 이들에게 장소의 의미를 환기시켜 줄 현판을 내걸고 비를 세웠다. 영조가 부지런히 한양 별궁 속 왕조의 경험과 기억들을 소환하고, 그곳에 대한 깊은 관심을 표하는 동안 한양의 별궁들은 왕조의 '장소'가 됐다.[83]

선왕의 추억이 어린 별궁과 궁가

경운궁은 선조가 임진왜란이 끝난 후 머무르던 정릉동 행궁이다.[84] 1609년(광해 1)에 창덕궁 중건공사를 시작했고, 완공된 후에는 창덕궁으로 옮겼다. 인목대비는 광해군과 함

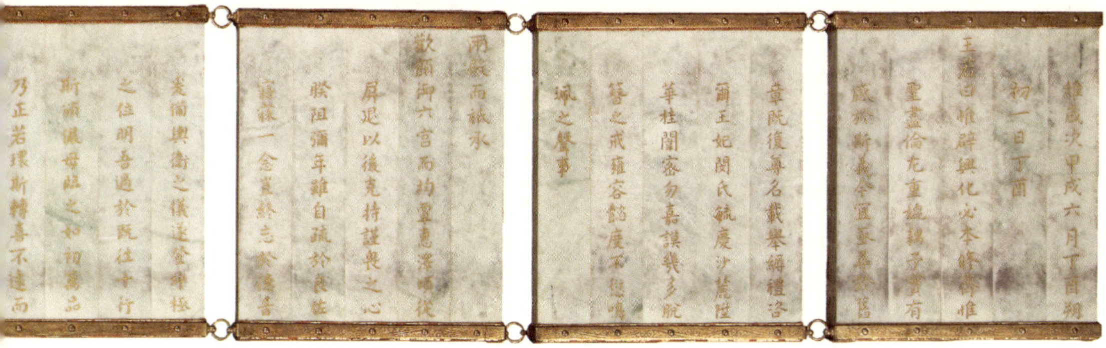

께 궁을 옮기지 않았다. 광해군은 옛 행궁을 경운궁이라 부르고 분사를 설치해서 대비의 궁을 방비하게 했다.[85] 인목대비는 1613년부터 딸 정명공주, 아들 영창대군과 함께 유폐됐다. 이후 11년의 유폐 생활 동안 아버지와 형제들을 잃고, 어린 아들도 궁에서 나간 후 강화로 옮겨졌다가 죽기까지 소식도 제대로 알지 못했다. 1623년 인조는 바로 인목대비가 갇혀 있던 경운궁 서별당에서 즉위했고, 한동안 이곳에 머무르면서 군왕 시절을 보냈다.[86]

경운궁은 이후 대왕대비전에서 관리하는 궁으로 남았다. 재정궁의 하나인 명례궁이 바로 이 경운궁 일부 건물을 활용한 것으로 보인다. 인조가 떠난 후 오랫동안 정릉동 안에 존재감을 드러내지 못하던 경운궁은 영조 거둥에 의해 재발견됐다.

1743년(영조 19) 경연 자리에서 영조가 경운궁이 어디에 있냐고 물었을 때 아는 사람이 없었다. 선묘조일기에 선조가 전쟁(임진왜란) 후 정릉동으로 환어했다는 기록, 대정동에 있다는 설, 용동궁 대문이 대정동으로 나 있다는 이야기, 명례궁이 용동궁과 서로 가깝다는 이야기 등을 나누다가 결국 어디인지 확정하지 못하고 이야기를 끝냈다.[87] 1748년에 영조는 영희전에 갔다가 돌아가는 길에 경운궁에 들러서 가자는 명을 갑자기 내렸다. 당시 경운궁은 거의 옛 모습을 잃고 있었고, 경운궁 청(廳)만 민가가 가득 들어선 좁은 골

83 이 부분의 서술은 김지영, 『길 위의 조정』, 민속원, 2017, 379~400쪽의 내용을 재정리했다.

84 홍순민, 『조선왕조 궁궐경영과 양궐체제의 변천』, 서울대학교 박사학위논문, 1995, 91쪽

85 『연려실기술별집』 권16, 도성과 궁궐.

86 인조의 행장에는 '서별당(西別堂)'에서 도목정을 했다고 기록돼 있다. '서별당', 즉 '서궁'이 어느 곳인지를 몰랐기 때문에 경운궁과 인조를 연결시키지 못한 것으로 보인다.

87 『승정원일기』 956책, 영조 19년 4월 22일 을사.

목길 안에서 겨우 명맥을 유지하고 있을 뿐이었다. 100년 이상 어가가 이른 적이 없어서 거둥할 수 있는 상태가 아니었다. 영조는 협연군사와 금군 일부만 시위하도록 하고 경운궁으로 갔다. 인근 주민들에게 정원, 옥당, 춘방 등이 어디에 있었는지를 물었으나 자세한 정보는 얻지 못했다. 영조는 선조 대의 옛일을 회고하고, 어제시를 경운궁 청 벽 위에 걸게 했다.

1769년에는 인조가 즉위한 장소를 찾기 위해 경운궁에 행차했다.[88] 기록을 검토한 후 인조가 즉조한 자리가 지금 명례궁이 있는 곳이며, 선조가 전쟁 후 돌아와 경연하던 곳도 같은 곳임을 알게 됐다. 영조는 바로 명례궁, 즉 옛 경운궁으로 행차해서 기념행사를 벌였다.

우선 경운궁에서 선조와 인조의 옛일을 참조해 경연을 열고 『대학연의』를 강했다. 인조의 즉위와 인조가 친정(親政)한 고사를 거론하며 반정공신의 후손들에게 관직을 내리기도 했다.[89] 또한 선조와 인조의 기억이 어린 장소라는 의미로 '양조에서 모두 임어하셨다(兩朝皆御)'는 글과 인조의 즉위 장소라는 뜻에서 '계해년에 즉위하신 당(癸亥卽阼堂)' 이라는 다섯 자를 직접 써서 현판으로 내걸었다. 같은 해 영조는 어의궁에도 행차해서 '자강'의 의지를 강조했다. 이는 경운궁에서의 즉위와 정사·경연 사적을 확인한 사실과 이어

그림 20 경운궁 즉조당 (일제강점기, 국립중앙박물관 소장)

진다.

경운궁이 선조와 인조 두 임금 때의 중흥 기억과 연계되면서 영조의 경운궁 행차 및 의례는 더욱 잦아졌다. 1770년 영조는 임진왜란 당시 의주와 영유 일대에서의 선조 사적에 대한 이야기를 듣고서 경운궁에 행차해 진작의식, 즉 궁궐 잔치를 벌여 감회를 표시했다. 이 행차를 위해 전임 관서 지역 관찰사와 전임 의주·영유 현령들이 왕의 가마를 따르도록 하고, 영유 지역 유생과 무사들에게는 특별히 꿀차·국수·고기 등 찬물(饌物)과 비단을 내려 주었다. 1771년 경운궁 행차 때는 '경운궁' 세 글자를 직접 써서 내려 주고, 이를 새겨서 중문에 걸도록 했다. 1773년은 선조가 피란길에서 경운궁으로 돌아온 지 180년이 되는 해였다. 같은 갑년이 되는 해의 잔치의식도 경운궁에서 했다.

선왕들의 기억은 도성 안팎의 곳곳에서 발굴됐다. 창덕궁 옆 연화방에 있던 조준의 옛집에서는 피폐해진 한양으로 다시 돌아와 수도 재건을 지휘하던 태종의 기억을 소환해 냈다. 연화방에 사는 백성들은 태종의 유민으로 대접했고, 노인과 형편이 어려운 백성에게는 쌀을 내려 주었다.[90] 태조와 태종의 사적이 있는 두모포의 의안대군 옛집에도 직접 행차해서 선대의 흔적을 확인한 후 '어제유하정기(御製流霞亭記)'를 새겨 걸게 했다.

영조의 용흥궁 답사기

영조는 경운궁 외에도 여러 왕의 잠저 본궁들을 찾아내 '용흥구궁'이라 부르며 왕업의 터전으로 중시했다. 선왕의 사적을 강조한다는 점은 일차적으로는 그 선왕들의 혈연적 계승자, 즉 종통을 이은 군주임을 강조한다는 의미가 있었다. 그러나 단순히 혈연적 계승만을 강조하는 것만으로 군주권의 정당성이 마련되지는 않을 것이었다. 정권 초기에 무신란과 같은 위기를 겪은 영조는 무기력하게 주저앉기보다 새로운 정치를 보여 줌으로써 조선의 통치자일 수밖에 없는 이유를 설득하려 했다. 잊힌 선왕들의 옛 터전에 주목한 이유이다.

영조는 자신이 다스리는 조선에 '중흥'이 필요함을 각별히 강조했다. 선대 국왕들이 일으킨 중흥의 터전에서 선왕들이 펼친 통치의 기억들을 상기하며 처음 일으킬 때의 마

88 『승정원일기』 1297책, 영조 45년 10월 25일 계유.

89 『영조실록』 113권, 영조 45년(1769) 11월 2일(경진).

90 『승정원일기』 1247책, 영조 41년 9월 27일 경자.

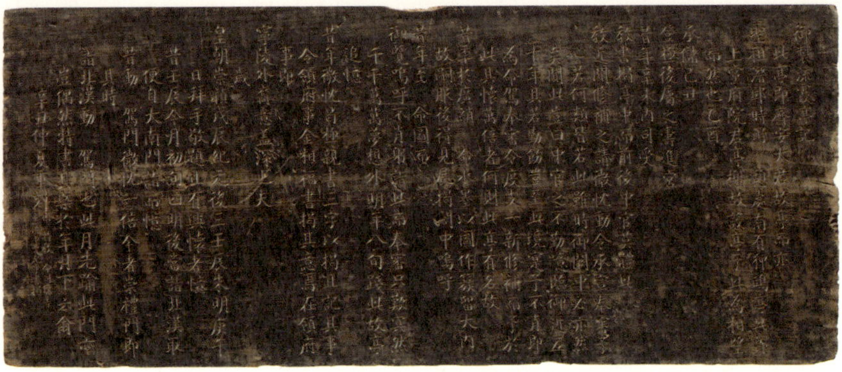

그림 21 '유하정기' 현판 (1781년, 88.5×37.5cm, 국립고궁박물관 소장)

음과 뜻을 되새겼다. 또한 이를 실천할 책무가 영조 자신과 신민 모두에게 있음을 강조했다. 영조는 선대의 창업 구궁에 반복적으로 행차하고, 그 장소에서 초심을 일깨웠다. 또 현판이나 비석을 세워서 그 장소의 기억을 자리에 각인시키고, 그 앞을 지나는 모든 이가 그 초심을 되새기길 바랐다.

영조 대에 새롭게 중시된 용흥궁을 대표하는 것은 어의궁(於義宮)이다. 어의궁은 향교동에 있는 인조의 잠저였다. '어의궁'이라 불리는 장소는 두 군데가 있었다. 당시 일반적으로 인지되던 어의궁은 효종의 잠저인 어의동 본궁이었다. 향교동에 있는 인조의 본궁이 '어의궁'으로 불리게 된 것에 대해 인조가 '의군을 일으켰다(擧義)'는 사실 때문에 '거의궁(擧義宮)'이라 했고, 이것이 '어의궁'으로 변했다는 설이 있었다.[91] 1711년(숙종 37) 인조가 왕위에 오르기 전의 호적[帳籍]을 이곳에 봉안하면서 인조의 사적을 보관한 장소가 됐지만[92] 영조 대 초반에는 내시부 관리들이 드나들던 창고로 가득한 장소였을 뿐이었다.

영조가 어의궁에 처음 행차한 것은 1743년(영조 19)이다. 이 해는 인조반정이 일어난 1623년(계해년)의 재갑년, 즉 120주년이 되는 때였다. 당시 영조는 인조반정이 현재의 조선이 있게 된 중요한 출발이 됐다고 여겼고, 인조가 창의한 사실을 기억시키기 위해 노력하고 있었다. 영조는 종묘에서 돌아오는 길에 갑자기 어가를 어의궁으로 돌리도록 했다. 신하들은 아무런 사전 지시가 없는 상태에서의 돌발 행동에 당황했지만 영조는 이해가 어느 해인지를 상기시키며 어의궁에 행차하는 특별한 의의를 강조했다. 능성부원군 구굉 및 반정의 네 원훈 집에 치제하고 후손을 등용하도록 하게 하는 등 반정 당시의 공을 상기

시켰다. 또 '용이 날아올라 중흥을 이루다(龍飛中興)' 넉 자를 현판에 새겨서 의장과 고취를 앞세우고 어의궁으로 가져가 내걸게 함으로써 이곳이 조선을 중흥시킨 옛 군주의 집이었음을 알렸다. 마을의 이문(里門) 안에 살고 있는 백성들에게는 쌀과 포를 나누어 줌으로써 선왕의 옛 땅에 살고 있음이 특별한 것임을 각인시켰고, 앞에는 하마비를 세워 지나는 모든 이로 하여금 어의궁에 경의를 표하게 했다.

병자년[1636년]의 재갑년이 되던 1756년(영조 32)에는 어의궁 봉안각에 다시 행차해서 '인묘고궁(仁廟古宮)'이라는 네 자를 내리고 봉안각 북변에 내걸도록 했다. 내시부에 맡겨져 있던 관리 책임도 호조로 넘겨서 이곳이 국왕의 사적 기념 장소가 아니라 공적 자리임을 분명히 했다.[93]

영조는 '탕평'과 '자강'을 인조의 정신으로 되살리고 싶어 했다. 인조가 즉위 초 붕당의 폐해에 대해 극론하며 동서 구분 없이 조정의 화합을 꾀하려 한 사실,[94] 반정으로 즉위한 인조가 좋은 정치를 위해 쉼 없이 노력한 일들이 강조됐다.[95] 인조의 자강불식(自强不息)을 강조하며, 조금도 쉬지 않고 왕 된 자로서 공부와 정치에 매진할 것을 다짐하기도 했다.[96]

영조의 용흥궁에 대한 관심은 원종의 본궁인 송현궁(松峴宮)에 대한 의례로 이어졌다. 송현궁은 원종의 옛집이자 원종이 세상을 떠난 곳이기도 하다. 인조가 즉위한 후에는 어머니인 계운궁(啓運宮)에게 문안하기 위해 거둥하던 곳이었다. 원종의 옛집인 송현궁을 영조는 어의동 본궁과 함께 '용잠구궁(龍潛舊宮)'이라고 일컬었다. 한편 원종은 정비가 아닌 후궁의 소생이라는 점에서 영조와 닮은꼴이기도 했다. 1755년(영조 31) 원종의 어머니 인빈(仁嬪) 김씨를 모신 사우도 저경궁(儲慶宮)으로 격을 높여 송현궁 안에 재건립됐다. 영조가 송현궁에 거둥한 총 횟수는 총 25회였다. 송현궁 내에 저경궁이 건립된 이후에는 송현궁의 유래와 의의를 기록한 '송현고궁기'를 직접 지어 송현궁 안에 걸도록 하고, 매년 한 번은 반드시 행차했다.[97]

어의동 본궁은 효종의 잠저다. 효종은 영조의 증조가 될 뿐만 아니라 인조의 둘째

91 『승정원일기』 956책, 영조 19년 4월 13일 병신.
92 『승정원일기』 463책, 숙종 37년 10월 2일 정사; 『승정원일기』, 영조 원년 8월 10일 을해.
93 『승정원일기』 1130책, 영조 32년 4월 10일 정미.
94 『인조실록』 부록, 「인조대왕행장」.
95 『승정원일기』 1130책, 영조 32년 4월 10일 정미.
96 『승정원일기』 1188책, 영조 36년 12월 27일 정유.
97 『승정원일기』 1120책, 영조 31년 6월 22일 갑자.

그림 22 '인묘고궁' 현판 (1756년, 165.0×49.7cm, 국립고궁박물관 소장)

그림 24 '장묘고궁' 현판 (1752년, 126.0×39.3cm, 국립고궁박물관 소장)

아들로, 소현세자가 갑자기 죽은 후 종통 후계자로 결정돼 뒤늦게 입궐해서 군주위에 올랐다는 공통점이 있다. 영조는 효종과 자신이 '입승대통(入承大統)' 한 점을 종종 강조했다.[98] 효종의 잠저인 어의동 본궁은 다른 용흥구궁들에 비해 일찌감치 특별한 장소로 취급됐다. 숙종 대에 이미 '용흥구궁(龍興舊宮)'이라는 네 글자 현판을 걸어 효종의 구궁임을 분명히 한 바 있었다.[99] 또한 어의동 본궁은 조선 후기에 왕실 혼례가 있을 때 간택 받은 왕비 또는 세자빈이 임시 거처하는 별궁으로 이용되던 곳이지만 이러한 특별한 때를 제외하고는 무시로 잡인들이 출입하며 놀다 가는 등 특별한 관리를 받지 않던 곳으로 보인다.

영조는 즉위 초부터 어의동 본궁의 관리를 철저하게 하는 등 잡인들이 무상으로 드나들지 않도록 했다.[100] 1737년(영조 13)에는 궁문 앞에 하마비를 세워서 지나는 이들로 하여금 효종의 옛집에 예우를 표하도록 했다. 어의동 본궁은 '존주대의(尊周大義)'를 일깨워 주는 장소이기도 했다. 영조는 이곳에서 효종을 회고할 때 늘 선왕의 존주대의를 추억했다. 어의동 본궁의 담장 밖에는 효종이 중국 심양에 있을 때 호종한 한인 아병의 후예 150여 명이 살고 있었다. 이들은 조정에서 내준 집터에서 살면서 쪽 염색 등으로 생계를 이어 가고 있었다. 영조는 이들에게 면세 혜택을 주고 대신 어의동 본궁의 청소, 눈 쓸기 등을 담당하도록 했다. 복수설치(復讎雪恥)를 위해 고심한 효종의 행적과 어의동 주변에 살고 있는 명나라 유민들을 돌아보며 어의동 본궁에 행차한 영조는 늘 선왕의 존주대의를 추억했다.

용흥구궁 가운데 가장 마지막으로 주목한 곳은 수진궁이다. 1746년(영조 22) 반정으로 왕위에 오른 중종의 즉위년을 맞아 즉위 이전의 중종에 대한 기억을 간직한 중종의 잠저를 찾고자 했다. 1760년에는 수진궁에서 쓰는 도서(圖署)에 중종의 즉위연월이 있다는 사실을 듣고 과연 중종의 잠저가 맞는지 확인하기 위해 직접 수진궁에 행차해서 증거를 찾고자 했다. 대문의 모양 등으로 보아 잠저가 확실하다는 심증만 있을 뿐 명백한 자취는 찾지 못했다. 다만 수진궁 안에서 일곱 대군의 사우와 여러 후궁의 사우를 확인하고 왕실의 제사궁에 대한 특별한 감회를 표시했다.

인조 구궁에서 탕평을 강조하고 효종의 구궁에서 존주대의를 강조한 것에서 중종

98 『영조실록』 74권, 영조 27년(1751) 10월 8일(신축).
99 『영조실록』 9권, 영조 2년(1726) 4월 25일(정해).
100 『승정원일기』 615책, 영조 2년 4월 25일 정해.

그림 25 숙종이 쓴 '용흥구궁' 현판 (216.5×54.8cm, 국립고궁박물관 소장)

그림 26 영조가 쓴 '용잠고궁삼성유림' 현판 (1751년, 177×36.1cm, 국립고궁박물관 소장)

이 선조들의 치적을 기억하고, 그 정치 전통을 이어 가는 것으로 자기 정치의 정당성을 설득하고자 했음을 볼 수 있다. 이렇게 용흥구궁 등 도성 안팎에 행차해서 선조의 사적지들을 발굴하고 다양한 기념의식을 거행함으로써 영조 자신이 혈연적 계승자일 뿐만 아니라 조선의 왕으로서 정당하게 인정받을 수 있는 덕의 계승자임을 당대의 신민들에게 보이고 후세에도 전해지길 기대했다.

08
잠저의 특별한 유지와 관리

앞에서 살펴보았듯이 국왕 자녀들은 결혼 후 출합해 대궐 밖 궁가에서 생활했다. 조선 후기에는 인조, 효종, 영조 등 여러 왕이 왕자 시절에 궁궐 밖에서 살다가 왕이 돼 대궐로 들어왔다. 왕이 되기 전의 집은 본궁 또는 잠저라고 불렀다.[101] 잠저 본궁은 왕이 되기 전에 하사받은 재산을 독립적으로 운용하면서 내탕으로 전용되기도 했다.[102] 잠저 가운데 쓰임이 가장 잘 알려져 있는 것은 가례별궁으로, 주로 활용된 효종의 어의동 본궁이다. 나머지 잠저들은 왕들이 생존해 있는 동안 어떻게 관리되고 사용됐을까.

인조 대 잠저 향교동 어의궁의 활용

1639년(인조 17) 인조의 본궁인 향교동 본궁, 즉 상어의궁에 저주 사건이 발생했다.[103] 향교동 본궁(本宮)의 고직노(庫直奴) 춘이(春伊), 입역노(入役奴) 춘금(春金)·계생(繼生)이와 비 수리개(愁里介)·사춘(四春) 등이 국청에 끌려와서 원손(봉림대군의 아들, 훗날 현종)을 저주하고 해치기 위해서 흉물을 묻는 일에 관여하지 않았는지 조사받았다. 당시는 소현세자의 귀국과 갑작스러운 죽음, 소현세자의 아들 대신 효종을 세자로 책봉한 일, 이에 반발

101 조선 전기에는 왕후도 본궁이라는 이름으로 독립적인 재산을 운영했다. 이에 대해서는 신명호, 「별궁을 두어 전토, 노비, 곡식을 소유하다」, 『조선의 역사를 지켜 온 왕실 여성』, 2014, 259~275쪽, 참조.

102 조영준, 「조선후기 궁방의 실체」, 『정신문화연구』 31권 3호, 2009, 281~282쪽.

103 『인조실록』 35권, 인조 17년(1639) 10월 14일(정유).

한 소현세자 부인 강빈의 옥사 등으로 흉흉하던 시절이었다.

원손이라면 대궐 안에 있어야 하는데 왜 향교동 본궁 궁인들이 잡혀 왔을까. 공초하는 중에 정명공주가 궁인 열이의 이름이 나왔다. 열이는 영안위궁의 나인 박씨였다. 그는 광해군 대에 대궐 안 대비전에서 일했으며, 1613년(계축년) 병을 얻어 궐 밖으로 나왔을 때 대비가 서궁에 유폐되는 바람에 다시 들어갈 수 없었다. 자수 솜씨로 잘 알려져서 광해군이 불러들여 다시 궁궐로 들어갔고, 인조반정 이후에는 본래 모신 인목대비의 선처로 영안위궁, 즉 정명공주궁으로 옮겨 일하고 있었다. 정명공주가 자녀에게 병이 있자 신을 모셔서 제사를 지내고 기도했다. 이해 4월 신사를 모두 철거할 때 무녀 천금이 이를 피해서 향교동 본궁에 숨어 있고자 했고, 피접소 나인과 대전 김상궁 등에게 손을 써서 결국 향교동 본궁에 들어가게 됐다. 공주궁의 나인 박씨(열이)와 색장 나인(명례)들이 무녀를 부르기 위해 본궁에 왕래했으며, 본궁에 한 번 가면 열흘씩 머물러 있다가 돌아오곤 했다. 또 무녀에게 술과 음식을 대접하기 위한 수사비(水賜婢) 향이가 하루 걸러 본궁을 오갔다. 여러 사람을 잡아다 추국했지만 원손이 비접해 머무르고 있던 본궁에서 무녀를 불러 저주하려 했다는 의혹은 제대로 풀리지 않았다. 무당을 본궁에 살 수 있도록 선처해 준 고직노 춘이만이 곤장을 맞고 석방됐다. 형신(刑訊)하는 과정에서 연루된 무녀와 무녀 어미, 궁인들은 죽었다.

이 사건 기록을 통해 본궁의 쓰임에 대한 두 가지 새로운 사실을 알 수 있다. 하나는 인조 때 향교동 본궁이 병든 왕의 가족을 위한 비접 장소 역할을 했다는 것이다. 잘 알려져 있다시피 조선시대에는 지존인 왕의 건강을 위해 병든 사람과는 한 궁궐에서 지내지 않도록 했다. 앞에서 언급한 나인 박씨의 사례에서 볼 수 있듯이 궁에서 거주하며 왕실의 일을 처리해야 한 전문직 궁인들도 병에 걸리면 궁궐 밖으로 나가야 했다. 궁궐에서 지내던 왕실 가족이 병을 얻으면 다른 궁궐로 옮겼다. 복수로 존재하던 여러 궁궐은 이러한 쓰임에 대비하기 위한 이궁이었다. 이궁이 제대로 갖추어지지 않은 조선 전기에는 여러 왕자·대군의 집을 피병 장소로 활용했다. 인조 대에는 동궐 외에 경덕궁을 이용할 수 있었으나 원손의 피병 장소로 본궁을 활용한 것이었다. 왕이 살던 옛집에 대해 잘 알려지지 않은 활용 사례이다.

다른 하나는 인조 17년 당시 향교동 본궁의 일상적 쓰임이다. 형신을 당하며 죄를 추궁 받던 궁인들은 향교동 본궁에 더러운 물건을 묻을 이유가 없다는 근거로 당시 본궁이 창고를 관리하는 곳일 뿐이지 귀인의 거처가 아니라는 점을 들었다. 즉 향교동 어의궁이 왕실 재정의 출납을 담당하고 재부를 관리하는 내수사의 관리하에 있던 재정궁 역할을 하고 있었다는 것을 알 수 있다. 조선 후기에 1사 4궁의 하나로 존속한 어의궁이 바로 향교동 어의궁이다.[104]

향교동 본궁은 소현세자 딸들의 거처로도 활용됐다. 소현세자빈 강씨가 역모에 연루돼 죽고 아들 셋이 모두 귀양 간 후 호조에서는 소현세자 자녀 및 유모의 요미(料米)를 모두 거둬들였다. 그러다 인조가 적당하게 헤아려서 다시 지급하도록 했고, 소현세자의 세 딸은 향교동에 두도록 했다.[105] 이때 향교동이 본궁인 어의궁이라고 적시하지는 않았다. 다만 이들이 인조에게는 손녀딸이라는 점과 당시 강씨 집안은 역모에 연루돼 의탁할 외가도 없었다는 점을 고려해 보면 향교동 본궁을 소현세자 딸들의 거처로 삼았을 공산이 크다.

이상에서 본 바와 같이 인조 대 향교동 어의궁, 즉 상어의궁은 인조의 사적 재산을 기반으로 재정궁 기능을 하면서도 빈 본궁을 왕손의 비접 장소나 왕녀들의 거처로도 활용했다. 왕자나 왕녀 결혼식 때 별궁 역할로는 주로 이현궁을 활용했다. 효종의 어의동 본궁은 앞에서 살펴보았듯이 공주들의 혼례 때 공주궁으로 활용됐다. 대군의 집으로 하사된 것이었기 때문에 공간도 넓고 큰 의례를 치르기에 적당한 이유이기도 했지만 사인 효종의 집이기 때문이었다. 인조와 효종의 잠저 활용은 영조에게도 영향을 미쳤다.

영조의 특별한 잠저 운영

영조의 창의궁 관리는 이전 왕들과도 달랐다. 영조는 선왕들의 잠저/본궁을 적극적으로 찾고 왕업을 기념했을 뿐만 아니라 자신의 잠저 역시 특별하게 관리했다. 영조는 재위 52년 동안 창의궁에 131회나 행차했다. 창의궁 일대 주민들을 옛 고향의 주민들처럼 특별하게 대하고, 융숭하게 대접하기도 했다. 창의궁이 있던 경복궁의 서쪽 담장 밖은 영조의 옛 동네였다.

앞에서 살펴보았듯이 영조가 본래부터 창의궁을 유지하려 한 것은 아니었다. '사친의 사당이 다른 곳에 건립됐기 때문에 창의궁의 이름은 없애고 자신의 사재는 왕자나 왕녀들에게로 옮긴다. 상속한 다른 집들은 왕자나 왕녀들이 출합할 때 궁가로 하사한다.' 영조의 이런 생각들은 세자 외 다른 왕자가 없고 옹주가 많아지면서 제대로 구현되지 못했

104 조영준, 「조선후기 궁방의 실체」, 『정신문화연구』 31권 3호, 2009, 285~287쪽.

105 『인조실록』 48권, 인조 25년(1647) 6월 6일(을해).

다. 영조가 실현하지 못한 꿈에 미련을 두고 있던 것은 다음 일화에서 확인된다. 인원왕후의 친정 조카 김효대와의 대화이다. 김효대는 국구 김주신의 손자였다. 집은 박석동에 있었고, 사우도 그곳에 있었다. 집이 너무 넓어서 수리하기가 어려워 팔려 한다고 하자 영조는 효종 사위 인평위궁이나 현종 사위 해창위궁과 비교해 보면 그리 넓은 편이 아니라면서 장공예(張公藝)가 구세동거한 뜻을 생각해 이 집을 대대로 이어 가면 좋을 것이라고 했다. 영조는 "왕손과 군주가 역시 많으니 내 이 말이 대개 뜻이 있는 것이다."라는 여운이 남는 말을 덧붙였다.[106]

훗날 영조는 여러 기회에 거쳐 이 집에 대해 설명했다. 창의궁의 사랑채에는 양성헌(養性軒), 즉 본성을 기르는 집이라는 의미의 이름을 붙였다. 이 이름은 아버지 숙종이 지어 준 것이었다. 영조는 이 당호를 자신의 호로 삼았다. 숙종은 이름을 지으면서 오언절구 두 수를 내려 주고 이를 나무판에 새겨서 처마 안쪽에 달게 했다. 『맹자』 진심장에 나오는 '존양(存養:인간다운 마음을 보존하고 기름)'의 의미를 잘 살펴서 가장 인간다운 마음, 하늘로부터 받은 선한 마음을 길러 확장하라는 당부였다. 영조 역시 숙종이 이름을 지어 준 뜻을 여러 차례 강조하면서 소홀히 하지 않으려 노력했다. 좋은 정치란 정치에 임하는 이의 마음가짐에서 시작된다고 믿었기 때문이다. 공부를 통해 성인과 같은 마음에 이르기를 바라면서 초학자로서 다짐한 곳이 바로 양성헌이었다.[107] 왕이 되기 위해 이곳을 떠난 후에도 양성헌에 호적이나 당시에 쓰던 여러 기물 등 이곳에서 거주할 때의 자취를 보존했다.

그 밖의 건물들에는 일한재(日閑齋), 치심재(治心齋), 함일재(咸一齋), 구사재(玖思齋), 팔상감(八祥檻), 칠상루(七相樓), 육덕재(六德齋), 사미당(四美堂) 등의 이름이 붙여졌다. 조선시대 사람들은 건물명에 그 건물을 사용하는 사람의 포부와 마음을 담았다. 마음을 다스린다는 의미의 '치심', 천명을 받을 수 있는 정치적 자질이 있음을 의미하는 '함유일덕(咸有一德)' 등에서 왕의 아들로서 큰 책임을 자임하며 당대 누구보다 훌륭한 인간으로 성장하고자 한 영조의 의지를 느낄 수 있다. 창의궁 기지 및 건물 규모와 효종의 잠저로 알려진 어의동 본궁이나 현재 남아 있는 운현궁 등에 비추어 볼 때 주변 북촌의 어떤 곳보다도 장대한 규모의 궁가였을 것으로 생각된다. 그러나 집보다 더 장대한 것은 왕이 당당한 아들로서 훌륭한 인간이 돼 가문과 나라에 기여하길 바란 포부였다.

1712년 출합 후 영조는 어머니 숙빈과 함께 살게 됐다. 숙빈 최씨의 숙빈방은 옛 이현궁이었다. 이곳은 다른 곳보다 크기가 비교할 수 없이 커서 갑제라 불렸다. 1711년에 연잉군의 집이 완성되자 그 집에서 함께 머물면 된다고 하여 숙빈방을 다시 환수하도록

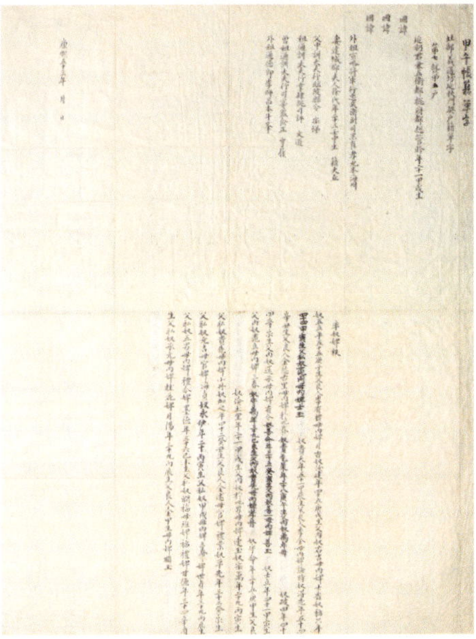

그림 27 1714년「연잉군 호구단자」
(104×76cm, 한국학중앙연구원 장서각 소장)

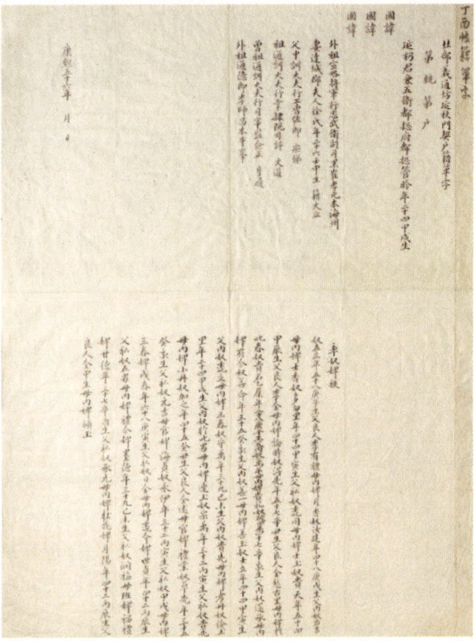

그림 28 1717년「연잉군 호구단자」
(68.5×77.5cm, 한국학중앙연구원 장서각 소장)

했다.[108] 연잉군은 본부인인 서씨와의 사이에 자손을 두지 못했지만 이 집에서 후실인 이씨(정빈 이씨)와의 사이에서 딸 둘과 아들 하나를 낳았다. 큰딸은 요절했고, 1719년에 낳은 아들(경의군, 효장세자)과 1720년에 낳은 딸(화순옹주)이 있었다. 창의궁은 이렇게 독자적으로 꾸린 왕자 연잉군 이금(영조)의 살림집이자 터전이었다. 출합한 후에도 연잉군은 종친부나 사옹원 등의 관직을 띠고 종실의 일원으로 활동했고, 장성한 왕자로서 왕을 보필했다. 공무나 사적 용무로 궁궐에 자주 출입할 수밖에 없는 그에게 이 집은 장소적으로도 매우 편리했다.

1720년 아버지 숙종에 이어 형 경종이 왕위에 올랐다. 경종은 서른이 넘도록 자손이 없었다. 후계자를 빨리 정해야 한다는 압박 속에서 연잉군이 왕세제에 책봉됐다. 연잉군은 궁을 나온 지 8년 만에 다시 왕위 계승자 신분으로 입궁했고, 4년 후 왕위에 올랐다. 연잉군이 살던 옛 집은 이제 창의궁으로 불리게 됐다.

더 이상 왕이 살지 않는 옛집에 불과했지만 창의궁은 영조 대 내내 공적·사적으로

106 『승정원일기』 1206책, 영조 38년 5월 16일 기유.

107 양성헌 현판은 국립고궁박물관에 보존돼 있다.

108 『숙종실록』 50권, 숙종 37년(1711) 6월 22일(경진).

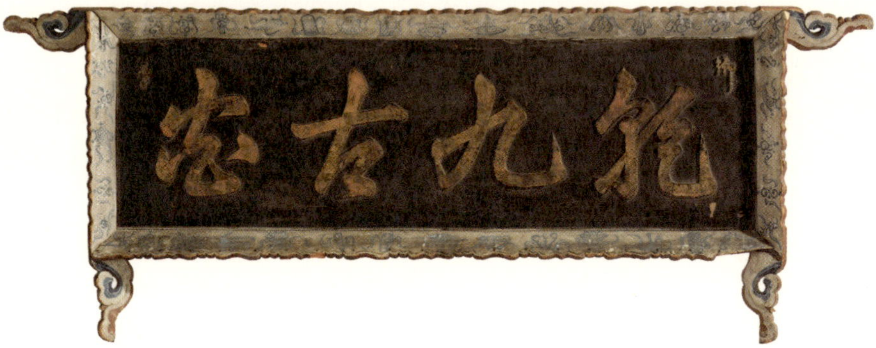

그림 29 양성헌에 걸려 있던 '건구고궁' 현판 (1730년 174×65.5cm, 국립고궁박물관 소장)

중요한 공간으로서 사료에 등장한다. 영조 가족은 모두 함께 입궁했기 때문에 살림집으로 쓰이지는 않았지만 영조는 이 궁을 기반으로 일가를 보존하고자 했다. 이 집의 쓰임으로 가장 먼저 고려된 것은 당연히 어머니 숙빈의 사당이었다. 영조는 숙빈에게 하나밖에 없는 아들이었다. 영조는 어머니가 죽은 후 창의궁 안 사묘에서 제사를 모셨다. 영조가 경종의 후계자가 되지 않았더라면 숙빈 사당은 창의궁 안에 계속 있었을 것이다. 왕위 계승자가 돼 입궁하게 되자 영조는 더이상 사묘의 제사를 주관할 수 없었다. 영조가 즉위한 후 숙빈의 사묘는 창의궁 근처에 따로 독립된 공간을 얻었다.[109] 사묘가 따로 나가 창의궁이 비게 되자 창의궁이라는 명호를 없애고 창의궁의 궁방 전민을 왕자나 옹주에게 내려주도록 했고, 창의궁 건물은 내수사에서 관리하게 했다.[110] 이제 창의궁은 옛 인조의 잠저나 효종의 잠저와 같은 곳이 됐다.

빈 곳으로 있던 창의궁은 큰아들 효장세자의 죽음 이후 새로운 용도를 얻었다. 영조는 세자 사당을 자신의 옛집인 창의궁 안에 두었다. 이것이 효장묘다. 역시 요절한 장손 의소세손의 사당인 의소묘도 창의궁 안에 두었다. 영조가 처음에 다짐한 대로 궁방을 계속 늘리지 않고 비용을 절감한다는 뜻도 있었다. 공적 존재로서 영조의 집은 창덕궁이나 경희궁이었지만 영조는 왕인 동시에 누군가의 아들이자 아버지거나 할아버지이기도 했다. 자기 어머니와 사랑하는 아들·손자를 기억하고 애도할 수 있는 사적 공간, 사인 영조가 내 집이라고 부를 수 있고 왕이라는 짐을 벗어던진다면 돌아가고자 한 공간이 바로 창의궁이었다. 실제 영조는 정치에 염증을 느낄 때면 창의궁을 찾았다. 때로는 전위하고 물러나겠다며 이곳에서 시위하기도 했다. 왕이 되기 전에 초심을 기르던 양성헌은 젊은 날의 마음을 돌이키는 장소였다. 그곳에서 경연을 열기도 했고, 혼자만의 시간을 보내며 다시 고단한 왕의 자리로 돌아올 기력을 회복하기도 했다. 일한재에는 숙종이 내린 상석과 궤장이 있었다. 그곳에서 대신들과 신하들에게 숙종이 내려 준 초상화를 꺼내 보여 주며 옛일을 회고하기도 했다.[111] 옛집에서 벽을 보고 모로 누워 이런 저런 생각을 풀어내는 것은 영조가 가장 좋아하는 것이었다.

훗날 74세의 나이로 창의궁을 찾은 영조가 지은 어제에는 "효장과 효부, 의소가 나를 지키고 있는데, 네 할아비와 네 아비 어찌 하나같이 구차한가."라는 구절이 있다.[112] 창의궁 일대를 후손들이 대대로 살아갈 터전으로 만들고자 한 꿈은 말 그대로 꿈이 됐고, 많은 후손을 먼저 떠나보낸 후에도 구차하게 살아 있는 자신의 신세를 한탄했다. 그래도 먼저 세상을 떠난 아들과 며느리, 손자들이 오히려 자신을 지키고 있는 것처럼 느끼는 영조였다. 영조에게 창의궁이란 공간은 단지 추억의 장소가 아니라 공적인 삶에 지친 늙은 왕이 기대고 돌아가서 의지할 마지막 장소였다.

현재 창의궁은 경복궁 서문 밖 길 가에 서 있는 표지석을 통해서만 옛 존재를 찾아볼 수 있다. 효자동 골목 안에는 통의동 백송이라 하여 보호수로 지정돼 있는 백송 그루터기가 있다. 벼락을 맞아 고사한 후 밑동만 남았지만 상당한 크기의 나무였음을 알 수 있다. 효장세자 사당 앞에 좌우로 소나무(백송)와 잣나무가 서 있었다고 하는데 그 나무들의 흔적으로 보인다. 이곳에 200년 전 영조가 뜻을 기르던 옛집이 있었음을 알려주는 유일한 흔적이다.

109 외아들인 영조가 왕이 됐으므로 숙빈 사우의 제사는 따로 봉사손을 세워서 지내야 했다. 영조는 옛 집을 그대로 버려두지 않고 그곳에다 사우를 세우면 된다고 했으나 왕이 살던 집에 인신(人身)이 들어가 거처할 수는 없어서 별도로 다른 곳에 건립하게 됐다.(『영조실록』 권2, 즉위년 11월 20일 경신)

110 『영조실록』 8권, 영조 1년(1725) 2월 2일(경오).

111 『영조실록』, 106권, 영조 41년(1765) 11월 5일(병자).

112 『영조장조문집』, 어제집경당편집 6권, 우차망팔첨배구저기회(吁嗟望八瞻拜舊邸記懷).

4장

별궁의 경제적 역할과 한양 상업

서울대학교
• 조영준

01
별궁의 범주와 관리 체계, 내수사에서 현주방까지

총론에서 이 책의 연구 대상을 소개하면서 살펴보았듯이 조선 후기 별궁의 범주 설정에는 일정한 기준이 필요하다. 좁은 의미에 한정한다면 당대에 '별궁(別宮)'이라는 구체적 명칭이 사용된 경우에 국한해야 할 것이다. 이렇게 규정하는 경우에는 '안동별궁(安洞別宮)'의 사례처럼 왕비의 가례를 치르기 위한 장소만을 가리키는 것으로 이해되는 것이 일반적이다. 하지만 좀 더 넓은 의미로 접근한다면, 이른바 대궐(大闕)에 해당하는 전궁(殿宮)을 제외한 '대궐 밖의 왕실'을 모두 포함하여[1] 왕실의 생활 및 의례와 관계된 모든 공간을 포괄할 수 있을 것이다. 이 경우에는 명칭만으로 판별하기가 어렵다. 이 책에서는 이렇게 광의의 별궁을 상정하여 역사 용어인 동시에 현대적 학술 용어로 범주를 재설정함으로써 '별궁'에 대한 더욱 자유롭고 폭넓은 논의를 전개하고자 하였다.

조선 후기 한성부에는 이른바 정궁(正宮)에 해당하는 대궐의 바깥에 왕실의 생활 및 의례에 직·간접적으로 관계된 여러 기관이 독립된 건물까지 갖추고 있었다. 그 가운데에서 '궁(宮)'이라고 표현된 사례는 생각보다 많았다. 대궐과의 관계가 가장 직접적인 곳은 이른바 '사궁(司宮)'이라고 하였는데, 내수사(內需司)를 비롯하여 왕실의 재산을 관리하고 각종의 물품을 조달하거나 제사를 치르는 기능을 담당한 기관을 가리킨다. 구체적으로 열거하면 명례궁(明禮宮), 수진궁(壽進宮), 어의궁(於義宮), 용동궁(龍洞宮), 육상궁(毓祥宮), 선희궁(宣禧宮), 경우궁(景祐宮) 등을 통칭하는 일곱 군데의 '궁'이 20세기 초에 이르기까지 내탕(內帑) 또는 제궁(祭宮) 기능을 하고 있었다.[2]

대궐과의 관계에서 '직접성'이 상대적으로 약한 곳은 대체로 '궁'이 아니라 '방(房)'이라고 불렀다. 다소 간접적인 방식으로 대궐과 연결된 곳이다. 후궁방(後宮房), 대군방(大君房), 왕자방(王子房), 공주방(公主房), 옹주방(翁主房), 군주방(郡主房), 현주방(縣主房) 등이 여기에 해당한다. 이들은 내탕이나 제궁이 아니라 해당 방에 거처하는 인물의 가계(家計)라는 성격을 띠며, 그런 의미에서 왕실이라기보다 사가(私家)에 가까운 것으로 이해되기도 했다.

하지만 한 가지 유의해야 할 점은 이러한 '궁'과 '방' 사이에 차별화되지 않는 부분이 존재한다는 점이다. 첫 번째 특징은 바로 내수사에 의해 관할되었다는 사실이다. 내수사는 명례궁 이하의 각궁(各宮)뿐만 아니라 후궁을 비롯하여 대군, 군, 공주, 옹주, 군주, 현주 등이 출가함에 따라 거처하던 각종의 방과도 긴밀히 상호 교류하는 관계에 있었다. 따라서 왕실 중심으로 별궁에 대해 논의하기 위해서는 내수사를 정점으로 하여 위로는 일곱 궁으로부터 아래로는 현주방에 이르기까지 다양한 층위의 궁과 방, 즉 궁방(宮房) 모두를 별궁의 범주에 포함해야 할 것이다.

그렇게 보아야 하는 이유로는 몇 가지가 더 있다. 우선 여러 곳의 방은 외견상 일종의 민간 사대부가와 같이 독립된 공간인 듯 여겨질 수 있지만 그 내면을 들여다보면 여러 궁과 마찬가지로 궁방전(宮房田)이라는 토지를 국가로부터 지급받아 면세(免稅)의 혜택을 누리고 있었음을 알 수 있다. 각각의 방에 부여된 면세지는 관련 인물이 사망하였을 때 1차로 전체 면세지의 4분의 3이 환수되고, 해당 인물에 대한 4대(四代) 봉사(奉祀)가 완료되면 2차로 나머지 4분의 1의 면세지까지도 환수되었다.[3] 또한 여러 곳의 방은 내수사나 여러 궁으로부터 공식적·비공식적으로 재정적인 지원을 받아 운영되었으므로 온전히 '독립채산'의 방식으로 유지되었다고 보기 어렵다. 따라서 경제적·재정적 측면에 주목한다면 궁과 방을 엄밀히 구별할 필요도 없고 궁만을 별궁의 범주에 해당하는 것으로 파악할 이유도 없다.

방은 기능상 궁과 차이가 없었을 뿐만 아니라 명칭에서도 궁이 혼용되었다. 예컨대 제안대군방(齊安大君房)은 제안대군궁(齊安大君宮), 연잉군방(延礽君房)은 연잉군궁(延礽君宮), 명안공주방(明安公主房)은 명안궁(明安宮), 명온공주방(明溫公主房)은 명온궁(明溫宮), 명선공주방(明善公主房)은 명선궁(明善宮), 명혜공주방(明惠公主房)은 명혜궁(明惠宮)으로 부르는 관행이 있었음이 확인된다. 이러한 명칭의 혼용은 민간뿐만 아니라 관찬의 기록에서도 어렵지 않게 두루 찾을 수 있으므로[4] 궁이나 방에 대한 관민의 인식이 일치하였음을 알 수 있다.

또한 공주나 옹주의 경우 해당 공주·옹주의 명칭을 사용한 방호(房號)를 대신해서 그의 남편인 부마(駙馬)에게 부여된 칭호로 지은 궁호(宮號)나 방호를 별칭으로 사용하기도 하였다. 예컨대 명온공주방은 동녕위궁(東寧尉宮), 덕온공주방(德溫公主房)은 남녕위궁(南寧尉宮), 숙명공주방(淑明公主房)은 청평위궁(靑平尉宮)으로 각각 부르곤 했다. 화유옹

01 여기에서 말하는 '대궐'에는 대전(大殿), 대왕대비전(大王大妃殿), 왕대비전(王大妃殿), 대비전(大妃殿), 중궁전(中宮殿), 동궁(東宮) 등이 포함된다.

02 '내탕'이나 '제궁'의 개념과 기능에 관한 상세한 내용은 조영준, 『조선 후기 왕실재정과 서울상업』, 소명출판, 2016을 참조. 시기에 따라 생성되거나 소멸한 사례가 있으므로 조선 후기 전체 시기를 대상으로 한다면 여기에 열거한 일곱 곳의 궁에만 한정되는 개념이라고 하기는 어렵다.

03 『속대전(續大典)』, 『대전통편(大典通編)』 등에서 관련 규정을 확인할 수 있다.

04 보유 토지의 측량 결과를 기록한 양안(量案)이나 타량성책(打量成册) 등에서도 이러한 혼용 양상이 보인다.

주방(和柔翁主房)을 창성위방(昌城尉房)이라고 부른 사례도 확인된다. 이렇게 궁과 방은 혼용되었다. 이는 궁이라고 부르든지 방이라고 부르든지 특별히 중요한 문제가 아니었음을 의미한다.

그리고 공주방 등에 대해 해당 방이 소재한 마을 이름을 따서 궁호를 칭하기도 했다. 대표 사례로 명온공주방을 죽동궁(竹洞宮)이라고 한 것과[5] 덕온공주방을 저동궁(苧洞宮)이라고 한 것을 들 수 있다. 이러한 용례를 더 찾아보면 계동궁(桂洞宮), 이동궁(履洞宮), 재동궁(齋洞宮), 안동궁(安洞宮), 사동궁(寺洞宮) 등이 있다. 소재 지역의 고개[峴] 이름을 활용한 사례도 있다. 이현궁(梨峴宮)이나 송현궁(松峴宮)[6]이 대표적이다. 물론 19세기 후반에 신설된 운현궁(雲峴宮) 역시 고개 이름이 들어간 용례의 하나이다.

그렇다면 왜 방에 대해서까지도 궁이라고 칭하는 관행이 정착하게 되었을까? 이는 '궁'이라는 용어가 단순히 그 일반적 어의(語義)인 '집'을 가리키는 것이 아니라 '왕실과 관계된 집'이라는 특수성을 부각시키는 뉘앙스를 풍기기 때문이다. 이런 의미에서 '별궁'이라는 말은 '대궐 밖의 왕실'을 가리키는 '특별한 궁궐'인 동시에 일반적인 '집'이 아닌 왕실만의 '특별한 집'을 가리키는 것이기도 하다. 그러한 이중적 의미에 주목한다면 별궁의 역사적 의미를 다시금 평가할 수 있을 것이다.

여러 궁방의 건물은 대체로 한성부에 소재하였지만, 외방의 '궁집'도 여럿 전해지고 있다. 경기 남양주에 있는 화길옹주(和吉翁主)의 궁가(宮家), 충남 예산에 있는 화순옹주(和順翁主)의 궁가 등이 대표적 사례이다.[7] 하지만 이러한 일부의 특수 사례를 제외하면 거의 대부분의 궁가는 한성부에 소재하였다. 한 가지 특이한 점은 한성부가 아닌 지역에 궁이 집중되어 있는 사례가 눈에 띈다는 점이다. 바로 강화행궁(江華行宮)의 사례이다.

행궁이란 국왕이 정궁을 떠나 거처하는 임시 궁궐이다. 예컨대 병자호란 당시 인조(仁祖)가 강화도의 행궁에 파천(播遷)하기도 했다. 행궁은 강화도 외에도 서울의 외곽에 소재한 남한산성의 광주행궁(廣州行宮)이나 북한산성의 양주행궁(楊州行宮) 등이 널리 알려져 있다. 조금 더 먼 곳으로는 수원행궁(水原行宮), 온양행궁(溫陽行宮), 전주행궁(全州行宮), 부안행궁(扶安行宮), 의주행궁(義州行宮) 등도 있었다. 그런데 〈그림 1〉에서 볼 수 있듯이 유독 강화행궁의 사례에서 별궁에 해당하는 궁이 여러 곳 있었던 것으로 지도상에 표기되어 있다.

〈그림 1〉을 자세히 들여다보면 강화행궁에 호조(戶曹)나 군기시(軍器寺)와 같은 아문이 설치되어 있었음을 알 수 있다. 호서고(湖西庫), 호남고(湖南庫) 등으로 기재된 창고도 보이는데, 이들은 선혜청(宣惠廳) 소관의 도별 창고에 해당한다. 진무영(鎭撫營)이라고

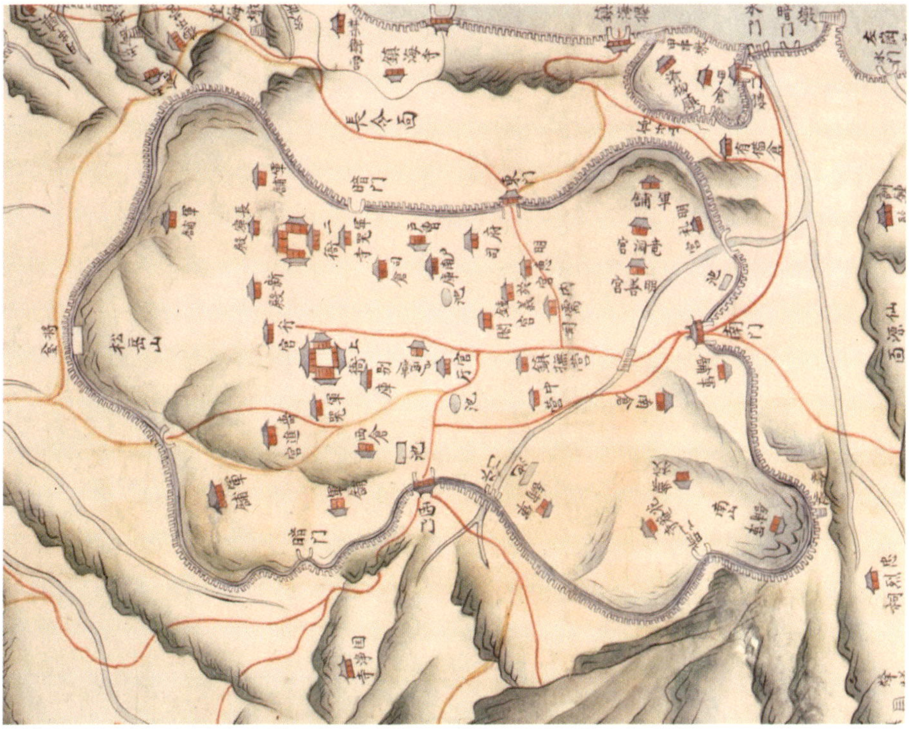

그림 1 강화행궁에 설치된 별궁 (『해동지도』 중 경기도 강도의 일부, 서울대학교 규장각한국학연구원 소장)

표기된 곳은 군영이다. 대체로 그 정도까지는 왕의 행차에 따라 관리, 군량, 병력을 대동하였기 때문으로 이해될 수 있을 것이다. 그런데 〈그림 1〉을 보면 거기에 그치지 않고 내수사, 수진궁, 용동궁, 어의궁, 명례궁 등의 사궁(司宮)이 곳곳에 위치하고 있음을 알 수 있다. 또한 명선궁, 명혜궁 등의 공주방까지 표시되어 있음이 확인된다.

이러한 정보는 종래에 주목받은 바 없었다. 마치 한성부의 정궁과 별궁을 강화행궁에 그대로 옮겨 놓은 것과 같아서 왕도이자 국도인 한성부의 축소판이라 할 수 있을 정도이다. 이렇게 행궁에까지 함께 이동한다는 사실을 통해 정궁과 별궁의 관계가 불가분임을 다시 한 번 알 수 있다. 또한 명선·명혜 두 공주방의 사례를 통해 궁뿐만 아니라 방도 행궁에 그대로 옮겨졌다는 점이 잘 드러난다. 이러한 관찰은 한성부 곳곳의 궁이나 방이 정궁이나 내수사와의 관계를 벗어나서 독립적으로 존재하는 것이 사실상 불가능함을 재확인시킨다.

05 죽동궁은 죽도궁(竹刀宮)이라고도 했다.

06 저경궁(儲慶宮)을 가리킨다.

07 주남철, 『궁집(宮家)』, 일지사, 2003 참조.

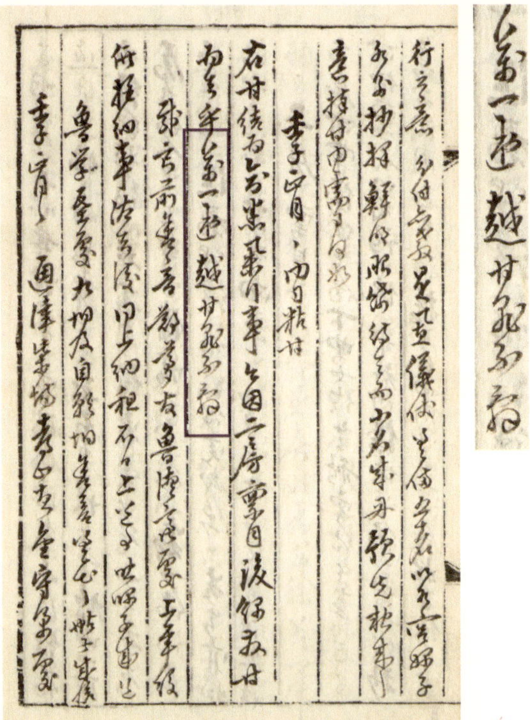

그림 2 등서된 감결에 표현된 '감죄불사'의 용례

(『용동궁등록』 1책(天), 서울대학교 규장각한국학연구원 소장)

앞에서 언급하였듯이 궁과 방에 대한 통제 및 조정은 내수사를 통해 이루어졌다. 그 구체적 실상이 담겨 있는 자료가 바로 등록(謄錄)이다. 일반적으로 등록이란 원본 문서를 베껴서 적어 놓은 책자를 가리킨다. 가장 널리 알려져 있는 등록이 『비변사등록(備邊司謄錄)』이며, 훈련도감의 등록인 『훈국등록(訓局謄錄)』도 꽤나 유명하다. 궁방에서도 각종의 문서를 베껴서 정리하였으며, 그 결과가 역시 등록의 형태로 남아 있다. 궁의 등록으로는 『수진궁등록(壽進宮謄錄)』과 『용동궁등록(龍洞宮謄錄)』이 현존하는 대표적 사례이다. 『수진궁도서책(壽進宮圖署册)』이나 『용동궁공사책(龍洞宮公事册)』도 마찬가지 성격의 자료이다. 방의 등록으로는 『명온공주방가례등록(明溫公主房嘉禮謄錄)』이 현존하는 유일한 사례로 알려져 있다.[8]

등록이 역사 자료로서 중요한 의미를 가지는 이유는 원본 문서가 현존하는 경우가 거의 없기 때문이다. 문서를 등서(謄書)한 다음에 원본은 다른 용도로 재활용하거나 폐기하는 것이 관행이었다.[9] 궁방의 등록에는 감결(甘結), 도서패지(圖署牌旨), 수본(手本) 등의 전형적인 문서가 수록되어 있으며, 이러한 유형의 문서는 다른 기관에서는 좀처럼 찾

아보기 어려운 형식적 특유성을 보이고 있다. 또한 원본 문서가 많이 남아 있지 않아서 등록을 통해 그 대체적 형식과 내용을 확인해야 하는 상황이다.

등록에 베껴 기록한 문서 중에서도 내수사에서 각각의 궁이나 방에 내린 대표적인 것이 감결이다. 내수사의 감결은 내사감결(內司甘結)이라고 하였는데, 내용에서도 의미를 찾을 수 있겠지만 우선 눈에 띄는 것은 형식적 특성이다. 감결의 마무리가 일종의 투식(套式)인 '감죄불사(甘罪不辭)'로 끝나고 있기 때문이다. '감죄불사'라는 말의 뜻을 그대로 풀어 보면 "죄를 달게 받고 허튼소리 하지 말라"는 의미에 해당된다. 이 '감죄불사'라는 어구는 『조선왕조실록』에서 2회, 『승정원일기』에서 5회밖에 등장하지 않을 정도로 연대기 자료에서는 거의 확인되지 않는 희소한 문구(文句)이다. 하지만 궁방의 등록에서는 시시때때로 등장하는 단골 글귀이다. 〈그림 2〉는 '감죄불사'가 등록에 기재된 용례를 잘 보여 준다.

'감죄불사'는 대전의 재산 관리와 조달을 담당한 내수사가 하위 기관인 궁이나 방에 대해 풍기는 지엄함과 권위를 단적으로 보여 주는 말이라 할 수 있다.[10] 달리 말하면 왕실의 엄정함을 대변하는 것이라고도 하겠다. 감결이 내수사에서 각각의 궁이나 방에 '내려 보낸' 문서라면 수본은 각 궁이나 각 방에서 내수사에 '올려 보낸' 문서이다. 도서패지는 각 궁이나 각 방에서 지방의 삼공형(三公兄)·수서기(首書記)나 영리(營吏) 또는 궁방의 감관(監官)·마름[舍音] 등에게 발급한 문서에 해당한다. 즉 감결·수본·도서패지 등 상호간에 수수된 문서를 통해 내수사부터 각 궁방, 그리고 관련 토지에 이르기까지 어떠한 연결 관계가 있었는지를 파악할 수 있는 것이다.

08 『명온공주방가례등록』은 일반적인 가례등록과 형식 및 내용에서 차이가 있고, 오히려 『수진궁등록』이나 『용동궁등록』에 가까운 특징을 보이기 때문에 『명온공주방등록(明溫公主房謄錄)』이라고 새롭게 명명하려는 시도도 있었다. 김문식, 「1823년 明溫公主의 가례 절차」, 『조선시대사학보』 56, 2011, 128쪽.

09 김현영, 「조선시대의 문서와 기록의 위상: 사초, 시정기에 대한 재검토」, 『고문서연구』 32, 2008, 54~57쪽.

10 물론 이런 표현을 내수사의 감결에서만 쓴 것은 아니었다. 예컨대 『용동궁등록』에 수록된 수라간감결(水剌間甘結)도 마찬가지 형식으로 '감죄불사'를 결사(結辭)로 한다는 특징을 보이고 있다. 감결의 형식에 대해서는 조영준, 「조선후기 宮房의 謄錄 작성과 고문서의 謄書 실태-『龍洞宮謄錄』·『龍洞宮公事册』의 기초 분석-」, 『고문서연구』 44, 2014, 156~158쪽을 참조.

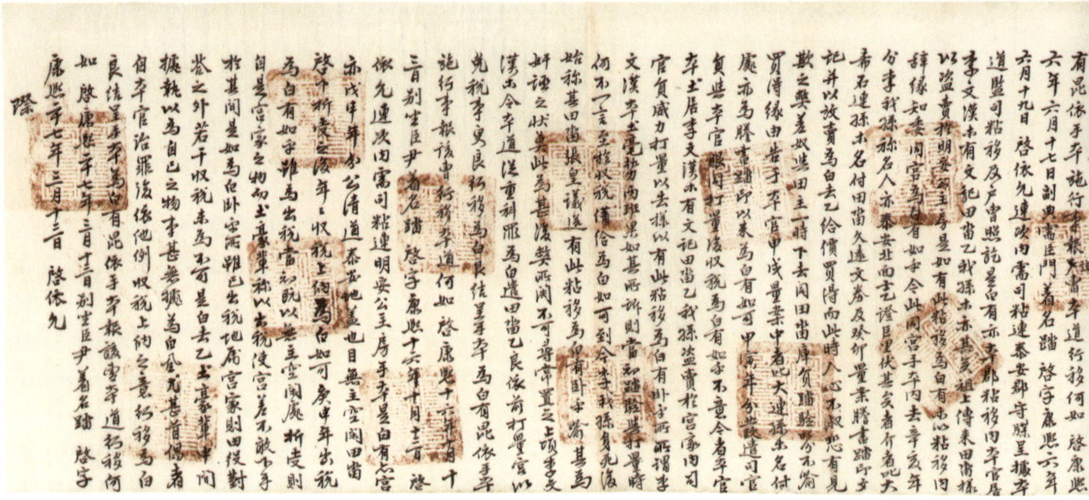

그림 3 명안공주방에서 태안의 삼공형에게 내린 도서패지

〈그림 3〉은 현존하는 도서패지의 일례이며, 명안공주방에서 무신년 1월에 태안(泰安)의 삼공형에게 보낸 것이다. 명안공주(1667~1687)는 열네 살이던 1680년에 해창위(海昌尉) 오태주(吳泰周, 1668~1716)에게 시집을 갔다. 이 도서패지의 후록에 명안공주방이 신생공주방(新生公主房)으로서, 강희 6년(1667)부터 부여받은 특권을 비롯해서 강희 27년(1688)까지의 관련 문서가 등서되어 있다.[11] 임금의 윤허를 내수사를 통해 확인받는 형식으로 태안 지역의 분쟁에 대해 명안공주방이 권위를 실어 조치하는 내용이다.

〈그림 3〉에는 총 26곳에 붉은 색의 인장이 찍혀 있다. 이렇듯 궁방의 문서에 왕실의 권위를 실어 주는 가장 무게감 있는 수단은 도서(圖署)였다. 도서란 넓은 의미로는 도서패

그림 4 명례궁의 철제 인장('명례궁인', 국립중앙박물관 소장)

국립중앙박물관에서 이 유물에 대해 "철제 명례궁 도장"이라고 소개한 바 있었으나 현재는 "명례궁인"으로 안내하고 있다.

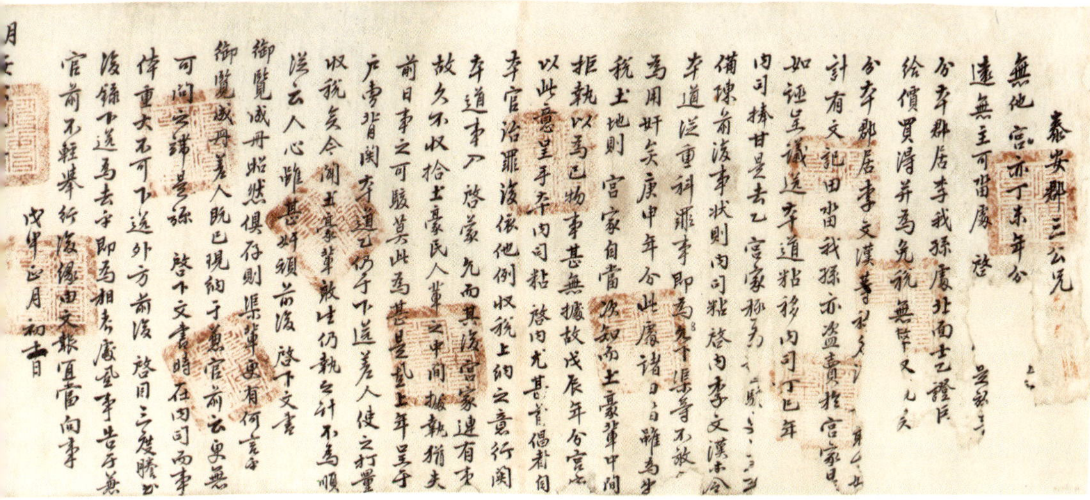

궁방의 인장과 그 인장을 찍은 문서는 모두 왕실의 권력을 상징하는 동시에 경제적 이권과 직결되어 있었다.

지까지 포함하고, 좁은 의미로는 궁방이 발행하는 문서에 찍는 인신(印信)을 가리키는 것이다. 등록은 등서된 기록이므로 도서가 찍혀 있지 않지만 현존하는 궁방의 문서에는 모두 사각형의 인장이 날인되어 있다. 인장의 종류가 단일하지는 않은 것으로 확인되며, 일부 인장의 경우에는 현존하는 사례가 있다. 예컨대 〈그림 4〉는 국립중앙박물관에 소장되어 있는 명례궁의 인장이다.

각 궁뿐만 아니라 각 방에서도 인장을 관리하고 날인하였으며, 실물을 보면 궁의 경우보다 오히려 더 화려한 경향을 찾을 수 있다. 그러한 외관상의 특징으로 인해 해외로 반

11 그러므로 문서상의 무신년은 17세기일 수는 없고, 18세기에 해당하는 것으로 추정된다.

그림 5 숙선옹주방의 동제 인장(국립고궁박물관 소장)

그림 6 덕온공주방의 동제 인장(국립고궁박물관 소장)

출되어 개인에게 소유되거나 거래되는 경우가 적지 않았다. 〈그림 5〉와 〈그림 6〉은 각각 2017년과 2018년에 미국 크리스티의 경매에 출품되었다가 국내로 환수된 숙선옹주와 덕온공주의 인장이다. 명례궁의 사례와 달리 구리로 제작되었다.

궁방의 인장이 가지는 효력과 권위는 상당히 막강했다. 특히 인장이 날인된 도서패지는 각 지방의 면세지에서 생산된 소출로부터 지대(地代)를 상납하는 과정에 관여할 수 있는 특권과 밀접한 관련을 맺고 있었다. 그런 이유에서 궁방의 도서를 위조하는 사례가 적지 않았고, 위조에 따른 분쟁이 발생하거나 소송이 제기되는 경우가 나타나곤 했다. 궁방의 인장과 그 인장을 찍은 문서는 모두 왕실의 권력을 상징하는 동시에 경제적 이권과 직결되어 있었다.

02

별궁의 창설과 지속, 경제적 기반의 유형

각종의 궁과 방은 단순히 새롭게 지정하는 것만으로 존속하거나 운영될 수 있는 것이 아니었다. 장기 존속한 일부 궁을 제외하면 다수의 궁방이 창설에서부터 폐지에 이르기까지 생애주기(life-cycle)에 따른 변화를 겪었으며, 그 운영을 위해 필요한 핵심 사항은 역시 재원이나 자산 등 수입원 마련 문제에 있었다. 궁이나 방에서 의존한 경제적 기반은 시기에 따라 차이가 있기도 하지만 크게 나누어 본다면 제택, 전토, 인원 등 세 가지로 구분할 수 있다. 이하에서 각각에 대해 설명한다.

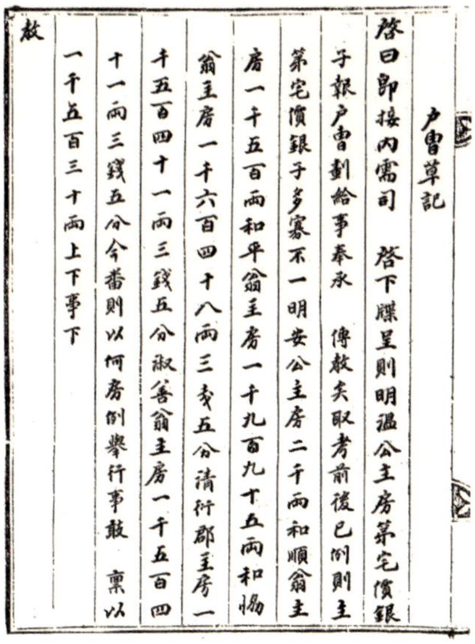

戶曹草記
啓曰卽接內需司 啓下牒呈則明溫公主房第宅價銀
子報戶曹劃給事奉承 傳敎矣取考前後已例則主
第宅價銀子多寡不一明安公主房二千兩和順翁主
房一千五百兩和平翁主房一千九百九十五兩和協
翁主房一千六百四十八兩三戔五分清衍郡主房一
千五百四十一兩三錢五分淑善翁主房一千五百四
十一兩三錢五分今番則以何房例擧行事敢 稟以
一千五百三十兩上下事下
敎

그림 7 공주방과 옹주방에 지급된 제택 구입 자금
(『명온공주방가례등록』, 서울대학교 규장각한국학연구원 소장)

첫째는 제택(第宅)이다. '제(第)'라는 글자는 저택을 의미하고, '택(宅)'이라는 표현 역시 집을 가리킨다. '제택'이라는 용어는 조선시대 초기부터 말기에 이르기까지 왕실의 가사(家舍)를 이르는 표현으로 널리 사용되었다. 궁방의 제택 마련은 여러 가지 방법을 통해 이루어졌다. 예컨대 제3장에서 살펴본 바와 같이 궐 안에 거처하던 공주가 혼인해서 궐 밖으로 나가게 되는 경우 기존에 다른 용도로 사용되던 대지나 건물을 정부가 확보하여 제공하기도 하였고, 여의치 않은 경우 택지와 가사를 구입할 수 있는 비용을 지급하기도 하였다.

17~19세기 왕실 자녀의 제택 가격과 관련한 자세한 정보의 일례를 〈그림 7〉의 『명온공주방가례등록』에서 찾을 수 있다. 제택 구입을 위한 자금은 은자(銀子)의 형태로 지급되었으며, 명안공주방은 2,000냥, 화순옹주방은 1,500냥, 화평옹주방은 1,995냥, 화협옹주방은 1,648냥 3돈 5푼, 청연군주방은 1,541냥 3돈 5푼, 숙선옹주방은 1,541냥 3돈 5푼, 명온공주방은 1,530냥 등으로 다양하였고, 일률적으로 규정되어 있었던 것은 아니다.

왕자의 경우에는 연잉군방에 2,000냥, 연령군방에 3,000냥 정도의 은자가 책정되었음을 통해 전반적인 규모를 짐작할 수 있다.[12] 〈그림 8〉은 이러한 자금에 관한 정보를 시

12 조영준, 「연잉군방(延礽君房)의 살림살이와 경제적 기반」, 『英祖大王資料集5 : 譜牒, 敎命, 御製御筆, 其他』(藏書閣 編纂), 한국학중앙연구원출판부, 2013, 129쪽.

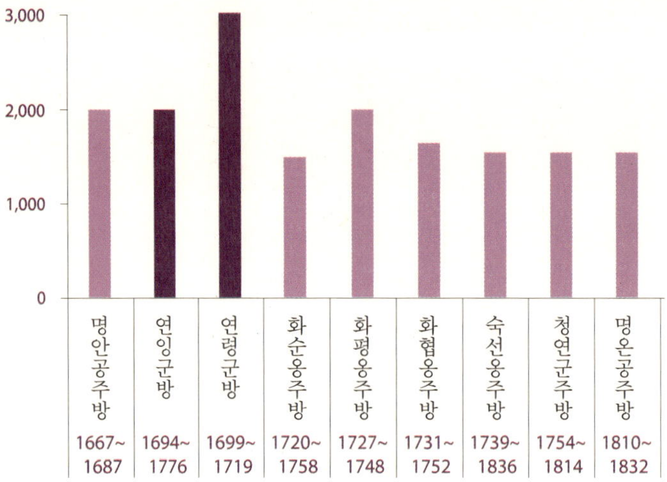

출처: 조영준, 앞 논문, 2013, 129쪽.

그림 8 17~19세기 왕자녀의 제택 구입 자금

단위는 '냥'이며, 은자의 무게를 가리킨다. 하단의 연도는 생몰년(生沒年)이다.

기별로 구분하여 정리해 본 것이다. 연령군방의 사례를 제외하면 왕자나 공주·옹주에게 지급한 자금의 차이가 보이지 않는다. 다만 장기적으로 소폭 감소하는 추세를 보이고 있음을 알 수 있으며, 18~19세기에는 거의 변함이 없이 고정된 수준이었던 것으로 보인다.

〈그림 8〉과 같은 정도의 자금을 받아서 어느 정도 규모의 집을 마련하였는지에 대해서 알려진 정보는 많지 않다. 또한 알려진 사례라고 하더라도 규모가 일정하지 않다. 예컨대 숙명공주방은 160여 칸, 명온공주방은 394칸이었다는 기록이 있다.[13] 규모가 천차만별인 이유는 공터에 새로 집을 짓는 것이 아니라 이미 다른 사람이 살던 집을 구입하였기 때문인 것으로 보인다. 연잉군방에서도 정명공주가(貞明公主家)를 사려고 시도한 적이 있었으며, 결국 출합하여 살게 된 곳은 효종(孝宗)의 잠저인 창의궁(彰義宮)이었다.[14]

둘째는 전토(田土)이다. 가장 대표적인 것은 논과 밭에 해당하는 경지로, 세금을 내는 출세지(出稅地)와 세금을 내지 않는 면세지(免稅地)로 구분할 수 있다. 면세지의 경우에는 다시 유토(有土)와 무토(無土)의 구분이 있고, 유토는 다시 제1종 유토와 제2종 유토로 구분된다.[15] 이렇게 궁과 방에서 보유하거나 수조권(收租權)을 가지는 토지를 궁방전 또는 궁장토(宮庄土)라 한다. 하지만 궁장토가 반드시 논이나 밭에만 한정된 것은 아니며, 목재나 땔감을 얻을 수 있는 시장(柴場)이나 초평(草坪)을 비롯하여 율원(栗園: 밤나무 동산), 채전(菜田: 채소밭)까지도 포괄한다. 또한 소금을 생산하는 염분(鹽盆)을 소유하거나

어장(漁場) 또는 목장(牧場)에 대한 권리를 확보하기도 하였다.

궁방에서 어떤 장토를 얼마나 보유하고 있었는지에 대해서는 각종의 양안(量案)이나 타량성책(打量成冊) 등의 공부(公簿)를 통해 구체적으로 파악할 수 있다. 이들 자료의 현존 상황에 대해서는 이미 충분한 소개가 이루어진 바 있다.[16] 또한 해당 토지로부터 지대(地代)를 얼마나 수취하였는지를 기록한 수조기(收租記) 성격의 자료까지도 현존하고 있으며, 수취 여부의 점검과 확인을 위해 정간책(井間冊)과 같은 체크리스트 성격의 자료도 만들어졌고, 그렇게 수취된 현물 또는 현금이 최종적으로 궁이나 방의 창고에 얼마나 들어가게 되었는지에 대해서는 받자책[捧上冊]의 기록을 통해 확인할 수 있다. 궁이나 방으로 상납되는 과정에서 소속된 인원에게 분배된 내역은 향미책(鄕味冊)에 기록되었다.[17]

셋째는 인원이다. 궁이나 방에 속한 인원은 크게 나누어 내무(內務) 계통과 외무(外務) 계통으로 구분할 수 있다.[18] 외무 계통은 장토 관리나 지대 수취 과정에 관계된 자들로서, 도장(導掌)·궁차(宮差)·감관·마름 등이 있었다. 내무 계통은 환관(宦官), 상궁(尙宮), 내인(內人), 장무(掌務), 노자(奴子), 비자(婢子) 등으로 구성된다. 이들이 각 궁과 방에서 어느 정도 규모의 인원이었는지에 대해 해당 명단을 열록해 놓은 자료를 찾아보기는 어렵다. 하지만 궁이나 방의 지출 내역을 기재한 회계 장부인 차하책[上下冊]을 보면 삭료(朔料) 또는 월료(月料)나 세찬(歲饌) 또는 의자(衣資) 등을 지급한 내역이 있으므로 인원의 구성 양상을 엿볼 수 있다.[19]

노자나 비자의 경우에는 1801년을 기준으로 그 지위가 달라졌다. 1801년에 내노비(內奴婢)가 모두 방량(放良)되었기 때문이다. 따라서 궁이나 방에서 보유한 노비의 경우 1801년 이전에는 그 내역이 명단의 형태로 남아 있는 사례가 확인될 뿐만 아니라 전체 궁과 방에 대해 전국적으로 어느 정도의 노비가 배정되어 있었는지를 알 수도 있다.[20] 또한

13 조영준, 앞 논문, 2013, 130쪽.

14 조영준, 앞 논문, 2013, 129쪽.

15 자세한 내용은 뒤에서 다시 해설한다.

16 서울대학교 규장각한국학연구원 엮음, 『궁방양안(宮房量案)』, 민속원, 2012.

17 궁방의 지대 수입과 관련한 내용은 조영준, 앞 책, 2016의 여러 곳을 참조하라. 향미에 대해서는 뒤에서 다시 설명한다.

18 金容燮, 「司宮庄土의 管理-導掌制를 中心으로-」, 『사학연구』 18, 1964, 575-576쪽.

19 조영준, 앞 책, 2016, 36-41쪽을 참조.

20 가장 대표적인 자료가 『내수사급각궁방전답총결여노비총구도안(內需司及各宮房田畓摠結與奴婢摠口都案)』(서울대학교 규장각한국한연구원 소장)이다.

직접 사역(使役)하는 입역노비(立役奴婢)와 원거리에서 신공(身貢)을 바치는 납공노비(納貢奴婢)로 구별된다는 특징을 가진다. 하지만 1801년 이후에는 그런 사례를 찾을 수 없으며, 궁이나 방에 소속되어 사역되는 '하인'의 형태로 남게 되는데, 그들을 '노자' 또는 '비자'라 지칭하였다. 이들은 모든 노비가 해방되는 갑오개혁 이후까지도 궁이나 방을 위해 일을 하였고, 삭료를 비롯한 대가를 지급받았다.

위에서 설명한 궁과 방의 제택, 전토, 인원 등 세 가지는 모두 국가에 의해 마련되고 관리되는 영역 속에서 운영되었다. 그런데 제택의 경우에는 설립 당시 일시적으로 발생한 수입을 통해 마련된 것이고 현금화하기 어려웠으며, 인원의 경우에는 18세기 이전의 납공노비를 제외하면 임금 성격의 각종 지출이 이루어지는 객체에 해당했으므로 수입이 계속 발생하는 재원은 장토뿐이었다. 장토로부터 장기에 걸쳐 안정적으로 수입이 확보되지 않는다면 궁이나 방의 살림살이는 불가능했을 것이다.

한편 19세기의 궁방 운영을 자세히 들여다보면 궁방전 이외에 다른 형태의 수입원이 큰 비중을 차지한 것으로 확인된다.[21] 이는 논이나 밭으로부터의 지대가 안정적으로 확보되지 못하는 가운데 여러 경로를 통해 수입 보전이 이루어졌기 때문이다. 그 가운데 하나는 대내(大內)로부터 금전적인 지원이 이루어진 경우로서, '내하(內下)'라고 했다. 4궁의 경우에는 내하를 통해 수만 냥의 동전을 수취한 사례가 확인될 정도로 '궐 안'으로부터 '궐 밖'으로의 강력한 지원이 이루어지고 있었다. 이뿐만 아니라 호조, 선혜청 등 재정을 담당한 아문이나 군자감 등의 정부 창고에서 궁방에 직접 지원한 사례도 보인다. 또한 내수사 및 4궁의 경우에는 상호간에 재원을 이전(移轉)하는 형식으로 밀접하게 연결된 운영 양상이 확인되고 있다.

그렇게 전궁이나 아문 또는 궁방 상호 간의 지원을 통해서도 수입이 충분하게 확보되지 않았는지 일부 시기에는 어딘가에서 빌려 쓰는 무래(貿來)의 형태로 충당되기도 했다. 그렇게 빌려 쓴 대금에 대해 이자를 포함해서 상환하였음을 '구변환보(具邊還報)'라고 표현하였다. '변(邊)'이란 변리(邊利), 즉 이자를 뜻하는 말이며, '구변'이라고 하면 '이자를 갖춘다'는 의미가 된다. '환보'는 되갚았음을 가리키는 것으로, 환상(還償)에 해당하는 표현이다. 왕실 기관이 금융 거래에 가담하였음이 잘 드러나는 사례이다. 이러한 상세한 정보는 궁방의 수입 및 지출 내역을 담은 회계 장부에서 구체적으로 확인되고 있다.

이러한 수입 구성이 '궁'이 아닌 '방'에 대해서도 그대로 적용될 수 있는지에 대해서는 확답하기 어렵다. 현존하는 방의 회계 내역은 지출 장부에 한정되며, 수입에 관한 정보를 알 수 있는 방법이 없기 때문이다.[22] 하지만 내수사를 중심으로 운영된 궁과 방이 서로 다른 수입 구조로 되어 있었다고 상정하기에는 무리가 있으므로 궁인지 방인지와 관계없이 결국 궁방전으로부터의 고정적 수입 이외에 임시적인 수입원이 여러 경로로 확보되고 있었을 것으로 추정된다.

수입 구조에서 확인되는 이러한 특성은 앞에서 언급한 '독립채산'과는 당연히 거리가 멀다는 사실을 재확인시켜 줄 뿐만 아니라 '재정 자립도'도 충분히 확보되지 않고 있었음을 시사하고 있다. 이렇게 충분하고 안정적인 경제적 기반이 갖추어지지 않은 상태에서 각종 의례를 행하고 일상적 소비를 지속하였다는 점이 궁방 운영의 특징이다. 그렇기 때문에 수입의 제약에 얽매이지 않고서 정부의 재원을 공유하려 하였다고 평가할 수 있으며, 이는 전형적인 연성 예산 제약(soft budget constraint)의 사례에 해당한다.

연성 예산 제약이란 지갑 사정에 따라 예산 내에서 지출을 결정하는 것이 아니라 지출에 따라서 예산을 늘렸다 줄였다 할 수 있는 고무줄 같은 성격의 지갑을 보유한 상황을 일컫는 용어이다. 이러한 현상은 20세기 후반기에 사회주의 국가에서의 국영 기업이 보였던 경영 상황에서 전형적으로 나타난 것으로 알려져 있다.[23] 조선 후기의 궁방 역시 왕실을 위해 운영된다는 특수성으로 인해 국왕이나 정부로부터 음양으로 지원을 받고 있었던 것이다.

물론 그러한 지원이 아무런 대가 없이 이루어진 것은 아니었다. 국가의 대소사가 있을 때 궁방의 궁속(宮屬)이 차출되어 각종 임무를 도맡아 처리하였다. 일례로 왕실의 특정 인물이 행차할 때 4궁의 인원이 동원되어 등대(等待: 미리 준비하고 기다림)해야 하는 상황이 일상적으로 연출되었다.[24] 이는 마치 국가로부터 금난전권(禁亂廛權)이라는 특권을 부여받은 시전(市廛)이 독점적으로 물종을 취급하는 대신 왕실이나 정부를 위한 국역(國役)을 담당해야 한 것과 마찬가지라 할 수 있다.

21 궁방의 수입과 관련해서는 수진궁 사례를 통해 상세히 분석된 바 있다. 조영준, 앞 책, 2016, 270~272쪽을 참조.

22 박숙의방(朴淑儀房), 영온옹주방(永溫翁主房) 등의 사례이며, 차하책[上下册]은 현존하지만 받자책[捧上册]은 남아 있지 않다. 조영준, 「조선후기 '생애주기'형 궁방의 경제적 기반과 운영 양상-박숙의방(朴淑儀房)과 영온옹주방(永溫翁主房)의 사례 분석-」, 『정신문화연구』 144, 2016, 133쪽.

23 야노스 코르나이(János Kornai)라는 경제학자가 1970년대의 헝가리, 유고슬라비아, 중국 등의 기업을 대상으로 한 연구에서 제시한 개념이다. János Kornai, "The Soft Budget Constraint," *Kyklos* 39, 1986, pp. 3~30.

24 『용동궁등록』, 『수진궁등록』 등 현존하는 궁방 등록을 참조.

또한 국왕이나 정부 또는 내수사로부터의 재정적 지원, 궁방 상호 간 물자나 자금 교환 등을 통해 수입이 유지되는 방식으로 물자나 자금의 흐름이 한쪽 방향으로만 나타나는 것은 아니었다. 반대 방향으로 움직이는 흐름도 있었는데, 궁이나 방에서 대궐로 들어가는 것을 '내입(內入)'이라 했으며, 그 규모가 작지 않았을 뿐만 아니라 상시적이었다. 궁방 본연의 조달 업무에 대한 당대의 표현이라고 이해해도 좋겠다.

이처럼 반대급부가 전제되어 있었기 때문에 '궐 안'에서는 '궐 밖'을 지원하고 '궐 밖'에서는 '궐 안'을 돕는 상호 긴밀한 관계가 얽혀 있었다. 앞에서 불가분의 관계라고 설명하지 않을 수 없었던 이유이며, 그래서 궁방의 재정이 독립채산의 형태로 이루어지지만은 않았던 것이었다.

03

별궁의 장기적 경제 기반, 궁방전

조선 후기 궁방의 운영을 위한 재원 확보에서 중심을 차지한 것은 궁방전(宮房田)이다. 궁방전이 성립하게 된 역사적 계기를 간략히 요약하면 다음과 같다. 조선 전기에는 과전법(科田法)부터 직전법(職田法)에 이르기까지 품계가 있는 모든 이에게 토지가 할당되어 수조권이 부여되었다. 후궁이나 왕자 등 왕실의 일족 역시 예외는 아니었으며, 이들 왕실 일가는 지급받은 토지로부터 확보되는 수입을 통해 생계를 보전(保全)할 수 있었다.

조선 후기의 궁방에서는
주인이 없는 황무지를
개척하고 개간하여
공인받는 방식으로
궁방전을 창출하기 시작했다.

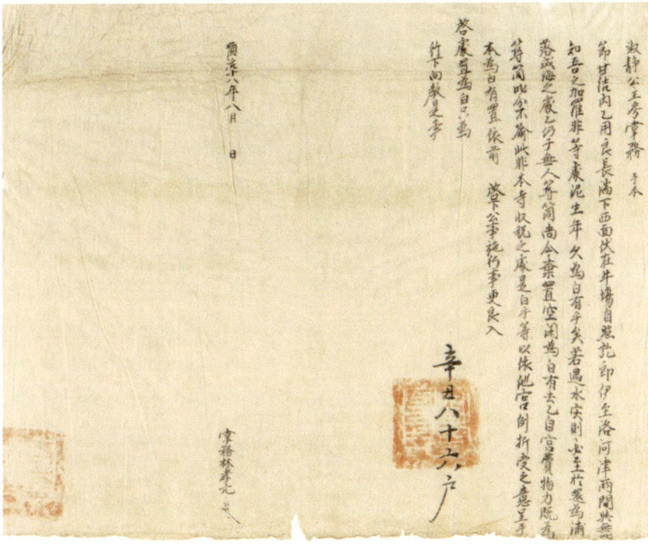

그림 9 「숙정공주방 수본」(1661년, 일본 교토대학 가와이문고 소장)

하지만 임진왜란을 계기로 국토의 많은 부분이 타격을 받게 되자 직전법이 소멸하게 되었고, 그로 인해 왕가의 일족도 더 이상 수조권을 지급받지 못하게 됨에 따라 생계를 위협받게 된다.

이러한 상황을 타개하기 위하여 궁방에서는 주인이 없는 황무지, 즉 무주진황지(無主陳荒地)를 개척하고 개간하여 공인받는 '절수(折受)'의 방식으로 궁방전을 창출하기 시작했다. '절(折)'은 꺾거나 잘라낸다는 뜻이고 '수(受)'는 받는다는 의미이므로 기본적으로 국가의 — 다시 말해, 국왕의— 소유인 토지를 떼어 받아 가지는 것을 말한다. '절수(折受)' 대신 '절수(折授)'라고 표기하는 사례도 있지만 동일한 용어에 해당한다. 무주진황지는 주인이 없는 토지에 한정되는 것인데도 이후에 주인이 있는 땅까지 궁방전에 편입되기도 하는 등 문제가 발생하게 되었다.

또한 절수의 방식으로 확보된 궁방전에는 세금을 부과하지 않는 면세(免稅)의 혜택이 주어졌기 때문에 일반적인 자영농이 자기 토지를 궁방에 넘기는 방식의 투탁(投托)을 통해 납세의 부담으로부터 벗어나려고 시도하는 현상도 발생하였다. 정부에 직접 납세하는 대신 왕실에 의탁하여 지대를 납부하는 방식을 택함으로써 각종의 잡역(雜役)을 비롯한 과외(科外)의 횡포로부터 안전망을 확보할 수 있었기 때문이다. 그리고 궁방이 새롭게 확보한 장토 중에는 논이나 밭 외에도 시장(柴場), 초평(草坪), 화전(火田), 염분(鹽盆), 어장(漁場) 등도 포함되기에 이르렀다. 〈그림 9〉는 목장(牧場)과 관련된 일례이다.

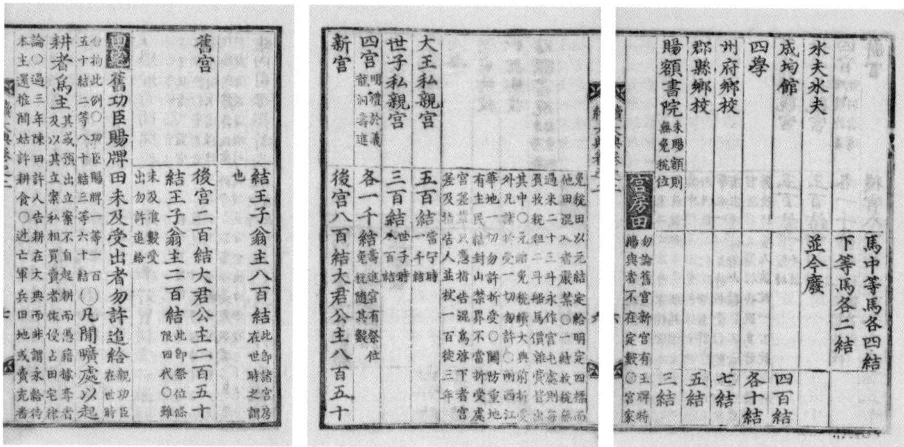

그림 10 18세기 궁방전 지급 규정의 일례(『속대전』, 서울대학교 규장각한국학연구원 소장)

〈그림 9〉에 제시된 자료는 1661년에 숙정공주방(淑靜公主房)에서 내수사에 올린 수본(手本)이다. 이 자료는 일본 교토대학[京都大學] 가와이문고[河合文庫]에 소장되어 있다. 숙정공주방에서 사복시(司僕寺)의 목장 안에 위치한 토지를 절수하려 하자 사복시에서 반발하였고, 이에 숙정공주방에서 다시 이의를 제기하며 절수를 요청한 내용을 담고 있다. 여기서 주목할 부분은 공주방에서 물력(物力)을 동원하여 축동(築筒)을 하였고, 그에 따라 절수의 조건이 충족됨을 주장하고 있다는 점이다. 축동이란 둑을 쌓는 것을 말하는데, 둑을 쌓기 전에는 경작이 불가능한 지역이었고, 둑을 쌓음으로써 생산 및 수세가 가능해졌으므로 둑을 쌓은 주체인 숙정공주방에서 절수하겠다는 논리이다.**25**

이처럼 여러 경로를 통해 다양한 형태의 궁방전이 팽창하고 면세의 혜택을 누리게 되자 정부의 세수 확보에 문제가 생기게 되었다. 이에 정부에서는 궁방의 절수를 혁파(革罷)하거나 면세를 철회하는 정책을 시행하고자 하였다. 그런데 절수가 혁파되면 궁방전의 신규 확보가 어려워지게 되었으므로 이를 보안하기 위해 돈을 주고 도지를 구입하도록 하는 급가매득(給價買得)의 방식이 도입되었고, 또한 민전(民田)의 소유권이 아닌 수조권만 궁방에게 주는 민결면세(民結免稅) 제도가 채택되기에 이르렀다.**26**

그리고 한 가지 새롭게 도입된 정책은 궁방전의 보유에 상한을 적용한 것이었다. 처음에는 절수의 규모를 제한하는 방식을 취했지만 나중에는 궁방전의 총량을 규제하는 방

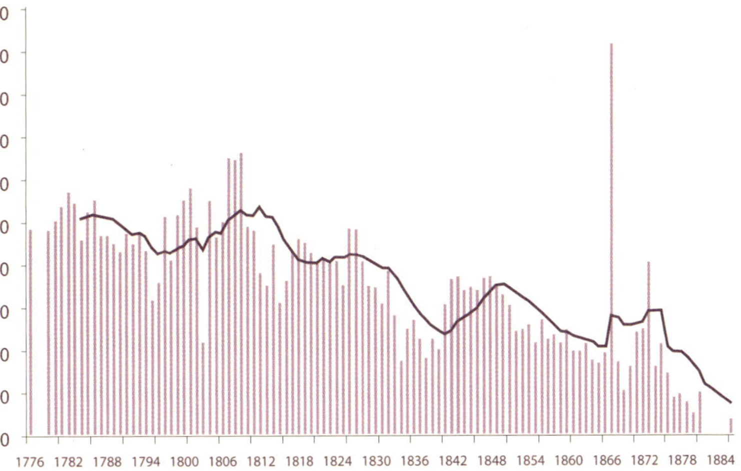

출처: 김재호, 「조선후기 중앙재정과 銅錢: 『賦役實摠』을 중심으로」, 「조선후기 재정과 시장」 (이헌창 편), 서울대학교출판문화원, 2010, 220쪽.

그림 11 정부 재정의 장기적 악화 추이

1807년 가격으로 환산한 수치이다. 단위는 쌀 1,000섬이다.

식으로 제도화되었다. 구체적인 내용을 보면 사친궁(私親宮), 4궁(四宮), 후궁(後宮), 대군(大君), 왕자(王子), 공주(公主), 옹주(翁主) 등의 위계에 따른 구분에 더하여 신궁(新宮)과 구궁(舊宮)의 구분 등이 적용되었음을 알 수 있다. 신궁이란 궁이나 방이 창설되어 생계를 위해 조달을 담당한 경우를 가리키며, 구궁이란 해당 궁이나 방의 인물이 사망하여 제사만 지내게 된 경우를 가리킨다. 〈그림 10〉은 영조조에 편찬된 『속대전』에 명시된 궁방전 지급의 규정이다.

그런데 상한이 설정되고 나서도 예외가 적용되는 사례가 있었는데, 그것은 이전부터 궁방전 창출의 방식 중 하나에 해당했던 사여(賜與)이다. 사여라는 말은 국왕이 하사하여 주었다는 의미이며, 때로는 사패(賜牌), 왕패(王牌), 별사(別賜)라고 표현되기도 하였다. 사여전(賜與田)의 경우에도 절수와 마찬가지로 면세의 혜택이 부여되었으며, 19세기에 이르기까지 면세된 사례가 있었을 정도이다. 즉 궁방전의 규모 확대에 대한 정부로부터의 제약이 늘어나게 되었다 하더라도 반드시 그 원칙이 일관되게 적용되지는 않았던 것이다.

25 일본 교토대학 가와이문고에는 이 사건과 관련된 내수사의 계목(啓目) 및 사복시의 관(關)도 현존하고 있어 전후의 처리 과정에 대해 파악할 수 있다.

26 급가매득과 민결면세에 대해서는 朴準成, 「17·18세기 宮房田의 확대와 所有形態의 변화」, 『한국사론』 11, 1984, 185~278쪽을 참조.

위와 같은 장기적 변화 과정을 거친 다음 〈그림 10〉의 『속대전』을 비롯한 규정이 확립되는 18~19세기에 들어서면 궁방전의 지급 및 운영 방식이 어느 정도 정리되기에 이른 것으로 보인다. 물론 그 후로도 정조조, 순조조, 고종조에 걸쳐 부분적인 개혁이 이루어진 바 있었으나 갑오개혁 시기에 이르기까지 근본적인 해결을 보지는 못하였다. 궁방전이 지급되지 않으면 왕실 일족이 생계를 유지할 수 없었으며, 만약 후궁이나 왕자녀의 가계가 자생할 수 있도록 하려면 정부에서 별도의 자금을 지급해야 했기 때문이다. 하지만 〈그림 11〉에 제시된 정부 측의 연말 시재액 추이를 통해 알 수 있듯이 정부의 재정도 장기적으로 악화 일로를 걷는 위기 상황에 놓여 있었기 때문에 궁방전의 지급 제도를 어쩔 수 없이 유지할 수밖에 없었다.

또한 궁방전 지급의 상한 설정은 어디까지나 면세결에 한정되는 것이므로 출세결을 별도로 확보한 궁이나 방의 경우에는 자체적으로 생계에 보탬이 되는 재산을 더 가지고 있기도 하였다. 그리고 왕실과 직결되는 4궁에 대해서는 법전의 규정을 초과하는 면세결 보유도 사실상 허용되고 있었으며, 이는 4궁이 맡은 임무가 대왕대비, 왕대비, 대비 등 국왕의 어머니 또는 할머니를 위한 것이었기 때문이다. 그래서 4궁을 제외한 기타의 후궁방, 왕자방, 공주방 등 상대적으로 사가로서의 성격이 더 강한 경우에 대해서만 개혁 또는 규제가 이루어지고 있었다.

궁방전은 1905년 을사조약으로 인해 조선이 보호국으로 전락한 이후에 이른바 제

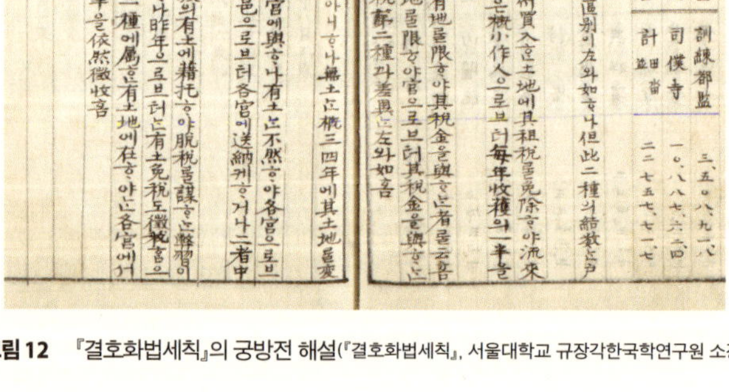

그림 12 『결호화법세칙』의 궁방전 해설(『결호화법세칙』, 서울대학교 규장각한국학연구원 소장)

실재산의 정리 과정에서 국유지로 편입할 것이냐의 여부와 관련하여 분쟁의 소지를 만들게 된다. 한일병합 이후 1910년대에 토지조사사업이 추진되는 과정에서 궁이나 방이 가진 수조권을 소유권으로 인정할 것인지, 아니면 경작자 농민의 고유한 땅으로서 민전으로 확정할 것인지의 문제가 대두되었던 것이다. 이와 관련하여 판정의 근거가 되었던 것 가운데 하나가 갑오개혁 당시에 작성된 〈그림 12〉의 『결호화법세칙(結戶貨法稅則)』과 같은 인식이다.

> 1. 유토(有土) 면세결에는 두 가지 종류가 있고, 그 구별이 아래와 같다. 단, 이 두 가지의 결수(結數)는 **호조에서도 판명하지 못한다**.
> 제1종: 각궁의 재산으로써 매입한 토지에 그 조세를 면제하여 유래한 것을 말한다. 단, 각궁은 대개 소작인으로부터 해마다 수확의 절반을 징수하는 사례가 있다.
> 제2종: 관으로부터 어떤 민유지에 한하여 관으로부터 그 세금을 (궁이나 방에) 주는 것을 말한다.
>
> 1. 무토(無土) 면세결이라 함은 어떤 민유지에 한하여 관으로부터 그 세금을 (궁이나 방에) 주는 것을 말하며, 앞의 유토 면세 제2종과의 차이는 아래와 같다.
> (1) 유토는 그 토지가 영구히 변하지 않으나, 무토는 대개 3, 4년마다 그 토지를 변환한다.
> (2) 무토는 반드시 관에서 징세하여 각궁에 (세금을) 주지만, 유토는 그렇지 않아서 각궁에서 직접 징수하거나, 또는 각 고을로부터 각궁에 송납(送納)하게 하거나, 그 두 가지 중 한 가지이다.
>
> 1. 인민 소유의 토지로서 이름을 황족의 유토에 자탁(藉托)하여 탈세를 꾀하는 폐습(弊習)이 종래 황해도에 많이 있었다. 그러나 작년부터는 유토 면세도 징세하였으므로, 이 폐단이 장차 없어질 것이다. 단, 제1종에 속하는 유토지에 있어서는 각 궁에서 직접 소작인에게 수확의 절반을 그대로 징수한다.

하지만 위의 인용문에서 강조 처리한 "호조에서도 판명하지 못한다"는 기술에서 단적으로 드러나듯이 제1종 유토와 제2종 유토의 구분에 명확하지 않은 부분이 있었기에 궁방

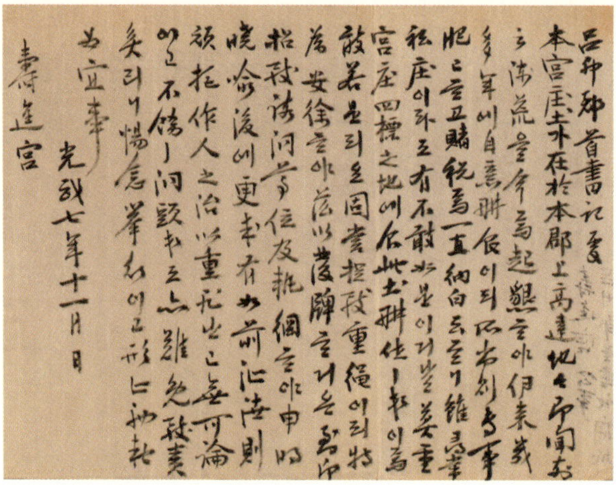

그림 13 1903년에 여주군의 수서기에게 보낸「수진궁 도서패지」

전으로부터 민유지를 하나하나 엄밀히 분리하는 것은 쉽지 않았다. 이는 앞에서 살펴본 바와 같이 임진왜란 이후로 장기에 걸쳐 누적된 결과물인 관습적 소유권을 근대적인 법률 기준으로 판단하기가 어려울 수밖에 없었음을 의미한다. 결국 그런 토지들은 분쟁지로 분류되어 조정을 거쳐 국유인지 민유인지의 여부가 판정되기에 이르렀다.

황해도에서 폐습이 많았다고 하는 점에 대해서는 부연이 필요하다. 황해도가 특정된 이유는 재령(載寧)을 비롯하여 광활한 평야 지대에 궁방전이 대거 설정되어 있었기 때문이다. 수진궁에서도 재령의 토지에 대해서는 특별 관리를 하였음이 확인되며, 4궁에서 재령의 궁방전에 대해 공동 대응한 사례도 다수 알려져 있다.

〈그림 13〉은 1903년의 자료인데, 보호국기 직전에 이르기까지 궁방에서 장토를 장악하려 했던 사정을 잘 보여 주고 있다. 수진궁의 장토가 여주군의 상고달(上高達)에 있었는데 예전의 진황지(陳荒地)를 수년 동안 기간(起墾)해서 갈아 먹고서 도세(賭稅)를 납부하지 않은 것에 대해 상세히 조사하여 보고하고 처벌까지 하도록 하는 문책성 내용을 담고 있다. 문서의 내용은 종래의 도서패지와 동일한데, 20세기 초라서 그런지 다소 변형된 형식을 취하고 있다. 하지만 내용 중에 '발패(發牌)'와 같은 표현이 보이므로 도서패지의 일종으로 볼 수 있을 것이다.

04
토지 재산의 중간 관리자, 도장(導掌)

궁방전으로부터의 소출 중에서 일부를 지대로 수취할 때에는 쌀로 받기도 하고 동전으로 받기도 했다. 지대가 쌀인 경우에는 세미(稅米)라고 했고, 동전인 경우에는 세전(稅錢)이라고 했다.[27] 면세지의 경우 국가에 조세를 납부하는 대상이 아니었고, 그래서 궁방에 상납하는 몫은 세금이 아니었지만 관행적으로 '세(稅)'라는 표현을 쓰고 있었던 것이다. 요즘 식으로 표현하자면 소작료에 해당한다고도 할 수 있다.

궁방에서 각 지역의 장토로부터 지대를 수취하는 방법으로는 크게 세 가지가 있었다. 첫째는 각 지방의 관아에서 수령의 주관 아래 상납이 이루어지는 것으로, 이른바 자관상납(自官上納)이라 하였다. 이 경우 일반적인 조세와 함께 수취해서 서울까지 운송하였다가 한강변의 창고에서 궁방 하인배가 나눠 받아 가기도 했다. 둘째는 마름[舍音]이 관리하고 궁차(宮差), 즉 경감(京監)이나 궁감(宮監)에 의해 수취하는 것으로서, 궁방이 직접 수취한 사례라 할 수 있다. 셋째는 도장(導掌)에 의한 것으로, 이른바 도장상납(導掌上納)으로 구분되는데, 궁방이 직접 수취한 것이라고 할 수 없으므로 간접적인 수취 방식이라 할 수 있다.

이들 중에서 우선 마름에 대해 알아보자. 마름은 일반적으로 민간의 지주가 직접 자신의 토지를 관리하기 어려운 경우에 두는 대리인에 해당한다. 주지하듯이 20세기에도 마름이라는 용어가 전국적으로 사용된 바 있어서 그리 낯선 말은 아니다. 그런데 궁방의 사례에서도 논이나 밭을 비롯하여 각종의 부동산을 관리하기 위한 인원이 있었으며, 그 중의 하나가 마름으로서, 앞에서 소개한 '외무' 계통의 궁속(宮屬)에 해당한다.

수진궁의 사례를 분석한 결과에 따르면 마름의 역할은 주로 묘소나 포구 또는 시장(柴場)의 중간 관리자였다. 각 묘소 마름, 두뭇개[豆毛浦][28] 마름, 양근(楊根) 시장 마름 등이 대표적이다. 박숙의방이나 영온옹주방의 사례에서도 묘소마름[墓所舍音]과 강마름[江舍音] 등이 보인다.[29] 마름과 밀접한 관계에 있는 자들로 수진궁에는 해당 부동산을 지키거나 관리하는 산지기[山直]도 있었다.[30] 삼봉산(三峯山)이나 양근의 시장에 산지기가 있었고, 일명 '철곶평'이라 하던 곳에도 쇠곶이벌지기[鐵串坪直]가 있었던 것으로 확인된다.[31]

27 쌀로 납부하는 토지를 미결(米結), 동전으로 납부하는 토지를 전결(錢結)이라고 하기도 했다.

28 '두모포'는 조선시대 부산의 기장에도 있었던 지명이지만 여기서는 한강변의 포구로서, 현재의 동호대교 북단 일대에 있었던 곳을 가리킨다.

29 조영준, 앞 논문, 2016, 122쪽.

30 산지기가 관리하는 시장에서 벌목한 목재를 한강을 통해 뗏목처럼 떠내려 보내면 두모포 등의 포구에서 마름이 담당하여 상납하는 방식으로 처리되었다.

31 조영준, 앞 책, 2016, 38쪽, 263쪽.

이들 마름이나 산지기 등에게는 삭료(朔料)나 의자(衣資)의 명목으로 급여가 정기적으로 주어졌으며, 각기 관리하는 토지의 소출을 궁이나 방으로 상납하는 과정에서 향미(鄕味) 명목의 몫도 분배받았다. 단 '내무' 계통의 인원에게 지급되던 세찬(歲饌)은 이들 외무 계통의 인원에게는 지급되지 않은 것으로 보인다. 여기서 '향미'란 궁이나 방이 수취하는 지대가 상납 경로 상에서 누출(leakage)되는 주요 항목에 해당한다. '내무'와 '외무'의 궁속이 나누어 먹는 몫으로서, 급여의 일종으로 평가할 수 있다. 종래에는 향미가 수수료, 잡비, 부가세, 지방세, 중간비용 등으로 이해되기도 하였으나 설득력 있는 근거라고 하기는 어렵다. 또한 향미는 특정 궁이나 방에 한정된 것이 아니라 궁방 전체에 일반적으로 적용되는 것이었다.[32]

다음으로 도장(導掌)에 대해 살펴보자. 궁방에서 토지 등 각종의 재산을 관리하기 위한 도장이라는 제도는 17세기에 출현하였으며, 18~19세기에 일반적으로 활용되기에 이르렀다. 도장은 단순히 지대의 상납을 담당하는 자에 그치는 것이 아니라 해당 지역의 논이나 밭에 대한 경영에 개입하기도 하였다. 또한 엄밀히 말하면 도장은 궁이나 방에 속한 '외무' 계통의 인원이라기보다 궁이나 방에 속하지 않은 외부자로서 전답의 관리를 위탁받은 대리인, 즉 외주(外注)에 해당한다고 할 수 있다. 그래서 때로는 '지대청부업자'로 이해되기도 한다.

제실재산의 정리를 담당한 임시재산정리국(臨時財産整理局)에서 발간한 자료에 따르면[33] 조선 후기의 도장은 납가도장(納價導掌), 역가도장(役價導掌), 투탁도장(投託導掌), 작도장(作導掌) 등으로 분류할 수 있다. 납가도장은 "궁방에 일정한 금액을 납부해서 도장이 된 자", 역가도장은 "궁방 소속의 황무지를 개간해서 도장으로 임명된 자", 투탁도장은 "군수의 위압적인 주구나 기타 위험을 면하기 위해 궁방에 청해서 궁장토로 가장한 자", 작도장은 그 밖의 일반적인 도장으로 "주로 궁방에 공로가 있는 자"를 임명한 사례를 가리킨다. 하지만 이러한 구분이 얼마나 타당한지에 대해서는 논란의 여지가 있다.[34]

도장과 관련하여 주목할 만한 점은 두 가지이다. 하나는 궁방이 도장을 '임명'하거나 '교체'하였다는 점이고, 다른 하나는 궁방전의 관리나 상납의 권리를 가진 도장이 자신의 권리를 다른 사람에게 주고 대가를 받는 형식으로 '방매'할 수 있었다는 점이다. 도장의 임명에 관한 정보는 궁이나 방에서 발급한 도서패지를 통해 얻을 수 있다. 그리고 권리의 방매에 관한 정보는 도장권(導掌權)의 매매문기(賣買文記)를 통해서 알 수 있다.

도장의 임명 사실을 담은 도서패지의 일례는 〈그림 14〉와 같다. 맨 앞의 '여초리'는 인명이며, 이 문서의 수취자로서 도장으로 임명된 당사자를 가리킨다. 이름 앞에는 '노(奴)'라고 명시되어 있어서 사내종에게 도장의 임무를 맡긴 사례임을 알 수 있다. 또한 도서패지의 내용을 보면 상납의 임무뿐만 아니라 마름이 제대로 역할하지 못하는 부분을 도장이 조정하도록 하기도 했음을 알 수 있다. 맨 뒤에 적은 어의궁은 이 문서의 발급자에 해당한다.

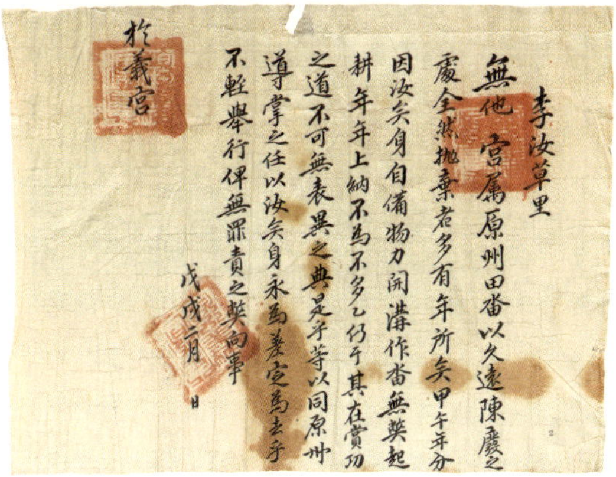

李汝草里
無他 宮屬原州田畓以久遠陳廢之
處全然抛棄者多有年所矣甲午年分
因汝矣身自備物力開墢作畓無弊起
耕年年上納不爲不多乙仍于其在賞功
之道不可無表異之典是乎等以同原州
導掌之任以汝矣身永爲差定爲去乎
不輕擧行俾無罪責之弊向事
戊戌二月 日
於義宮

그림 14 도장의 임명을 위해 궁방이 발급한 도서패지의 일례

(『강원도장토문적』 4책, 서울대학교 규장각한국학연구원 소장)

노(奴) 여초리(汝草里)

다름이 아니라 궁(宮)에 속한 원주(原州)의 논밭이 여러 해 동안 오래도록 묵어서 황폐해졌다고 하며, 마름 무리가 제 스스로 갈아 먹고서 상납하지 않는 정상(情狀)이 참으로 몹시 놀랄 만하므로 네가 도장(導掌)을 담당하여 격식을 바로잡고, 네가 올해부터 시작하여 사실대로 타작(打作)하여 상납하되 그중에서 혹시라도 묵어서 황폐해진 곳이 있으면 차례대로 조금씩 경작에 힘써서 관례대로 타작해서 상납할 것을 아울러 가볍지 않게 거행할 것.

갑오(甲午) 9월

어의궁(於義宮)

32 최근 연구에서 용동궁의 사례를 대상으로 하여 향미에 대한 실증 분석이 이루어진 바 있다. 조영준, 「조선후기 宮房의 地代 상납과 鄕味의 비중—『龍洞宮捧上冊』의 사례 분석—」, 『古文書硏究』 52, 2018, 267~286쪽.

33 朝鮮總督府 臨時財産整理局, 『임시재산정리국사무요강(臨時財産整理局事務要綱)』, 1911.

34 양선아, 「18·19세기 도장 경영지에서 궁방과 도장의 관계」, 『한국학연구』 36, 2011, 173~175쪽을 참조.

이러한 도서패지는 각종 아카이브에 소장되어 있으며, 특히 서울대학교 규장각한국학연구원(이하 규장각)에 집중되어 있다. 그런데 이러한 임명 관련 정보를 반드시 도서패지를 통해서만 얻을 수 있는 것은 아니다. 왜냐하면 도서패지의 내용을 베껴서 써 놓은[謄書] 각종의 등록에도 동일한 형식의 내역이 기재되어 있기 때문이다.[35] 따라서 궁과 방의 도장과 관련하여 임면이나 변경 등 상황을 종합하려 한다면 현존하는 도서패지를 망라해야 할 뿐만 아니라 각종 등록에 기재된 내용까지도 포괄할 필요가 있다.

〈그림 14〉와 같은 문서를 통해 임명을 받아 도장으로서의 임무를 수행하는 과정은 부담스러운 일이기도 했지만 그로부터 얻게 되는 이익도 만만치 않았던 것으로 보인다. 이런 이유 때문에 도장으로서의 권리가 매매되기에 이르렀고, 궁방 측에서 매매를 금지하지는 않았다. 도장이 행사하게 되는 토지 관리와 상납의 권리는 토지의 소유권과 별개로 성립하는 것이었기 때문이다. 도장권 매매문기는 조선 초기부터 정부에 의해 형식이 정해져 있었던 토지나 노비 또는 가옥의 '매매문기'와 거의 같은 형식으로 되어 있다. 조선 초기와의 차이점은 정부로부터 공증 받는 입안(立案)의 절차가 대부분 생략되었다는 데 있다.

도장권 매매문기는 도장문기(導掌文記)라고도 한다. 일종의 '유가증권'으로 이해되고 있을 정도로[36] 조선 후기에 재부를 축적하는 주요 수단의 하나로 기능하기도 했다. 도장권 매매문기 역시 각종 아카이브에 소장되어 있는데, 도서패지와 마찬가지로 특히 규장각에 집중되어 있다. 〈그림 15〉는 도장권 매매문기의 일례로서, 1777년 강원도 원주의 어의궁 장토에 대한 도장권을 거래한 내용을 담고 있다.

> 건륭 42년 정유(1777) 11월 30일 김광택(金光澤)에게 주는 명문(明文)
>
> 이 문기를 작성하는 까닭은 다음과 같다. 어의궁(於義宮)에 속한 원주(原州)의 논밭을 이흥택(李興澤)에게서 매득하여 대답(對答)하다가 긴요하게 쓸 데가 있어서 위의 사람에게 동전(錢文) 1,400냥으로 값을 정하여 수대로 서로 바꾸어 받고 도서(圖署) 2장, 소지(所志) 1장, 본래의 문기(本文記) 2장을 아울러 영구히 방매하니 뒷날에 동생(同生) 자손(子孫)·족속(族屬) 중에서 혹시라도 잡담이 있으면 이 문기로 관(官)에 고하여 바로잡을 것.
>
> 자필(自筆) 재주(財主) 임춘복(林春馥) 〔수결〕
>
> 증인(證人) 이진추(李震樞) 〔수결〕
>
> 임시화(林時華) 〔수결〕

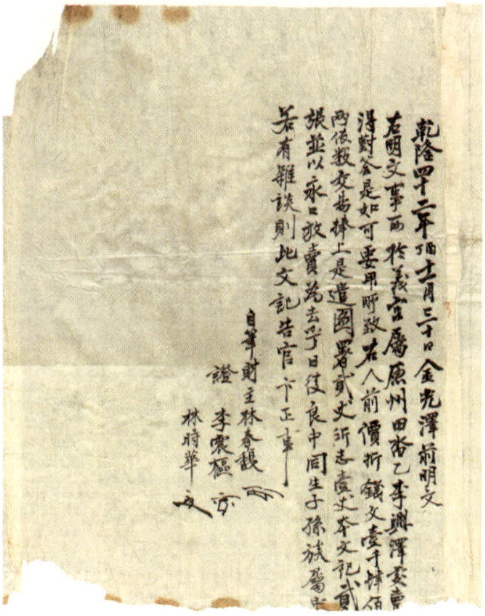

그림 15　도장권의 거래 내역을 담은 매매문기의 일례

(『강원도장토문적』 4책, 서울대학교 규장각한국학연구원 소장)

〈그림 15〉를 보면 '도장'이라는 표현은 보이지 않는다. 하지만 어의궁에 속한 '논밭'을 매득하여 '대답'하였다는 데서 '논밭'이 논밭의 관리 및 상납 권한임을, '대답'이 해당 업무를 맡아서 수행하였다는 뜻임을 알 수 있다. 만약 이 매매문기가 논이나 밭 자체의 거래에 관한 것이라면 해당 경지의 소재 지역[伏在], 자호(字號), 지번(地番), 결부(結負), 마지기[斗落只], 배미[夜味], 사표(四標) 등의 정보가 명시되어 있어야 했을 것이기 때문이다. 또한 마지막 부분에 작성자 임춘복이 스스로 답주(畓主)나 전주(田主)라는 표현 대신 재주(財主)라고 하였다는 점도 눈여겨볼 필요가 있다. 즉 〈그림 15〉는 도장권이 거래의 대상으로서 재산의 하나였음을 확인시켜 주고 있는 것이다.

도장에 임명되거나 도장의 권리를 취득한 사람의 신분에 대해서는 특별한 제한이 없는 것으로 알려져 있지만 대체로 평민 출신의 서울 거주자가 많았다는 연구가 있다.[37] 하지만 앞에서 도장이 '외주'의 형태였다고 소개한 것과 달리 실제로는 왕실 관계자가 도장으로서의 권리를 획득하여 축적한 사례가 많았던 것으로 보인다. 이와 관련해서는 뒤에서 일례를 소개한다. 특히 한말에 이르게 되면 이러한 경향이 더욱 강화된 것이 아닌

35 대표적인 사례로서 『용동궁등록』, 『용동궁공사책』, 『수진궁도서책』 등을 들 수 있다.

36 이영훈·박기주·이명휘·최상오, 『한국의 유가증권 100년사』, 해남, 2005, 44~48쪽.

37 裵英淳, 「韓末 司宮庄土에 있어서의 導掌의 存在形態」, 『韓國史硏究』 30, 1980, 113~114쪽.

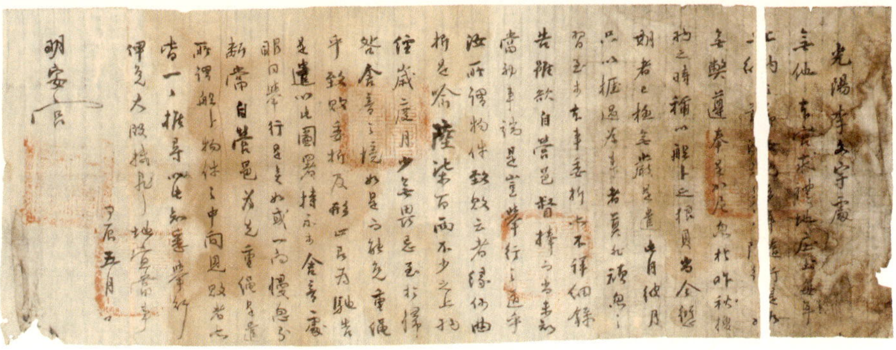

그림 16 「명안궁 도서패지」

가 한다.[38]

그런데 도장으로 임명된 사람이 궁을 대신하여 각지의 장토로부터 지대를 상납하는 의무가 제대로 지켜지지는 않았다. 도장의 입장에서는 궁에 많이 납부할수록 자신이 차지하는 몫이 줄어들기 마련이었고, 그래서 여러 가지 핑계를 대며 발뺌하려는 시도도 있었던 것으로 알려져 있다. 〈그림 16〉은 그와 관련된 일례로, 명안공주방에서 전라도 광양(光陽)의 이문우(李文宇)에게 발급한 도서패지이다.

〈그림 16〉의 내용을 보면 이문우는 구례(求禮)에 소재한 명안공주방의 장토를 담당하여 해마다 상납을 하도록 되어 있었는데 직전 연도에 선복(船卜)의 낭패(狼狽)를 핑계대며 건기(愆期: 정한 기일을 어김)하게 되었다고 한다. 하지만 상납하기로 한 돈은 600냥에서 700냥으로 적지 않은 금액이었는데 해를 넘겨서까지 계속 납부를 하지 않은 것은 큰 문제였고, 영읍(營邑)을 통해 독촉을 하면서도 배가 치패(致敗)된 경과에 대해서도 상세히 조사하겠다는 내용을 담고 있다. 아무래도 원격지의 토지로부터 서울까지 상송(上送)해야 하는 사정 때문에 도장에 대한 직접적인 통제가 어려웠고, 설혹 불의의 사고가 발생하더라도 그 진상이 즉각 파악되기에는 무리가 있었던 것이었다.

05

18~19세기의 전환, 내노비의 폐지와 새로운 권리의 등장

18~19세기에 궁방이 확보한 경제적 기반 중에서 가장 중요한 것이 장토였음은 이미 충분히 설명한 바와 같다. 장토 다음으로 무엇이 큰 비중을 차지하였는지 묻는다면 바로 답하기가 어렵다. 왜냐하면 시기에 따라 차이가 있었기 때문이다. 18세기에서 19세기로 전환하는 과정에서 궁방의 재산과 관련하여 크게 두 가지 변화가 있었다. 첫째는 노비 제도가 폐지되었다는 점, 둘째는 여러 가지 무형의 재산이 새롭게 추가되었다는 점이다.

우선 앞에서 언급한 바와 같이 1801년에 내노비가 폐지되었다. '내노비'의 '내(內)'는 대궐 또는 대내, 즉 왕실이나 궁중을 가리키는 개념이다. 그래서 내노비라고 하면 왕실의 여러 궁이나 방에서 소유한 전국 각지의 노비를 의미한다. 1801년에 폐지된 것으로는 내노비 외에 시노비(寺奴婢)도 있었다. '시노비'의 '시(寺)'는 관청을 가리키는 글자로서, 시노비는 곧 중앙 정부의 아문에서 소유한 전국 각지의 노비를 가리키는 것이다.

내노비의 폐지는 궁방의 살림살이에 직접적인 영향을 미쳤다. 왜냐하면 전국에 분산되어 있는 납공노비가 해마다 바쳤던 신공을 더 이상 궁방에서 수취할 수 없게 되었기 때문이다. 납공노비는 궁의 내부에서 부역을 제공함으로써 임무를 다한 입역노비와 달리

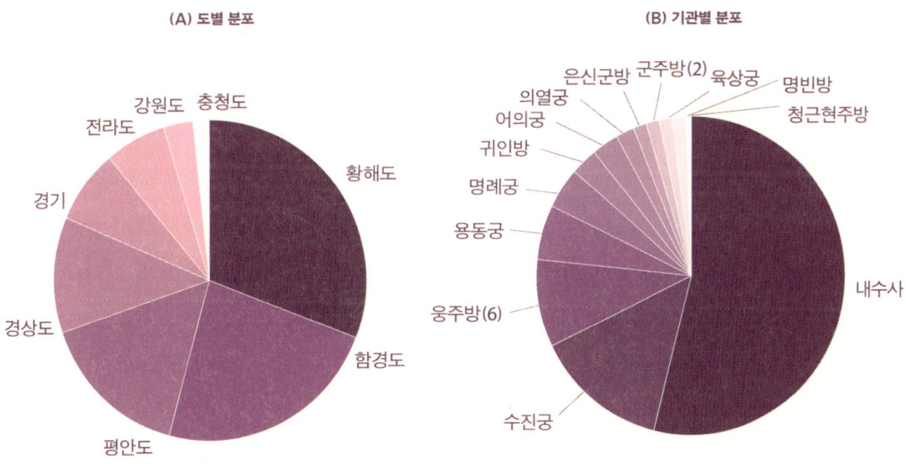

그림 17 1787년의 내노비 분포(『내수사급각궁방전답총결여노비총구도안』, 서울대학교 규장각한국학연구원 소장)
(B)의 괄호 안에 기재된 숫자는 처수(處數)를 가리킨다.

38 이와 관련해서는 양선아, 앞 논문, 189~191쪽을 참조.

궁과 멀리 떨어진 곳에서 경영의 독립성을 유지하며 자유롭게 생산 활동을 하였고, 현지에서 생산되는 물품의 종류에 따라 특산물을 바치기도 하고 포목을 납부하기도 하였다. 하지만 이는 어디까지나 18세기까지에 한정된 이야기이다.

1787년 기준으로 내수사를 비롯하여 각궁과 각방에서 보유한 노비의 구수(口數)를 집계한 자료에 따르면[39] 전국적으로 노(奴) 4,186구, 비(婢) 2,799구 등 도합 6,985구가 파악되었다. 도별로는 경기 524구, 강원 223구, 경상 801구, 전라 429구, 충청 116구, 평안 1,477구, 함경 1,572구, 황해 1,843구로 북부 지방에 집중되어 있음을 알 수 있다. 기관별로 보면 내수사 3,935구, 수진궁 1,091구, 용동궁 343구, 명례궁 308구, 귀인방 204구, 어의궁 148구 등의 순으로 주로 내수사와 4궁에 집중되어 있었다. 〈그림 17〉을 통해 이렇게 집중된 양상을 한눈에 확인할 수 있다.

한 가지 특이한 것은 〈그림 17〉에서 대군방, 공주방에 대해서는 배정된 노비가 전혀 확인되지 않는다는 점이다. 옹주방 여섯 곳, 군주방 두 곳, 현주방 한 곳에 대해 노비의 배정 내역이 기재되어 있고, 왕자방의 경우에는 은신군방에 대해서만 노비의 내역이 확인된다.[40] 토지와 달리 노비에 대해서는 법전을 비롯하여 국가 차원에서의 정식(定式)이 별도로 규정되어 있지 않았던 것으로 보인다.

〈그림 17〉과 같이 전국적으로 산재해 있던 노비가 바로 납공노비이다. 1787년 통계에서 한 가지 주목되는 점은 '궁'이 아닌 '방'의 경우 내노비와 시노비로 구분하여 기재된 사례가 대부분이라는 점이다. 이는 왕실에 속한 노비 외에 아문에 속한 노비도 왕실의 방과 일정한 관련을 맺고 있었음을 보여 준다.

그런데 위와 같은 집계 변수만으로는 각궁과 각방에 속한 노비가 구체적으로 어떤 자들이었는지에 대해 알 수 없다. 세부 내역을 확보할 수 있는 방법으로 호구단자(戶口單子)나 준호구(准戶口) 등의 고문서를 이용할 수 있다. 예컨대 영조가 즉위하기 전인 연잉군방 시절의 입역노비 보유 규모에 대해 1714년과 1717년의 호구단자 및 준호구에 기재된 솔노비질(率奴婢秩)과 사환노비질(使喚奴婢秩)을 통해 파악할 수 있다. 작성 연도가 다른 두 시점의 자료가 확보되기 때문에 그동안의 변동 상황에 관해서도 알 수 있다.[41]

또 다른 예로 명안공주의 남편인 해창위 오태주의 호구단자를 들 수 있다. 〈그림 18〉은 그가 스무 살이던 1687년에 한성부에 제출한 것으로, 역시 솔노비질이 포함되어 있다. 연잉군의 경우보다 더 자세하게 기록되어 있는데, 총 31구의 노비 정보가 열록되어 있으며, 이름, 나이, 부모, 부모의 신분, 배우자, 자녀 등에 관한 정보까지 포괄하였다. 한 가지 주목할 부분은 용동궁노(龍洞宮奴) 1구가 보인다는 점이다. 앞에서 강조한 궁과 방의 불

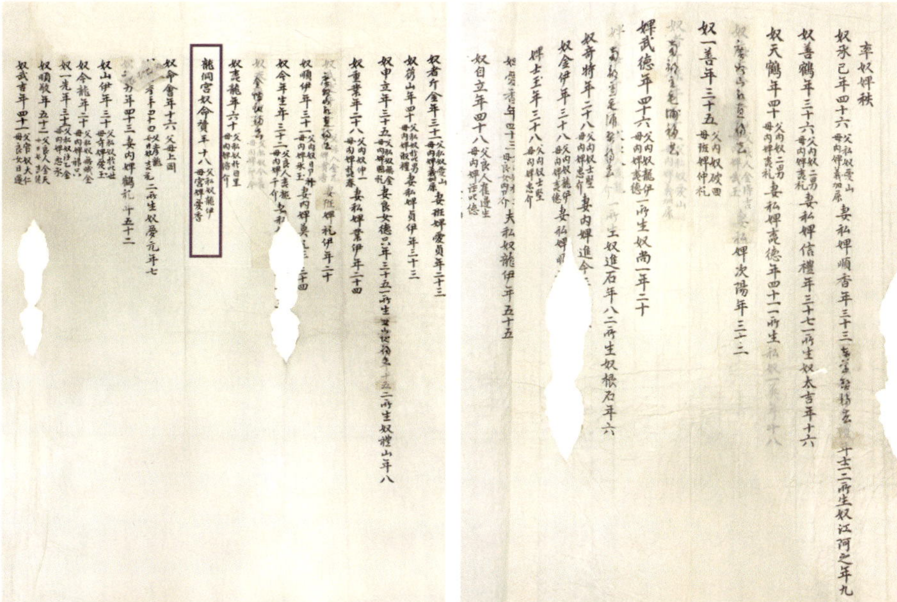

그림 18 1687년 해창위 오태주의 호구단자에 기재된 솔노비질

표시한 부분에 "龍洞宮奴命贊年十八/父私奴龍伊/母宮婢愛香"이라고 되어 있다.('/'는 줄 바꿈을 의미함. 이하 동일.)

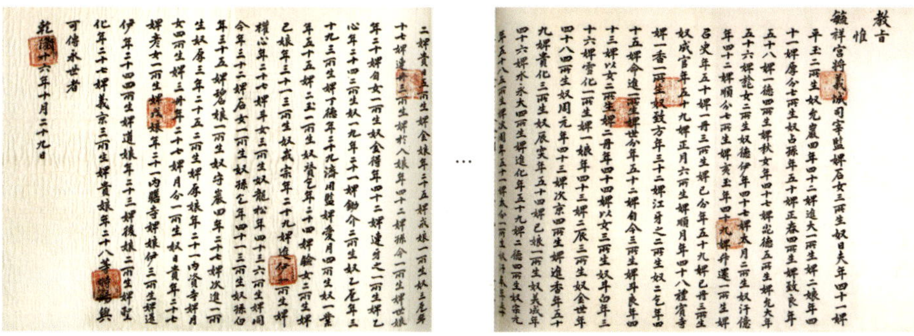

그림 19 「육상궁 노비사패교지」(부분), (1751년, 한국학중앙연구원 장서각 소장)

39 『내수사급각궁방전답총결여노비총구도안』.

40 이러한 집계가 얼마나 신뢰할 만한지에 대해서는 별도의 논의가 필요하다. 왜냐하면 『내수사급각궁방전답총결여노비총구도안』의 기재 양식으로 판단컨대 모든 궁방에 대해서 동일한 기준이나 형식이 확인되는 것이 아니기 때문이다. 이와 관련하여 "전체 책자가 일관성을 가지고 작성되지 않았"으며, "내수사가 직접 각 궁방의 전답을 조사하여 작성한 것이 아니라 각 궁방이 자체적으로 조사하여 보고한 내용을 단순히 수합하여 묶은 후 정서한 것"임이 지적된 바 있다. 조영준, 앞 책, 2016, 57쪽을 참조.

41 조영준, 앞 논문, 2013, 128쪽.

가분성이 여기서도 잘 드러나는 셈이다.

납공노비의 인적 사항에 대해서는 정보를 찾기가 더 어려운 편인데 예외적으로 연잉군방의 사례에서는 1717년의 노비사패교지(奴婢賜牌教旨)에서 인원을 파악할 수 있으며,[42] 육상궁의 사례에서도 〈그림 19〉에서와 같이 노비의 구체적 내역이 확보된다. 하지만 이런 고문서가 현존하는 사례는 많지 않아서 전체 궁방의 노비 보유 실태에 대해 속속들이 알기는 어렵다. 게다가 궁방의 재산인 노비가 매매된 사례는 찾아보기가 쉽지 않다. 궁방이 방매자인 노비매매문기(奴婢賣買文記)가 현존하는 경우가 거의 확인되지 않기 때문이다. 그 이유에 대해서는 여러 가지를 생각해 볼 수 있겠으나 이른바 비총제(比摠制)의 시행과 관련되어 있을 가능성이 높다.

아무튼 1801년이 되면 더 이상 궁방에 속한 노비는 제도적으로 존재할 수 없게 된다. 그래서 당장 발생하게 되는 문제가 폐지된 신공으로부터의 수입을 다른 방법으로 보전해야 한다는 점이었다. 그렇지 않으면 궁방이나 아문이 받게 되는 재정적 타격을 완화하기 어려웠을 것이기 때문이다. 그래서 시행된 조치가 노비공(奴婢貢) 급대(給代)이다. 급대에 소요된 재원으로는 장용영(壯勇營)의 자산이 중심이 되었고, 1802년에 장용영을 폐지하여 확보된 몫으로 각 궁방이나 아문에 대한 급대 분량을 결정하여 지급하였다.[43]

하지만 이는 어디까지나 일시적 방편에 불과한 것이었다. 장기적 관점에서 보았을 때 18세기에 비해 19세기에 궁방의 재정 상황이 구조적으로 악화되는 결과를 낳게 될 수밖에 없었다. 아마도 이러한 사정이 전제되었기에 19세기의 궁방전 개혁도 과감하게 추진되지 못한 것이 아닌가 생각된다. 한 가지 짚어 두어야 할 점은 19세기에도 지속적으로

물론 앞에서 언급한 '하인' 성격의 노자와 비자는 여전이 궁속(宮屬)으로 유지되었다. 이들은 신분상 천민이 아니었으므로 여러 형태로 급여를 지급받는 대상이었다.

궁방의 수입으로서 노비공 급대가 확보되고 있었다는 점이다. 이는 균역청(均役廳)에서 이래(移來)되는 형식이었으며, 18세기에 이미 시행되었던 균역청 급대가 19세기에도 명목상 그대로 유지되고 있었던 것에 해당한다.[44] 따라서 19세기에 노비 관련 수입이 있었다 하더라도 당시에 실제로 노비를 보유하였던 것은 아님에 유의할 필요가 있다.

물론 앞에서 언급한 '하인' 성격의 노자와 비자는 여전이 궁속(宮屬)으로 유지되었다. 이들은 신분상 천민이 아니었으므로 여러 형태로 급여를 지급받는 대상이었다. 분명하지는 않으나 18세기의 입역노비가 19세기까지 계승된 것으로 추정된다. 이들 노자·비자의 다양한 종류에 관해 설명한 바에 따르면 개별 노·비자의 명칭에 업무가 반영되어 있었다.[45]

예컨대 노자의 경우 고지기노자[庫直奴子], 무역노자(貿易奴子), 사환노자(使喚奴子), 색장노자(色掌奴子), 좌견노자(佐牽奴子), 차래노자(借來奴子), 배행노자(陪行奴子), 부촉노자(扶囑奴子), 교군노자(轎軍奴子), 수직노자(守直奴子), 순경노자(巡更奴子), 봉서노자(封書奴子), 겪이노자[役只奴子], 구종노자(驅從奴子), 마부노자(馬夫奴子) 등이 있었고, 비자의 경우 수식비자(首飾婢子), 용정비자(舂精婢子), 주모비자(酒母婢子), 향로비자(香爐婢子), 수라거행비자(水剌擧行婢子), 의장차비비자(儀仗差備婢子), 도침비자(搗砧婢子), 포백비자(曝白婢子), 대함비자(戴函婢子), 수비비자(水飛婢子), 시비자(市婢子) 등이 확인되고 있다.

물론 이러한 명칭이 반드시 각기 맡은 임무를 분장한 결과라고 단정하기는 어렵다. 고지기노자의 경우 하인의 우두머리 성격을 띠고 있었으므로 고정적인 임무가 부여되었다고 할 수 있으나 나머지 노자나 비자들은 그때그때 부여되는 일감에 따라 지칭되었을 가능성이 있기 때문이다. 다만 특정한 기능을 전문적으로 갖추어 특정 업무를 전담하였을 것으로 추정되는 사례도 있다. 숙수노자(熟手奴子), 이장노자(泥匠奴子), 개장노자(盖匠奴子), 와장노자(瓦匠奴子) 등이 대표적이다. 숙수는 궁중의 조리사를, 이장은 미장이를, 개장이나 와장은 기와장이를 가리키는 용어이다.

결국 노비는 19세기 들어와서 더 이상 '재원'으로 기능할 수 없게 되고 '직원'으로 남

42 조영준, 앞 논문, 2013, 128~129쪽.

43 平木實, 『朝鮮後期奴婢制研究』, 知識産業社, 1982, 200~204쪽.

44 『만기요람(萬機要覽)』 재용편(財用編) 3에 따르면 1사 4궁의 노비공 급대는 내수사가 돈 6,141냥 9돈 9푼, 육상궁이 돈 489냥 7돈, 명례궁이 무명 1동 12필 반, 돈 350냥 7돈 9푼, 수진궁이 돈 919냥 3돈 4푼, 어의궁이 돈 196냥 6돈 7푼, 용동궁이 돈 453냥 3돈 4푼이다.

45 조영준, 앞 책, 2016, 40~41쪽.

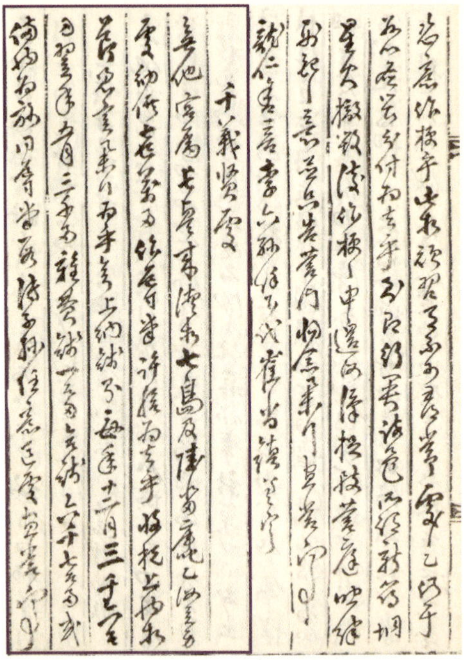

그림 20 천의현을 장흥 도장에 임명한 도서패지의 등서 내역

(『용동궁등록』 2책(玄), 서울대학교 규장각한국학연구원 소장)

게 된 반면에 앞에서 소개한 도장권의 경우 활발하게 매매되고 유통되는 경향을 보이게 되었다. 18세기에도 도장권이 특정 인물에게 보유된 사례가 있으나 그 집적 양상이 본격화하는 것은 역시 19세기이며, 특히 19세기 후반에 다수의 사례가 확인된 바 있다.[46] 도장권은 여객주인권(旅客主人權), 공물주인권(貢物主人權) 등과 더불어 특정인에게 집중되었다. 이는 전업적으로 도장의 책무를 맡아 수행하였다기보다 해당 권리를 소유하거나 집적하려는 시도가 많았음을 의미하며, 실제로 일을 하는 사람은 따로 있었던 것으로 보인다. 이른바 '소유와 경영의 분리' 현상이 나타난 것으로 이해할 수도 있다.

그런데 기존 연구에서 확인한 각종 권리의 집중 사례에서는 주목되는 점이 한 가지 있는데, 궁의 장무(掌務) 직책을 맡게 된 자가 그 이후 여러 가지 권리를 보유하게 된 경우가 있다는 것이다. 예컨대 수진궁에서 1850년에 장무직을 맡은 천의현(千義賢)이라는 인물이 있었다. 천의현이 이후에 획득한 것으로 확인되는 권리를 나열해 보면 1858년에 전라도 장흥 지역의 용동궁 도장으로 임명되었고, 같은 해에 경기도 수원 지역의 수진궁 도장권을 방매하였으며, 1867년에는 남양·당진·해미 지역의 여객주인권을 방매하였고,[47] 1868~1870년에는 봉상시와 사복시의 공인권을 집적하기에 이르렀다. 이는 왕실이라는

권력에 의탁한 자가 경제적 권리까지 겸병(兼併)한 사례로 잘 알려져 있다.[48]

〈그림 20〉은 천의현을 전라도 장흥(長興)의 도장으로 임명하는 문서를 베껴 적은 것이다. 내용을 살펴보면 장흥에 소재한 내덕도(來德島) 등 일곱 곳의 섬과 육답(陸畓)에 대한 도장으로 임명하되 1만 냥이 납가(納價)되었음을 알 수 있다. 앞에서 소개한 납가도장의 일종이다. 해당 도장에게 부여된 임무는 해마다 12월에 3,600냥, 이듬해 5월에 3,000냥, 잡비 100냥 등 도합 6,700냥을 상납하는 것이었다. 또한 그 권리는 자손에게 상속할 수도 있고 임의로 처분할 수도 있게끔 규정되었다.

그렇다면 천의현은 어떤 인물이었을까? 『조선왕조실록』을 살펴보면 병인양요(丙寅洋擾)가 발생한 1866년에 순무영(巡撫營)에 군량을 기부한 자들의 명단이 수록되어 있으며, 그중에서 천의현이 300냥을 납부하였음이 확인된다.[49] 실록에서는 더 이상 자세한 정보를 얻을 수 없지만 『승정원일기』에는 추가 정보를 담은 기사들이 확인되므로, 그의 이력을 찬찬히 살펴보도록 하자.

천의현은 1856년에 병조(兵曹)의 주부(主簿)가 된 무관이었는데,[50] 1858년에는 사복시(司僕寺)에서 진도(珍島)의 감목관(監牧官)직을 맡았으며,[51] 1864년 4월에는 통정(通政)에 가자(加資)되고[52] 오위장(五衛將)[53]과 첨지(僉知)[54]에 임명되었다. 그러나 병이 들어 교체되었고,[55] 같은 해 7월에 『선원보략(璿源譜略)』을 수정할 때 별간역(別看役)으로 임명되었는데, 당시의 품계는 절충장군(折衝將軍)이었다.[56] 1865년 4월에 외직(外職)에 제수될 때까지 『선원보략』 수정의 별간역을 맡은 것으로 보인다.[57] 1868년에는 병조의 분오

46 조영준, 「조선후기 여객주인(旅客主人) 및 여객주인권(旅客主人權) 재론—경기·충청 장토문적(庄土文績)의 재구성을 통하여—」, 『잡담(雜談)과 빙고(憑考): 경기·충청 장토문적으로 보는 조선 후기 여객주인권』, 소명출판, 2013, 523~526쪽.

47 매매문기를 통해 방매한 내역만 확인되는 경우 취득 시기는 불명이다.

48 조영준, 앞 논문, 2013, 524쪽.

49 『고종실록』 3권, 고종 3년(1866) 10월 20일(을사).

50 『승정원일기』 2585책, 철종 7년 11월 7일 신유.

51 『승정원일기』 2609책, 철종 9년 11월 30일 신축.

52 통정대부(通政大夫)로 품계를 올렸다는 의미이다. 『승정원일기』 2676책, 고종 1년 4월 16일 병술.

53 『승정원일기』 2676책, 고종 1년 4월 29일 기해.

54 첨지중추부사(僉知中樞府事)를 가리킨다. 『승정원일기』 2676책, 고종 1년 4월 29일 기해.

55 『승정원일기』 2677책, 고종 1년 5월 9일 무신.

56 『승정원일기』 2679책, 고종 1년 7월 10일 무신.

57 『승정원일기』 2688책, 고종 2년 4월 10일 갑술.

위장(分五衛將)이 되었다가[58] 감하(減下)되었으며,[59] 1871년 3월에는 숙설감관(熟設監官)으로 다시 등장하는데 가자되었음이 확인된다.[60] 같은 해 4월에 또 오위장이 되었으나[61] 며칠 후 병으로 인해 교체를 신청하였지만,[62] 다시 동지(同知)에 임명되기에 이르렀다.[63]

이처럼 천의현은 무관이면서 최고 직책이 종2품에 이르렀을 정도로 꽤나 높은 관직을 거친 자였으며, 무관이 되기 이전에 이미 수진궁의 장무를 맡고 있었다. 이후 무형의 재산을 축적하는 과정과 관직에 제수되는 과정이 기간 상 중첩되고 있음을 알 수 있다. 당시에 도장권을 매집한 인물의 면면을 모두 추적해 볼 필요가 있겠으나 이렇게 권력과 경제적 이권을 모두 갖추어서 긴밀히 결합된 사례가 드물지는 않았을 것으로 보인다. 또한 그렇게 획득한 각종의 권리를 지속적으로 보유한 것이 아니라 필요에 따라 방매하여 현금을 획득하는 방식으로 '유가증권'의 유통시장에 참여하고 있었다.[64]

이렇게 각종 권리가 거래되는 일종의 유가증권 시장이 발행시장 및 유통시장의 형태로 형성된 결과 장기적으로 거래 가격의 상승 추세가 있었던 것으로 여러 사례에서 확인되었다. 하지만 그러한 가격의 변동이 수요와 공급이라는 시장 요인에 의한 것인지에 대해서는 의문이 제기된 바 있으며, 오히려 외생 충격에 따른 가격 추세일 가능성을 배제하기 어렵다.[65]

06
왕실 의례를 위한 별궁의 주요 기능, 혼례와 제례

왕실 문화를 다룬 기존의 연구 성과 가운데 대부분은 별궁의 주요 기능에 관하여 왕실의 가례(嘉禮) 준비에 집중해서 설명하고 있다.[66] 이는 별궁의 범주를 좁은 의미로 특정하여 '가례 별궁'에 한정하는 것이 통상적이었음을 보여 준다. 이 책에서처럼 넓은 의미의 별궁을 상정한 경우도 없지는 않았는데, 이른바 본궁(本宮) 또는 속궁(屬宮) 등의 사장(私藏)에 대해서까지 포괄적으로 다룬 사례가 있었다.[67] 하지만 별궁의 주요 기능이 가례 이외에 어떤 것에까지 이르고 있었는지를 구체적으로 탐구한 사례는 잘 알려진 바 없다.

궁방 일반을 별궁에 포함하는 이 책의 관점에서는 별궁의 기능이 가례 준비에만 한정되지 않으며, 다양한 형태의 의례를 위해 별궁이 사용되었다고 본다. 또한 단순히 의례를 거행하는데에 별궁이 활용되었다는 차원을 넘어 각종 의례에 물자를 조달하고 공급하는 경제적 기능을 충실히 하였다는 점에 주목하고자 한다. 재원의 마련이나 비용의 지출까지 고려하지 않고서 겉으로 드러나는 의례의 외관에만 이끌려서는 곤란하기 때문이다.[68]

기존 연구에서 왕실의 가례와 관련하여 여러 이야기를 소개한 바 있으므로 여기에서는 한 가지 간과되고 있는 점만 소개해 둔다. 그것은 바로 왕실의 가례를 위해 서울의 시전(市廛) 상인이 동원되어 기여하고 있었다는 사실이다. 그러한 정보를 담은 일례로 일본 교토대학 가와이문고에 소장된 면주전(綿紬廛) 자료 가운데 「영혜옹주길례차지등록(永惠翁主吉禮次知謄錄)」이 있다. 〈그림 21〉에서 볼 수 있듯이 임신년(1872)에 작성된 것으로, 영혜옹주(永惠翁主)와 부마 박영효(朴泳孝, 1861~1939)가 혼인할 당시 면주전에서 담당한 물품의 조달 내역을 기록하고 있다.

면주전은 조선 후기 서울의 육주비전[六矣廛] 중 하나였으며, 취급 물종은 국내산 비단이었다.[69] 〈그림 21〉을 보면 여러 가지 비단이 조비(措備)되었음을 알 수 있는데,[70] 크게 나누어 수주(水紬)와 토주(吐紬)가 보인다. 이들 비단은 색깔에 따라 백(白), 대홍(大紅), 초록(草綠), 자적(紫赤), 아청(牙靑) 등으로 구분되어 있었다. 이어지는 진배(進排) 내역을

58 『승정원일기』 2729책, 고종 5년 7월 14일 기축.

59 『승정원일기』 2729책, 고종 5년 7월 20일 을미.

60 『승정원일기』 2762책, 고종 8년 3월 20일 경술.

61 『승정원일기』 2763책, 고종 8년 4월 19일 무인.

62 『승정원일기』 2763책, 고종 8년 4월 24일 계미.

63 동지중추부사(同知中樞府事)를 가리킨다. 『승정원일기』 2763책, 고종 8년 4월 24일 계미.

64 도장의 경우 임명으로 권리가 창출되는 것이 '발행시장'이라면 그 권리가 매매되는 것은 '유통시장'에 해당한다. 여기서 '시장'이란 구체적 시장이 아니라 수요와 공급이 만나서 교역하는 추상적 시장을 가리킨다.

65 조영준, 앞 논문, 2013, 526~531쪽.

66 신병주, 『조선 왕실의 혼례 이야기』, 서울특별시사편찬위원회, 2011, 93~121쪽. 신병주·박례경·송지원·이은주, 『왕실의 혼례식 풍경』, 돌베개, 2013, 78~82쪽. 윤혜민, 「조선시대 예비 왕비의 공간, '별궁(別宮)'」, 『선비문화』 28, 2015, 48~57쪽. 임민혁, 『조선 국왕 장가보내기』구혼과 처녀간택부터 첫날밤까지 국왕 혼례의 모든 것—』, 글항아리, 2017, 117~149쪽.

67 신명호, 「별궁을 두어 전토, 노비, 곡식을 소유하다」, 『조선의 역사를 지켜온 왕실 여성』, 국립고궁박물관, 2014, 247~275쪽.

68 기존 연구에서는 '가례 별궁'의 일례로 어의궁을 자주 거론하는데, 광의의 별궁이라는 시각을 설정하게 된다면 어의궁을 별궁의 일종으로 파악하는 것이 아니라 어의궁이 활용된 다양한 용도 중 하나가 '별궁'이었다고 할 수 있다. 즉 별궁이라는 개념을 둘러싼 다양한 용어 사이에 포함 관계가 어떻게 적용될 수 있을지를 다면적으로 고려해야 한다.

69 비단을 취급한 시전으로는 선전[立廛]과 면주전이 있었다. 선전은 중국산 비단, 면주전은 국내산 비단을 취급하였다. 면주는 명주(明紬)와 같은 말이다.

70 '조비'란 마련하여 준비한다는 뜻이다.

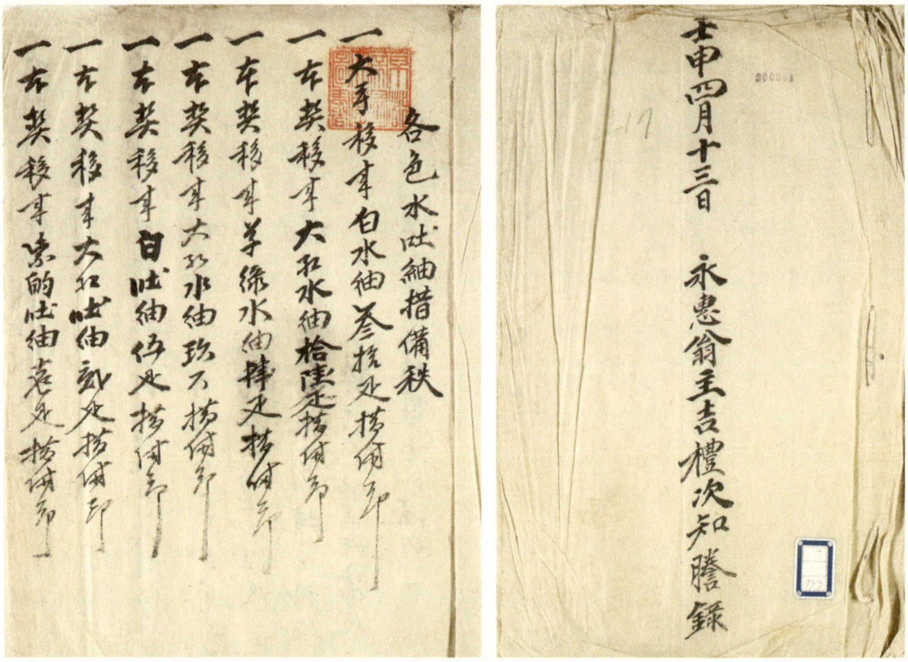

壬申四月十三日 永惠翁主吉禮次知謄錄

그림 21 영혜옹주의 길례에 시전 상인이 부담한 내역(「영혜옹주길례차지등록」, 일본 교토대학 가와이문고 소장)

보면 유적리(襦赤里)·유명삼(襦明衫)·유적마(襦赤亇) 등으로 표기된 다양한 의대(衣襨)가 나열되어 있으며, 각각의 복색에 소요되는 비단의 종류와 수량이 상세히 기재되어 있다. 가례에 쓰이는 화려한 의복의 조달이 어떤 방식으로 이루어졌는지에 대해 구체적으로 알 수 있는 소중한 정보이다.

이하에서는 별궁이 가례 이외의 의례와 어떤 식으로 관계되어 있었는지, 그 기능적 측면을 중심으로 소개한다. 가례 이외에 특별히 주목할 만한 의례는 '제례'이다. 왕실과의 관계가 밀접하면서 규모가 큰 일곱 궁의 경우 명례궁·수진궁·용동궁·어의궁 등의 4궁은 생존한 왕실 일가의 일상적 소비를 위한 것이고, 육상궁·경우궁·선희궁 등의 3궁은 사망 후의 제사를 지내기 위한 것으로 알려져 있다. 하지만 일상적 소비를 주로 담당한 4궁의 경우에도 제례의 기능을 갖추고 있었으므로 이들 일곱 궁은 모두 '잠재적 제궁'이었다고 할 수 있다. 또한 후궁방이나 왕자녀의 방에서도 이른바 '생애주기'에 따라 생존 시에는 조달을 담당하지만 죽고 나면 제사를 맡아서 거행해야 하는 제궁으로 전환되기 마련이었다.

이러한 제궁으로서의 역할과 관련하여 가장 주목할 만한 두 곳의 궁이 있는데, 바로 수진궁과 육상궁이다. 이들 궁은 특정 인물에 대한 제례만 맡은 것이 아니라 여러 사람의 신주를 합사(合祀)하여 제사를 일괄 거행하였다는 점에서 차별화된다. 종래에는 육상궁을 비롯한 사묘(私廟)에 대한 소개가 많이 이루어진 반면에[71] 수진궁에 대해서는 그다지 자세하게 알려진 바가 없었다. 수진궁은 본래 예종(睿宗)의 둘째 아들 제안대군(齊安大君) 현(琄)의 사저(私邸)였다가 18세기 중엽 이후 합사 기능이 본격화되면서 20위(位)의 사판(祠版)을 봉안하기에 이르렀다. 제사는 묘소 제사[墓祭]와 사당 제사[廟祭]의 두 가지를 거행하였으며, 제사의 시기나 예법이 문란해지자 1776년에 『수진궁상제등록(壽進宮上祭謄錄)』을 만들어 폐단을 바로잡았다.

이때 정리된 합사 상황을 보면 평원대군(平原大君)·강녕부부인(江寧府夫人)·제안대군·상산부부인(商山府夫人)·영창대군(永昌大君)·용성대군(龍城大君) 등 6위, 의창군(義昌君)·양천군부인(陽川君夫人)·낙선군(樂善君)·동원군부인(東原郡夫人) 등 4위, 숙신공주(淑愼公主) 1위, 명선공주(明善公主)·명혜공주(明惠公主) 등 2위, 귀인김씨(貴人金氏)·소의유씨(昭儀劉氏) 등 2위의 총 15위를 다섯 사당[五廟]에 봉안하여 묘제(廟祭)를 설행(設行)하였다. 묘소는 광주(廣州), 풍양(豐壤), 청송(青松), 서산(西山), 망우리(忘憂里), 진관(津寬) 등지에 자리하고 있었는데, 시향(時享)은 사당과 묘소에서 모두 지냈다. 사당이 없는 사판도 있었으며, 대군아기씨[大君阿只氏], 숙의나씨(淑儀羅氏), 숙원장씨(淑媛張氏), 명빈김씨(明嬪金氏), 증경빈이씨(贈慶嬪李氏) 등 다섯이었다. 이들에 대해서는 묘소에서만 제사를 지냈다.

이후에도 1865년에 이르기까지 숙의박씨(淑儀朴氏), 영온옹주(永溫翁主) 등의 사당과 묘소의 제사가 수진궁에 추가되었고, 인성대군(仁城大君)과 원빈홍씨(元嬪洪氏)의 경우에는 묘소 제사만 추가되었다. 이때까지의 제사 거행과 관련하여 수진궁의 지출 내역을 기재한 회계 장부 『수진궁차하책[壽進宮上下冊]』에 제수 비용이 모두 기재되었다. 사당 및 묘소의 제사 각각에 대한 비용이 하나하나 확인됨은 물론이다.

그러다가 1865년 12월에 〈그림 22〉의 '제향신정식(祭享新定式)'이 마련되어 1866년부터는 제사의 횟수를 줄였을 뿐만 아니라 수진궁 원고(元庫)의 회계를 통해 지출하던 비용을 별록(別錄)하여 성책(成冊)하는 조치를 하게 된다. 앞에서 소개한 17위의 사판은 사당과 묘소에서, 나머지 7위의 사판은 묘소에서만 각각 제사를 지내게 되었다. 총 24위 가운데 부부가 합장된 사례가 4곳이어서 고종조에 제향을 거행한 실제 묘소는 20처였고, 양주에 가장 많은 10처가, 광주에는 6처, 고양에는 4처가 있었다.[72]

71 조재모·심우갑, 「英·正祖代의 王室私廟 建立과 影響」, 『大韓建築學會論文集』 18(7), 2002, 123~132쪽. 李賢珍, 「영·정조대 육상궁의 조성과 운영」, 『震檀學報』 107, 2009, 93~128쪽.

72 이상에서 정리한 수진궁의 제향과 관련한 자세한 사항은 조영준, 앞 책, 2016, 297~303쪽의 '보론'을 참조.

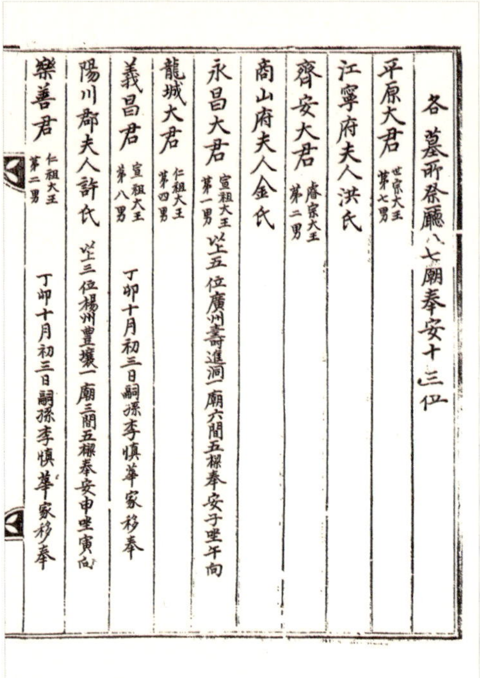

各墓所祭廳八七廟奉安十三位
平原大君 世宗大王第七男
江寧府夫人洪氏
齊安大君 睿宗大王第二男
商山府夫人金氏
永昌大君 宣祖大王第一男 以上五位廣州壽進洞一廟六間五樑奉安子坐午向
龍城大君 仁祖大王第四男
義昌君 宣祖大王第八男 丁卯十月初三日嗣孫李愼華家移奉
陽川郡夫人許氏 以上三位楊州豊壤一廟三間五樑奉安申坐寅向
樂善君 仁祖大王第二男 丁卯十月初三日嗣孫李愼華家移奉

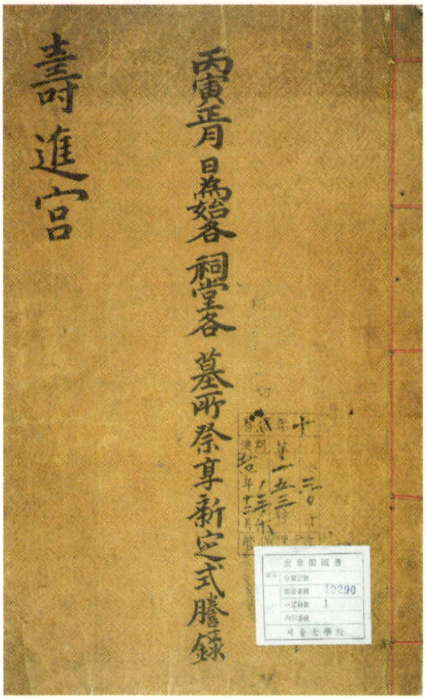

그림 22 1866년부터 거행된 수진궁의 제향에 대한 새로운 정식(『각사당각묘소제향신정식등록』, 서울대학교 규장각한국학연구원 소장)

각 방에서의 제사 거행과 관련된 구체적 정보는 수진궁에 합사되기 이전의 영온옹주방 사례를 통해 확인할 수 있다.73 영온옹주방의 회계 기록으로서 1850년부터 1852년까지 3개년에 대해 해마다 1책씩 작성된 『영온옹주방차하책』이 현존하기 때문이다(〈그림 23〉 참조). 영온옹주가 죽은 것이 1829년이므로 이 차하책에는 옹주의 생계 유지를 위한 내역은 당연히 찾을 수 없으며, 제사와 관련된 내용이 중심을 이루고 있다. 옹주가 죽은 지 20여 년이 경과한 뒤에 이르기까지 어떤 종류의 제사가 실제로 어떻게 거행되고 있었는지를 그대로 전하고 있는 것이다.

이 차하책에 따르면 영온옹주방에서는 고사(告祀)와 차례(茶禮)의 두 가지 제사가 거행되었다. 고사는 정기적으로 거행된 것으로, 거의 2개월마다 치러졌다. 그밖에도 장을 담그는[沈醬] 등 특수 목적과 관련하여 고사가 치러지기도 했으며, 부정기적으로 별고사(別告祀)를 치르기도 했다. 차례는 영온옹주방에서 가장 자주 치른 제사였으며, 각종 명절 등 절기마다 치른 것, 탄일(誕日)의 생신(生辰)과 기일(忌日)의 기신(忌辰), 그리고 초하루와 보름에 지낸 삭다례(朔茶禮)와 망다례(望茶禮) 등 크게 세 가지 유형으로 구분할 수 있다.

차례를 치르기 위해 영온옹주방에서 지출한 연간 금액을 동전으로 합계하면 대략

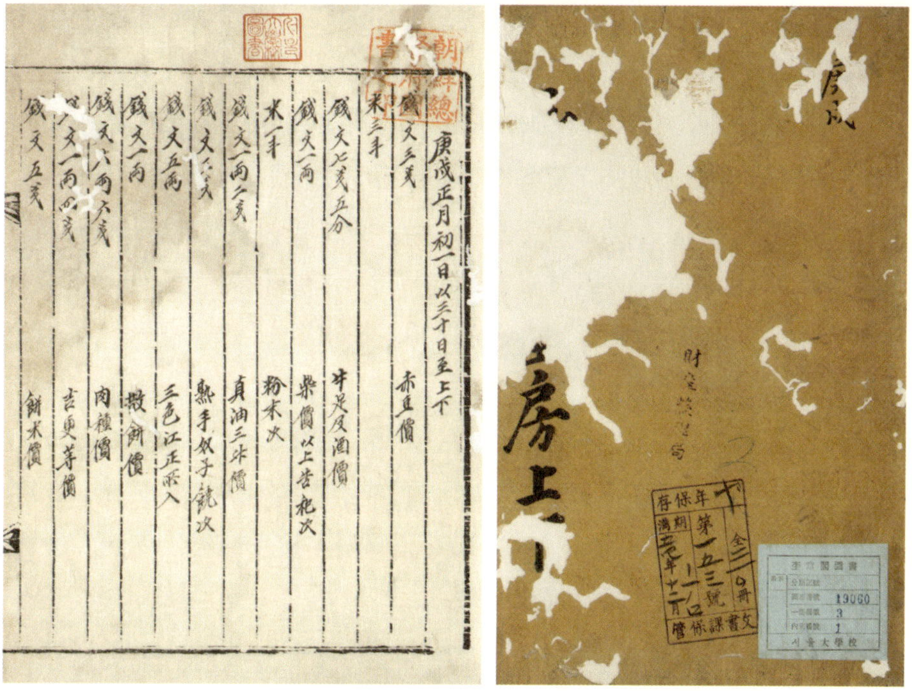

그림 23 영온옹주방의 지출을 기록한 회계 장부(『영온옹주방차하책』, 서울대학교 규장각한국학연구원 소장)

550냥을 전후한 수준인 것으로 보인다. 가장 많은 금액이 지출된 경우는 역시 기제사에 해당하는 기신이었으며, 3년간 해마다 101냥 1돈 5푼으로 동일했다. 다른 제사의 경우에도 대체로 비용이 고정되어 있었는데, 이는 차례를 지내기 위한 정식(定式)이 마련되어 있어 그에 따라 상차림을 공식화하고 있었음을 시사한다.

영온옹주방에서는 고사나 차례 거행에 소요되는 각종의 품목을 구입해서 비치하였다. 차하책에 따르면 황촉(黃燭), 지승(紙繩), 단향(丹香), 합갑(蛤甲), 녹말(菉末), 사롱(紗籠), 산저(散著) 등이 상비 품목으로 구입되고 유지되었음을 알 수 있다. 영온옹주방에서는 1년 내내 각종 고사와 차례가 '꼬리에 꼬리를 물고' 이어졌으며, 그야말로 쉴 새 없이 제사를 치르는 명실상부한 '제궁'이었다.

요컨대 궁방으로 알려진 조선 후기의 모든 기관은 제궁의 기능을 수행하였으며, 제사가 궁의 본연의 목적이냐 아니냐에 따라 정도의 차이가 있었을 뿐이다. 항시적으로 제사를 전담한 궁은 제궁으로서, 육상궁과 같은 사례에 해당하고, 수진궁의 경우처럼 내탕

73 조영준, 앞 논문, 2016, 125~128쪽.

에 해당하는 궁에서 제사를 전담하기도 하였으며, 사가에 가까운 왕자·공주 등의 방에서도 사후의 기능은 역시 제궁이었기 때문이다.

제례 외에도 특수 사례로 별궁에서 장례 관련 지원 업무를 담당한 경우가 있었다. 고종조의 명례궁에 관한 내용이 대표적이다. 명례궁은 당대에 중궁전의 일상적 수요를 충당하는 역할을 하고 있었는데, 을미사변(乙未事變) 이후에 민비의 장례와 관련하여 혼전(魂殿)인 경효전(景孝殿)이 설치되고 나서는 명례궁이 각종의 제수(祭需)를 공급하도록 기능이 변모하였다. 내탕에서 제궁으로 전환된 대표적 사례라 하겠는데, 엄밀히 말하면 제례는 아니고 장례의 일환이었다.

명례궁의 지출 내역을 기록한 회계 장부인 『명례궁차하책[明禮宮上下册]』에 대한 실증 분석 결과에 따르면 1903년을 기준으로 전체 지출 내역 가운데 식료비 성격에 해당하는 것이 약 78%에 달했다고 한다. 그러한 식료비 지출의 가장 중요한 원인은 경효전에서 행해진 연간 78회의 상식(上食)과 차례(茶禮)였다.[74]

07

왕실의 일상적 유지를 위한 별궁의 기능, 조달청과 유사한 공기업의 성격

앞에서 살펴본 가례, 제례, 상례 등의 의례를 위한 지출을 제외하면 별궁이 상설 기관으로서 한성부에 집중하여 운영된 가장 중요한 이유는 왕실의 일상생활을 유지하기 위함이었다. 조선이라는 국가는 사실상 왕가(王家)였으므로 왕실에서 소요되는 모든 물자는 정부 재정의 공상아문(供上衙門)을 통해 공급되는 것이 원칙이었고, 각종 의례가 행해질 때에는 임시로 설치한 도감(都監)이나 청(廳)에 의해 물자가 공급되었다. 하지만 그러한 공식적인 경로만으로 왕실을 유지하는 것은 불가능에 가까웠는데, 지출 규모를 줄이거나 통제하기가 어려웠기 때문이다. 그래서 공(公)도 사(私)도 아닌 중간 영역에서 왕실의 생활 유지를 위해 활용된 것이 궁과 방이다.

궁과 방은 앞에서 소개한 장토 등의 수입원으로부터 확보한 재원을 가지고 서울 시장에서의 구매 등을 통해 물자를 조달하여 왕실의 생계를 유지함을 목적으로 하였다. 조달의 목적이 생계의 유지가 아닌 제사의 거행인 경우도 있었음은 이미 논의한 바와 같다. 별궁을 조달기관이라고 했을 때 그 현대적 의미는 마치 공기업과 같은 것이다. 소속된 직원이 '공무원'은 아니지만 국가에 의해 급여 등 처우에 대한 우대가 이루어지고, 예산의 일부가 국고에서 출연되거나 보전되는 형식으로 운영된다는 점에서 유사성을 찾을 수 있다. 앞에서 '연성 예산 제약' 하에 있었음을 지적하였는데 그러한 근본적 이유가 있었기 때문에 별궁의 재정 운영은 이른바 '절재용(節財用)'과 같은 원칙에 입각하여 이루어졌다기보다 상당히 방만하였던 것이 사실이다.

궁방의 재정 운영을 위해 작성된 장부는 수입을 기재한 받자책[捧上冊], 지출을 기록한 차하책[上下冊], 그 양자를 집계하여 정산한 회계책(會計冊) 등의 정연한 체계를 갖추고 있었고, 장부의 기장을 한 번에 처리한 것이 아니라 초안을 작성한 다음에 옮겨 적고 확인하여 다시 최종본을 제작하는 방식으로 꼼꼼하게 이루어졌다. 그리고 담당자 및 책임자의 서명과 날인에 이르기까지 단계별로 철저한 점검을 거치고 있었다.[75] 하지만 그러한 형식에 충실했던 것에 비한다면 살림살이에 내실이 있었다고 보기는 어려운 것이다.

궁방 중에서도 규모가 가장 큰 4궁(四宮)의 경우 재정이 방만할 수밖에 없었던 원인의 하나로 이들 궁에 '영원한 주인이 없었다'는 점을 지적할 수 있다. 사궁(司宮)은 각기 별개의 전(殿)에 대한 조달을 담당하였는데, 예컨대 내수사는 대전에 대한 조달, 4궁은 대왕대비전·왕대비전·대비전·중궁전·동궁 등에 대한 조달을 각기 별도로 전담하고 있었다. 하지만 특정 궁이 특정 전에 대한 조달을 담당하는 것이 영구불변은 아니었으며, 해당 전의 당사자가 사망하거나 변경되는 등의 변화가 발생하면 소관(所管) 전을 바꾸는 방식으로 윤회(輪回)되었다.

예컨대 기존 연구에서 『조선왕조실록』을 통해 고찰한 결과에 의하면 17세기 명례궁의 경우 1624년과 1629년에는 자전(慈殿), 1663년에는 중전(中殿), 1675년에는 대비전, 1681년에는 대왕대비전, 1683년에는 두 자전[兩慈殿] 등으로 소관 전이 변동되었음이 확인된 바 있다. 이러한 관행은 18~19세기에도 마찬가지였으며, 보호국기에 이르기까지 지속되었다.[76] 다시 말해 4궁의 경우 특정 전에 대한 조달을 변함없이 계속하지도 않았고, 내탕을 담당하면서도 때로는 제궁의 역할을 맡는 등 목적과 기능이 시기에 따라 달라졌던 것이다.

기존 학계에서 널리 통용된 해설을 보면 명례궁에 대해서는 "월산대군(月山大君)의

74 이영훈, 「大韓帝國期 皇室財政의 기초와 성격」, 『경제사학』 51, 2011, 17쪽.

75 계자인(啓字印), 자교자인(慈教字印), 달자인(達字印) 등이 날인되었다.

76 조영준, 앞 책, 2016, 26~28쪽.

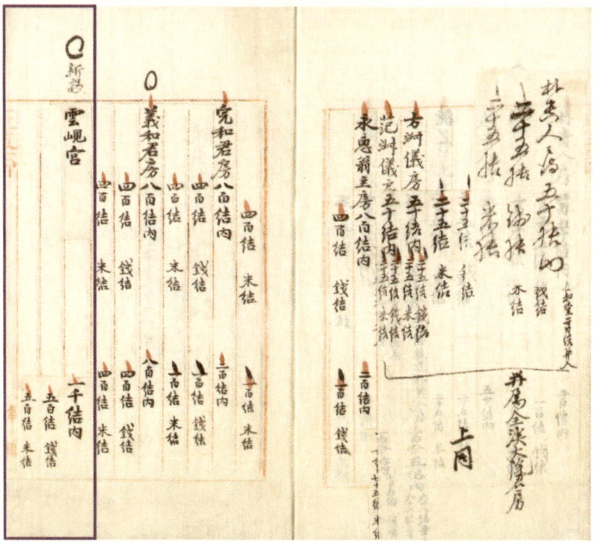

그림 24 운현궁에 대한 면세결 지급 규정

(『각궁방절수무토면세결총수』, 서울대학교 규장각한국학연구원 소장)

집터였던 것을 임진왜란 이후 선조의 임시 거처로 사용되어 정릉동 행궁으로 불리다가 광해군 때 경운궁(慶運宮)으로 개칭"되었다 하고, 용동궁에 대해서는 "조선 중기의 왕자 순회세자(順懷世子)가 살았던 궁"이라 하며, 수진궁에 대해서는 "조선 예종의 둘째아들인 제안대군의 저택"이었는데 "조선 중기 이후부터는 봉작(封爵)을 받기 전에 사망한 대군·왕자와 출가하기 전에 사망한 공주·옹주들을 합사하는 사우(祠宇)로 변하였다" 하고, 어의궁에 대해서는 "인조(仁祖)가 왕위에 오르기 전에 머물던 잠저(潛邸)"라고만 설명하고 있다.[77] 대개 해당 궁의 연원에 대한 간략한 소개에만 그치고 있을 뿐 이들 4궁이 조선 후기 전체 시기에 걸쳐 어떤 기능과 역할을 하고 있었는지에 대해서는 아직 거의 소개되지 못하고 있는 실정이다. 특히 내탕으로서의 조달 기능, 잠재적 제궁으로서의 기능, 각궁의 윤회와 변모 등에 대한 연구가 그동안 충실히 이루어졌으므로 일반의 인식도 개선될 여지가 있다.

다만 모든 궁과 방이 동일한 성격을 띠는 것은 아니었다. 고종조의 예외적 사례가 운현궁이다. 운현궁의 경우 생존해 있는 국왕의 사친궁이라는 특수성을 가지고 있었는데, 갑오개혁 당시에 작성된 면세결 관련 기록에 따르면 운현궁도 『대전통편』에서 규정하는 상한에 의거하여 궁방전의 지급 규모가 결정된 바 있다.[78] 〈그림 24〉를 보면 운현궁을 기재하면서 '신설(新設)'임을 명기하였고, 1,000결(結)을 할당하면서 500결은 전결(錢結), 나머지 500결은 미결(米結)로 구분하고 있다.

또한 운현궁에서는 여러 궁이나 방과 긴밀한 교류를 하고 있었으며, 재정적으로도 연결되어 운영이 이루어지고 있었다. 운현궁에 관한 정보가 각종의 궁방이 남긴 회계 기록에서 확인되므로 이러한 사정을 속속들이 알 수 있다. 또한 서울 시전이 남긴 회계 장부에서도 운현궁에 관한 내용이 보이고 있어 왕실과 상업의 연결 관계에 대한 추적도 가능하다. 따라서 운현궁에 대한 본격적이고 실증적인 연구를 하려 한다면 단순히 운현궁 측에서 남긴 자료만 탐구해서는 부족하다.

그렇다면 궁방의 조달을 통해 왕실은 어떠한 일상적 소비를 행하고 있었을까? 왕실의 소비 내역을 상세히 알려주는 자료는 차하책이다. 지출 상황을 기록하고 달마다 정산하여 기록하였으므로 각종 물품과 동전이 어디에 쓰였는지를 확인할 수 있다. 왕실의 소비를 위한 조달이라는 궁방 본연의 기능은 차하책 상의 '내입'이라는 표현에서 찾을 수 있다. 내입에 대해서는 앞에서도 언급한 바 있는데, 달마다 정기적으로 상납한 '삭내입(朔內入)'도 있지만 대다수의 내입은 임시적이고 부정기적으로 이루어졌다.

대개는 왕실에 어떤 행사가 있을 때에 소요되는 물품을 공급한 사례이다. 탄일이나 생신처럼 해마다 치르는 행사도 있었고 회갑(回甲)처럼 예외적인 경우도 있었다. 그리고 아주 특별한 경우로 산실청(産室廳) 또는 호산청(護産廳)이 설치되는 경우에도 지원을 했다. 이렇게 청이 설치되면 재원 마련을 위해 각종의 아문이 동원되었는데, 궁방도 예외가 아니었으며, 특히 비공식적으로 물자를 수시 공급한 사례도 보인다.

궁중에 '어떤' 일이 있어서 물품을 공급하였는지를 나타내기 위해 자주 사용된 표현은 '○○敎是時'이다. '敎是時'의 한자 독음은 '교시시'이지만 이 용어는 이두(吏讀) 표기에 해당하는 것으로, "○○를 하옵실 때"라는 뜻이다. 각종의 의례가 있을 때 내입이 이루어졌음을 알 수 있는 표현으로는 '국휼교시시(國恤敎是時)', '책례교시시(冊禮敎是時)', '존호교시시(尊號敎是時)', '상호교시시(上號敎是時)' 등이 있다. 그밖에도 '진찬교시시(進饌敎是時)', '행례교시시(行禮敎是時)', '반우교시시(返虞敎是時)' 등의 표현을 통해 의례와 관련된 조달 내역임을 분명히 알 수 있는 경우가 많다.

반드시 의례가 아니라 하더라도 국왕 또는 왕실의 행차가 있을 때에 궁방에서 각종 지원을 하였음을 알 수 있는데, '동가교시시(動駕敎是時)', '동여교시시(動輿敎是時)', '행행

77 『한국민족문화대백과사전』 등.

78 조영준, 「고종 즉위 이후 운현궁의 재산 형성 과정」, 『하늘과의 거리 한 자 다섯 치, 운현궁』, 서울역사박물관, 2017, 221쪽.

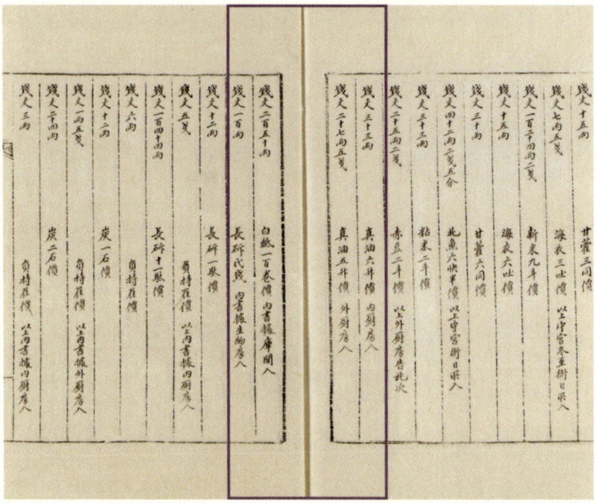

그림 25 어의궁 지출 내역의 일부

(『어의궁차하책』 25책, 서울대학교 규장각한국학연구원 소장)

교시시(幸行教是時)', '경숙교시시(經宿教是時)' 등으로 그 명목이 기재되어 있기 때문이다. 때로는 '행차교시시(行次教是時)', '열무교시시(閱武教是時)', '전좌교시시(殿坐教是時)' 등으로 표현된 사례도 보인다.

장부상의 기재는 "진어상(進御床)을 위한 음식에 소요되었다"는 식으로 되었지만 그러한 명목이 명시되지 않은 채로 내입의 대상 장소만 적은 경우가 많다. 여러 전궁(殿宮)에 두루 진배(進排)한 사례도 있고, 대전·중궁전·교태전(交泰殿) 등으로 구체적 장소를 명시하기도 했다. 보다 구체적으로 조달한 물품이 가공되거나 조리된 장소를 표현하기도 했는데, 안소주방[內燒廚房], 밧소주방[外燒酒房]을 비롯하여 생것방[生物房], 장고(醬庫) 등이 자주 등장한다.79

궁중에서는 부엌을 소주방(燒廚房)이라고 했는데 한글 표기로는 '쇼주방'이라고 한 사례가 많다. 소주방에는 '안소'와 '밧소'의 구별이 있었으며, 안소는 안소주방, 밧소는 밧소주방의 약칭이다. 생것방은 생과방(生果房)이라고도 하였는데, 과자나 과일 등 별식(別食)을 다루는 곳이었다. 소주방·생것방 이에 세답방(洗踏房)·세수간(洗手間)·수방(繡房)·침방(針房)까지 아울러서 육처소(六處所)라고 하였고, 모두 궁방의 내입과 관련하여 차하책에서 기록을 찾을 수 있다.

장고는 간장 등의 장류를 취급한 주방 또는 장독대를 가리킨다. 하지만 일반적으로는 글자 상으로 '고(庫)'라 하면 창고를 가리킨다. 곳간[庫間]에 대해 내입을 하는 경우로는

그림 26 죽동궁에서 사용한 되

아리고(阿里庫), 상고(廂庫) 등으로 차하책에 기재된 사례를 찾을 수 있다. 아리고는 '아랫고'라고도 하였는데, 아랫고[下庫]에 해당하며, 내전의 별고를 가리킨다. 상고의 '상(廂)'은 '상(厢)'으로 표기되기도 하였으며, 대궐에서 행랑 형태로 늘어서 있던 창고를 가리킨다.

〈그림 25〉에 어의궁 지출 내역의 일례를 제시해 보았다. 내주방(內廚房)에 들어간 참기름 6되 값으로 동전 33냥, 외주방(外廚房)에 들어간 참기름 5되 값으로 동전 27냥 5돈, 내서(內書)에 의거하여 곳간에 들어간 백지(白紙) 100권 값으로 동전 250냥, 역시 내서에 의거하여 생것방에 들어간 장작 1바리[駄]의 값으로 동전 100냥을 각각 지급하였음을 알 수 있다. 이렇듯 각 처소나 창고에 얼마만큼이 상납되었는지, 그러한 상납을 위해 얼마만큼의 지출이 있었는지 등의 정보가 상세히 기재되어 있다.

여기에서 '참기름 5되'와 같이 도량형이 표현되어 있는 사례가 보인다. 참기름뿐만 아니라 각종의 곡물을 비롯한 다양한 물품의 계량을 위해 양기(量器)가 사용되었다. 궁방의 수입과 지출을 헤아리기 위해서는 필수적으로 구비되어야 하는 것이었지만 실물이 현존하는 사례를 찾아보기는 쉽지 않다. 〈그림 26〉은 측면에 '죽동궁(竹洞宮)'이라고 새겨져 있어 궁방에서 실제로 사용하던 됫박이었던 것으로 보이며, "임진년 10월에 새로 만들었다"는 정보까지 각자되어 있어 희귀한 유물에 해당한다.

79 조영준, 앞 책, 2016, 279쪽.

그림 27 백자 이동궁명 사각호(국립고궁박물관 소장)

그림 28 백자 청화초화문 접시(국립문화재연구소, 『독일 라이프치히그라시민속박물관 소장 한국문화재』, 2013, 75쪽.)

그릇 바닥의 '毓'은 육상궁을 가리킨다.

08

별궁은 서울 시장의 대표적 소비자, 사무(私貿)의 실태

왕실의 일상생활에 필요한 각종의 물자를 공급하는 조달 과정에서 별궁은 서울의 시장에서 대표적 소비자로서 하나의 주요한 경제 주체 역할을 하였다. 국가에 의해 규정되는 납세나 공납이라는 공적인 경로가 아니었고, 더군다나 원공(元貢)이나 별무(別貿)와 같이 매뉴얼에 명시된 사항에 의거하여 이루어진 구매 행위도 아니었다. 따라서 별궁의 조달은 사무(私貿)라고 표현되었으며, 물품 공급자는 서울 시전이었다.

별궁 가운데 일부 기관은 대내로 물자를 공급하는 역할을 하고 있었다. 그래서 별궁과 시전 관계가 단순히 사사로운 거래[私貿]로만 처리되는 것은 아니었고, 공인(貢人: 공물주인)의 조달과 유사하게 진배(進排) 형식으로 공급되는 경로도 있었다. 〈그림 27〉과 〈그림 28〉은 사옹원 분원에서 제작한 백자가 주문 제작 형식으로 별궁에 진배된 결과물에 해당하는 것으로 보인다.[80] 이렇게 시전에 미리 할당된 진배가 있었고, 그 외 부족한 부분에 대해 추가로 사무가 행해졌다.

그렇기 때문에 별궁에 공급되는 물품의 가격 체계는 단순하지 않았다. 시전이 진배에 대한 대가를 지급받는 것을 수가(受價)라 하였는데 그런 경우에는 대개 장기적으로 고정된 가격이 형성되어 있었다. 이를 부정적 측면에서 바라보게 되면 왕실의 위계에 의해 강압된 가격 수준이라고 이해할 수도 있지만 긍정적 측면에서 바라본다면 시가보다 높은 수준에서 안정적인 물자 공급을 가능하게 하는 기제가 작동한 것이라고 할 수 있다. 하지만 이런 형식의 고정 가격은 시가가 치솟는 인플레이션 상황을 맞게 되자 시전에 불리하게 역전되었으며, 특히 1880년대 이후 시전이 사실상 몰락하는 계기가 된다.

반면에 사무의 경우 시장 가격, 즉 시치(市直)에 따라 거래된 것으로 보인다.[81] 하지만 궁방의 하인배는 언제나 배후의 왕실 세력을 믿고 폭력을 자행하는 경우가 많았으며, 이러한 특성으로 인해 시가가 반드시 수요자와 공급자가 만나 대등한 관계 속에서 형성된 것이라고 보기는 어렵다. 이른바 늑매(勒買)가 대표적인데, 소고기를 판매한 현방(懸房)에 대해 어의궁의 노속(奴屬)이 자행한 사건이 『정조실록』에 실린 사헌부(司憲府)의 계언(啓言)을 통해 다음과 같이 알려져 있을 정도이다.

80 분원의 백자 진배와 관련한 실태는 『하재일기(荷齋日記)』(서울대학교 규장각한국학연구원)에 잘 드러나 있다.

81 '直'이라는 한자는 대개 '직'이라고 읽지만 값을 뜻할 때에는 '치'라고 읽는다. 시치(市直)는 시치(市値)와 같고, 시가(市價)를 가리킨다. 때로는 시치(時直)라고 표현되기도 하는데 같은 말이다.

> 근래에 각 궁의 노속이 일으키는 폐단이 여러 가지입니다. 일전에 사헌부의 금리(禁吏)가 사사로이 도살을 했다는 죄인 한 명을 잡아왔는데 사실을 조사해 봤더니 어의궁의 무역(貿易)이라 핑계대고서 현방의 고기를 헐값에 늑매하여 몰래 스스로 팔다가 잡힌 자였습니다. 그 죄상을 따져보면 사사로이 도살한 것보다 더 지나치기에 우선 엄히 다스리고 단단히 가두어 놓은 뒤에 바야흐로 형조로 이송하려는 즈음에 현방의 무리가 와서 하소연하기를 "이러한 놈들이 빙자하고 가탁하여 제멋대로 횡포를 부리며 빼앗아서 각 현방에서 하루에 잃는 바가 그 숫자가 적지 않으므로 허다한 전복(典僕)이 지탱하여 보존하기 어려운 형편입니다"라고 하였습니다.[82]

궁방의 노자가 현방이나 시전에서 물건을 살 때에는 임의로 마구 사들일 수 있는 것이 아니었다. 궁방 내부에서 일정한 절차를 거쳐야 했고, 단계별로 특유한 서식의 문서가 발급되어야 했으며, 거기에는 물품의 항목과 수량을 적은 명세를 비롯하여 가격에 이르기까지 상세한 내역이 기재되었다.[83] 그러한 절차와 형식을 무시하고 권력을 빙자해서 늑매를 일삼는 부류도 있었음을 앞의 인용문이 잘 보여 주고 있는 것이다.[84]

사무의 경우에도 현대처럼 거래가 익명성에 기반을 두고 이루어지는 것은 아니었으며, 장기적인 단골 거래를 통하였다는 점에서 진배와 큰 차이가 없었다. 진배는 당연히 고정된 공급자를 전제로 하는 것이었고, 사무 역시 불특정 다수를 대상으로 하는 구입 과정은 아니었다는 말이다. 진배와 사무를 쉽게 분리해서 파악하기 어려운 경우도 있을 정도이다. 양자의 구별을 가능하게 하는 가장 큰 기준은 역시 가격 체계이며, 그 체계의 이중성이 고려되지 않는다면 궁방과 시전 간의 거래를 온전히 이해할 수 없을 것이다. 또한 시전과 궁방 간의 거래는 대금을 미리 지급하거나 현장에서 지급하는 사례도 없지는 않았으나 대개 외상 거래에 기반하였다. 이른바 '선진배후수가(先進排後受價)'라고 하는, 우선 진배하고 나중에 수가하는 관행이 이를 대변한다. 그런데 그러한 외상의 미결제에 따른 부담은 반드시 시전 상인의 몫만은 아니었으며, 중간에서 조달을 담당한 실무자인 고지기 등에게 전가되기도 하였다.

궁방의 재정 상황이 악화되고 인플레이션이 심화되자 시전이 부담해야 하는 외상액의 규모도 점점 불어나게 되었다. 하지만 시전 상인의 입장에서는 왕실 기관에 대해 감히 외상의 청산을 요구할 수 없는 위치에 있었다. 이는 공납의 의무가 철폐되는 갑오개혁 이후에 이르러서도 마찬가지였다. 결국 19세기 후반의 시전은 궁방으로부터 받아야 할 대금을 받지 못하는 미수가(未受價)가 누적되어 도저히 어찌할 방법이 없는 구조적 난관에 처하게 된다.[85] 왕실 입장에서도 돈이 있는데 지급하지 못하는 것이 아니었고, 정부 재정의 고갈과 토지로부터의 상납액 감소 등이 중첩되는 등 재정 위기의 상황에 처해 있었기 때문이다.

이러한 처참한 사정은 18세기 이래로 꾸준히 정부가 시행한 공시인(貢市人) 순막(詢瘼)에서도 잘 드러난다. '공시인'이란 공인(貢人)과 시민(市民: 시전 상인)을 통칭하는 표현이고, '순막'은 폐막(弊瘼: 폐단)을 순문(詢問: 임금의 물음)하는 것을 의미한다. 쉽게 말하면 임금이 직접 서울 상인의 하소연을 듣고 그 대책을 마련하여 지시한, 소통 지향의 정책이라 할 수 있다. 물론 모든 순막을 임금이 직접 하지는 않았고, 공시당상(貢市堂上)을 통하는 경우가 많았다. 아무튼 19세기 후반에 들어서도 순막을 통해 확인되는 시전의 어려움은 적지 않았으며, 외상과 관련해서는 역시 낙본(落本)에 대한 호소가 자주 있었다. 다음 인용문은 『고종실록』에서 확인되는 시전 상인의 호소를 간추린 것이다.

> 선전[立廛]의 시민(市民)이 말하기를 "여러 해 동안 수가(受價)의 낙본이 80여만 냥이고 공사채(公私債)가 70여만 냥인데 비단 값이 비싸서 지탱할 수 없으니 명절에 쓰는 비단과 정조(正朝)·탄신(誕辰) 때 진상(進上)하는 것 외에는 호조(戶曹)에서 사서 쓰도록 해 주소서"라고 하였습니다.
>
> (중략)
>
> 면주전의 시민이 말하기를 "진배할 즈음에 해마다 낙본이 8만~9만 냥이 되고 근래 몇 해의 미수가도 20여만 냥이 되니 쪽으로 물들인 수주(水紬)와 평시서(平市署)의 군역(軍役)은 10년을 기한으로 형편이 나아질 동안 연기해 주시고, 그 밖의 진배는 이미 무자년(1888)의 판하(判下)가 있으니 그대로 시행하게 해 주소서"라고 하였습니다.[86]

82 『정조실록』 41권, 정조 18년(1794) 10월 7일(신유).

83 이는 궁방의 구매 절차와 문서 행정의 특수성을 분석해서 새롭게 밝혀낸 사실이다. 왕실에서 필요로 하는 물품이 있으면 상궁이나 내인 등의 궁녀가 발주를 하고, 그 발주를 할당받은 궁의 고지기 등 실무자가 시전을 통해 물품을 구입해서 조달하였다. 그렇게 진행되는 조달의 절차마다 고유한 문서가 발급되고 수취되었음이 현존하는 문서의 재구성 결과를 통해 확인된 바 있다. 조영준, 앞 책, 2016, 139~169쪽.

84 서울의 시전에서 물품을 구매할 때 폭력을 행사한 부류 중에는 궁방의 하속(下屬) 외에도 군문(軍門) 병졸이 대종을 이루고 있었다. 전자가 왕실 권력에 의탁하였다면 후자는 물리적 폭력까지 행사하며 위협을 가한 것으로 알려져 있다.

85 미수가는 미하(未下)라고도 하였으며, 그로 인해 받지 못한 돈을 미하금(未下金)이라고 했다.

86 『고종실록』 29권, 고종 29년(1892) 12월 6일(경신).

여기서 한 가지 유의해야 할 점은 시전 상인의 호소가 궁방이나 왕실에 대한 미수가에 관한 것이 아니라 정부 측에 진배한 내역에 대한 낙본에 한정된다는 점이다. 정부에 대해서는 이와 같이 공식적인 이의 제기를 할 수 있었지만 궁방에 대해서는 그렇게도 하지 못했다. 비공식적인 영역에서 관행적으로 이루어진 거래였기 때문이다. 갑오개혁 당시에 공납 제도를 철폐하면서 공인이나 시전에 대한 공식적인 보상이 이루어졌다. 하지만 궁방에 대한 미수가는 예외였으며, 보호국기에 이르기까지 해결되지 않은 채 시전은 판매 대금에 대한 원금 손실, 이자 부담, 인플레이션이라는 삼중고에 시달렸다. 다음 인용문은 왕실 채무에 대해 함구할 수밖에 없었던 시전 측의 사정을 여실히 보여 준다.

> 지난 경자년(1900)에 순명황후(純明皇后)께서 미하가 많아서 저희 궁(수진궁)의 궁속(宮屬)의 사정이 곤란함을 통촉하시고 저희 궁에 칙교(勅敎)하여 말씀하시기를 "미하가 많이 있어서 궁속이 심히 곤란하다 하니 실로 긍측(矜惻)하도다. 경진년(미하가 생기기 시작한 해; 1880)부터 경자 9월 이전까지 21년간의 미하분은 이를 일괄하여 전미하(前未下)로 하고 경자 9월 이후의 장부에는 이를 추월(推越)하여 기입(記入)하지 못하게 하면 이를 지금부터 매달 200환(圜)씩 여러 달로 나누어 지급하마"하셨기에 감히 거역하지 못하고 이에 복종하여 그달부터 달마다 200환씩(혹 200엔 안팎이 되는 때도 있었음) 수령하다가 지난 갑진년(1904), 즉 붕서(崩逝)하신 해까지 이를 지급하셨으니87

개항 이후 외국 상인의 국내 진출로 인해 일반 판매에 있어서도 어려움에 처하게 되었음을 감안한다면 정부를 비롯하여 궁방 등 왕실 기관과의 거래에 이르기까지 종래의 관행에 따라 늑매와 미수가 등의 부당한 처사가 중첩됨으로써 서울의 시전은 회생이 불가능한 지경에 이르게 되었다. 보호국기에 들어와 조선 왕실이 권력을 상실하게 되자 제실 재산의 정리를 진행하는 일본인들에게 시전 상인들이 그제야 채권(債權)을 주장하게 되었다. 하지만 1895년에 시행된 회계법(會計法)에 근거하여 채무자 측인 국가의 지급 의무가 소멸되었기에 공식적 보상은 이루어지지 못했다.

〈그림 29〉는 어의궁의 고지기나 무역노자 등을 비롯하여 시전 상인에 이르기까지 궁으로부터 대금을 지급받지 못한 미하의 내역을 집계하여 기재한 기록이다. 각자의 성명을 비롯하여 거주지의 통(統)·호(戶)에 이르기까지 인적 사항을 상세히 적고 어떤 물품

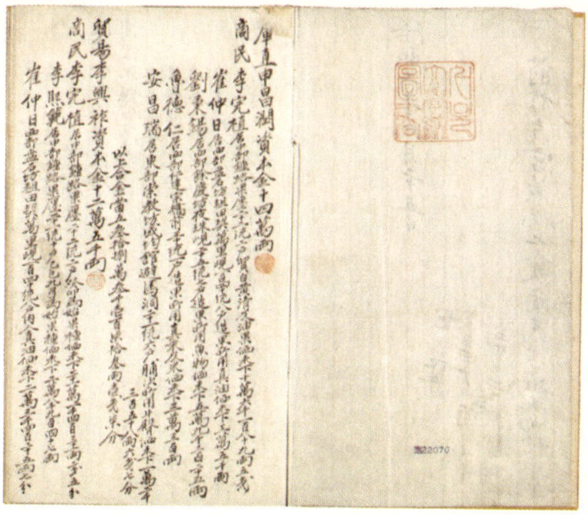

그림 29 어의궁의 미하에 대한 1908년의 기록
(『전어의궁겸역칠인급상민등진배물종미하기』, 서울대학교 규장각한국학연구원 소장)

을 진배하였는지, 그 대금으로 얼마를 받지 못했는지가 기록되었다. 예컨대 두 번째 등장하는 인물의 기재 내역을 보면 상민(商民) 이완식(李完植)이 보이는데, 그는 한성부의 중부(中部) 종로(鍾路)에서 과전(果廛)을 하던 사람이며, 주소는 22통 2호였다. 백황청(白黃淸)과 유과(油果)를 납품하였지만 대금으로 10만 6,189냥 5돈을 받지 못한 것으로 되어 있다.[88]

왕실의 경제 사정이 나쁘지 않던 시절에는 시전 상인의 진배 의무와 그에 대한 고정 가격으로의 보상이 그리 불리한 조건이 아니었다. 시전은 그것을 특권으로 여겼으며, 기존 연구 중에는 어용상인(御用商人)이라는 표현을 쓰며 자유 상업의 발전을 저해한 불순 세력처럼 비하한 사례까지 있을 정도였다. 또한 그러한 특권의 대가로 시전은 국역을 부담하였지만 그러한 부담조차도 왕실의 물품을 담당하는 서울 주민의 일원으로서 위신(威信)을 소비하는 과정이기도 하였다. 하지만 19세기 중엽 이후에 확연히 달라지게 된 경제 상황을 맞게 되자 왕실은 더 이상 시전을 감싸 줄 여력이 없었다.

87 『수진궁미하금청구(壽進宮未下金請求)』. 조영준, 앞 책, 2016, 211~212쪽에서 재인용.

88 여기서 '백황청'은 백청(白淸)과 황청(黃淸)을 가리키며, 모두 꿀의 종류이다. 받지 못한 대금이 10만 냥이 넘어서 엄청난 거액이라고 생각될 수 있지만 뒤의 합계를 보면 당오전(當五錢)임이 명시되어 있음을 알 수 있다. 19세기 말에는 소재 가치가 낮은 당오전 발행으로 인한 인플레이션이 심각했다.

5장

별궁 사람들의 생활사

서울대학교 규장각한국학연구원

• 김지영

서울대학교

• 조영준

01

별궁 생활을 이끈 여성 궁인들

왕실 법도와 생활을 이끈 전문가

별궁 생활은 대궐 안 생활과 깊숙이 연계돼 있었다. 혜빈궁일기·관례등록·가례등록·한중록 등 왕실 일기, 등록, 실기문학 자료를 토대로 별궁 내 여성 궁인의 활동과 궁인의 자의식을 재구성해 볼 수 있다.

별궁 내 여성 궁인은 왕실 법도와 왕실 생활을 이끈 전문가 집단으로, 궁녀[상궁, 시녀]와 궁비[수사, 수모, 파지, 방자] 등으로 구분된다. 궁궐에 들어오게 된 내력과 출신에 따라 엄격한 구분이 있었다. 궁녀들은 입궁한 지 15년이 지나면 관례를 하고 정식 궁녀[나인 또는 내인]가 됐다.[1] 필요한 궁녀는 각 전에서 뽑아 들였다. 상궁이나 시녀들의 친척이나 액정 별감 딸들이 알음알음으로 입궁했다. 비교적 이른 나이에 대궐에 들어와서 침방, 수방, 세수간, 생과방, 소주방, 세답방 등에 소속돼 각종 궁중 생활을 담당하는 전문가로 성장했다.

왕비나 왕세자빈의 집안 종으로 있다가 비빈과 함께 입궐하는 경우도 있었다. 궁인들은 한 번 들어오면 아프거나 죽을 때까지 궁 밖을 나가지 못하는 것으로 알려져 있다. 그러나 모든 궁인이 대궐 안에만 있는 것은 아니었다. 인현왕후의 경우에서 볼 수 있듯이 소속 전궁 주인이 궁 밖으로 나갈 경우 함께 나가는 일도 있지만, 좋은 궁인은 여러 궁에 옮겨 소속되기도 했다. 인조 대 후반의 저주사건에 연루된 한상궁 열이가 그 예이다.

열이는 광해군 대 대비전, 즉 인목대비전 소속 궁인이었다. 몸이 아파서 궁을 나갔다가 마침 그사이에 인목대비가 서궁에 유폐되면서 돌아갈 곳이 없게 됐다. 자수 솜씨가 유난히 좋은 그를 광해군이 데려가 궁궐 안에 있게 했다. 1623년 인조반정이 일어나자 열이는 다시 궁에서 나가게 됐다. 이때 인목대비가 그를 정명공주가로 들여보내 주었다. 언제 상궁으로 승진했는지는 알 수 없으나 인조 대 후반 저주사건에 연루됐을 때는 이미 상궁으로서 공주가의 중요한 일을 처리하는 존재가 돼 있었다. 즉 열이는 대비전에 있다가 궁궐을 나간 뒤 다시 궁궐로 들어가서 대전 또는 중궁전에 속했다가 공주 궁가로 옮긴 것이다.

현종 대 조상궁 이야기도 있다. 조상궁은 광해군의 후궁 허씨의 시비였다. 조상궁 역시 인조반정 후에도 후궁 허씨를 따라 나가지 않고 궁중에 남았다. 현종이 태어난 후에는 현종의 보모가 됐다. 현종이 태어나던 즈음에는 그 아버지가 아직 봉림대군으로 있을 때였으므로 조상궁 역시 대군 궁가에서 있다가 왕손의 보모가 됐을 공산이 있다. 조상궁은 현종 앞에서 효종 험담을 했다가 나중에 현종이 왕위에 오른 후 대궐에서 쫓겨났다. 새로 일하는 궁가에서 미움을 받았지만 조상궁은 옛 주인을 잊지 않고 후궁 허씨가 죽을 때까지 의복과 음식을 보내 주었다고 한다.

새로운 왕자나 공주·옹주가 태어나면 왕자방, 공주방, 옹주방에 궁인들을 배속시켰다. 『혜빈궁일기』를 보면 혜빈이 혜빈 홍씨의 자녀, 남편인 사도세자의 후궁들과 그 자손들까지 포함한 일가를 책임지고 있었다는 사실을 알 수 있다. 혜빈궁에 상궁 17, 시녀 21, 수사 7, 수모 11, 파비 방자 24명이 속해 있었다. 또 청연군주방과 청선군주방에는 유모 1, 보모 1, 수사 1, 각씨 4명이 각각 있었다. 양제방에는 수모 1명과 각씨 3명, 은언군·은신군·왕손방·현주방에는 각각 유모 1명과 각씨 1명이 있었다. 왕자와 공주가 아직 어린 왕자궁 및 공주궁에 속하게 되면 대궐 안에 있게 되지만 왕자·공주가 자라서 출합하게 되면 당연히 대궐을 떠나야 했다. 앞의 『계축일기』에서도 보았지만 궁가로 나가는 것보다는 대궐 안에 있고자 하는 궁인이 많았고, 연고를 이용해 소속 궁을 옮기는 궁인도 있었다.

영조 대에 순정(順正)이라는 궁인의 사례에서도 여러 궁을 오가는 궁인의 모습을 볼 수 있다. 순정은 영조가 창의궁에 있을 때 궁인이었다. 연잉군의 아들 효장세자와 효장세자를 낳은 연잉군의 첩 정빈 이씨에게 불손하게 굴다가 한 차례 쫓겨났다. 영조가 왕세제로 책봉돼 궁에 들어왔을 때 세자궁 격식에 맞춰 궁인들을 써야 했는데 사람이 모자라서 이때 아쉬운 대로 순정을 다시 들어오게 했다. 1721년 겨울에 갑자기 정빈 이씨가 세상을 떠났다. 영조는 이 일도 순정과 관련이 있지 않은가 의심했지만 의심만

01
한희숙, 「궁궐 구석구석에 미친 하나하나의 손길」, 『조선의 역사를 지켜온 왕실 여성』, 2014, 국립고궁박물관, 194쪽.

으로는 일을 처리할 수 없어 그대로 두었다. 1724년 영조가 왕이 된 후 효장세자와 두 옹주를 기르는 일을 순정이 맡았다. 순정은 내심 세자궁에 속하길 원했으나 옹주방에 속하게 됐고, 이 일로 원망하는 마음을 품은 것으로 보인다. 1728년 효장세자가 갑자기 세상을 떠났고, 세자빈과 여러 옹주들도 하혈 증세가 있는 등 몸이 좋지 않았다. 1730년에 왕이 거둥했을 때 금내에서 파수하던 이가 수상한 흔적을 발견해 파 보았더니 뼛가루·뼛조각과 쇠기름 같은 것이 곳곳에 묻혀 있었고, 창경궁 근방은 깨끗한 땅이 없을 정도였다. 순정이 의금부 국문까지 받게 된 것은 효장세자 죽음과 관계됐다고 보았기 때문이었다. 단순 동조한 궁인들은 내수사 옥에 가두었지만 순정 등은 동궁 죽음과 관계됐다 하여 금부에서 추국해 마침내 모든 자백을 받아냈다.[2]

조선시대 궁중 내 저주사건 등은 조작되거나 무고에 의한 것도 많았고, 국청에서의 자백 또한 고문에 의한 것이 많았기 때문에 순정의 저주사건 기록 역시 어디까지 믿어야 할지는 알 수 없다. 『공사견문록』, 『계축일기』 등 개인의 경험이나 체험을 기록한 경우에도 자료의 신빙성에 의심이 들 수 있다. 다만 이들 기록을 통해 어떤 궁가에 일단 소속됐다면 궁의 주인과 궁인 간 관계는 상당히 오랫동안 지속된 것을 알 수 있고, 다른 궁가에 속하거나 궁이 폐해진 경우에도 그 인연이 이어진 것을 알 수 있다. 인목대비전에 있던 열이처럼 특별한 재주가 있어 모든 궁가에서 탐내며 데리고 있고 싶어 하는 궁인의 경우는 말할 것도 없고 순정과 같이 궁 내 사람들과 문제가 있거나 궁인의 소임에 철저하지 않은 경우에도 한 번 인연을 맺으면 쉽게 내치지 않고 데리고 다니는 일이 많은 것으로 보인다.

이 선택은 꼭 궁가 주인에게 주도권이 있는 것은 아니었다. 『계축일기』의 경춘, 중환이처럼 폐궁에 소속된 궁인들이 다른 전궁으로 옮기거나 다른 이익을 위해 스스로 첩자 노릇을 하기도 했다. 영조 대 순정의 경우에도 동궁에 가길 원했지만 옹주궁에 속하게 한 일로 불평하는 마음이 생겼다는 진단을 할 정도로 세력이 있는 궁가에 속하길 원하는 것이 궁인들의 일반적인 정서로 여겨진다. 『혜빈궁일기』에는 나인으로 딸을 들여보냈다가 다시 딸이 몸이 아프다고 해서 궁 밖으로 빼냈다가 죽었다고 거짓말을 하고 다시 궁에 보내지 않으려다가 발각돼 벌을 받은 김도홍 이야기가 나온다.[3] 궁 살이가 어렵다거나 딸을 평범한 집안에 시집보내 살게 하려는 것일 수도 있지만[4] 당시가 사도세자가 죽은 지 2~3년이 지났을 때로 혜빈궁의 형편이 좋지 않을 때라는 점을 감안한다면 궁인들이 선호하는 직장은 아니었을 공산도 있다.

한 번 궁인이면 영원한 궁인이라

어린 시절부터 궁에 들어온 궁인들은 전문 직업인으로 살아갔다. 궁중의 복잡한 정치에 늘 예민하게 반응하며 그 사이에서 권세와 이익과 출세를 꿈꾸기도 했다. 자기 힘으로 얻은 부와 권력으로 일가붙이를 책임질 수 있다는 데에서 나오는 자부심도 있었다. 또 이를 잃지 않고자 궁가들의 권력 투쟁에 몸을 담았다가 모든 것을 잃기도 했다. 『추국청일기』에 가장 많이 등장하는 직역을 고르라 하면 누구보다 궁인이 많을 것이다.

이런 궁인들만 있는 것은 아니었다. 한 번 인연을 맺은 궁에 충성을 다하는 궁인도 있었다. 영조 어머니 숙빈 최씨도 폐비가 돼 나간 인현왕후에게 한결같은 충성을 보인 것으로 잘 알려져 있다. 『계축일기』의 변상궁도 그러한 궁인의 예라 볼 수 있다.[5] 변상궁은 『계축일기』에서 서궁에 갇힌 인목대비를 위하고 나이 어린 궁인들을 이끄는 등 어려운 시절을 넘기게 한 충성스런 인물로 등장한다. 영창대군과 정명공주 등과 함께 서궁을 빠져나가려다 영창대군을 광해군 측에 빼앗긴 후 절망해서 자결하려는 인목대비를 막아선 것도 변상궁이었고 가희[김개시]의 심복이 된 나인들이 서궁 안에서 『사자경』 등을 읽게 한 후 대전을 저주하려 했다고 무고하려는 것을 눈치 채고 이를 막으려 한 것도 변상궁이었다.

위세가 두려워서 속에 있는 말을 참고 있지도 않았다. 영창대군이 죽었으나 잘 안장해 주었다는 사실을 전할 때 대비에게 즉시 알리지 말고 서서히 알려주라며 어르고 위협하는 말에도 가만히 있지 않고 대비의 서럽고 애통한 상황을 적극적으로 알렸다. 가희가 자기와는 아이 때부터 함께 살다가 우연히 사이가 멀어진 것 아니냐면서 대비를 모시고 산 지 얼마나 됐다고 이리 정이 중하냐며 여러 차례 회유하려 했지만 꿋꿋하게 버텼다. 서궁 안에서 병이 들어

02 『영조실록』 25권, 영조 6년(1730) 3월 9일(정축).

03 정병설 역주, 『혜빈궁일기』, 164~165쪽, 1765년 2월 17일.

04 정병설 역주, 『혜빈궁일기』, 해제, 15쪽.

05 구인환 역, 『계축일기』, 2002, 신원문화사, 99~107쪽, 121~125쪽.

궁 밖으로 나가 치료받으려 할 때는 혹시 편지라도 숨겨서 나가는 것은 아닌가 하고 병들어 누운 몸으로 속옷까지 모두 검색당하는 수모를 겪기도 했다.

최여옥은 1610년에 시녀로 궁에 들어왔다. 용모는 곱지 않으나 품성이 순하고 곧아서 침실 시녀가 됐다. 서궁 저주 사건에 엮여 잡혀 나갈 때 아이 적부터 부모에게서도 맞아 본 일이 없는 최여옥은 중한 매를 맞게 된 일을 걱정하다가도 설령 몸이 가루가 되더라도 절대 없는 일을 꾸며내 말하지 않겠노라며 다짐하고 나갔다. 추국청에 나가서는 윗전 마마가 어린 대군과 친정 식구들의 생사를 몰라서 밤낮으로 걱정하고 서러워하긴 했지만 대전을 저주한 일은 없다고 거듭 말했다. 무슨 일이든 듣고 본 일이 있으면 이 무서운 곳에 와서 죽고자 하겠냐며 매를 맞으면서도 버텼다. 엿새 만에 국청에서 내수사 옥으로 보내 가두고서 최여옥의 부모를 보내 달래고, 대전 유모는 최여옥의 종을 통해 계속 회유했다. 최여옥은 결국 무복(誣服)하지 않으면 눈앞에서 죽어 버리겠다는 부모의 말에 추국청에 다시 나가서 무복하고 말았다. 최여옥은 나중에 병치레를 하러 나간 변상궁을 찾아가서 멸족할 화를 저지르고서도 살아 있는 자신을 탓하며 울었다.[6]

변상궁과 최여옥의 윗전에 대한 충성은 조선시대 남성 충신들의 행보와 다르지 않았다. 최여옥은 자기 앞에서 죽겠다는 부모 앞에서 뜻을 꺾고 말았지만 스스로를 당장 죽어도 좋을 사람으로 여기며 자책했다. 눈앞의 권세와 이익에 휘둘리지 않고 떳떳하고자 했고, 그렇지 못할 경우 수치를 아는 이들이었다. 한 번 궁인이면 영원한 궁인이 되기가 쉽지 않았지만 그래도 그 길을 간 사람들은 있었다.

02
별궁의 이웃 주민들

왕의 고향 마을 사람[풍패지향(豐沛之鄕)]들이라는 의식

육상궁과 창의궁이 있는 동네의 조선시대 이름으로는 연추문계(延秋門契)였다. 영조는 연추문계에 사는 주민들을 '풍패지향' 사람들로 여겼다. 내 고향 마을 사람들이란 뜻이다. 과연 무슨 뜻이고, 왜 그렇게 부른 것이었을까.

풍패지향에서 풍패란 중국 한나라 때 패(沛) 땅의 풍읍(豐邑)을 이른다. 한나라 수도도 아니고 주요 사적이 있는 곳도 아닌 이곳이 따로 이름을 남긴 것은 한 고조 유방의 고향 마을이기 때문이다. 유방이 패업을 이룬 후 아버지가 계신 풍읍을 자주 찾았다. 그러다가 순행 비용과 폐단 문제로 아버지를 수도로 모셔 왔다. 하지만 아버지는 고향 땅을 너무나 그리워했다. 유방은 수도 인근에다 풍읍을 정교하게 재현한 신도시를 건설했고 '신풍(新豐)'이라는 이름을 붙였다. 이후 '풍패지향'이라 하면 왕의 고향 마을, '신풍'이라 하면 옛 땅을 그리워해서 정교하게 재현한 신도시를 일컫게 됐다. 한 문제의 대읍(代邑), 후한 광무제의 남양(南陽)도 비슷한 맥락에서 거론되는 곳들이다. 대읍은 한 문제가 황제위에 오르기 전에 정치적 터전으로 삼던 곳이다. 광무제 역시 남양 출신으로, 왕망의 신나라 말기 천하가 혼란에 빠지자 군사를 일으켜 동한을 세웠다. 결국 풍패·대읍·남양은 황제의 고향 또는 잠저 시절의 옛 고을이었고, 영조는 이를 거론하며 옛 왕들의 잠저 또는 사적이 있는 동네를 이런 곳과 비교하곤 했다.

앞에서 살펴보았듯이 영조는 창의궁과 육상궁이 있는 서촌 일대를 왕의 사적 일가를 돌보는 곳으로 꾸몄다. 공공에 큰 비용과 부담을 지우지 않고 육상궁-창의궁 운영비로 왕궁에 들어갈 수 없는 자손들을 돌보겠다는 계획이었다. 사묘를 세우고, 사묘에 자주 행차하면서 창의궁-육상궁이 있는 마을을 풍패지향으로 일컬은 영조는 고향 마을 사람들에게도 말을 건네고 풍패지향 주민들을 고향 마을 사람처럼 대했다. 그 사례 중 몇 가지다.

영조가 창의궁 일대를 풍패에 비유한 것은 1726년(영조 2) 숙빈 사우에 가서 예를 치르고 돌아올 때였다. 바로 궁궐로 돌아가지 않고 잠저에 들렀다. 날도 저문 데다 예가 아니라는 이유로 반대하는 승지들에게 영조는 풍패의

06 위의 책, 89~92쪽.

고사에 부합하는 일이라고 말하고는 사저에 들어갔다가 밤 2경이 넘어서 환궁했다.[7]

1744년(영조 20) 영조는 세자와 함께 사묘를 찾았다. 이날 영조는 기로소에 들어갔다. 왕으로는 숙종에 이어 두 번째였다. 먼저 창덕궁 선원전으로 가서 아버지 숙종을 뵙고 나서 기로소로 갔다. 영수각에서 어첩에 직접 '지행순덕영모의열왕(至行純德英謨毅烈王)'이라는 긴 이름을 쓰고, 궤장을 받았다. 이 긴 이름은 영조가 두 차례에 걸쳐 존호를 받은 결과였다. 영수각 행사를 마치고 돌아오는 길에 영조는 사묘를 들렀다. "사묘에 가서 배알하는 것이 사묘를 영광스럽게 하는 것이다."라는 유명한 말도 이날 남긴 것이다. 어가가 돌아올 때 경사를 축하하고 기쁨을 백성들과 함께 나눈다는 의미에서 광화문(光化門) 앞과 경희궁 흥화문(興化門) 앞 구간에서 상언을 받게 했다. 보통 상언은 도성 밖을 행행할 때 미리 상언령을 내려 받는 것으로, 받는 구간도 남대문 밖 또는 동대문 밖까지로 한정됐다.[8] 왕이 기로소에 입소하는 특별한 날이었기에 세자와 함께 돌아오는 성대한 행렬을 구경하기 위해 모여든 사람들에게 특별한 조치를 내린 것이다. 영조는 또 오늘 사묘를 찾은 것이 "한나라 고조(高祖)의 풍패(豊沛) 고사"라고 말하고는 연추문계(延秋門契)의 80~90대 노인들을 불러 나이·구실[役]·이름을 일일이 물어보고, 해조(該曹)로 하여금 쌀과 포목을 주게 했다. 이러느라 밤이 늦어서야 환궁했다.[9]

효종 대 어의동 본궁의 한인아병 제도를 본떠 무예청 군사를 궁저로 들어오게 해서 마을을 이루게 했다. 1792년경에는 창경궁 선인문 아래에서 이현 동구까지 길 동쪽과 서쪽에 있는 집들에 장용영 교졸들이 들어갔다. 경모궁 주변뿐만 아니라 창경궁에서 이현 동구까지의 길, 즉 이현 동구에서 경모궁까지 이르는 길 전체를 묘전의 앞쪽 길에 민가가 들어선 것과 같이 하려는 취지의 일이었다.

이렇게 연추문계의 노인들을 풍패지향의 이웃이라 일컬으며 쌀과 포목을 내리는 것은 이웃 노인들을 내 노인(부모)처럼 여기는 교화 정치를 실천한 것이기도 하다. 왕도 정치가 멀리 있는 것이 아니라 내가 부모를 사랑하는 마음을 넓혀서 남의 노인에게 이르게 하는 데 있다는 것이 공자의 말이었다. 동시에 궁가 또는 궁묘 주변의 이웃들에게 왕실과의 특별한 인연을 강조하는 한편 작은 혜택을 베풀어 왕실에 대한 호감을 높이고, 궁가로 인해 끼치는 여러 민폐를 상쇄하고자 한 것이었다. 이 때문에 영조의 풍패지향 운운은 단지 육상궁 주변 마을에만 그치지 않았다.

순화방 사재감계는 창의궁이 있는 동네이지만 인원왕후가 태어난 양정재가 있는 곳이기도 했다. 육상궁 때문에 영조가 기리는 곳이 연추문계라면 인원왕후 때문에 기리는 곳은 사재감계였다. 1756년 인원왕후가 회갑을 맞았을 때 1758년에 죽은 인원왕후를 기릴 때 양정재가 있는 순화방 사재감계 주민 모두에게 복호(復戶)의 혜택을 내렸다.[10] 1764년에는 인원왕후와 숙빈의 옛 집인 순화방 및 여경방에 있는 사인(士人)과 서민에게 쌀·비단을 내려 주었다. 노인들은 고기가 아니면 배부르지 않고 비단이 아니면 따뜻하지 않는다고 했는데 쌀과 비단이 한 가지라며 좋아했다. 사인에게는 비단, 중서 이상에게는 쌀을 각각 내리되 중서라고 해도 관직을 지낸 이에게는 비단을 내리도록 했다. 사대부가 부인으로서 실직을 지낸 자의 처는 그 아들이 대신 받아가도록 했다.[11]

순화방 사재감계, 여경방 구저, 창의궁 담장 밖에 거주하는 부로(父老)들은 삼동(三洞) 부로로 일컬었다. 영조의 말을 들어보자. "특별히 삼동 부로들을 만나 보는 까닭은 정축년을 추억하고, 무술년을 추억하고, 잠저 동네의 옛 노인들[潛邸洞裏舊老]을 보고자 하는 것이다. 이미 소견했으니 경진년의 예에 의거해 나이 70~80대 노인들을 특별히 가자(加資)하고, 70세 미만 노인들에게는 먹을 것을 내려 주어 내 특별히 추모하는 뜻을 부치도록 하라."[12]

1768년은 태조가 승하한 구갑이 되는 해였다. 이 때문에 1767년 겨울부터 영조는 연희방과 덕수궁 터가 어디인지를 찾고자 했다. 태조가 연희방에 있던 궁에 홍덕사를 세운 일, 덕수궁에 있다가 승하한 일 등을 찾아보고 그 장

07
『영조실록』 10권, 영조 2년(1726) 11월 6일(갑오).

08
김지영, 『길 위의 조정』, 민속원, 2017, 285~309쪽 참조.

09
『영조실록』 60권, 영조 20년(1744) 9월 9일(계미).

10
『승정원일기』 1127책, 영조 32년 1월 1일 기사.

11
『승정원일기』 1203책, 영조 38년 3월 8일 신축.

12
『승정원일기』 1226책, 영조 40년 1월 3일 을묘.

소를 알고자 함이었다. 영조는 덕수궁은 창덕궁의 시민당(時敏堂)이고 연희방은 지금의 흥덕동이라고 판단했다. 함흥·영흥 등 태조가 발원한 지역 출신 유생들에게 특별 제술시험을 보게 할 때는 삼동(三洞) 주민들을 추가하도록 했다. 이때 삼동은 창덕궁 동구에서 파자석교, 경복궁 동북쪽에 있는 연춘문 바깥 지역 장생전에서 벽장동, 흥덕동이었다. 연춘문 바깥에는 태조의 혼전이자 원묘인 문소전이 있었다. 흥덕동 밖은 하나의 동, 하나의 계였다. 남과 북을 갈라 분촌하고, 유의와 유건을 입은 유생은 섞지 말고 일반 주민에게만 혜택을 주도록 했다. 함흥, 영흥 등 태조의 고향 마을 유생과 한양에서 태조가 교화로 기른 유민[昔年化育之遺民]들에게 특혜를 주는 것이므로 성균관 유생이 섞여 들어가지 않도록 한 것이다.[13] 즉 이때 지정한 삼동 주민들을 태조의 유민으로 상정하고서 이 같은 혜택을 내린 것이다.[14]

태조뿐만 아니라 영조가 답사한 선왕 잠저 또는 구궁 일대인 향교동 어의궁 · 어의동 본궁·여경방(餘慶坊)·경운궁방(慶運宮坊)의 부로들에게도 같은 혜택을 내렸다. 향교동 어의궁 마을의 이문(里門) 안에 살고 있는 백성들에게 쌀과 포를 나누어 줌으로써 선왕의 옛 땅에 살고 있다는 사실을 특별한 일로 표현했다.[15] 어의동 본궁의 담장 밖에는 효종이 중국 심양에 있을 때 호종한 한인 아병의 후예 150여 명이 살고 있었다. 영조는 이들에게 면세 혜택을 주고 어의동 본궁의 청소, 눈 쓸기 등을 담당하도록 했다.[16] 복수설치(復讎雪恥)를 위해 고심한 효종의 행적과 어의동 주변에 살고 있는 명나라 유민들을 돌아보면서 어의동 본궁에 행차한 영조는 늘 선왕의 존주대의(尊周大義)를 추억했다. 1751년에 행차했을 때는 이들 '황조유민'을 바라보니 비풍(匪風)의 감회가 인다며 선혜청에서 특별히 고휼(顧恤)하도록 했다. 1770년에는 어의동·여경방·경운궁방·사재감계·연추문계에 사는 60세 이상 사람들을 경희궁 덕유당으로 불러서 본 후 찬거리와 쌀을 내려 주고, 74세인 사람에게는 벼슬을 한 급수씩 주었다. 연화방에 사는 백성들은 태종의 유민으로 대접했고, 노인과 형편이 어려운 백성들에게는 쌀을 내려 주었다.[17]

나라에 큰 경사가 있을 때도 이런 고향 마을 사람들에게 혜택을 주었다. 1775년 왕세손이 대리청정 조참을 받은 날에도 어의동계민, 창의궁과 사재감계 주민들에게 면역 혜택을 내렸다. 이렇게 18세기 한양의 여러 별궁 주변 거주민들은 여러 궁가 주인들과 왕실 옛사람들의 이웃이 됐다.

인위적인 궁 마을의 조성

정조는 경모궁을 세울 때 논밭뿐인 빈터에 직방(直房)과 주택가를 형성해서 경관을 조성했다. 이렇게 궁 근처에 인위적인 마을을 만든 것은 이때가 처음이 아니었다. 효종 대의 어의동계, 영조 대의 청람전계는 특정 목적을 두고 주민들을 모아 계를 구성하고 그들에게 특정 역을 지운 후 특정 군종을 배당하거나 청람전과 같은 상업적 특혜를 준 사례였다. 정조는 이러한 선례들을 연구해서 경모궁 마을[경모궁계]을 조성했다.

계(契)는 한양 5부 43~47방 아래의 자치 조직이자 국역 체계의 일부로 알려져 있다. 한성부 주민들에게 부과되는 국역이란 방역을 말하는 것이었다. 도시를 유지하고 운영하기 위해 필요한 일들, 성곽 보수, 궁궐 담장 수축, 도로 및 교량 보수, 도로 청소, 대궐 내 청소, 화재 예방과 진압, 도성의 치안 유지를 위한 경수소 숙직, 도성 인근 군현으로의 곡물 운반, 국왕 행차 때의 의장 시위, 송충이 잡는 일, 제설 작업 등이었다.[18] 궁이 새로 들어서면 궁 주변 마을에 방역 부담이 가중될 수밖에 없었다. 일방적으로 방역을 지우는 방식 대신 기꺼이 궁 마을의 일원이 되고자 하는 사람에게 방역을 지운다면 궁가로 인한 주변 이웃들의 불편은 덜어질 수 있었다. 하나의 방식은 부담에 상응하는 반대급부를 제공하는 것이었다. 방역을 지는 대신 상업적 특권 등을 제공받겠다는 주민들을 모집하는 방식이다. 다른 하나는 앞 절에서 살핀 바와 같이 궁 마을 사람들에 대한 비상업적 특혜와 명예심을 제공하는 방식이었다.

효종 대 어의동계 주민은 어의동 본궁 근처에 모여 사는 한인아병들이 중심이었다. 한인아병에서 한인이란 명이 멸망한 후 조선에 귀화한 중국인들을 의미한다. 아병은 조선에 생활 근거가 전혀 없는 귀화 중국인들을 말한다. 이들에게는 훈국 아병색에 편입시키고 어물의 이익으

13 『승정원일기』 1275책, 영조 43년 12월 19일 기묘.

14 『영조실록』 109권, 영조 43년(1767) 12월 19일(기묘).

15 『승정원일기』 956책, 영조 19년 4월 9일 임진.

16 『승정원일기』 927책, 영조 17년 3월 16일 신사.

17 『승정원일기』 1247책, 영조 41년 9월 27일 경자.

18 고동환, 「조선후기 한성부 행정편제의 변화: 방·리·동·계의 변동을 중심으로」, 『서울학연구』 11, 1998.

효종 대의 어의동계, 영조 대의 청람전계는 특정 목적을 두고 주민들을 모아 계를 구성하고 그들에게 특정 역을 지운 후 특정 군종을 배당하거나 청람전과 같은 상업적 특혜를 준 사례였다.

로 생계를 꾸릴 수 있게 했다. 효종은 이들에게 이런 특혜를 주는 한편 어의동 본궁 근처에 모여 살 수 있게 하고, 내수사에서 양식도 내주게 했다. 이렇게 모인 한인아병은 정조의 증언에 따르면 10초나 됐다. 1초를 100명 정도로 잡아도 1,000명가량의 한인아병이 어의동 본궁 근처에 모여 살게 된 것이다.[19] 1751년 영조가 어의동 본궁에 갔을 때 본궁 문을 나서 한인아병의 마을이 있다는 이야기를 듣고 몇 사람을 대궐로 불러들였다. 중국 산동, 서촉, 대동보 등지에서 온 한인들이었다. 당시 어의동 본궁 남쪽 담장 밖에 40여 호, 동구 밖으로 이거한 가호가 50여 호였다.[20] 시간이 흐르면서 효종을 그리워하고 추모하는 사람들의 동네, 시간이 한참 흐른 뒤에도 효종의 사람들이라고 여기는 백성들이 모인 동네가 돼 갔다. 정조는 이들이 처음 왔을 때는 이런 대우에도 만족하고 또 조선 사람들도 이들을 홀대하지 않았는데 점차 업신여기고 멸시하는 사람이 많아지고, 무술 하는 교장에서 가왜(假倭)로 삼는다며 아쉬워했다. 시대가 변함에 따라 명 유민들에 대한 조선 사람들의 시선이 달라지고 있었음을 알 수 있다.

청람계는 홍봉한이 1760년 준천 사업이 끝난 후 어의동에 창설한 계다. 어의동 본궁의 남쪽 담장 아래에 예전에는 민가가 가득했지만 1760년경에는 사대부가의 채전이 많아서 성 내 물 관리에 나쁜 영향을 미쳤다. 이를 없애는 동시에 준천 비용을 비축하기 위해서 동촌에 전을 설치하고 인가를 모집하려 한 것이다.[21] 새로 설치하는 점포에서는 청람, 즉 귀천에 관계없이 모든 사람이 쓰는 염색 원료를 팔 수 있는 권리를 갖게 됐다. 상업적 특혜를 주고 대신 사람당 3냥을 거두었다. 애초에는 청람전이라 했지만 준천사에 속하고 준천을 위해 설치한 것이므로 청람계라고 부르도록 했다.[22] 도성을 관리하고 본궁 근처의 허술함을 메우기 위한 방책이었지만 이런 명분 있는 일에 일조하기보다는 이익을 위해 모여든 사람이 많았는지 점차 싼값에 사다가 비싼 값에 되파는 도고 행위가 심해져 갔다. 청람전계 사람들에 대한 도성민들의 원망이 많아졌고, 결국 폐지됐다.

정조는 경모궁을 세운 후 경모궁 문 밖이 널찍하게 비어 있자 민가가 없어서 황량하다며 사람들을 모집하고 들어와 살도록 하고자 했다.[23] 궁문 좌우에는 호조, 병조, 훈련도감의 직방을 만들어 사람들이 늘 오가게 했다. 또 영조 대의 청람전계를 본받아 민가를 모집해서 경모궁 근처에 살게 했다. 우선 민가 10호를 모집해서 궁문 좌우 및 각소 직방 남북에 거주하도록 했다. 담장 밖 및 응란교·장경교의 상하좌우에는 담배, 삼노·갈대 등 초물, 미투리, 도성 안팎의 어물, 동북쪽의 생선 등의 점포와 푸줏간[懸房]·우방전(牛肪廛) 등을 하는 백성 107호를 거주하게 했다.[24] 이 가운데 내외어물전 여점 6호와 생선전 도가는 기와집이었다. 나중에 우방전은 혁파됐다.[25] 모집된 주민에게는 일정한 역을 지우는 대신 여객 주인과 같은 상업적 특권을 주었고, 모민들은 적극적으로 상업적 특권을 요구하기도 했다.[26] 경모궁 주변 경관을 조성하고 경모궁을 보호·유지하기 위한 경비를 조달하려는 정조의 입장과 상업적 이익을 도모하는 상인의 이해관계가 합치되면서[27] 경모궁 궁저(宮底)에는 사람들이 들어차기 시작했다.

효종 대 어의동 본궁의 한인아병 제도를 본떠 무예청 군사를 궁저로 들어오게 해서 마을을 이루게 했다. 1792년경에는 창경궁 선인문 아래에서 이현 동구까지 길 동쪽과 서쪽에 있는 집들에 장용영 교졸들이 들어갔다. 경모궁 주변뿐만 아니라 창경궁에서 이현 동구까지의 길, 즉 이현 동구에서 경모궁까지 이르는 길 전체를 묘전의 앞쪽 길에 민가가 들어선 것과 같이 하려는 취지의 일이었다. 1782년에 처음 경모궁 모민이 시작된 지 10년이 지난 시점이었는데, 이때 이미 상업적 이익을 위해 모여든 모민들 가운데 일부가 빠져나가면서 궁 주변이 다시 허술해지던 시점이었다. 응란교(凝鑾橋) 주변에 모여든 모민들의 경우 이주 및 거주 초기 정착 비용까지 받았는데도 이런 상황에 이르자 장용영 영속 중심으로 경모궁 마을을 지키는 방식을 더욱 정교하게 만들었다. 이것이 선인문에서 이현 병문까지 이르는 곳에 만들어진 '좌우통계'였다. 이들에게는 길을 닦

19
『정조실록』 13권, 정조 6년(1782) 1월 21일(무오).

20
『승정원일기』, 영조 27년 10월 8일 신축.

21
『승정원일기』, 영조 36년 4월 1일 을해.

22
『승정원일기』, 영조 36년 6월 15일 정유.

23
『일성록』, 정조 5년 12월 11일 기묘.

24
『경모궁의궤』, 부록, 「궁저민가모입사(宮底民家募入事)」.

25
『경모궁의궤』, 부록, 「각전설치사(各廛設置事)」.

26
김동철, 「18세기 말 경모궁 모민과 그들의 상업활동」, 『지역과 역사』 8, 18~20쪽.

27
김동철, 위의 글, 40쪽.

고, 좌경(坐更)하고, 청소하고, 풀을 제거하고, 눈을 치우는 등의 일을 나누어서 담당했다. 관서 목 30동을 좌우통계에서 비용으로 받고, 이 가운데 일부는 고군을 써서 각종 부역에 대응하게 했다. 또 길 좌우에 현등하는 일도 통계 주민들이 담당했다. 왕이 경모궁에 동가(動駕)할 때는 등 30개, 홍화문에서 도성 다른 곳에 동가할 때는 이현 병문까지 등 85개를 달았다.[28] 화성에 원행할 때 화성까지 길에 3,604개의 등을 다는 일도 이 좌우통계의 사례를 원용한 것이었다.[29]

03

별궁의 내밀한 경제생활 엿보기

조선 후기의 왕실, 특히 궁중의 경제생활에 대한 생활사 차원에서의 접근 경로로는 의(衣), 식(食), 주(住)의 세 가지가 있었으며, 각각 복식사, 음식사, 주거사라는 전문 분야로 특정되어 있다. 구전, 풍속화, 유물 및 유적도 소재의 일부로 활용됐지만 궁중 생활사 복원의 근거 재료는 역시 기록 중심의 문헌이었다. 현재까지의 연구에서 분석된 자료로는 크게 나누어 의궤(儀軌), 정례(定例), 발기(件記)가 있다.

의궤는 국가 또는 왕실의 각종 의례에 대한 국가 차원의 공식 기록이기 때문에 궁중 생활사 연구에서도 중심적 위치를 점했다. 의례에 사용된 의복, 음식, 도구들에 대한 정보가 수량 및 규격까지 상세하게 기록되어 있을 뿐만 아니라 때로는 도판(圖版)으로 삽입되기도 했기 때문이다. 예를 들어 기존 연구의 『가례도감의궤(嘉禮都監儀軌)』에 대한 소개를 보면 저고리[赤古里]처럼 행사에 사용된 의대(衣襨)의 내역이 기록되거나 요강(要江) 또는 대야(大也)와 같은 생활용품이 세세히 기재되어 있음을 알 수 있다.

정례는 왕실에 이바지하기 위해 필요한 국가의 재정운영 지침에 해당한다. 의생활에서는 『상방정례(尙方定例)』, 식생활에서는 『공선정례(貢膳定例)』가 대표적이다. 대동법 시행 이후 공인에게 공가(貢價)를 지급하고 수합한 공물(貢物)에 대한 분배를 규정한 것으로서, 품목과 수량 정보를 기본으로 한다. 경제사 연구자는 재정 운영에 대한 관심에서 이들 자료를 이해한 반면, 생활사 분야에서는 개별 품목 하나하나에 대한 상세한 분석적 접근을 수행한 바 있다.

의궤나 정례와 더불어 궁중 생활사의 면면을 살피는 주요 재료로 활용된 것이 이른바 궁중발기[宮中件記]다. '件記'는 이두 표기로, '발긔' 또는 '발기'라고 읽으며, 현대적 의미의 '목록'에 상응하는 기록이다. 궁중발기를 활용한 생활사 연구는 발기의 수록 내용을 단순히 소개하는데 그치지 않고 유의미한 정보들을 추출해서 정리하고 통계화하는 수준에까지 이르렀다. 또한 발기에 수록된 각종 물품의 현대적 복원이 시도되기도 하였다.

의궤, 정례, 발기는 각각 생활사 자료로서의 가치가 충분하지만 정보의 포괄성이나 구체성 측면에서는 각기 일정한 단점도 노출하고 있다. 따라서 일부 연구에서는 의궤와 정례, 그리고 발기를 상호 보완적으로 활용하는 방식으로 왕실의 의식주 실태에 대한 해명을 지향하기도 했다. 나아가 더 상세한 정보를 찾아내기 위해 때로는 궁중 생활을 민간의 그것과 비교, 대조하기도 했다. 예를 들어 식생활에 대해서는 민간의 『규합총서(閨閤叢書)』나 『음식디미방[飮食知味方]』이 동원되기도 했다. 또한 세시풍속을 기록한 『동국세시기(東國歲時記)』와 같은 자료도 유용하게 활용되어 왔다.

이상과 같이 기존 연구에서도 다양한 자료를 활용해서 궁중 생활사에 접근하고 있지만 아직까지 밝혀 내지 못한 구중궁궐(九重宮闕)의 이면(裏面)은 상상 이상이라고 평가할 수 있다. 예를 들어 의궤의 기록은 구체성을 띠면서도 행사에 사용된 물품의 수량 및 총비용 정보만 전달하고 있을 뿐 개별 물품의 단가(單價)나 공정(工程)에 관한 정보까지는 알려주지 않는다는 한계가 있다. 또한 최종재(final goods) 소비 기록만 있는 경우 그에 소요되는 중간재(intermediate goods)나 반제품(semi-product) 또는 재료가 노동력과 어떻게 결합되어 소비로 연결되고 있었는지에 대한 입체적 정보를 제공하지 않는다.

요컨대 종래의 궁중 생활사 연구를 통해 알게 된 정

28 『일성록』, 정조 20년 12월 22일 계사.

29 김지영, 『길 위의 조정』, 민속원, 2017, 260~262쪽.

보가 다양하고 충실하다 하더라도 왕실의 경제생활과 시장의 관련, 궁중 수공업의 역할 등에 대한 이해에까지는 이르지 못하고 있다. 기존 연구에서 두루 활용한 의궤, 정례, 발기 등의 자료에 대한 보완은 등록 및 회계장부를 통한다면 가능하다. 흔히 회계장부라 하면 당대의 화폐에 해당하는 쌀, 동전, 삼베, 무명 등의 출입(出入)을 기본으로 하는 것이라고 연상할 수 있는데, 그중에서도 특히 지출 내역이 상당히 구체적인 경우에는 구입 대상 품목에 대한 상세한 정보를 추출할 수 있다. 즉 물품출납장의 확보가 가능하며, 지출에 관한 대표적 회계장부인 차하책은 왕실 생활사의 보고(寶庫)라 해도 과언이 아닐 정도다.

이 책에서는 궁중 생활사 분야에서 전인미답(前人未踏) 상태인 규장각 자료를 학계 및 일반에 공개함으로써 조선 후기 왕실의 기록 문화와 생활사에 대한 총체적 접근을 지향한다. 현재까지 궁방의 등록 및 회계장부는 농업사, 상업사, 회계사, 물가사, 재정사 등 경제사 분야에 한정해서 활용됐다. 하지만 이들 자료에 수록된 궁중 생활의 방대한 정보에 접근할 수 있다면 기타 분야에서도 풍부하게 활용도를 높일 수 있을 것이다. 특히 의식주를 중심으로 한 궁중의 일상생활사를 구체적인 수준에 이르기까지 복원할 수 있다. 또한 제4장에서 충분히 논의했듯이 궁중 생활사와 별궁 생활사 또는 궁방 생활사를 분리하기가 사실상 가능하지 않다는 점을 전제로 해야 할 것이다.

궁방 회계장부에 수록된 정보는 양과 질에서 기존에 활용된 자료보다 풍부한 면이 있다. 그런데 그 사료적 가치는 중초본(重草本)이나 정서본(正書本)보다 초본(草本)에서 더욱 크다. 왜냐하면 초본의 다양한 정보가 중초본으로 옮겨지는 과정에서 정리·편집되거나 통합되어 기재된 사례가 많기 때문이다. 따라서 좀 더 자세하고 풍부한 내역을 소개하기 위해서 초서(草書)로 작성된 초본의 내역을 구체적이고 효율적으로 소개하고자 하며, 그 과정에서 회계장부를 읽는 법에 대한 이해까지 병행할 수 있을 것이다.

04

행자·수긴·거내 등 별궁의 헝겊

별궁이 남긴 문헌을 보면 각종 헝겊 및 복식의 마련을 위해 피륙을 구입해서 사용한 기록이 확인되며, 이를 통해 의생활사의 일단을 엿볼 수 있다. 궁중에서는 여염집보다 식사 및 제사의 빈도가 잦았을 뿐만 아니라 음식의 종류도 다양했고, 양도 많았다. 그래서 음식을 마련하는 것도 큰 일이었지만 다 먹은 음식 그릇을 처리하는 것 역시 만만치 않은 일거리였다. 지금도 그렇지만 음식을 차리거나 정리하는 과정에 쓰이는 필수 품목이 바로 '행주'이며, 조선시대 궁중에서는 민간에서보다 훨씬 많은 양의 행주를 필요로 했다.

궁중에서 사용한 행주는 우리가 지금 생각하는 행주와 크게 다르지 않았던 것으로 보이며, 수저나 그릇 또는 밥상 등을 닦을 때 사용하는, 주로 하얀색의 조그만 헝겊을 가리킨다.[30] 『훈몽자회(訓蒙字會)』에 따르면 조선시대에는 행주를 '힝ᄌᆞ'라고 했다. 왕실의 각종 행사에서 이루어진 지출 내역 중에서는 '행자(行子)'라는 표현으로 등장하는 경우가 많다.[31] 몇 가지 사례를 들어보면 〈그림 1〉, 〈그림 2〉, 〈그림 3〉과 같다.

여기서 크게 세 가지 사실을 확인할 수 있다. 첫째 행주의 재료로 사용할 각종 천의 수량과 가격이 적혀 있다. 이는 해당 천을 어디선가 구입했음을 의미하며, 왕실 창고에서 꺼내 쓴 것이 아님을 말한다. 둘째 행주로 사용한 천의 재질이 어떤 것이었는지 알려 준다. 삼베[布]·무명[木]·모시[苧]가 두루 사용됐고, 대체로 흰색이었음을 알 수 있다. 의복 소재로 사용한 천과는 다른 종류 또는 다른 품질이었을 것으로 추정되지만 자세한 사항을 알기는 어렵다. 셋째 구입 단위가 짧게는 10여 자(尺)에서 길게는 30자에 이르는 것으로 보아[32] 꽤 긴 천을 구입한 뒤 조그맣게 잘

30 국립국어원의 표준국어대사전에 따르면 '행주'의 사전적 정의는 "그릇, 밥상 따위를 닦거나 씻는 데 쓰는 헝겊"이다.

31 '행자' 외에도 행주를 표현한 용어로 '식건(拭巾)'이 확인된다. "細紬壹疋玖尺 祠堂十一位龕室拭巾次" 『수진궁차하책』(奎19102), 43책, 1837년 2월 19일.

32 포백척(布帛尺) 1자를 대충 50cm로만 잡아도 10자면 5m, 30자면 15m 길이가 된다.

행주로 쓸 베 13자 값 行子布十三尺價
2냥 6돈 二兩六戔

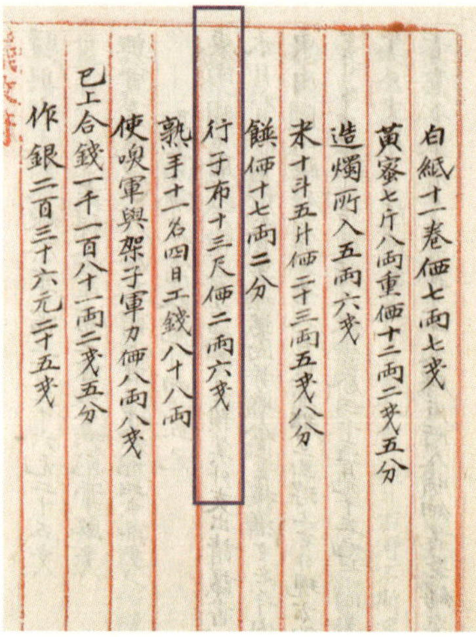
白紙十一卷價七兩七戔
黃蜜七斤八兩重價十二兩二戔五分
造燭所入五兩六戔
米十斗五升價二十三兩五戔八分
饌價十七兩二分
行子布十三尺價二兩六戔
熟手十一名四日工錢八十八兩
使喚軍與架子軍力價八兩八戔
已上合錢一千一百八十一兩二戔五分
作銀二百三十六元二十五戔

그림 1 삼베 행주의 사례

(『각부청의서존안』 13책, '興宣大院君驪興府大夫人練祭與大祥祭需費표預算外支出請議書第十三號', 1900년 1월 26일, 서울대학교 규장각한국학연구원 소장)

75전 七十五戔
흰 무명 15자 값 白木十五尺價
행주로 쓰는 것. 行子所用

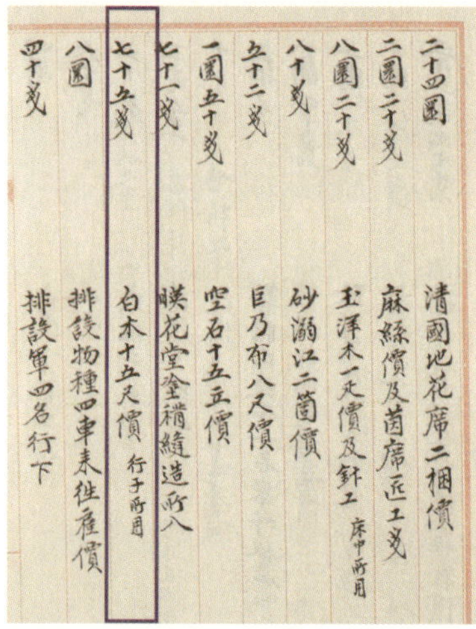
二十四圓 清國地花席二植價
二圓二十戔 麻絲價及茵席匠工戔
八圓二十戔 玉洋木一疋價及針工 床中所用
八十戔 砂湔江二箇價
五十二戔 巨乃布八尺價
一圓五十戔 空石十五立價
七十一戔 暎花堂塗褙繕造所入
七十五戔 白木十五尺價 行子所用
八圓 排設物種四車未徃雇價
四十戔 排設軍四名行下

그림 2 무명 행주의 사례

(『기안』 16책, '光武十一年六月十二日秘苑園遊會費明細書', 1907년 6월 12일, 서울대학교 규장각한국학연구원 소장)

동전 54냥 錢文伍拾肆兩
행주 흰 모시 30자 값 行子白苧三十尺價

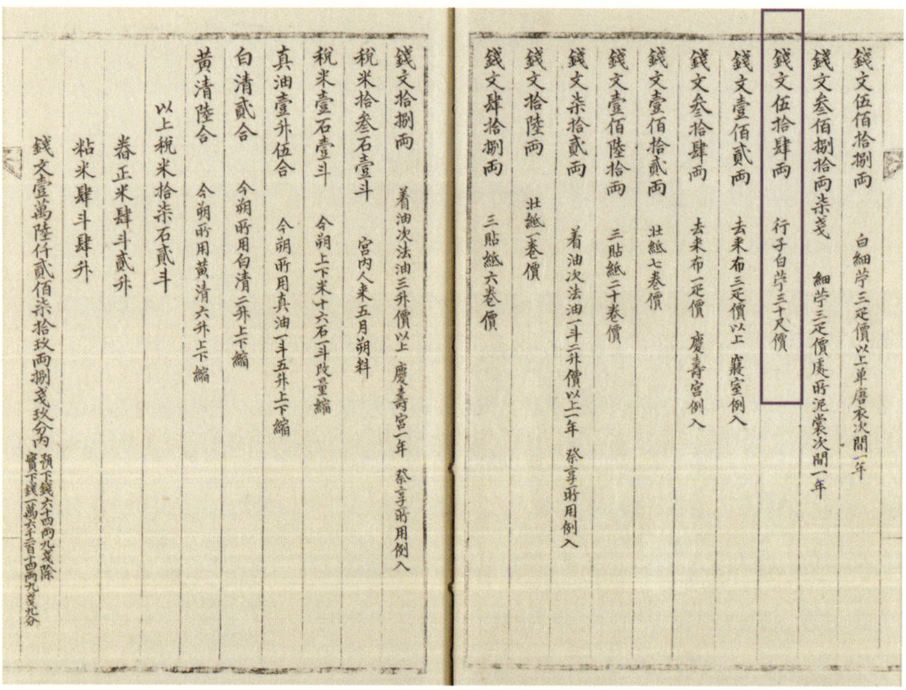
錢文伍佰捌拾捌兩 白細苧三疋價以上單唐衣次間一年
錢文叁佰捌拾兩柒戔 細苧三疋價處所泥蒙次間一年
錢文伍拾肆兩 行子白苧三十尺價
錢文壹佰貳兩 去來布三疋價以上 寢室例入
錢文叁拾肆兩 去來布一疋價 慶壽宮例入
錢文壹佰拾貳兩 壯紙七卷價
錢文壹佰陸拾兩 三貼紙二十卷價
錢文柒拾貳兩 着油次法油一斗二升價以上一年 祭享所用例入
錢文拾陸兩 壯紙一卷價
錢文肆拾捌兩 三貼紙六卷價
錢文拾捌兩 着油次法油三升價以上 慶壽宮一年 祭享所用例入
税米拾叁石壹斗 宮內人朔五月朔料
税米壹石壹斗 今朔上下米十六石一斗內量縮
真油壹升伍合 今朔所用真油一斗五升上下縮
白清貳合 今朔所用白清二升上下縮
黃清陸合 今朔所用黃清六升上下縮
以上税米拾柒石貳斗
舂正米肆斗貳升
粘米肆斗肆升
錢文壹萬陸仟貳佰柒拾玖兩捌戔玖分內

그림 3 모시 행주의 사례 (『경우궁차하책』 1책, 1894년 4월, 서울대학교 규장각한국학연구원 소장)

라서 사용한 것으로 볼 수 있다. 얼마나 짧게 잘라서 썼는지, 한 번 구입할 때 몇 개나 만들어 썼는지에 대해서는 기록되어 있지 않다.

그런데 널리 알려져 있듯이 행주와 거의 동일한 재질의 천으로 만들어 쓰는 주방용 의복으로 '행주치마'가 있다. 『훈몽자회』에는 '힝ᄌᆞ쵸마'로 기록되어 있는데, 왕실의 각종 기록에서는 '행자적마(行子赤麻)'와 '행자적마(行子赤亇)'로 표기되어 있다.[33] 이는 민간뿐만 아니라 왕실에서도 행주치마를 만들어 입었음을 뜻한다. 행주를 비롯해 행주치마까지 만들어야 했기 때문에 그렇게 긴 천을 사서 써야만 한 것으로 볼 수 있지 않을까?

궁중에서 사용된 헝겊 가운데 행주보다 더 자주 기록되어 있는 것이 있는데, 바로 '수건(手巾)'이다. 민간에서는 '수건'이라고 했지만 궁중에서는 '수긴' 또는 '슈긴'이라 발음했다. 궁중의 발음이 민간과 다른 이유는 중국식 발음을 채택했기 때문이다.[34] 요즘에는 수건을 '장(張)'이라는 단위로 헤아리지만 조선의 궁중에서는 '건(件)'으로 세었다. 예컨대 '수건 1장'이 아니라 '수긴 1건(手巾一件)'으로 표현하였다.

행주를 만들기 위한 천을 '행자포'라고 한 것처럼 수건의 소재가 된 천은 '수긴포(手巾布)'라고 기록되어 있다. 행주가 그릇이나 상을 닦는 것이었던 반면에 수건의 용도는 손이나 얼굴 등 몸을 닦는 것이었다. 그렇게 인체와 접촉하는 것이어서인지 수건을 만드는 데에는 대체로 행주보다 뛰어난 품질의 천을 사용했던 것으로 보인다. 〈그림 4〉와 〈그림 5〉는 수건의 재료로 모시[苧]나 비단[紬]이 쓰이고 있었음을 보여 준다.

궁중에서 소비한 행주나 수건과 같은 헝겊의 재료가 되는 천을 조달한 경로는 두 가지였다. 본래 행주나 수건은 공상아문의 하나인 제용감(濟用監)에서 궁중으로 이바

33 "行子赤麻三件", 『책례도감의궤(冊禮都監儀軌)』(奎13099), '英祖王世弟受冊時', 1721.

34 黃慶煥, 「宮中用語」, 『국어국문학』26, 1963, 282쪽. 참고로 현대 중국어에서는 '手巾'을 'shǒujīn'으로 발음한다.

수건 흰 모시베 2자　　手巾白苧布二尺

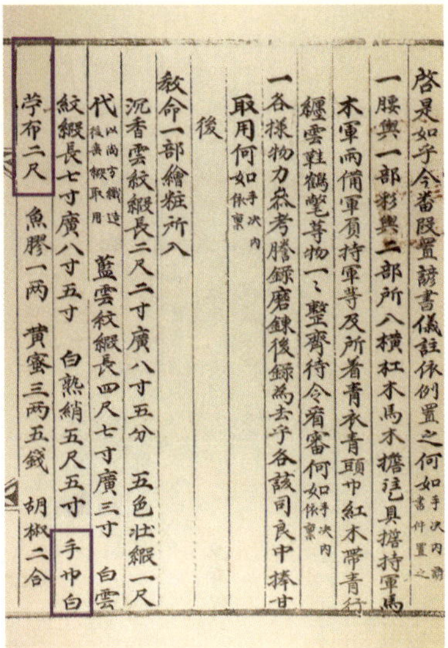
啓是如乎今番殿置謄書儀註依例置之何如 手決內前書付置之
一腰輿一部彩輿二部所入横杠木馬木擔㧞具擔持軍馬
木軍兩備軍員持軍等及所着青衣青頭巾紅木帶青行
纓雲鞋鶴氅等物一一整齊待令宥審何如 手決內依禀
一各樣物力參考謄錄磨鍊後錄爲去乎各該司良中捧甘
取用何如 手決內依禀
後
敎命一部繪粧所入
沉香雲紋緞長二尺二寸廣八寸五分　五色壯緞一尺
代 以尚方織造 後與飯取用　藍雲紋緞長四尺七寸廣三寸　白雲
紋緞長七寸廣八寸五寸　白熟綃五尺五寸　手巾白
苧布二尺　魚膠一兩　黄蜜三兩五錢　胡椒二合

그림 4　모시 수건

(『책례도감의궤』(奎13113), '正祖王世孫', 1759년, 서울대학교 규장각한국학연구원 소장)

수건 흰 명주 2자　　手巾白紬二尺

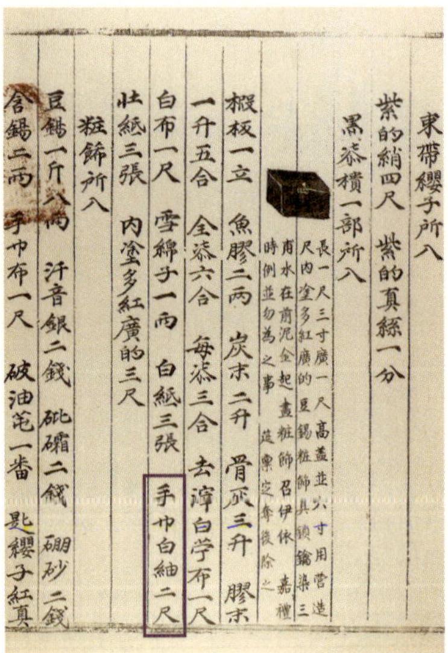
束帶纓子所入
紫的綃四尺　紫的真絲一分
黑漆樻一部所入
椴板一立　魚膠二兩　炭末二升　骨灰三升　膠末
一升五合　全漆六合　每漆三合　去滓白苧布一尺
白布一尺　雪綿子一兩　白紙三張　手巾白紬二尺
壯紙三張　內塗多紅廣的三尺
粧飾所入
豆錫一斤八兩　汗音銀二錢　砒礵二錢　硼砂二錢
含錫二兩　手巾布一尺　破油芚一番　匙纓子紅真

그림 5　명주 수건

(『책례도감의궤』(奎13113), '正祖王世孫', 1759년, 서울대학교 규장각한국학연구원 소장)

지하는 것이었다. 하지만 임시 관청인 도감이나 내수사 또는 별궁에서 직접 조달한 경우에는 서울의 시전에서 구매하는 방식을 취했다. 내수사 또는 별궁과 시전 간의 거래 관계가 구체적이고 직접적으로 드러나는 자료는 흔치 않은 편이지만 수건의 사례 가운데 하나를 추적해 봄으로써 그 구체적인 경로를 확인할 수 있다.

〈그림 6〉은 내수사의 회계장부에서 지출 내역을 발췌한 것으로서, 국왕이 거둥할 때 배행(陪行)하는 협련별감(挾輦別監)이 쓸 수건을 마련하기 위해 흰 모시베[白苧布], 즉 새하얀 모시로 짠 천을 구매한 기록이다. 이와 같은 용도의 지출은 수시로 이루어졌다. 그런데 〈그림 6〉만 보면

동전 9냥
초 4일의 판부에 의거해 거둥하실 때 협련별감 8명 등의 수건으로 쓸 흰 모시베를 3자씩 지급.

錢文玖兩
初四日 判付據 擧動敎是時挾
輦別監八人等處手巾次白苧布各三尺價上下

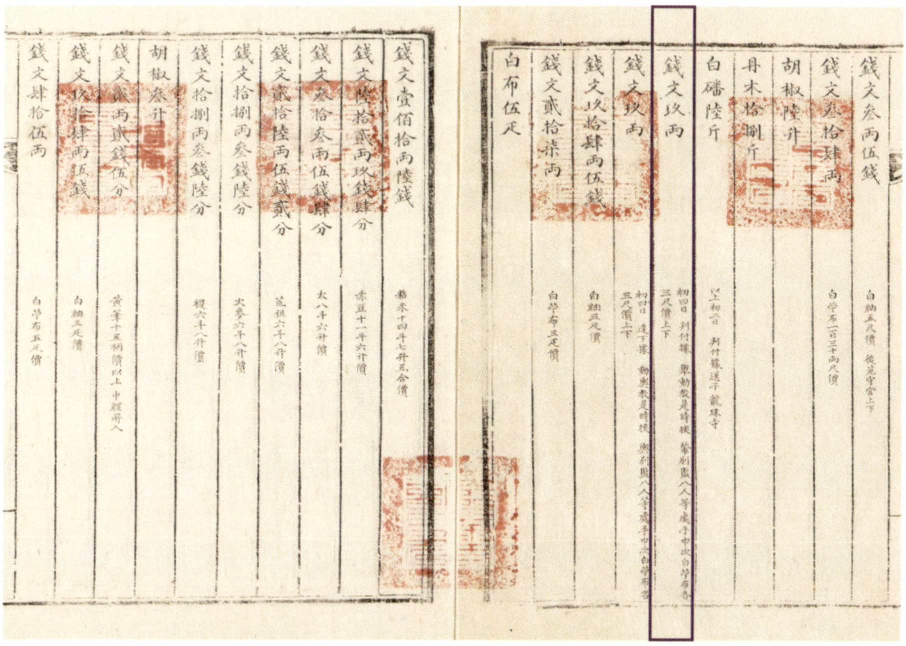

그림 6 수건으로 쓰기 위한 모시 구입 (『내수사각방차하책』 30책, 1886년 1월, '戶房', 서울대학교 규장각한국학연구원 소장)

모시가게,
이번에 거둥하실 때 별감 등의
수건용으로 흰 모시베 1필을
들여 쓸 것.
1885년(을유) 8월 27일.
내수사.

苧廛
今此 擧動教是時別監
等手巾次白苧布壹疋入用事
乙酉八月二十七日
內需司

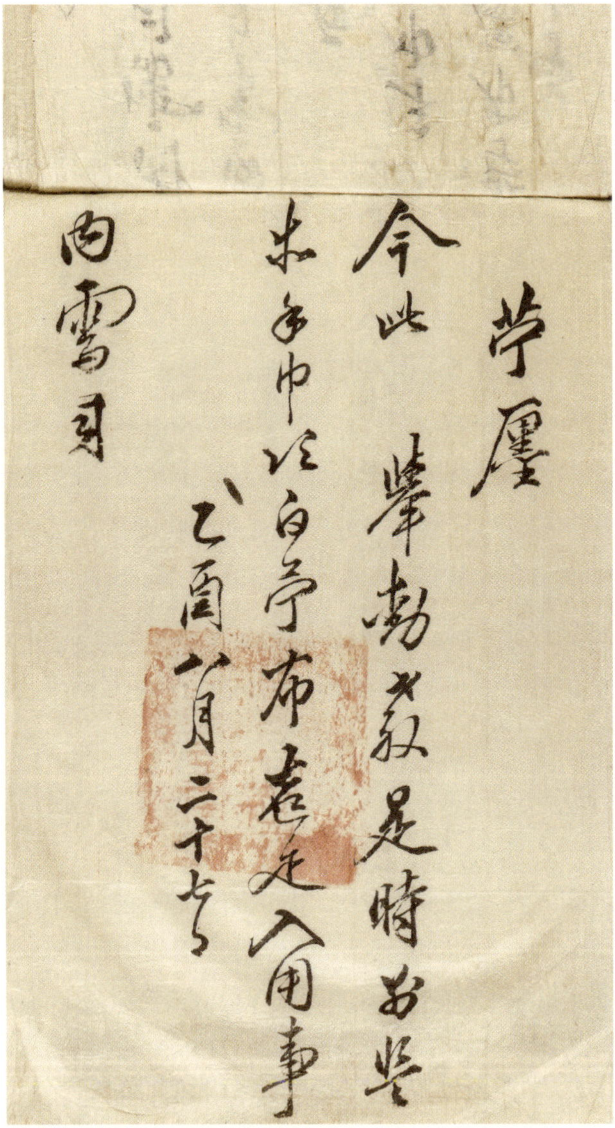

그림 7 내수사가 저전에 발급한 체지

(『호방받자수결책』 2책, 서울대학교 규장각한국학연구원 소장)

이 '백저포'를 어디에서 또는 누구에게서 구입했는지 전혀 알 수 없다. 다행스럽게도 관련 자료가 현존하고 있어서 구매처가 서울의 저포전(苧布廛)이었음을 알 수 있다. 저포전은 줄여서 저전(苧廛)이라고도 했으며, 글자 그대로 모시를 취급한 시전이고 서울 시전의 대표격인 육주비전의 하나였다.

〈그림 7〉에 제시한 것과 같이 내수사에서 저포전에 조달을 명한 체지[帖紙]에는 발주하는 물품의 종류와 수량 및 용도까지 기재돼 있다. 여기에서의 '별감'은 앞에서와 같이 '협련별감'일 수도 있지만 다른 문서에서는 협마별감(挾馬別監), 협마무예별감(挾馬武藝別監), 협여별감(挾輿別監), 부촉별감(扶囑別監) 등으로 기재된 경우도 있다. 아무튼 거둥·행행(幸行)·동가(動駕) 등에 동원되는 별감에게 수건을 지급했고, 그 수건의 재료를 저포전에서 구입한 것이었다. 이러한 문서는 상납 이전에 발행된 것이고, 대금 결제는 상납 이후에 이루어지는 것이 관행이었다. 일종의 외상 거래 또는 장부 거래 형태라고 볼 수 있다. 제4장에서 소개한 이른바 '먼저 진배하고 나중에 값을 받는[先進排後受價]' 결제 방식에 해당한다.

행주나 수건 외에 궁중에서 사용된 대표적인 천 조각 가운데 하나가 걸레이다. 걸레를 궁중에서 '거내(擧乃)'라 했음은 의궤 관련 기존 연구에서 두루 소개된 바와 같다.[35] 다른 기록에서는 '걸내(乬乃)', '걸내(乬乃)', '거을내(巨乙乃)'라고 표현되기도 하였다. 의궤에서 '행자'나 '수긴'보다 '거내'라는 용어가 더 자주 등장하는 것으로 보아 걸레에 대한 궁중의 수요가 행주나 수건보다 훨씬 컸을 것으로 추정된다. 앞에서 소개한 행주나 수건과 마찬가지로 궁중에서는 걸레감을 일컬어 '거내포(擧乃布)'라 했다. 일부 자료에서는 '거래포(去來布)'라고 기재된 경우도 있다.[36]

35 대표적으로 신병주, 『66세의 영조, 15세 신부를 맞이하다』, 효형출판, 2001, 277쪽을 들 수 있다.

36 현대인으로서는 '거래(去來)'가 곧 '걸레'라는 등식을 상상하기 어려울 것이다. 통상적으로 '去來'라는 단어를 거래(transaction) 외의 의미로 해석하지 않기 때문에 '거래포(去來布)'의 의미가 '걸렛감'임을 쉽게 알기는 어렵다. 이와 관련해 회계장부상의 용례인 '무역포(貿易布)'가 '사들인 삼베(hemp cloth traded)' 정도로 풀이되는 것과 비교해 볼 필요가 있다.

동전 29냥 4돈	錢文貳拾玖兩肆戔
걸레 용도의 삼베 1필과	擧乃布一疋與都擧乃白木五疋價
도걸레 용도의 흰 무명 5필 값	

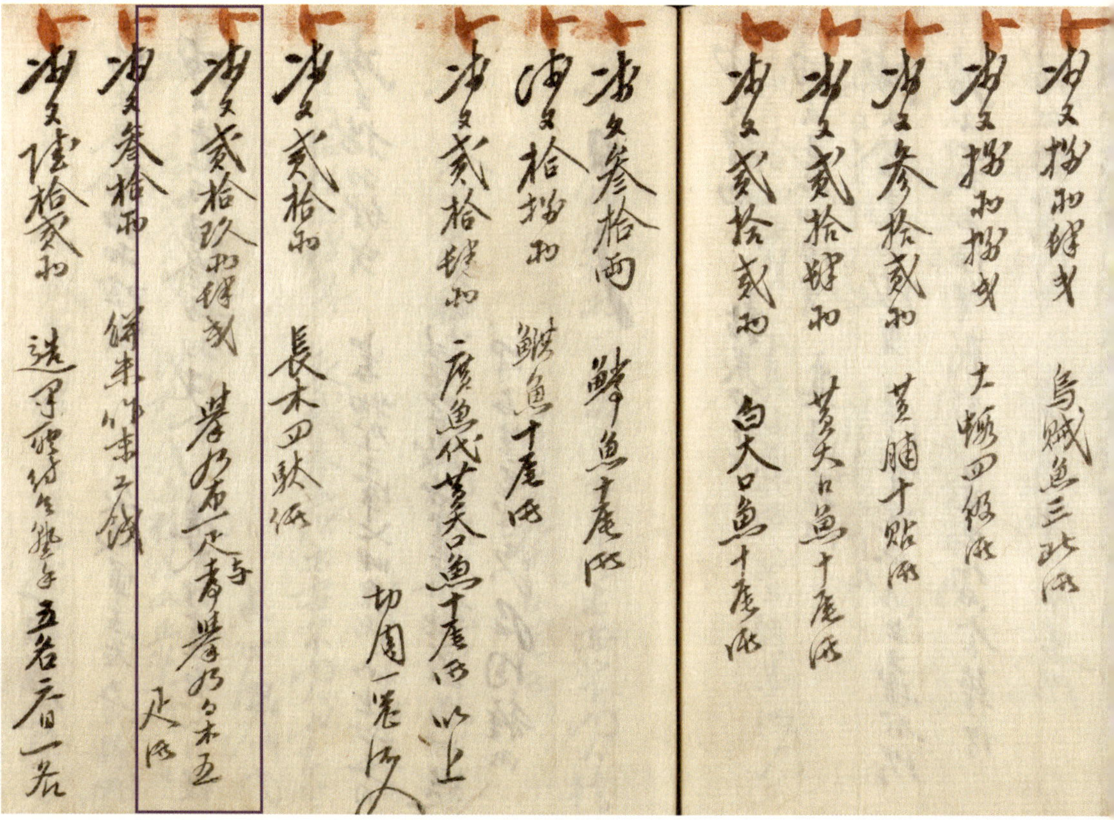

그림 8 걸레와 도걸레 (『수진궁차하책』 6책, 1897년 9월 1일, 서울대학교 규장각한국학연구원 소장)

걸레에도 등급이 있었던 것으로 보인다. '걸레'의 상위 개념에 해당하는 '도걸레'가 있었음이 확인되기 때문이다.37 예를 들어 수진궁의 지출 내역 가운데 '도거내(都擧乃)'라는 표현이, 명례궁의 지출 내역 가운데에는 '도거내(都巨乃)'라는 표현이 보인다. '도걸레'가 더 상급의 걸레였음은 그 재료를 통해서 유추할 수 있는데, 〈그림 8〉에서 볼 수 있듯이 '거내'는 주로 삼베[布]로 만들었지만 '도거내'는 흰 무명[白木]으로 만들었기 때문이다.

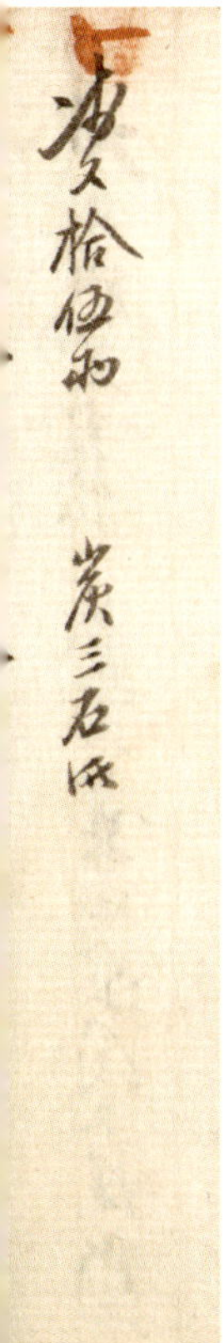

그런데 궁중에서 사용한 '걸레'는 도대체 어떤 것이었을까? 지금은 우리가 대형 마트 등에서 극세사나 부직포로 만든 기능성 걸레를 사서 쓰는 경우가 있지만 불과 얼마 전까지만 하더라도 걸레를 '구입'한다는 것은 상상 밖의 일이었다. 무릇 통념상의 걸레란 대체로 수건이나 행주로 쓰던 천이 낡으면 걸레로 '강등'시켜 활용하거나 메리야스나 면 소재의 의복류가 구멍이 숭숭 뚫리고 해어져서 더이상 입지 못할 정도가 되면 자르거나 기워서 걸레로 '재탄생'시켜 쓰는 것이었다. 걸레가 애초부터 걸레인 경우는 있을 수 없었다.

궁중의 생활이 민간에 비해 아무리 사치스러웠다 하더라도 청소할 때마저 고급의 새 걸레를 구매하여 사용했다는 점은 현대인의 상식으로는 도저히 이해할 수 없는 일이다. 조선시대 경제의 발전 정도 또는 생활 수준을 감안한다면 더욱 상상하기 어려운 일이다. 왕이나 왕비의 처소에 한정되지 않고 궁중 일반에서 걸레가 두루 사용되었고, 그 걸레가 구매를 통해 확보됐다는 사실은 '걸레'에 대해 다시 생각해 보지 않을 수 없게 한다.

하나의 실마리는 주요 궁방의 지출 내역에서 확인되는 '거내', '거내포', '도거내'의 용처가 주로 궁중의 안소주방·세답방·세수간·조과청(造果廳) 등에 한정돼 있었다는 점이다. 우리가 흔히 생각하는 청소 용도의 걸레였다면 굳

37 '도(都)'라는 접두어는 '가장 높다'는 의미를 나타내며, 때로는 '우두머리'를 일컫는다. 역사 용어에서 대표적인 사례로는 도접장(都接長), 도편수[都邊首], 도유사(都有司) 등이 있다.

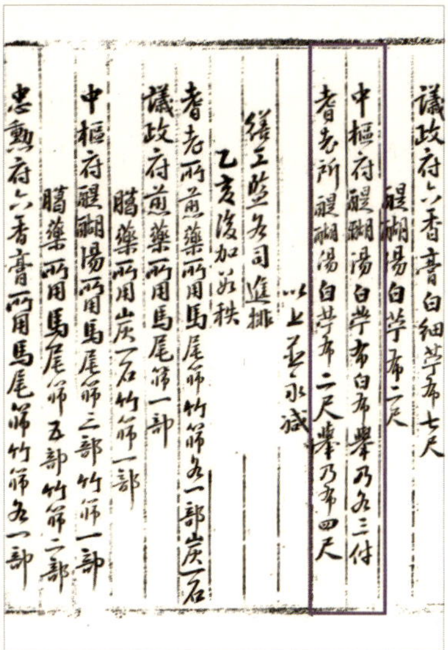

중추원의 제호탕에 쓰는 흰 모시베, 흰 삼베 걸레 각 3건.
기로소의 제호탕에 쓰는 흰 모시베 2자,
걸레삼베 4자.

中樞府醍醐湯
白苧布白布擧乃各三件
耆老所醍醐湯
白苧布二尺
擧乃布四尺

그림 9 제호탕에 쓰인 거내포
(『비변사등록』, 숙종 42년(1716) 12월 7일, 서울대학교 규장각한국학연구원 소장)

동전 102냥
걸레삼베 3필 값 이상 침실 예입.
동전 34냥
걸레삼베 1필 값 경수궁 예입.

錢文壹佰貳兩
去來布三疋價以上 寢室例入
錢文參拾肆兩
去來布一疋價 慶壽宮例入

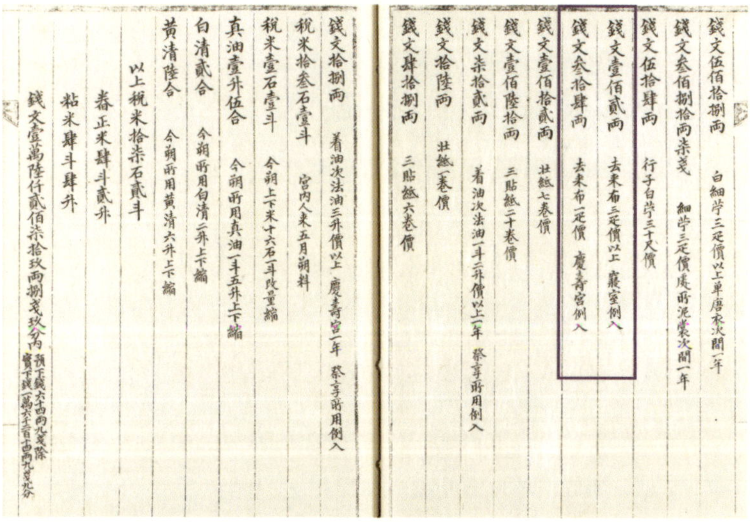

그림 10 걸레삼베의 침실 예입(『경우궁차하책』 1책, 1894년 4월, 서울대학교 규장각한국학연구원 소장)

이 이런 처소에서만 소비됐을 리가 없다. 주로 음식이나 세척과 관련된 곳에서 걸레가 쓰였다는 점은 당시의 '거내'가 지금의 '걸레'와는 전혀 다른 것이었을 가능성을 시사한다.[38] 이와 관련해 제호탕(醍醐湯)을 만들 때 '거내포(擧乃布)'를 사용했다는 〈그림 9〉의 기록에 주목할 필요가 있다.

제호탕은 오매육(烏梅肉)[39], 사인(砂仁)[40], 초과(草果)[41], 백단향(白壇香)[42]을 가루로 내어 꿀에 재운 다음 중탕으로 달여서 응고 상태로 두었다가 냉수에 타서 마시는 우리나라 전통의 청량음료이다.[43] 제호탕에 대해 『정조실록』 국역본의 각주에서[44] "우유를 타서 끓인 미음"이라고 풀어 쓴 경우도 있는데, 그 근거가 무엇인지는 불명확하다.[45] 아무튼 제호탕에는 다양한 재료가 가루 형태로 들어가는데도 탁하지 않고 맑다. 그 이유는 '거내포'로 걸러냈기 때문일 것이다.

이상의 정보를 종합해서 추론컨대 '거내'는 닦는 등 청소를 하기 위해 사용된 '걸레'가 아니라 음식 조리 과정에서 거르거나 짜 내는 데 사용된 '거름베[濾過布]'였던 것으로 보인다. 그렇다면 '도걸레'는 한 번 거른 것을 다시 또 거르기 위해 사용한, 더욱 섬세한 거름 작업을 위해 사용된 천이 아닐까? 삼베가 무명보다 더 성기다는 점을 생각해 보면 그럴듯하다. 하지만 반드시 그런 용도로만 사용되지는 않은 것으로 보이는데, 〈그림 10〉에서와 같이 '걸레삼베[去來布]'를 '침실(寢室)' 등에 '예입(例入)'했다는 기록이 보이기 때문이다.

그렇다면 궁중의 '거내' 또는 '거래'는 '거름베'라는 의미와 '걸레'라는 의미 두 가지로 두루 사용되지 않았을까? 후자의 '걸레'와 관련해서 눈여겨볼 수 있는 기록이 바로 '거내상(擧乃裳)'이다. 풀어 쓰면 '걸레치마' 정도가 될 텐데, 육상궁의 지출 내역에서 '걸내적마(乬乃赤麻)'라 한 것

38 국립국어원의 표준국어대사전에서는 걸레를 "더러운 곳을 닦거나 훔쳐 내는 데 쓰는 헝겊"으로 정의한다.

39 매실의 껍질을 벗기고 짚불 연기에 그을려서 씨를 바르고 살을 말린 것.

40 축사밀(縮砂密)의 씨.

41 초두구(草豆蔻)의 일종.

42 단향과의 상록 교목.

43 국립민속박물관, 『한국세시풍속사전: 여름편』, 2005, 174쪽.

44 조선왕조실록(http://sillok.history.go.kr).

45 『정조실록』 52권, 정조 23년(1799) 7월 1일(정사). 이와 관련해 "우유를 담아 마시던 제호탕항(醍醐湯缸)"이 있었음을 참고할 만하다. 방병선, 「『하재일기(荷齋日記)』를 통해 본 조선 말기 분원」, 『강좌미술사』 34, 2010, 269쪽.

과 같은 것으로 보인다.46 예컨대 수진궁에서는 매년 초에 사당(祠堂)의 내인, 비자, 숙수에게 '거내상'을 만들어서 입을 수 있도록 '고운 삼베[細布]'를 지급했다. '고운 삼베'로 '걸레치마'를 만든다는 것은 난센스다. 그렇다면 '거내상'은 곧 '앞치마'로, '행주치마'와 유사한 것이 아니었을까? 양자의 차이에 대해서는 국어사 차원의 고찰을 포함해 더 깊은 탐구가 필요하다.

'거내'는 닦는 등
청소를 하기 위해 사용된
'걸레'가 아니라 음식
조리 과정에서 거르거나
짜 내는 데 사용된
'거름베[濾過布]'였던 것으로 보인다.
그렇다면 '도걸레'는 한 번
거른 것을 다시 또 거르기 위해
사용한, 더욱 섬세한 거름 작업을
위해 사용된 천이 아닐까?

05
복날의 보양식은 삼계탕이 아닌 팥죽

별궁에서 작성해 남긴 회계장부의 내용을 들여다보면 특정의 과자나 음식 등이 조리되는 과정을 소상히 알 수 있는데, 소요된 재료 등 다양한 명목의 물품을 조달한 수량, 가격, 용처를 기재하였기 때문이다. 이를 통해 별궁의 식생활이 어떠했는지 구체적 면면을 엿볼 수 있으며, 이는 의궤와 같이 널리 알려진 사료에서 확인되지 않는 특별하고도 상세한 정보라 할 수 있다. 여기에서는 별궁에서 복날을 어떻게 맞이하였는지 식생활사의 관점에서 살펴보도록 하자.

한국에서는 더운 여름 중에서도 특히 무더운 기간을 '삼복더위'라 이른다. 여기서 삼복이란 초복·중복·말복을 통칭하는 것인데, 양력 상의 24절기 가운데 특정 절기를 기준으로 천간(天干)에 '경(庚)'이 들어가는 날이 '복날'이 된다.[47] 다시 말해 하지(夏至) 이후 세 번째와 네 번째 경일(庚日)이 각각 초복·중복이고, 입추(立秋) 이후 첫 번째 경일이 말복이다. 이 때문에 삼복의 날짜는 해마다 일정하지 않으며, 일반인의 경우 달력을 확인하지 않고는 날짜를 제대로 계산하기 어렵다. 초복에서 중복까지는 10일 간격이지만 중복에서 말복까지는 10일 또는 20일 간격이다. 그래서 삼복더위는 20일 동안이거나 또는 30일 동안일 수도 있는 것이다. 복날의 '복(伏)'과 복날을 결정하는 '경일'이 가지는 의미에 대해서 『한국세시풍속사전』의 '삼복' 항목에서는 다음과 같이 설명하고 있다.

> 복날은 장차 일어나고자 하는 음기가 양기에 눌려 엎드려 있는 날이라는 뜻이다. 복(伏)자는 사람이 개처럼 엎드려 있는 형상으로, 가을철 금(金)의 기운이 대지로 내려오다가 아직 여름철의 더운 기운

46 『육상궁차하책[毓祥宮上下冊]』 1책.

47 천간은 갑(甲), 을(乙), 병(丙), 정(丁), 무(戊), 기(己), 경(庚), 신(辛), 임(壬), 계(癸)의 십간(十干)으로 구성된다. '경'은 그 가운데 일곱 번째에 해당한다.

이 강렬하기 때문에 일어서지 못하고 엎드려 복종한다[屈伏]는 의미로, 여름의 더운 기운이 가을의 서늘한 기운을 제압해 굴복시켰다는 뜻이다. 곧 오행에서 여름은 불[火]에 속하고, 가을은 쇠[金]에 속하는데, "여름 불기운에 가을의 쇠 기운이 세 번 굴복한다."라는 뜻으로 복종한다는 뜻의 복(伏)자를 써서 삼복이라 하였다.

천간(天干: 십간) 중 경일을 복날로 삼은 까닭은, 경(庚)은 속성상 약하고 오행으로 볼 때 금(金)이며, 계절로는 가을을 상징하기 때문이다. 금은 사계절 중 가을이기 때문에 금의 기운이 내장되어 있는 경일을 복날로 정해 더위를 극복하라는 뜻이다.48

찹쌀 1섬/ 붉은팥 2섬/ 선혜청쌀 2섬/ 선혜청쌀 3말. 위 항목의 선혜청쌀 2섬을 도정하고 다시 마되질해서 축난 것.	粘米壹石/赤豆貳石/ 宣米貳石/宣米參斗 上項宣米二石舂精及改斗量縮
동전 1냥 6돈 8푼 소금 6말 값. 이상은 초 9일의 내서에 의거해 동지팥죽에 들어간 것이며, 생것방에 들였음.	錢文壹兩陸戔捌分 塩六斗價 以上初九日內書據冬至豆湯所入生物房入

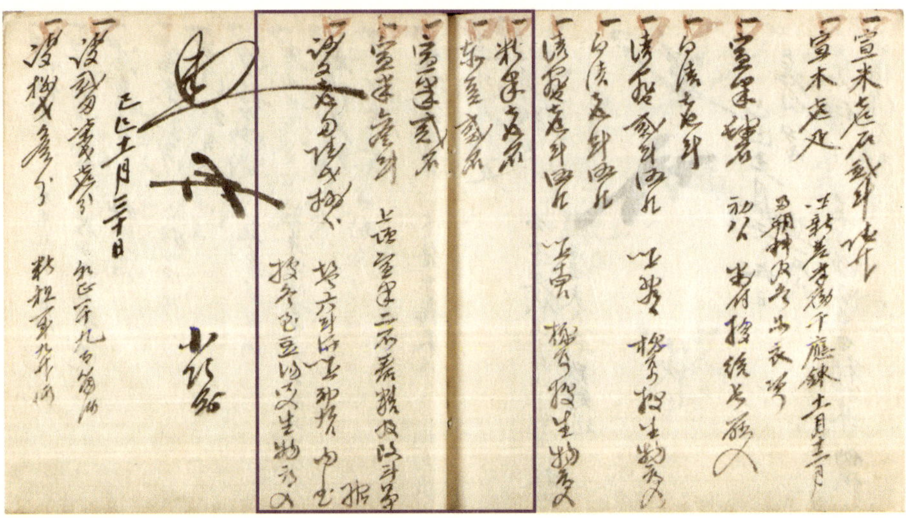

그림 11 동지팥죽의 재료 마련(『수진궁차하책』(奎 19102) 49책, 1869년 11월 29일, 서울대학교 규장각한국학연구원 소장)

이처럼 복날은 계산하기도 쉽지 않고, 그 의미도 음양오행(陰陽五行)에 대한 이해 없이는 받아들이기가 만만치 않다. 하지만 전통과 역사에 관심이 별로 없는 현대인도 해마다 여름이면 복날을 그냥 지나치지 않는다. 평소에 보신에 관심이 없던 사람도 복날만큼은 작정하고 고단백의 영양 섭취를 하려 애쓰는 것이 현실이다. 대부분의 한국인이 원기를 회복해서 여름을 나기 위해 섭취하는 보양식의 대표 주자는 단연 삼계탕이다. 하지만 복날에 먹는 삼계탕은 '전통'의 보양식이라고 하기 어려우며, 양계업·요식업의 발달에 힘입어 상품화와 대중화가 결합된 결과물이라 할 수 있다.[49] 그렇다면 도대체 무엇이 '전통'의 보양식이었을까? 개장국[狗醬]이 자리 잡기 어려워진 요즘 시대에 다시 주목할 만한 전통의 보양식은 바로 '팥죽'이다.

일반적인 상식으로 팥죽은 음력 11월의 동짓날에 쑤어 먹는 것이다. 하지만 조선시대에 동지뿐만 아니라 정월 대보름[上元], 한여름의 복날에도 팥죽을 쑤어 먹었다는 사실은 『동국세시기』에서 확인된다. 음력 6월의 세시풍속으로 "삼복, 즉 초복·중복·말복 모두 붉은 팥으로 죽을 쑤어 먹는다."라고 전하고 있는 것이다.[50] 그렇게 쑤어 먹는 팥죽을 복죽(伏粥)이라고 했다.[51] 그렇다면 민간뿐만 아니라 "궁중에서도 복날에 팥죽을 쑤어 먹었을까?"라는 의문이 자연스럽게 생겨난다.

우선 궁중의 기록에서 팥죽이 어떠한 형태로 출현하고 있는지를 살펴보도록 하자. 궁중에서 동짓날에 팥죽을 쑤어 먹었다는 증거는 별궁의 지출 내역을 기록한 회계장부에서 찾을 수 있다. 예컨대 수진궁 사례에서 전형적으로 등장하는 지출 내역은 〈그림 11〉과 같다. 원문에서 '두탕(豆湯)'이라고 한 것은 '팥죽'으로 번역했다. '두탕'이라고 돼 있으니 단순히 '콩국' 또는 '콩죽'이라고 생각할 수도 있

48 국립민속박물관, 앞의 책, 2005, 304쪽.

49 '삼계탕'이 등장하기 전에는 비슷한 음식으로 '계삼탕'이나 '백숙'이 있었다. 이들 역시 1920년 이전까지 거슬러 올라가지는 않는 것으로 확인되고 있다. 주영하, 「근대가 만들어낸 음식, 삼계탕」, 『식탁 위의 한국사—메뉴로 본 20세기 한국 음식문화사—』, 휴머니스트, 2013, 142~153쪽.

50 "煮赤小豆粥以爲食 三伏皆如之." 홍석모 저, 정승모 역해, 『동국세시기—한 권으로 집대성한 우리나라 세시풍속』, 풀빛, 2009, 144쪽 및 237쪽.

51 국립민속박물관, 앞의 책, 2005, 308~309쪽.

을 것이다. 하지만 여기에서는 '두탕' 재료로 찹쌀[粘米], 붉은팥[赤豆], 쌀[米], 소금[鹽]이 열거되어 있으므로 '두탕'이 곧 '팥죽'이라고 보는 데 무리가 없다.

찹쌀, 붉은팥, 쌀은 현물로 지출되었는데, 이는 이들 재료가 수진궁의 창고에 확보되어 있었음을 의미한다. 반면에 소금은 창고에 구비되어 있지 않았기에 동전을 지급해서 구입하는 방식으로 조달했음을 알 수 있다. 이런 여러 물품을 궁중으로 들이도록 지시한 문서가 '내서(內書)'였고, 이들 재료가 공급된 곳은 생것방이었다. 수진궁에서 조리한 것이 아니라 궁중의 조리를 위해 조달의 임무를 맡은 것이었다.

이처럼 '동지두탕(冬至豆湯)'이라고 표현되는 경우 문맥상 '두탕'이 팥죽임을 바로 이해하기가 그리 어렵지 않다. 하지만 동지와 무관한 맥락에서 등장하거나 재료까지 상세하게 기록돼 있지 않은 경우 '두탕'을 곧바로 '팥죽'으로 번역하기는 어려울 수 있다. 이는 종래에 '두탕'의 실체에 대한 이해가 충분하지 않았기 때문이다. 가장 대표적인 사례를 『조선왕조실록』의 국역본에서 찾을 수 있다.[52]

『조선왕조실록』은 분량이 방대하기 때문에 번역에 참여한 사람 수가 많고, 번역자의 전공 분야 역시 다양하다. 따라서 음식의 명칭에 대한 정확한 정보를 가진 경우가 드물었을 것이다. 『조선왕조실록』 원문에서 '두탕'은 총 3건이 검색되는데, 각각 『세종실록』, 『문종실록』, 『성종실록』이다.

우선 『세종실록』에서는 1420년 9월 22일 자 기사의 원문에 '豆湯'이라는 표현이 4회 등장한다. 번역자는 이를 모두 '두부탕'이라고 옮겼다.[53] '두탕'이나 '두부탕'이라는 음식이 구체적으로 어떤 것인지 알지 못한 것으로 보인다. 『문종실록』에서는 1452년 5월 5일 자 기사에서 '豆湯'이라는 표현이 나오는데, 번역문에서는 '두탕(豆湯)'이라고

52
조선왕조실록(http://sillok.history.go.kr).

53
"예조에서 계하기를, '전조로부터 대저 추천(追薦)할 적에 재를 올리고 비용을 쓰는데, (중략) 지금부터는 다시 신칙해 엄중히 금지하고, 나라에서 재 올리는 물품은 찐밥[蒸飯] 30동이와 유과(油果) 아홉 그릇과 두부탕 아홉 그릇과 정병(淨餠) 아홉 그릇과 정면(淨麪) 아홉 그릇과 과일 아홉 그릇과 좌우 병(甁)의 꽃이 여섯 가지인데, 흰 꽃을 쓰고, 주지(奏紙) 50권, 수건 저포(手巾苧布) 두 필, 납촉(蠟燭)은 등롱(燈籠)으로 대용하며, 주법 보시(主法布施)하는 목면이 한 필, 재주(齋廚) 보시하는 정포(正布)가 다섯 필로 한다. 2품 이상의 재에는 찐밥 아홉 동이, 유과·두부탕·정병·정면·과일이 각각 여섯 그릇, 주지가 15권이요, 3품 이하의 재에는 찐밥이 여섯 동이, 유과·두부탕·정병·정면·과일이 각각 여섯 그릇에, 주지가 10권이요, 관직이 없는 사람의 재에는 찐밥이 세 동이에, 유과·두부탕·정병·정면·과일이 각각 세 그릇, 주지가 5권인데, 이상 좌우 병의 꽃은 여섯으로 흰 꽃을 쓰고, 수건 정포(手巾正布)가 한 필이요, 납초로 등롱을 대용한다. 상항(上項)에 보인 각 품관이나 서인들로, 재물이 있는 자라도 정한 규제를 넘지 못하며, 재물이 없는 자는 자기 집의 정도에 따를 것이다.' 하셨다." 『세종실록』 9권, 세종 2년(1420) 9월 22일(정해).

그대로 적어 두고 각주에서 '콩죽'이라고 풀었다.[54] 기사의 문맥은 임금이 종기가 나서 아픈 상황이었는데 '두탕'을 먹고 기뻐했다는 이야기이다. 『성종실록』의 1481년 7월 13일 자 기사에서도 '豆湯'이 단순히 '두탕(豆湯)'으로만 번역돼 있다.[55] 이 두 가지 사례 역시 '두탕'이 무엇인지에 대한 고민 없이 번역된 것으로 보인다.

팥의 다른 표현이 적두(赤豆) 또는 소두(小豆)이므로 넓은 의미에서 일종의 콩(豆)으로 보아 '두탕'을 곧 '콩죽'으로 볼 수도 있을 것이다. 하지만 과거나 현재나 '콩죽'이라 하면 흰콩(메주콩), 즉 이른바 황두(黃豆) 또는 대두(大豆)로 만든 죽을 이르기 때문에 구별할 필요가 있다. 여기에서 '두탕'의 재료가 붉은팥(赤豆)이고, 따라서 '두탕'은 곧 '팥죽'이라는 정보를 『조선왕조실록』과 같은 연대기 자료만으로는 확인할 수 없음을 실감하게 된다. 바로 이와 같은 점이 별궁에서 기록해 둔 구체적인 지출 내역이 발휘하는 실증적 역사 재구성의 위력이라 할 수 있다.

다시 본론으로 돌아가면 별궁의 지출 장부를 통해 동지가 아닌 삼복에도 '두탕', 즉 팥죽을 쑤어 먹었음을 알 수 있다. 예컨대 〈그림 12〉 및 〈그림 13〉과 같이 삼복팥죽을 만들기 위해 찹쌀, 붉은팥, 흰쌀[白米], 꿀[白淸], 들기름[法油], 참기름[眞油] 등 재료를 구입한 내역이 확인된다. 다른 연도를 보더라도 대체로 음력 5월에서 6월이라는 공통점을 보이고 있다. 해마다 복날이 되면 궁중에서 각종 재료를 구입해 팥죽을 쑤고 있었음이 분명하다. 때로는 '두탕' 대신 '삼복죽(三伏粥)'이라고만 표현되기도 했다.[56] 역시 '죽'이라는 명칭만으로는 '팥죽'인지 알 수 없지만 재료가 나열되어 있다면 팥죽임을 쉽게 판정할 수 있다.

팥죽을 쑤기 위해 팥을 구입하는 것은 왕실의 식생활에서 일반적인 것이 아니라 별궁에서만 이루어진 특유의 현상이었다. 원칙적으로 전궁(殿宮)에 대해서는 공인이 진

54 "내의(內醫) 전순의(全循義)가 내전(內殿)에서 나오면서 말하기를, '임금의 종기(瘇氣)가 난 곳이 매우 아프셨으나, 저녁에 이르러 조금 덜하고 농즙(濃汁)이 흘러나왔으므로, 두탕(豆湯: 콩죽)을 드렸더니 임금이 기뻐하면서 말하기를, "음식의 맛을 조금 알겠다." 하셨다.' 하니, 여러 신하가 모두 기뻐했다." 『문종실록』 13권, 문종 2년(1452) 5월 5일(정유).

55 "대내(大內)에서 어서(御書)한 소간(小簡)을 내보냈는데, 그 소간에 이르기를, '1. 명일(名日)에 진상하는 주물(晝物)·별주물(別晝物) 및 늘 공상(供上)하는 두탕(豆湯)·타락(駝駱)은 모두 전량(全量)을 제감(除減)하라. (중략)' 했다." 『성종실록』 131권, 성종 12년(1481) 7월 13일(병술).

56 『수진궁차하책』(奎19102) 24책, 1866년 6월 11일.

동전 86냥 찹쌀 9말 값.	錢文捌拾陸兩 粘米八斗價
동전 60냥 붉은팥 10말 값.	錢文陸拾兩 赤豆十斗價
동전 51냥 흰쌀 6말 값.	錢文伍拾壹兩 白米六斗價
동전 100냥 꿀 1말 값.	錢文壹百兩 白淸一斗價
동전 40냥 들기름 1말 값.	錢文肆拾兩 法油一斗價
이상은 초 9일의 내서에 의거해 삼복 팥죽에 쓰고자 생것방에 들였음.	以上初九日內書據三伏豆湯次生物房入

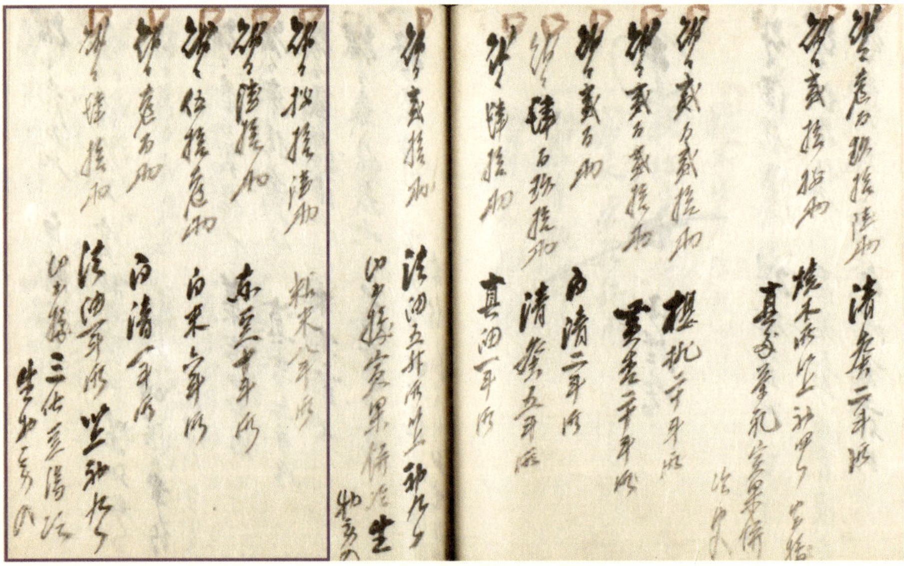

그림 12 삼복팥죽의 재료 마련(『수진궁차하책』(奎 19102) 16책, 1893년 5월, 서울대학교 규장각한국학연구원 소장)

동전26냥 찹쌀8말 값.	錢文貳拾陸兩 粘米八斗價
동전6냥 참기름5되 값.	錢文陸兩 眞油五升價
동전5냥 7돈 붉은팥 2말 값.	錢文伍兩柒戔 赤豆二斗價
이상은 20일의 내서에 의거해 초복팥죽에 쓰고자 밧소주방에 들였음.	以上二十日 內書據初伏豆湯次外燒廚房入

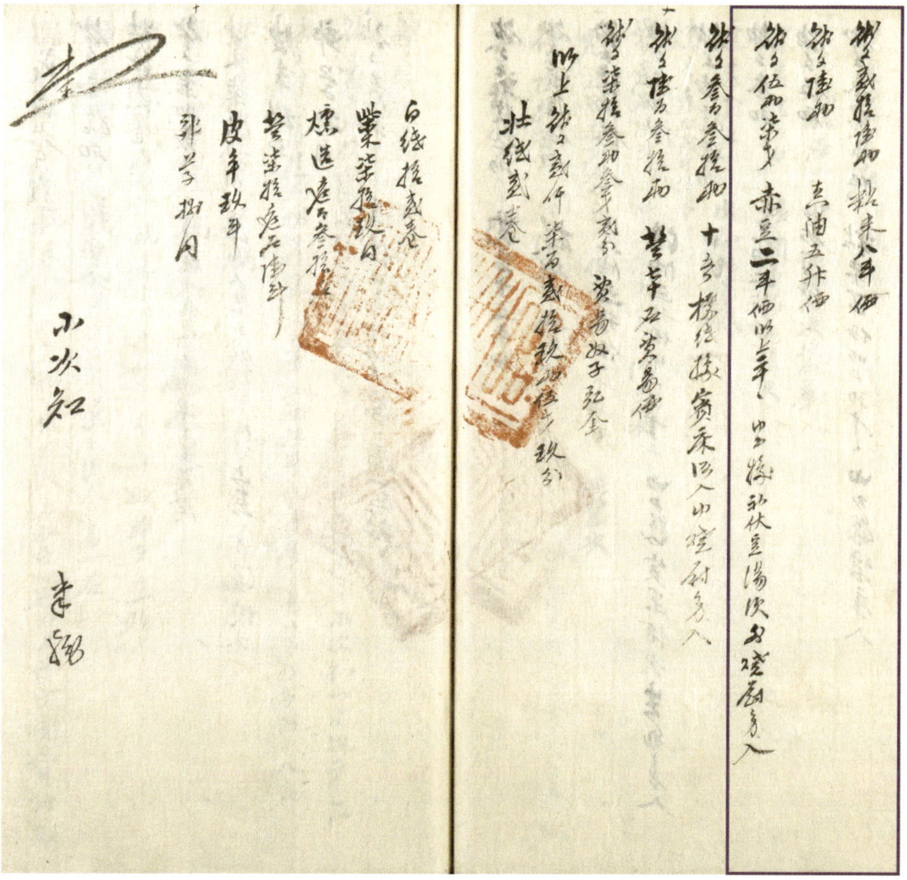

그림 13 초복팥죽의 재료 마련(『수진궁차하책』(奎19079) 18책, 1898년 5월, 서울대학교 규장각한국학연구원 소장)

동전 17냥
세마미사 · 총마미사 · 중마미사 각 1개 값.
동전 120냥 장목 40바리 값.
이상은 삼복팥죽에 쓰고자 생것방에 들였음.

錢文拾柒兩 細馬尾篩總馬尾篩中馬尾篩各一部價
錢文壹百貳拾兩 長木四十駄價
以上三伏豆湯次生物房入

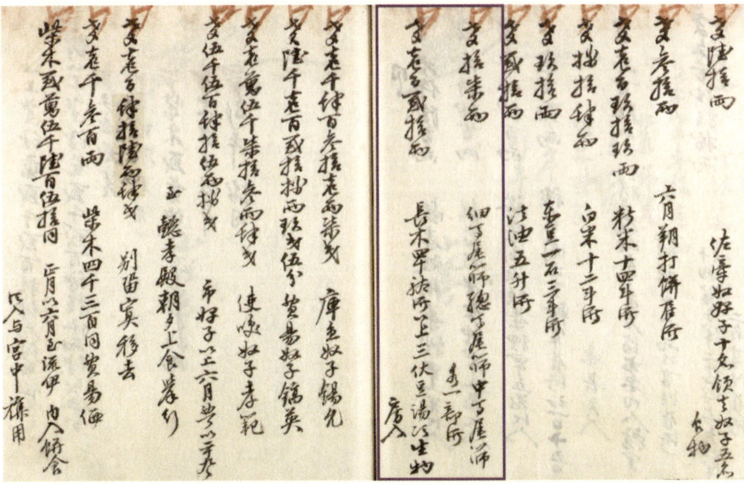

그림 14 팥죽 조리에 소요된 체와 나무
(『수진궁차하책』(奎19102) 10책, 1905년 6월, 서울대학교 규장각한국학연구원 소장)

동전 8냥 5돈
진어상에 삼복팥죽을
나른 갸자꾼의 품삯.

錢文捌兩伍戔
進御床三伏豆湯架子軍雇價

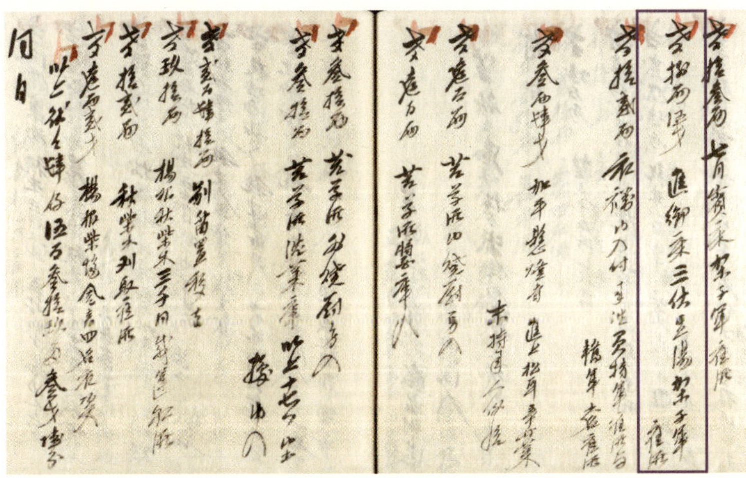

그림 15 갸자꾼의 운반과 품삯(『수진궁차하책』(奎19102) 50책, 1899년 8월, 서울대학교 규장각한국학연구원 소장)

배하고서 그 대가를 받게끔[受價] 되어 있었기 때문이다. 왕실에 팥을 조달한 사람이 내섬시적두소두공인(內贍寺赤豆小豆貢人)이었음은 그들이 비변사에 올린 다음과 같은 하소연을 통해서 알 수 있다.

> 3전(殿)과 4궁(宮)에 대한 팥죽[豆湯] 적두(赤豆)의 식례(式例)는 날마다 2되인데, 큰 달과 작은 달을 따지지 않고 달마다 6말씩 진배하니, 작은 달의 추가 진배가 1말 4되이며, 한 해를 통틀어 그 수를 헤아려도 역시 많은데도 회감(會減)할 수 없습니다. 이 외에 지미(知味) 및 가승(加升)을 아울러 셈하면, 그 수가 갑절이나 더 들어가므로 앞뒤의 주인이 가산을 탕진하고 뿔뿔이 도망쳐 흩어진 것은 참으로 이 때문입니다. 나은 쪽으로 변통해 주시기 바랍니다.[57]

별궁에서 팥죽을 만들기 위해서는 구입한 각종의 재료를 활용해 조리하는 과정에서 다양한 도구를 필요로 했으며, 가열을 위한 연료도 요구되었다. 별궁의 지출 내역을 보면 조리도구 가운데에서도 말총으로 만든 각종 '체[篩, sifter]'가 자주 눈에 띈다. 세마미사(細馬尾篩), 총마미사(總馬尾篩), 중마미사(中馬尾篩) 등의 다양한 체는 찹쌀이나 팥을 곱게 쳐서 내리는 데 쓰였을 것이다. 땔감으로 쓰인 장목(長木)의 수량이나 가격이 상세히 기재돼 있는 경우도 있다. 팥죽 조리가 완료되면 궐 안으로 옮겨야 했는데 이때 갸자[架子]를 이용해 날랐으며, 그 과정에서 동원된 일꾼들에게 지급한 품삯의 내역도 확인되고 있다. 〈그림 14〉와 〈그림 15〉는 각각의 예시에 해당한다.

〈그림 15〉에서 갸자꾼[架子軍]이란 갸자를 이용해서 물건을 운반한 일꾼을 말한다. 갸자는 음식을 나르는 데 쓰는 들것으로, 가마처럼 메고 나르는 것으로 알려져 있다.

57 조영준·최주희, 『공폐(貢弊): 조선 후기 공물 제도 운영의 병폐』, 아카넷, 2019, 303쪽.

그림 16 수라갸자[水刺架子]와 갸자꾼(『원행을묘정리의궤』, 서울대학교 규장각한국학연구원 소장)

하지만 〈그림 16〉처럼 의궤에서는 갸자에 바퀴가 달려 있고, 말이 이끄는 모습이 그려져 있기도 하다.

궁중의 식생활사와 관련해 다른 여러 가지 음식도 소개하면 좋겠지만 지면 관계상 과자(菓子)에 대해서만 짧게 소개해 둔다. 과자 가운데 유밀과(油密果)나 유과(油果) 종류는 시중에서 재료를 구입한 후 궁중에서 조리했다. 가장 크게 눈길을 끄는 것은 과자를 만들 때 거치는 자유(煮油)와 취유(取油)의 과정이다. 자유는 세강반[細乾飯]을 굽는 과정에서, 취유는 과자를 튀길 때 필요한 기름을 착색하는 과정에서 등장한다.

과자는 대부분 밀가루[眞末]나 찹쌀을 주원료로 했으므로 기본적으로 흰색이다. 이를 붉은색이나 노란색으로 물들이고자 하는 경우 참기름에 천연의 색소를 첨가해서 기름색을 변화시킨다. 참기름에 지치[芝草]를 넣으면 붉은색이 되고,[58] 울금(鬱金)을 넣으면 노란색이 나온다.[59] 최명희가 『혼불』에서 "자색은 지초·자초의 뿌리를 찧어 만들며, 황색은 치자·황백·울금을 우려서 물들인다."라고 표현한 바 있는데, 전통시대의 천연염료인 지초와 울금은 궁중의 음식에도 그대로 쓰이고 있었다.

유색(有色)의 기름에 튀겨 내는 과정을 거친 과자들이 포함된 사례로 홍백세강반요화[紅白細乾飯蓼花], 홍백차수과(紅白叉手果), 삼색빈사과[三色氷沙果] 등이 회계장부에 기록되어 있다. 즉 빈사과[氷沙果]·연사과(軟沙果)·감사과(甘沙果)·차수과(叉手果)·요화과[蓼花] 등 대부분의 과자가 취유(取油), 즉 기름에 튀기는 동시에 염색하는 과정을 거쳤음이 확인된다. 과자의 단위는 대개 그릇[器]으로 표시되었는데, 한 그릇의 과자를 조리하는 과정에 들어가는 참기름과 색소의 분량을 비롯한 재료의 내역과 가격이 모두 구체적으로 『수진궁차하책』에 수록돼 있다.

또 튀기는 과정에서 색깔을 입히지는 않지만 처음부터 여러 가지 재료를 섞어 반죽

하는 유밀과류로 만두과(饅頭果), 다식과(茶食果), 약과(藥果) 등이 있다. 이들의 조리 과정을 보면 공통적으로 밀가루·꿀[淸蜜]·참기름과 더불어 계핏가루[桂皮末], 후춧가루[胡椒末], 설탕[沙糖], 실백잣[實栢子] 또는 밤[黃栗], 대추[大棗] 등이 재료로 들어간다. 이 경우에도 그릇당 들어가는 재료 내역이 모두 수록돼 있으며, 구체적 정보를 제시할 수 있다.

기타 과자류 중에는 제향(祭享)에 쓰인 배끼[朴桂] 종류로 중배끼[中朴桂], 대배끼[大朴桂] 등에 필요한 재료가 자주 구입됐다. 연사산자(軟沙散子), 두탑강정[頭塔乾正], 주강정[珠乾正] 등 산자나 강정 종류의 내역도 보인다. 살구정과[杏仁果], 신소과(薪小果), 은정과(銀釘果), 죽절과(竹節果), 매작과[梅葉果] 등의 정과 종류도 궁중에서 직접 만들었다. 또 탄일 등 궁중 의례에 자주 등장하는 오화당(五花糖), 팔보당(八寶糖), 인삼당(人蔘糖), 옥춘당(玉春糖), 진자당(榛子糖), 추이당(推耳糖), 표고당(蔈古糖), 수옥당(水玉糖), 소옥당(素玉糖) 등 사탕 종류의 구입도 확인된다.

58 이러한 조리 과정을 "지치취유[芝草取油]"라 했다. 지치는 '지초(芝草)'라는 한자 표현 때문에 흔히 버섯의 일종인 영지(靈芝)로 오해되기도 하는데 사실은 그 뿌리를 자줏빛 염료로 사용하는 자초(紫草) 또는 자지(紫芝)를 일컫는다.

59 이러한 조리 과정을 "울금취유[鬱金取油]"라고 했다. 울금은 '鬱金' 대신 '盇金'이라고도 썼다.

06

소 한 마리의 남김 없는 소비

한국인은 소고기를 좋아한다. 한국인 특유의 소고기 관련 식생활에서 찾을 수 있는 전통 가운데 하나는 '전적(全的)'으로 소고기를 소비한다는 점이다. 조리해서 섭취하는 부위가 내장, 소족, 소머리, 소꼬리, 소뼈에 이르기까지 '버릴 것 없는' 수준으로 광범위하기 때문이다. 꽃등심, 안창살, 차돌박이와 같은 살코기가 최고의 부위로 각광받고 있는 현대에도 양(胖)이나 대창(大腸)과 같은 내장류(offal)가 고가의 구이 음식으로 소비되고 있음은 주지의 사실이다. 이러한 식문화는 어디에서 비롯하는 것일까? 역사 속의 소고기 소비문화는 단지 '서민'의 식문화였을 뿐일까? 아니면 상류층이나 궁중에서도 향유되고 있었을까?

조선시대에는 소고기가 귀한 음식에 속했다. 그 이유 가운데 하나는 이른바 '우금(牛禁)'이라 하여 소의 도살을 정부 차원에서 통제했기 때문이다. 통제의 근본적 명분은 농사에 필요한 축력(畜力), 즉 농우(農牛)의 확보를 위한 것이었다. 하지만 사대부가(士大夫家)에서 술안주 거리로 이용되는 등 소고기에 대한 수요는 넘쳐나고 있었던 것으로 보인다. 소고기의 최대 수요처로는 성균관(成均館)이 널리 알려져 있는데, 문묘(文廟)에서의 제사와 성균관 학생의 영양 공급원으로서 소의 도살이 일부 허용되었기 때문이다. 그래서 현재의 종로구 혜화동 일대에 해당하는 이른바 '반촌(泮村)'에 다림방[懸房: 푸줏간]이 설치되어 도우(屠牛)의 특권을 행사하였다고 전해진다. 하지만 소의 도살은 국가가 공식적으로 금하는 것이었기에 예외적 도우에 대한 상징적 처벌로서 속전(贖錢)을 납부하게 하였다.60 이러한 역사 속 현방에 대한 묘사는 문학 작품의 소재가 될 정도로 현대 식자층에 의해 널리 소비되고 있다.

> 리진의 태생지는 반촌이다.
>
> 창경궁 오른편 경모궁 곁엔 궁지가 파여 있다. 그 물을 건너려면 응란교를 건너야 했다. 응란교 북쪽이 반촌이었다. 벽옹(辟雍)은, 주나라 때 천자의 나라의 학교를 칭하던 이름이다. 제후의 나라의 학교는 반궁이라 했다. 벽옹은 큰 연못 안에 지어졌다. 연못 안이었으니 벽옹을 둘러싼 사방으로 사시사철 물이 흘렀다. 당연히 벽옹으로 들어가기 위해 동서남북으로 다리가 놓였다. 벽옹과 달리 반궁은 동쪽과 서쪽으로만 반달 모양의 물이 흘렀다. 벽옹과 견주어 물이 반밖에 되지 않는 셈이다. 성균관이 반궁으로도 불리게 된 연유이다. 반궁의 물을 반수라 불렀고 그 주위의 마을은 반촌이 되었

> 다. 반촌에 사는 사람들은 반인으로 불리었다.
> 리진 일가가 어떻게 반촌에 살게 되었는지 아는 이는 없다.
> (…)
> 겨우내 비워둔 사람들의 위장이 기름기를 찾는 탓이었을까. 봄이 오면 유난히 현방에는 소머리가 여럿 진열되었다. 하루에 오백 마리의 소가 도살되는 계절에도 산수유와 매화와 진달래와 동백이 함께 피어났다.[61]

하지만 이러한 문학 작품에서도 여전히 간과되고 있는 점은 소고기의 최대 수요자가 바로 왕실이었다는 점이다. 최근에 수행된 구체적인 실증 연구의 결과에 따르면 왕실 조달 기관의 회계장부만 잠깐 들춰 보더라도 왕실이 얼마나 다양하고 많은 소고기를 소비하고 있었는지가 쉽게 드러난다.[62] 예컨대 수진궁에서는 주로 제수용(祭需用)으로 소고기를 소비하였다. 수진궁의 소고기 구입은 주로 도성 내에 위치하고 있던, 시전 격의 점포인 다림방과의 거래를 통해 이루어졌다. 다림방에서 소고기를 파는 상인을 일컬어 육상(肉商)이라고도 했고, 우상(牛商)이라고도 했다. 본래 소를 파는 상인인 우상과 소고기를 파는 상인인 다림방은 별개이지만 섞어서 쓰고 있었던 것이다.

한말에는 안기양(安奇陽)이라는 인물에 의해 수진궁에의 소고기 공급 독점권이 확보되어 있었던 것으로 보인다. 물론 수진궁뿐만 아니라 명례궁 등 다른 별궁에서도 서울의 현방으로부터 소고기를 정례적으로 납품받고 있었던 것으로 확인된다. 왕실 조달 기관의 지출장부에서는 다림방으로부터 소고기를 구입하는 행위를 일컬어 '육종무역(肉種貿易)'이라고 적고 있다. 일반적으로 '육종(肉種)'이라 할 때는 돼지고기나 닭고기 등도 포함되는 것으로 생

60 반촌과 현방에 관한 해설은 조영준, 「반민(泮民)의 경제생활과 현방(懸房)」, 『성균관과 반촌』(서울기획연구 5), 서울역사박물관, 2019, 279~303쪽을 참조.

61 신경숙, 『리진』 1, 문학동네, 2007, 36~37쪽.

62 궁중에서 소비된 축산물로는 소(牛)를 포함해 돼지[猪], 닭[鷄], 오리[鴨子], 꿩[生雉], 메추라기[鶉鳥], 우유[駝酪] 등이 있었다. 그중에서 가장 자주, 많이 구입된 것은 소고기와 부산물이었다.

각될 수 있지만 궁방의 구입 내역에서 육종은 거의 대부분 소고기를 지칭하는 것으로 확인된다. 별궁에서 육종으로서 구입했다고 기록해 둔 주요 소고기 부위를 장부상의 명칭 그대로 열거해 보면 다음과 같이 다양하다.

- 내심육(內心·內心肉): 안심 – 소의 갈비 안쪽에 붙은 고기
- 배심육(背心·背心肉): 등심 – 소의 등뼈에 붙은, 기름기가 많고 연한 고기
- 우척골(牛脊骨): 등골뼈
- 배골(背骨): 등뼈
- 업지운(業之云): 업진 – 소의 가슴에 붙은 고기
- 양지두(兩之頭·陽支頭): 양지머리
  – 소의 가슴에 붙은 뼈와 살을 통틀어 이르는 말
- 양(胖): 양 – 소의 위, 밥통
- 간(肝): 소 간 – 소의 간
- 우둔(牛臀): 볼깃살 – 소의 볼기에 붙은 살
- 천엽(千葉): 처녑 – 소 반추위의 세 번째 위
- 부화(腑花·府花): 부아 – 허파나 목줄띠에 붙은 고기
- 곤자손(昆者損·昆子巽·昆者巽·坤左巽): 곤자소니
  – 소의 창자 끝에 달린, 기름기가 많은 부분
- 두태(豆太): 콩팥 – 소의 신장(腎臟)
- 대장(大腸): 대창
- 갈이(乫伊·加伊): 갈비
- 도간리(道干里): 도가니

각 부위의 소고기는 이른바 특수 부위에 해당하기 때문에 소 한 마리에서 나오는 양이 많지 않다. 따라서 대부분의 경우 한 마리에서 나오는 해당 부위를 가리키는 단위로 '부(部)'를 사용했다. 갈비[乫伊]의 경우에만 양쪽에 있기 때문에 '짝(隻)'이라는 단위를 사용해서 '두 짝[兩隻]' 등의 형식으로 표현했다. 일반적으로는 갈비가 3쪽[片]이면 1대(代 또는 竹)가 되고, 6대 또는 12대면 1짝[隻]이 된다고 한다.[63] '부'나 '짝'의 용례에 대해서는 〈그림 17〉과 〈그림 18〉을 통해 구체적으로 확인할 수 있다. 특수 부위도 귀한 소고기의 일부였으므로, 왕실에서는 살코기를 먹고 서민들은 부속물이나 맛보는 그런 구조가 아니라 부

속물을 포함한 모든 소고기가 왕실의 소비 대상이고, 서민들은 그것조차 쉽사리 맛보기 어려운 구조였을 것으로 짐작된다.

수진궁의 지출을 기록한 회계장부에 따르면 각종 부위의 소고기가 어떤 음식의 조리에 사용됐는지 알 수 있는 경우도 있다. 대표적인 것이 소고기를 저며서 말린 포(脯), 즉 '육포'이다. 〈그림 19〉에서 볼 수 있듯이 수진궁에서는 궐내로 들이기 위해 수백 장의 육포를 만들기도 하였으며, 이를 간포[乾脯]라 했다. 참고로 왕실뿐만 아니라 여타의 관아에서도 포를 만들었는데, 이를 관포(官脯)라 했다. 〈그림 20〉은 포를 만들기 위해 사용한 소고기가 안심이었음을 전하고 있다. 이렇게 일종의 육가공업, 나아가 궁중 수공업의 모습을 그대로 확인할 수 있다. 또한 〈그림 21〉과 〈그림 22〉를 통해 알 수 있듯이 황포(黃脯)나 대포(大脯) 등은 구입해서 쓰기도 했으며, 그 단위는 첩(貼)이었다.

63 朴成勳, 『單位語辭典』, 民衆書林, 2018, 448쪽.

동전 5냥 5돈
탕에 쓸 우둔 1부, 업진 1부 값
2냥 5돈을 다림방에 미리 지급.

錢文伍兩伍戔
湯次牛臀一部業之云一部價二兩五戔懸房預下

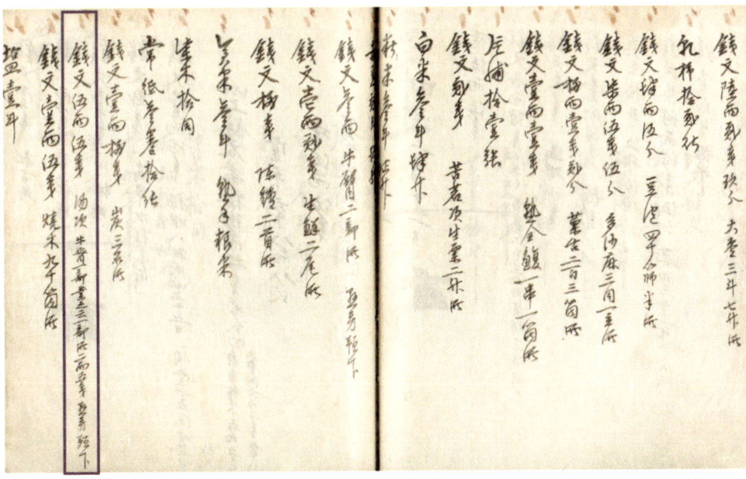

그림 17 우둔과 업진의 구입 (『수진궁차하책』(奎19102) 52책, 1814년 2월 11일, 서울대학교 규장각한국학연구원 소장)

동전 10냥　　　　錢文拾兩
갈비 두 짝 값.　　乫伊兩隻價

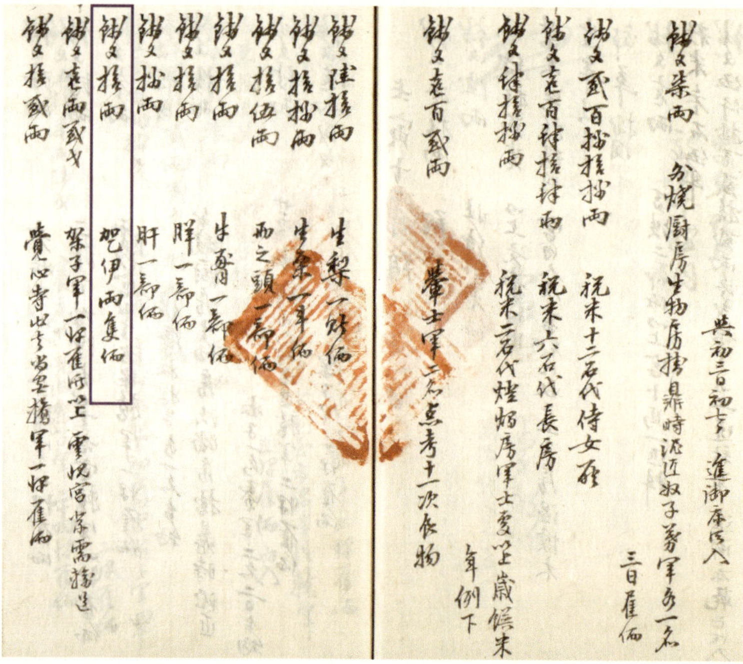

그림 18　갈비의 구입(『수진궁차하책』(奎19079) 24책, 1902년 12월, 서울대학교 규장각한국학연구원 소장)

동전 18냥　　　　錢文拾捌兩
궁중에 들일 간포 720장에 쓸 고명 값.　　內入乾脯七百二十張所入苦茗價

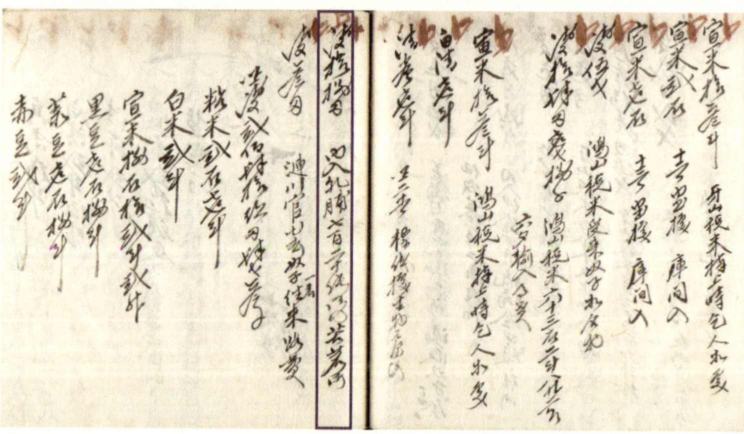

그림 19　간포의 고명(『수진궁차하책』 14책(奎19102), 1883년 4월 5일, 서울대학교 규장각한국학연구원 소장)

동전 2냥	錢文貳兩
육포에 쓸 안심 2부 값.	脯次內心肉二部價

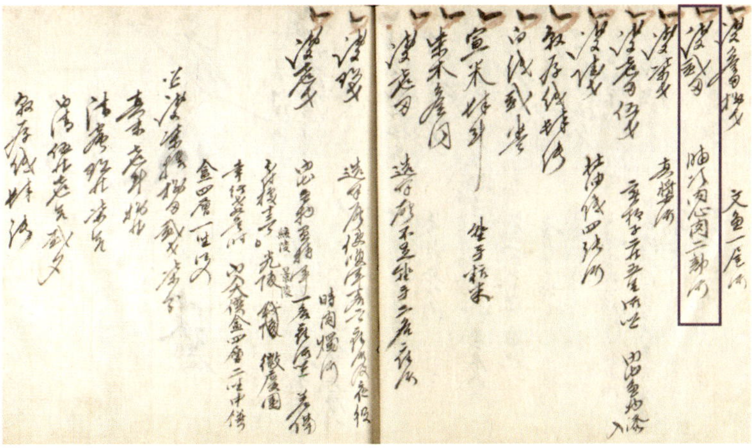

그림 20 육포 제작용 안심(『수진궁차하책』(奎19102) 49책, 1869년 3월 30일, 서울대학교 규장각한국학연구원 소장)

동전 1냥 3돈	錢文壹兩參戔
황포 1첩 값.	黃脯一貼價

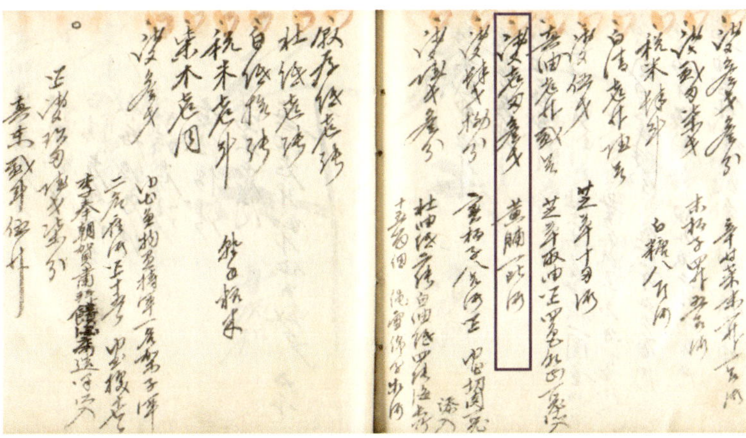

그림 21 황포의 구입(『수진궁차하책』(奎19102) 24책, 1866년 12월 30일, 서울대학교 규장각한국학연구원 소장)

동전 17냥	錢文拾柒兩
대포 5첩 값.	大脯五貼價

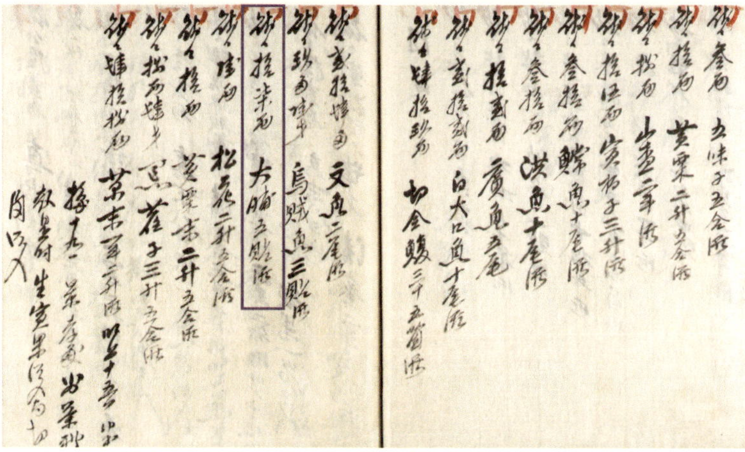

그림 22 대포의 구입(『수진궁차하책』(奎19102) 50책, 1899년 8월, 서울대학교 규장각한국학연구원 소장)

콩 2섬	太貳石
동전 27냥 2돈 6푼	錢文貳拾柒兩貳戔陸分
이상은 운현궁에서 온 소 3마리의	以上雲峴宮來牛三隻
외양에 들어가는 것과 소를 도축할 때	喂養所入與屠牛時匠人
장인에게 지급하는 품삯 및 잡비,	工戔及雜費熟牛肉
익힌 소고기 253근에 들어가는 것.	二百五十三斤所入

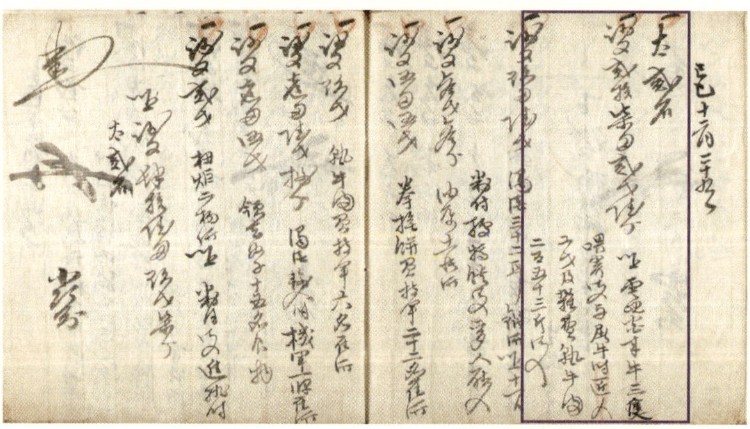

그림 23 외양과 도우(『수진궁차하책』(奎19102) 49책, 1869년 12월 29일, 서울대학교 규장각한국학연구원 소장)

그런데 궁중에서는 도축된 후 유통되는 소고기를 현방으로부터 구입하기만 한 것은 아니었다. 〈그림 23〉과 같이 외양(喂養)과 도우(屠牛)에 관한 기록이 남아 있음으로 미루어 볼 때 소를 직접 사육하거나 도축하기도 한 것으로 보인다. 소를 기를 때 콩을 먹였다는 점도 엿볼 수 있다.

07
풍속과 미신 사이, 액막이에서 살풀이까지

흔히 경제 행위라 하면 생산·유통·소비라는 일련의 과정을 거치는 것, 즉 실물 내지는 재화(goods)에 관한 것으로 연상하기 쉽다. 하지만 재화 외에도 서비스(service)[64]가 차지하는 비중이 적지 않은 것이 현실이다. 현대 경제에서는 농림수산업, 광업이나 제조업 등 1~2차 산업에 비해 상업·금융업 등 서비스업에 해당하는 3차 산업의 비중이 훨씬 크다. 하지만 전통 시대에는 그렇지 않았다. 예컨대 조선 왕조의 산업 구조에서 농업이 차지하는 비중은 95%에 달할 정도였다.

궁중에서의 경제생활 역시 예외가 아니었다. 의식주 중심으로 만들거나 사서 쓰는 것이 일상의 대부분을 차지하는 경제 활동이었다. 앞에서 살펴본 여러 다양한 주제의 이야기가 대개 그러한 '유형의 재화' 위주였다. 그런데 드물기는 하지만 정례적으로 이루어진 생산-유통-소비의 행위가 '무형의 서비스'에 대해서도 이루어지고 있었다. 대표적인 것으로 두 가지 정도를 찾을 수 있는데, 세시(歲時)에 이루어진 각종 풍속과 미신으로 치부되기도 하는 무속 서비스다. 이제는 이러한 전통을 풍속사나 종교사의 관점을 넘어 경제사 측면에서 다시 고찰할 필요가 있다.[65]

64
과거에는 용역(用役)이라고 했다.

65
별궁에서는 갖가지 명절에 맞추어 다양한 형태의 세시 풍속이 행해졌는데, 그러한 행위가 어떤 방식으로 이루어졌는지에 대해 궁방의 회계장부에서 상세히 기록된 내역을 찾을 수 있다. 때로는 현대인의 눈에 미신으로 치부될 수밖에 없는 특유한 종교적 행사 역시 수시로 행해지고 있었으며, 이 역시 회계장부에서 내밀한 사정을 확인할 수 있다.

전통 시대의 세시 풍속에 대한 가장 보편적인 저술은 『동국세시기』로 알려져 있다. 주로 민간 풍속을 적고 있으며, 그 가운데에는 현대까지 전승되고 있는 것도 있다. 물론 일부 퇴색되거나 무시되고 있는 내용도 적지 않다. 그런데 궁중에서 어떠한 풍속이 있었는지에 대해서는 일목요연하게 정리된 문헌이 없다. 민간 풍속과 유사한 부분도 분명히 있었겠지만 차이점도 있었을 텐데 자세한 사정에 대해서는 알기가 어렵다. 이 때문에 어떤 행위를 수행하는 과정에서 어떤 재료가 소요되었으며, 그러한 재료가 어떤 경로를 통해 어떻게 확보되고 있었는지에 대해서는 관심을 기울일 여유가 없었다.

견과류 부럼이나 오곡밥 또는 귀밝이술로 우리에게 친숙한 정월 대보름에서부터 이야기를 풀어 보자. 정월 대보름에 민간에서는 다양한 방식으로 액막이를 했다. 액(厄)은 액운(厄運)이나 재액(災厄)과도 같은 말에 해당한다.**66** 『동국세시기』는 정월 대보름에 행해진 민간의 액막이 풍습을 아래와 같이 전하고 있다.

- 수요직성(水曜直星)을 만난 사람은 종이에 밥을 싸서 밤중에 우물 속에 던져 액막이를 한다.
- 남녀 어린이들은 겨울부터 나무로 만든 작은 조롱박 세 개를 차고 다닌다. 빛깔은 푸른색, 붉은색, 누런색 등으로 모양은 마치 콩알 같은데 이것에다 비단실로 끈을 달아 차고 다니다가 보름 전날 밤중에 몰래 길에다 버린다. 이 또한 액막이가 된다고 한다.
- 서울 도성의 북문인 숙청문(肅淸門)은 항상 닫아두고 사용하지 않는다. 그래서 물과 계곡이 무척 맑고 그윽해 보름 전에 여염집 부녀들이 이곳에서 세 번 놀고 가면 액땜을 할 수 있다고 믿어 들르는 곳이다.
- 아이들이 집안 식구 수대로 "신액소멸(身厄消滅)"이라는 문구를 연 등에 써서 연을 띄우다가 해 질 무렵에 연이 날아가도록 연줄을 끊어버린다. 연과 함께 액을 멀리 보낸다는 의미다.
- 『완서잡기(宛署雜記)』에는 "정월 16일 밤에 …… 다리를 건너갔는데, 이것을 '액을 건넜다[度厄]'고 한다."라고 했다. …… 우리나라 다리밟기 풍속과 큰 차이가 없다.
- 보름날 전부터 장님을 불러다가 『안택경(安宅經)』을 읽히며 밤을 지새운다. 이는 액을 막고 복을 빌기 위한 것으로 정월 안에 이러한 일을 모두 마친다.**67**

이렇듯 민간에서는 다양한 방식으로 중첩적으로 액막음을 시도했다. 이러한 여러 가지 액막이 방식 가운데 궁중에서는 어떤 것을 선택하였을까? 아니면 전혀 다른 방식을 채택하였을까? 이와 관련하여 왕실의 조달 내역을 기록한 회계장부에서 정월 대보름 전에 액막이를 하기 위한 떡을 만드는데 지출한 내역이 수록되어 있음에 주목할 수 있다. 대개 '도액(度厄)' 또는 '도액(都厄)'이라고 명시되어 있기 때문에 쉽게 확인된다. 예컨대 별궁의 지출 내역을 담은 회계장부에서 〈그림 24〉와 같이 액막이를 위해 떡을 만드는데 들어간 재료에 관한 정보를 확인할 수 있다. 멥쌀 2말, 찹쌀 3말, 붉은팥 2말, 참기름 2말 등을 이용해서 떡을 만드는 것이 액막이를 위해 필요했다는 말인데, 이러한 정보는 위에서 열거한 『동국세시기』의 민간 풍속에서는 확인되지 않는다.

액막이와 유사하지만 조금 다른 행위로, 살풀이[解煞]를 하기 위해 지출한 경우도 보인다. 〈그림 25〉를 통해 알 수 있듯이 살풀이를 위해서는 돈, 무명, 종이 등이 소요되었다. 이렇듯 액막이나 살풀이는 별궁의 주요한 일상생활 가운데 하나였으며, 그 밖에도 각종의 고사(告祀)나 독경(讀經)이 상시적으로 행해지고 있었음을 별궁의 회계장부는 고스란히 전하고 있다. 고사로는 지밀고사(至密告祀), 궁중고사(宮中告祀), 노자방고사(奴子房告祀), 사당고사(祠堂告祀) 등이 치러졌고, 독경과 관련해서는 지신경(地神經), 조왕경(竈王經) 등에 소요되는 각종 물자의 내역을 지정해 둔 매뉴얼까지 마련되어 있었다.[68]

그렇다면 이러한 액막이나 살풀이와 관련하여 궁중에서는 어떤 사람들이 개입되어 있었을까? 『윤치호일기』를 보면 "걷은 돈은 결국 환관이나 무당, 고문의 배만 불리게 될 뿐이기 때문",[69] "제물포에서 전쟁이 발발해 끔찍한 연속 폭격이 퍼부어질 때, 훌륭한 군주는 점쟁이를 만나느

66 요즘에도 '액땜'이라는 말은 일상에서 흔히 사용되곤 한다.

67 홍석모 저, 정승모 역해, 앞의 책, 54~79쪽.

68 『독경정례(讀經定例)』, 1868(戊辰). 표지 우측 상단에 '明禮宮'이라고 기재돼 있다.

69 『국역 윤치호 영문 일기』 5, 1903년 1월 10일.

찹쌀 3말	粘米參斗
흰쌀 2말	白米貳斗
붉은팥 2말	赤豆貳斗
동전 64냥 참기름 2말 값.	錢文陸拾肆兩 眞油二斗價
이상은 액막이 떡쌀에 들어간 것이며, 밧소주방에 들였음.	以上度厄餠米外燒廚房入

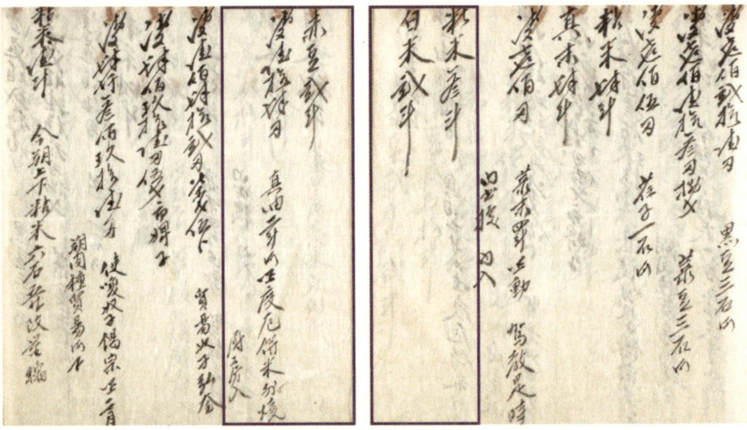

그림 24 액막이를 위한 지출(『수진궁차하책』(奎19102) 25책, 1887년 2월 10일, 서울대학교 규장각한국학연구원 소장)

동전 9냥	錢文玖兩
무명 1필	地木壹疋
백지 1권	白紙壹卷
이상 초 8일의 내서에 의거해 살풀이에 쓰기 위해 지출함.	以上初八日內書據解煞所入上下

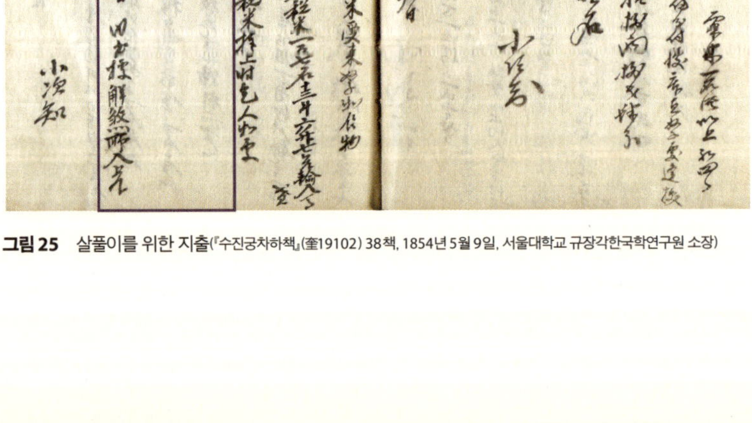

그림 25 살풀이를 위한 지출(『수진궁차하책』(奎19102) 38책, 1854년 5월 9일, 서울대학교 규장각한국학연구원 소장)

동전 9돈 8푼
당주집에 나간 내인의 가마꾼 4명에게 준 2일 품삯.

錢文玖錢捌分
當主家出去內人轎軍四名二日庫價

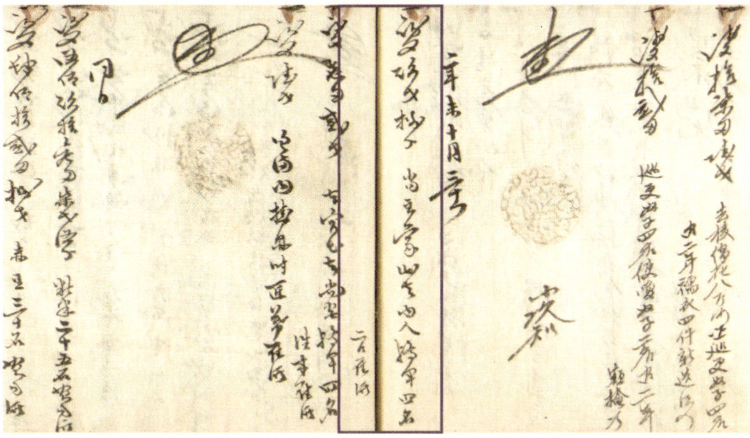

그림 26 당주집에 가는 내인의 가마꾼 품삯
(『수진궁차하책』(奎19102) 44책, 1871년 10월 30일, 서울대학교 규장각한국학연구원 소장)

선혜청쌀 2섬
동전 50냥
이상 초 6일의 내서에 의거해 당주 무녀에게 휼전을 지급함

宣米貳石
錢文伍拾兩
以上初六日內書據當主巫女恤典上下

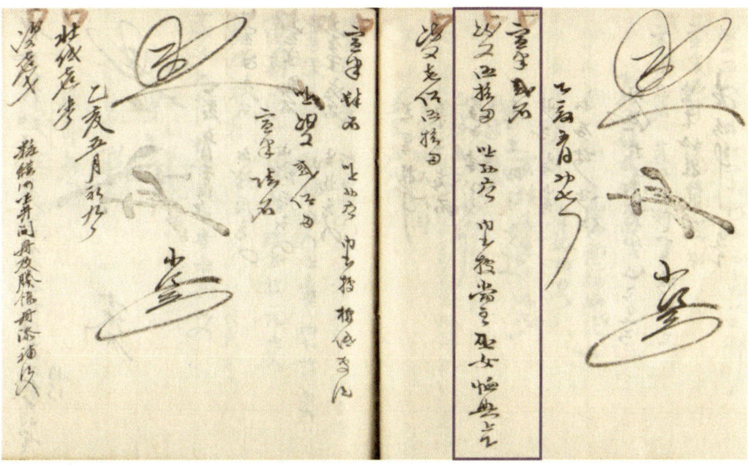

그림 27 당주 무녀에 대한 휼전 (『수진궁차하책』(奎19102) 7책, 1875년 5월 7일, 서울대학교 규장각한국학연구원 소장)

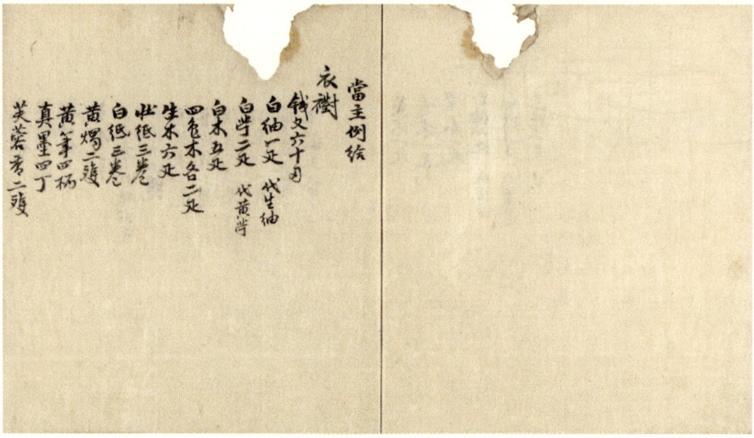

그림 28 당주에게 예급하는 내역 (『독경정례』, 1868년, 서울대학교 규장각한국학연구원 소장)

동전 10냥4돈 흰쌀 2말.　錢文拾兩肆錢 白米二斗

입춘의 떡쌀 용도.　立春餠米次

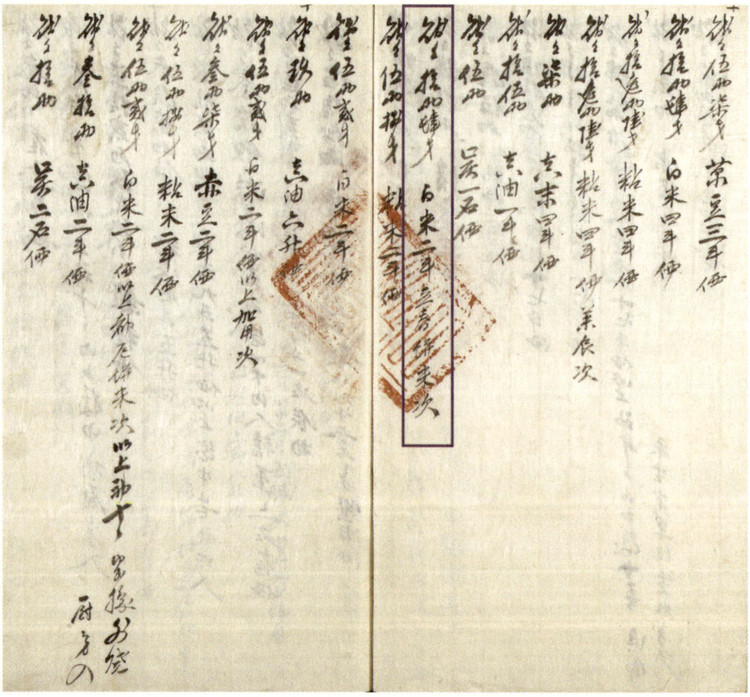

그림 29 입춘의 떡쌀 용도 (『수진궁차하책』(奎19079) 18책, 1898년 1월, 서울대학교 규장각한국학연구원 소장)

라 바빴다. 무당들의 요구에 따라 궁궐 뜰 네 귀퉁이에 가마솥을 거꾸로 묻었다",70 "무당과 점쟁이들이 있는 방 두 칸에서 시간을 보내는 황제, 난방을 한 곁방 밖으로 나와 한낮의 햇빛을 보거나 신선한 공기를 마시고 싶어 하지도 않고 그렇게 할 시간도 없는 황제, 권력이 일상이고, 부패가 즐거움이고, 음모가 인생인 황제"71라는 등 궁중의 점쟁이 또는 무당과 관련된 기록이 보인다. 이런 이야기는 윤치호가 일기를 쓴 20세기 초에 국한되는 것일까? 아니면 역사적으로 누적된 것이었을까?

이와 관련한 단서를 별궁의 지출 내역에서 찾을 수 있다. 1870년대의 내용을 보면 당주(當主)에 관한 기록을 찾을 수 있기 때문이다. 〈그림 26〉과 〈그림 27〉을 통해 확인되듯이 당주가(當主家)가 정해져 있었고 내인(內人)이 거기에 드나들었으며, 당주무녀(當主巫女)의 신상에 변고가 생기면 별궁에서 쌀과 돈을 내려 주었던 것이다. 〈그림 28〉은 앞에서 살펴본 명례궁의 『독경정례』에서도 당주 및 경생(經生)에 대한 여러 가지 지출 내역이 있고, 마지막에는 별도로 '당주예급(當主例給)' 항목이 마련되어 있었음을 보여 준다.

이제 다시 액막이 떡 이야기로 돌아가 보자. 〈그림 24〉의 액막이에 관한 내용은 2월에 기재된 것으로서 다소 예외적인 사례이며, 대개 액막이를 위한 떡 관련 기록은 1월에 기입되었다. 1월인 이유는 정월 대보름 때문이었다. 예컨대 '망일도액병미(望日度厄餠米)'라는 표현으로 보아 72 보름날[望日]의 세시를 위한 액막이였음이 확실하다. 액막이를 위한 떡의 조리 과정에 팥이 들어간 이유는 역시 벽사(辟邪)와의 관련성에서 찾을 수 있을 것이다. 연초에 떡을 마련한 사례는 정월 대보름 외에도 찾을 수 있는데, 한 가지 사례가 입춘(立春)이며 〈그림 29〉에서 확인할 수 있다.

70 『국역 윤치호 영문 일기』 5, 1904년 4월 26일.

71 『국역 윤치호 영문 일기』 5, 1904년 5월 27일.

72 『수진궁차하책』(奎19102) 36책, 1881년 1월 10일.

돈후지 2권	敦厚紙貳卷
동전 1냥 붓과 먹의 값.	錢文壹兩 筆墨價
밀가루 1말	眞末壹斗 以上宮立春次
이상 궁의 춘첩 용도.	

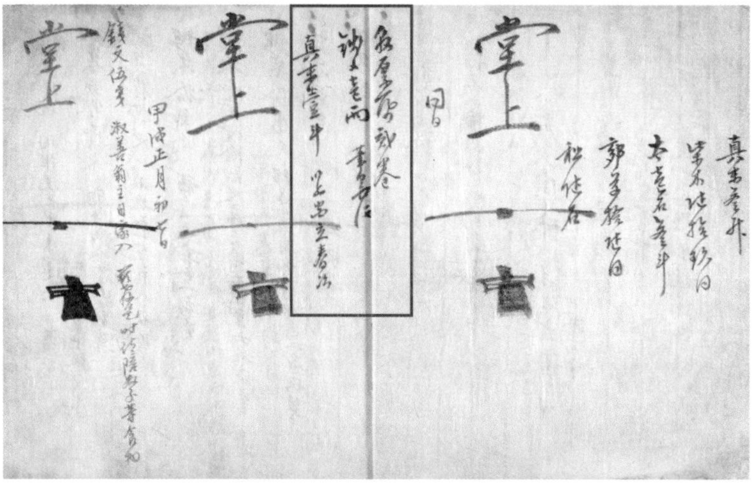

그림 30 궁의 춘첩 재료(『수진궁차하책』(奎19102) 52책, 1814년 1월 1일, 서울대학교 규장각한국학연구원 소장)

동전 6냥 6돈	錢文陸兩陸錢
춘첩 용도의 돈후지 3권 값.	立春次敦厚紙三卷價

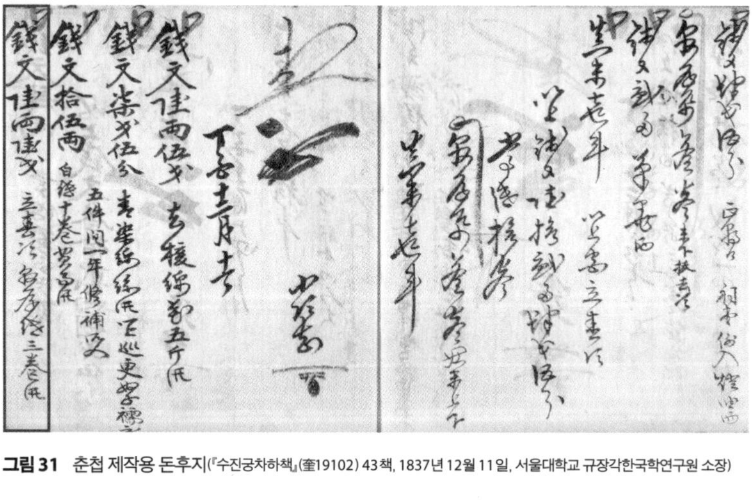

그림 31 춘첩 제작용 돈후지(『수진궁차하책』(奎19102) 43책, 1837년 12월 11일, 서울대학교 규장각한국학연구원 소장)

장지 5권	壯紙伍卷
동전 4냥 붓과 먹의 값.	錢文肆兩 筆墨價
밀가루 2말	眞末貳斗 以上宮中立春次
이상 궁중의 춘첩 용도.	

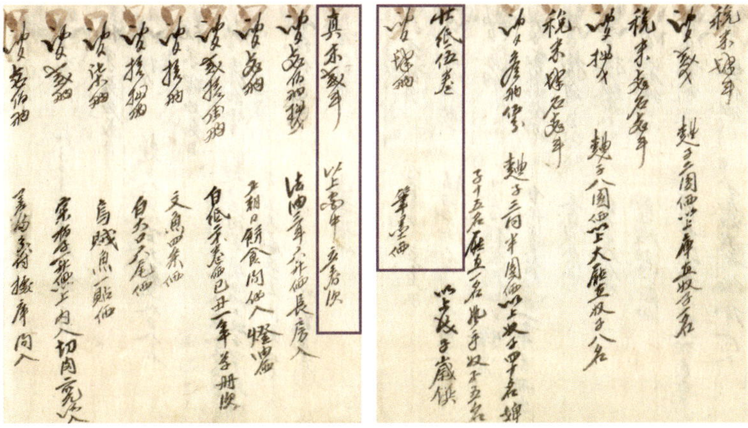

그림 32 춘첩 재료(『수진궁차하책』(奎19102) 9책, 1888년 12월, 서울대학교 규장각한국학연구원 소장)

장지 3권 14장	壯紙三卷十四張
밀가루 5되	眞末五升 膠次
풀을 쑤기 위한 것.	以上宮中立春次
이상 궁중의 춘첩 용도.	

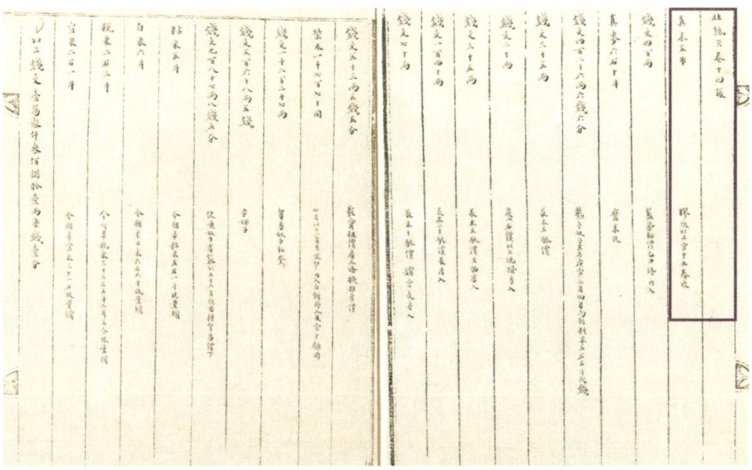

그림 33 춘첩 부착용 풀(『수진궁차하책』(奎19030) 34책, 1892년 12월, 서울대학교 규장각한국학연구원 소장)

위와 같은 액막이나 입춘을 위해 마련한 떡이 구체적으로 어떤 종류였는지에 대해서는 자세한 정보를 알 수 없다. 하지만 찹쌀, 흰쌀, 붉은팥 등이 재료로 들어갔으므로 대체로 시루떡이었을 것으로 추정된다. 이와 관련하여 별궁의 지출 내역 가운데 떡에 관한 정보가 다음과 같이 상당히 다양하고 풍부하게 기재되어 있어서 참고가 된다.[73]

- 송병(松餠): 송편
- 증병(甑餠): 시루떡
- 절병(切餠): 절편
- 산사병(山査餠): 산사편
- 귤병(橘餠): 귤병편
- 인절병(引絶餠 · 引切餠) · 은절병(銀切餠): 인절미
- 초두점증병(炒豆粘蒸餠 · 炒豆粘甑餠): 볶은팥찰시루편
- 권무병(拳撫餠): 골무떡
- 관자병(貫子餠): 관자떡
- 밀설고(蜜雪糕): 밀설기(꿀차시루편)
- 백설고(白雪糕): 백설기

입춘에는 떡을 해서 먹었을 뿐만 아니라 춘첩도 제작하여 붙였다. 별궁의 지출 내역을 보면 춘첩 제작과 관련하여 발생한 비용이 기재되어 있다. 요즘에도 어떤 집의 대문 앞에 '입춘대길(立春大吉)'과 '건양다경(建陽多慶)'이라는 두 가지 글귀가 '팔(八)'자 모양으로 붙어 있는 모습을 더러 볼 수 있으며, 아파트 생활을 하게 된 이후로도 여전히 심심치 않게 확인된다. 이를 춘첩(春帖) 또는 춘첩자(春帖子)라 하였는데, 별궁에서는 기둥에 주련을 써서 붙였다고 한다. 별궁의 지출 내역에서는 '입춘차(立春次)', '궁입춘차(宮立春次)', '궁중입춘차(宮中立春次)'라고 표현하고 있다. 〈그림 30〉부터 〈그림 33〉까지의 내용을 보면 춘첩을 쓸 종이인 돈후지(敦厚紙) 또는 장지(壯紙)와 글을 쓰기 위한 필묵(筆墨)을 구입해서 춘첩을 만들었고, 이를 기둥에 붙이기 위한 풀을 만들기 위해[膠次] 밀가루를 사용했음이 확인된다.

별궁과 관련된 세시 풍속으로 또 한 가지 주목할 것이 있다. "섣달그믐 밤에 잠을 자면 눈썹이 하얗게 센다."라는 속설을 한 번쯤 들어보았을 것이다. 정말로 눈썹이 센다고 믿지는 않더라도 그것을 핑계 삼아 잠을 자지 않고 온 가족이 한 방에 둘러앉아서 밤새워 이야기하며 정을 북돋울 수 있는 기회가 되곤 했다. 개인화 · 고립화 · 파편화가 진행되

면서 언제부터인가 잊혀 갔지만 아직도 고령층에게는 어린 시절의 추억으로 가슴속에 남아 있다. 『한국세시풍속사전』에 따르면 이렇게 '공식적으로' 밤새워도 되는 풍습은 '경신수야(庚申守夜)'라는 도교적 신앙에 근거를 둔 것이다. 『한국세시풍속사전』의 '수세(守歲)' 항목에서는 다음과 같이 해설하고 있다.

> 밤에 잠을 자지 않는 풍속은 도교의 경신수야 또는 수경신(守庚申)이라는 풍속과 관련이 있다. 60일에 한 번씩 돌아오는 경신일(庚申日)이 되면, 사람의 몸에 기생하고 있던 삼시(三尸) 또는 삼시충(三尸蟲)이 잠든 사이에 몸 밖으로 빠져나가, 상제(上帝)에게 그동안의 죄과를 낱낱이 고해바쳐 수명을 단축시킨다고 믿었기 때문에 잠을 자지 않는 풍속이 있었다. 섣달그믐의 수세 풍속은 수경신 풍속의 영향을 받은 것으로 보인다. 수경신 신앙은 고려 때 매우 성했고 조선조까지 행해졌다.[74]

그렇다면 별궁에서는 어땠을까? 지출 내역을 살펴보면 궁중에서도 경신수야의 풍습이 지켜지고 있었음을 알 수 있는데, 대개 '경신차(庚申次)'라고 표현되어 있다. 밤을 새우기 위해서는 불을 밝혀야 하고, 불을 밝히기 위해서는 기름이 필요했다. 바로 그 기름을 구입한 기록이 회계장부에 기록되어 있는 것이다. 불을 밝히기 위한 기름은 주로 참기름[眞油]이었고, 때로 들기름[法油]도 사용된 것으로 보인다. 〈그림 34〉, 〈그림 35〉, 〈그림 36〉에서 그 실태가 잘 드러난다.

별궁의 지출 내역 가운데에는 그밖에도 익히 잘 알려진 절기와 관련된 여러 가지 기록이 남아 있다. 새해 첫날인 음력 1월 1일을 일컫는 정조(正朝)를 비롯하여 한식

73 이 밖에도 실과병(實果餠), 원수병(圓水餠·元水餠) 등이 보인다.

74 국립민속박물관, 『한국세시풍속사전: 겨울편』, 2006, 269쪽.

동전 20냥 참기름 1말 값. 錢文貳拾兩 眞油一斗價
경신수야 용도. 庚申次

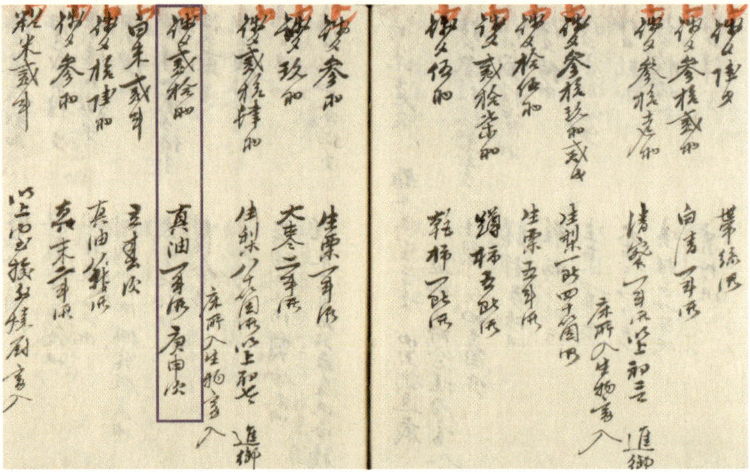

그림 34 경신수야 용도의 참기름(『수진궁차하책』(奎19102) 50책, 1899년 12월, 서울대학교 규장각한국학연구원 소장)

동전 90냥 참기름 5말 값. 錢文九拾兩 眞油五斗價
동전 9냥 들기름 5되 값. 錢文玖兩 法油五升價
동전 18냥 참기름 1말 값. 錢文拾捌兩 眞油一斗價以上庚申次
이상 경신수야 용도.

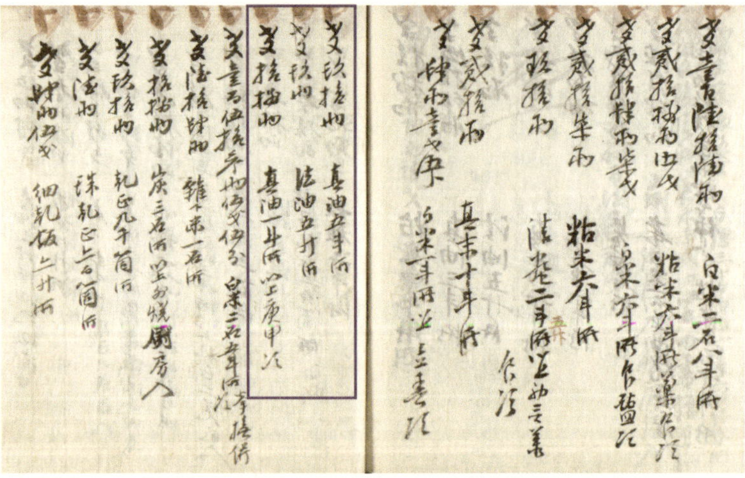

그림 35 경신수야 용도의 참기름과 들기름
(『수진궁차하책』(奎19102) 30책, 1901년 12월, 서울대학교 규장각한국학연구원 소장)

(寒食), 단오(端午), 추석(秋夕) 등이 확인되는데 지면 관계상 자세한 설명은 생략한다. 이렇듯 그동안 잘 알려지지 않은 서울의 특별한 궁궐에서 특별한 주민들이 살아가는 궁중의 내밀한 경제 생활사를 속속들이 살펴보기 위해서는 회계장부에 기재된 내역을 판독하여 이해하고 당대인의 관점에서 재구성해 보아야 할 것이다. 그러한 작업의 결과가 축적되면 왕도로서의 한성부가 가지는 특징이 더욱 구체적으로 드러날 것이다.

동전 31냥 2돈 참기름 1말 2되 값. 지밀 경신수야 용도.

錢文三十一兩二錢 眞油一斗二升價 至密庚申次

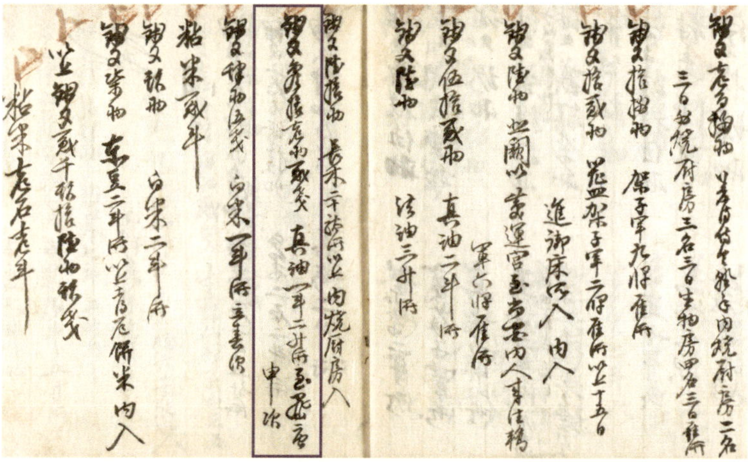

그림 36 경신수야 용도의 참기름(『수진궁차하책』(奎19102) 17책, 1903년 1월, 서울대학교 규장각한국학연구원 소장)

참고문헌

2장 총론

- 『조선왕조실록』
- 『경상부도시계획요람』(1939)
- 『경성도시계획조사서』(1928)
- 『京城府管內地籍目錄』, 1917년 및 1927년.
- 『경성부사』
- 『국립문화재연구소소장 조선왕실건축도면』
- 장서각, 『근대건축도면집』, 2009.
- 『국조속오례의』
- 『국조오례의』
- 『궁궐지』
- 『도성지』
- 『東國輿地備攷』
- 『서울육백년사 문화사적편』
- 『청구요람』
- 『춘관통고』
- 『한경지략』
- 「경안궁배치도」(고려대학교 박물관)
- 「창의궁배치도」(고려대학교 박물관)
- 「별궁도형」(고려대학교 박물관)
- 「향동경수궁도형」(고려대학교박물관)
- 「남별궁도형」(장서각)
- 「청평위궁도형」(장서각)
- 「구윤옥가도형」(장서각)
- 「계동순화궁도형」(국립고궁박물관)
- 「순화궁도형」(국립고궁박물관)
- 「재동궁도형」(국립고궁박물관)
- 「운현궁구도」(국립고궁박물관)
- 「인평대군방전도」(규장각)
- 『경모궁개건도감의궤』
- 『경모궁의궤』
- 『궁원의』
- 『문희묘영건청등록』
- 『수은묘영건청의궤』
- 『수은묘이건시의궤』
- 『신증동국여지승람』
- 『영희전영건도감의궤』
- 『의소묘영건청의궤』
- 「大京城精圖」
- 胡培翬, 『燕寢考』.
- 홍경모, 『사의당지』
- 황현, 『매천야록』
- 강진철, 「안동별궁고」, 『아시아여성연구』 2, 1963.
- 고동환, 『조선시대 서울도시사』, 2007.
- 국립문화재연구소, 『조선왕실 건축도면』, 2013.
- 권영상, 「조선후기 한성부 도시공간의 구조」, 서울대학교 박사학위논문 2003.
- 권영상, 「주요시설 이동에 의한 조선후기 한성부 도시구조변화의 해석」 『2004 한국건축역사학회 춘계학술발표대회논문집』, 2004.
- 김동욱 외, 『영건의궤』, 동녘, 2010.
- 김영모, 「조선시대 사묘공간의 구성에 관한 연구」 『서울학연구』 9, 1998.
- 김왕직, 「임진왜란 이후 사묘건축 연구」 『임진왜란 이후의 조영활동에 대한 연구』, (사)한국문화재보존기술진흥협회, 1992.
- 김정식, 「도면자료를 통해 본 대한제국기 서울의 대형필지와 도시구조 변화」, 서울대학교 석사학위논문, 2008.
- 김지영, 「조선후기 국왕 행차와 거둥길」 『서울학연구』 30, 2008.
- 김택중, 「경성부립순화병원, 역사적 사실과 그 해석」 『연세의사학』 16권 2호, 2013.12.
- 문화재청, 『안국동별궁 이전복원수리보고서』, 2009.
- 박혜정, 조재모, 「조선후기 사의당의 위치와 건축적 특징에 대한 추론」 『건축역사연구』 26권 2호, 2017.4.
- 안소현, 전봉희, 「조선후기 궁실건축에 사용된 격식기법의 유형과 변천」 『건축역사연구』 28권 6호, 2019.12.
- 원창애, 『조선왕실의 계보와 구성원』, 세창출판사, 2018.
- 이강민, 「동아시아 목조건축의 구조원리와 지붕구조의 유형」, 서울대학교 박사학위논문, 2009.
- 이규철, 「대한제국기 한성부 도시공간의 재편」, 서울대학교 박사학위논문, 2010.
- 이성미, 『왕실 혼례의 기록』, 소와당, 2008.
- 이순자, 『조선의 숨겨진 왕가이야기』, 평단, 2013.
- 이정미, 「조선전기 상류주택 별당의 기능 및 건축형식 연구」 『한국주거학회논문집』, 30권 1호, 2019.2.
- 이종서, 「고려~조선전기 상류 주택의 防寒 설비와 炊事 도구」 『역사민속학』 24호, 2007.
- 이종서, 「朝鮮前期의 住居用 層樓 建築 傳統」 『역사민속학』 22호, 2006.
- 이찬, 양보경, 『서울의 옛지도』, 서울학연구소, 1995.
- 이태진, 「18~19세기 서울의 근대적 도시발달 양상」 『서울학연구』 4, 1995.
- 이태진, 『고종시대의 재조명』, 태학사, 2000.
- 이현진, 「영정조대 육상궁의 조성과 운영」

『진단학보』 107, 2009.
- 이현진, 박희용, 「조선 정조대 문희묘의 건립과정과 공간구성」 『규장각』 42호, 2013.6.
- 이호열, 「조선전기 주택사 연구」, 영남대 박사논문, 1992.
- 이효석, 「朝鮮時代 世子의 宮闕 空間 使用에 關한 研究」, 서울대학교 석사학위논문, 2005.
- 장순용, 「2.성곽과 문루」, 『서울건축사』, 서울특별시사편찬위원회, 1999.
- 장필구, 「복원연구를 통한 영희전의 고찰」, 서울대학교 석사학위논문, 2004.
- 전봉희, 권용찬, 『한옥과 한국주택의 역사』, 동녘, 2012.
- 정기철, 「17세기 사림의 묘침제 인식과 서원 영건」, 서울대학교 박사학위논문, 1999.
- 정기철, 「주자대전 의례석궁 연구」 『대한건축학회논문집(계획계)』, 14권 5호, 1998.5.
- 정정남, 「18세기 한 무신의 일기에 기록된 궁궐과 한양의 공간이용에 관한 정보-노상추일기 분석을 통하여」 『2010 한국건축역사학회 추계학술발표대회논문집』, 2010.11.
- 정정남, 「가옥도형을 통해본 18세기 한성부에 위치한 사대부의 가대와 주택」 『한국역사학회 가을학술발표대회논문집』, 2005.
- 정정남, 「의친왕부 사동본궁을 통해 본 대한제국기 궁가의 특징」 『2014 한국건축역사학회 추계학술발표대회논문집』, 2014.11.
- 정정남, 「인경궁 경역내 청평위궁의 건립과 그 도시적 의미」 『서울학연구소정례발표회논문집』, 2009.
- 정정남, 「인사동 194번지의 都市的 變化와 18세기 漢城府 具允鈺 家屋에 관한 연구-장서각소장 『里門內具允鈺家圖形』의 분석을 중심으로」 『건축역사연구』 17권 3호, 2008.
- 정정남, 「임진왜란 이후 남별궁의 공해적 역할과 그 공간활용」 『건축역사연구』 18권 4호, 2009.
- 정정남, 「장용영건축의 기록 『본영도형』에 관한 연구 보고」 『2009 한국건축역사학회 춘계학술발표대회논문집』, 2009.5.
- 정정남, 「壯勇營의 漢城府內 立地와 營舍의 建築的 특성-『本營圖形』의 분석을 중심으로」 『장서각』 21호, 2009.
- 정정남, 「조선시대 壽進宮의 기능과 주변 박석길의 의미 해석」 『2011 한국건축역사학회 추계학술발표대회 논문집』, 2011.
- 정정남, 「조선후기 궁가의 공간구성 및 배치」 『2009 한국건축역사학회 추계학술발표대회 논문집』, 2009.11.
- 정정남, 「효종대 仁慶宮內宮家의 건립과 그 이후 宮域의 변화」 『서울학연구』 39, 2010.
- 조영준, 「18세기후반~20세기초 궁방전의 규모와, 분포 및 변동」 『朝鮮時代史學報』 44, 2008.
- 조영준, 「조선후기 궁방의 실체」 『정신문화연구』 제31권 제3호, 2008.
- 조은주, 「근대기 한양도성 안 궁묘와 궁실의 변용」, 서울시립대학교 박사학위논문, 2012.
- 조은주, 송인호, 「18~19세기 한양도성안 궁묘의 입지와 위상」 『건축역사연구』 85, 2012.
- 조은주, 송인호, 「도성 안 현존 조선별궁의 변화에 관한 조사연구」 『2008 한국건축역사학회 춘계학술발표대회 논문집』, 2008.5.
- 조재모, 「2000년 이후 궁궐에 관한 연구성과와 과제」 『2019년 한국건축역사학회 춘계학술발표대회 논문집』, 2019.5
- 조재모, 「英·正祖代 國家儀禮 再整備와 宮闕建築」 『대한건축학회논문집(계획계)』 21권12호 통권206호, 2005.12.
- 조재모, 「영정조대의 왕실사묘 건립과 영향」 『대한건축학회논문집(계획계)』, 18권 7호, 2002.7.
- 조재모, 「조선시대 국장의 절차와 공간이용 - 정조 국장을 중심으로」 『대한건축학회논문집(계획계)』 29권 2호, 2013.2.
- 조재모, 「朝鮮時代 宮闕의 儀禮運營과 建築型式」, 서울대학교 대학원 건축학과 박사학위논문, 2003.8.
- 조재모, 「朝鮮王室의 正寢概念과 變動」 『대한건축학회논문집(계획계)』 20권6호 통권188호, 2004.6.
- 조재모, 「창경궁의 배치와 건축」 『창경궁 복원정비 기본계획』, 문화재청, 2010.
- 조재모, 심우갑, 「영정조대의 왕실사묘 건립과 영향」 『대한건축학회논문집(계획계)』 18권 7호, 2002.7.
- 주남철, 「조선시대 청평위궁의 기초적 연구」 『대한건축학회논문집(계획계)』 27권 7호, 2011.
- 주남철, 『궁집』, 일지사, 2003.
- 주남철, 『한국건축사』, 고려대학교출판부, 2006.
- 주남철, 『한국주택건축』, 일지사, 1980.
- 한상권, 「조선후기 사회문제와 소원제도의 발달」, 서울대학교 박사학위논문, 1993.
- 홍순민, 「조선왕조 궁궐 경영과 「양궐체제」의 변천」, 서울대학교 박사학위논문, 1996.

3장

- 『궁원전성록』
- 『원행정례』
- 『[은언군·은신군]관례의궤』
- 『[청근현주]가례의궤』
- 『가례교시시별궁내숙설소등록』
- 『가례등록』

- 『경모궁개건도감의궤』
- 『경모궁의궤』
- 『경빈가례등록』
- 『궁원식례』
- 『궁원의』
- 『낙선재일지』
- 『덕온공주가례등록』
- 『명안공주가례등록』
- 『명온공주가례등록』
- 『문희묘일기』
- 『복온공주가례등록』
- 『수은묘영건청의궤』
- 『숙선옹주가례등록』
- 『숙의가례청등록』
- 『연령군관례등록』
- 『연잉군관례등록』
- 『왕비폐출사례급복위등록』
- 『육상궁상책인의』
- 『육상궁소녕도식례』
- 『인현왕후탄강구기비』
- 『장헌세자상시봉원도감의궤』
- 『청선군주가례등록』
- 『청연군주가례등록』
- 『화길옹주가례등록』
- 『화순옹주가례등록』
- 『화완옹주가례등록』
- 『화유옹주가례등록』
- 『화평옹주가례등록』
- 『화협옹주가례등록』
- 『인평대군방전도』
- 『소현세자가례도감의궤』
- 『인조가례도감의궤』
- 『왕세자(현종)가례도감의궤』
- 『왕세자(숙종)가례도감의궤』
- 『숙종가례도감의궤』
- 『왕세자(경종)가례도감의궤』
- 『숙종인원후가례도감의궤』
- 『경종선의후가례도감의궤』
- 『진종효순후가례도감의궤』
- 『장조헌경후가례도감의궤』
- 『영조가례도감의궤』
- 『왕세손(정조)가례도감의궤』
- 『순조가례도감의궤』
- 『왕세자(익종/문조)가례도감의궤』
- 『헌종효현후가례도감의궤』
- 『헌종효정후가례도감의궤』
- 『철종가례도감의궤』
- 『고종가례도감의궤』
- 『왕세자(순종)가례도감의궤』
- 『황태자(순종)가례도감의궤』
- 『경모궁개건도감의궤』
- 『경모궁의궤』
- 『궁원의』
- 『문희묘영건청등록』
- 『수은묘영건청의궤』
- 『수은묘이건시의궤』
- 『신증동국여지승람』
- 『의소묘영건청의궤』
- 『청구요람』
- 『궁궐지』
- 『한경지략』
- 『사의당지』
- 『국조오례의』
- 『국조속오례의』
- 『춘관통고』
- 『淑嬪崔氏資料集』1 / 韓國學中央研究院 藏書閣, 2008
- 『창의궁배치도』(고려대학교 박물관)
- 『별궁도형』(고려대학교 박물관)
- 『향동경수궁도형』(고려대학교 박물관)
- 『청평위궁도형』(장서각)
- 『구윤옥가도형』(장서각)
- 『계동순화궁도형』(국립고궁박물관)
- 『순화궁도형』(국립고궁박물관)
- 『재동궁도형』(국립고궁박물관)
- 『경성부사』
- 『월사집』
- 『동문선』
- 『홍재전서』
- 『동국여지비고』
- 『동주집』
- 『영조장조문집』
- 『매천선생문집』

- 유본예 저, 박현욱 옮김, 『역주 한경지략』, 민속원, 2020
- 이투 투안, 구동회·심승희 역, 『공간과 장소』, 대윤, 2014
- 강진철, 「안동별궁고」, 『아시아여성연구』 2, 1963
- 고동환, 「조선후기 한성부 행정편제의 변화: 방·리·동·계의 변동을 중심으로」, 『서울학연구』 11, 1998
- 고동환, 『朝鮮後期 서울商業發達史研究』, 지식산업사, 1997
- 고동환, 『조선시대 시전상업연구』, 지식산업사, 2013
- 고동환, 『조선시대 서울도시사』, 태학사, 2007
- 정병설 역주, 『혜빈궁일기:현전 유일의 궁궐 여성처소 일지』, 서울대학교출판문화원, 2020
- 국립문화재연구소, 『조선왕실 건축도면』, 2013.
- 박현욱, 『성시전도시로 읽는 18세기 서울』, 보고사, 2015
- 김명길, 『낙선재주변』, 중앙일보·동양방송, 1977

- 혜경궁 홍씨 저, 정병설 역, 『한중록』, 문학동네, 2010
- 구인환 역, 『계축일기』, 신원문화사, 2002
- 구인환 역, 『인현왕후전』, 신원문화사, 2005
- 국립고궁박물관, 『조선의 역사를 지켜 온 왕실 여성』, 국립고궁박물관, 2014
- 김동철, 「18세기 말 경모궁 모민(募民)과 그들의 상업활동」, 『지역과 역사』 8권 0호, 2001.
- 김문식, 「1823년 明溫公主의 가례 절차」, 『朝鮮時代史學報』 56, 2011.
- 김세영, 「사도세자 廟宇 건립과 「景慕宮舊廟圖」 연구」, 『장서각』 28, 2012.
- 김지영, 「조선후기 국왕 행차와 거둥길」, 『서울학연구』 30, 2008.
- 김지영, 「19세기 眞殿 및 御眞奉安處 운영에 대한 연구」, 『장서각』 26, 2011.
- 김지영, 『길 위의 조정_조선시대 국왕 행차와 정치적 문화』, 민속원, 2017.
- 김지희, 전봉희, 「세심대 일원의 변천과 사도묘의 건립과정」, 『대한건축학회논문집』 33권 1호. 2017.
- 한희숙, 「조선시대 선왕 후궁에 대한 처우와 궁가의 변천」, 『여성과 역사』 30, 2019.
- 홍경모, 이종묵 역, 『사의당지, 우리 집을 말한다』, 휴머니스트, 2009
- 문화재청, 『궁집[宮家]』(韓國의 전통가옥 14), 2006.
- 박미선, 「조선시대 국혼의례 연구」, 고려대학교 박사학위 논문, 2015.
- 송인호·조은주, 「王室私廟 毓祥宮의 20세기 變化에 관한 硏究」, 『대한건축학회눈문집』, 27권 10호, 2011.
- 송인호·조은주, 「조선 별궁 於義宮(龍興宮)의 都市 位相과 英祖의 親迎」, 『대한건축학회논문집』 27권 5호, 2011.
- 신명호, 「17세기 초반 明禮宮의 연혁과 기능」, 『朝鮮時代史學報』 67, 2013.
- 신명호, 「조선전기 王妃 · 大妃의 本宮과 私藏」, 『역사와 경계』 89, 2013.
- 신병주, 『66세의 영조, 15세 신부를 맞이하다』, 효형출판, 2001.
- 심재우, 「조선후기 宣禧宮의 연혁과 소속 庄土의 변화」, 『朝鮮時代史學報』 50, 2009.
- 심재우, 「육상궁, 선희궁, 경우궁의 조성과 궁방전」, 『英祖妃嬪資料集』 1 (儀軌, 謄錄, 其他), 한국학중앙연구원 출판부, 2011.
- 안순태, 「조선시대 한성부 東村의 인문경관 연구」, 『한국한문학연구』 76, 2019.
- 이미선, 「조선중기 후궁의 입궁과 사회적 위상」, 『한국사연구회』 154, 2011.
- 이미선, 「1749년 화완옹주와 부마 정치달의 가례」, 『한국사학보』 58, 2015.
- 이미선, 「헌종의 후궁 慶嬪金氏의 생애와 가례 – 『慶嬪嘉禮時嘉禮廳謄錄』을 중심으로 –」, 『지역과 역사』 44, 2019.
- 이욱, 「조선후기 後宮 嘉禮의 절차와 변천 : 慶嬪 金氏 嘉禮를 중심으로」, 『장서각』 19, 2008.
- 이찬, 양보경, 『서울의 옛지도』, 서울학연구소, 1995.
- 이현진, 「영·정조대 육상궁의 조성과 운영」, 『진단학보』 107, 2009.
- 임민혁, 「조선후기 영조의 孝悌 논리와 私親追崇」, 『조선시대사학보』 39, 2006.
- 임민혁, 「조선시대 후궁 숙의의 간택과 그 지위」, 『역사와 실학』 48, 2012.
- 임민혁, 「조선후기 후궁의 嘉禮와 禮制」, 『역사와 담론』 64, 2012.
- 임민혁, 「조선후기 공주와 옹주, 군주 가례 비교 연구」, 『온지논총』 33, 2013.
- 장병인, 「조선 중기 이후 국왕의 혼례형태의 변화 조선 중기 이후 국왕의 혼례형태의 변화–」, 『조선시대사학보』 52, 2010.
- 장병인, 「조선시대 왕세자의 혼인의례」, 『한국사연구』 161, 2013.
- 장서각, 『근대건축도면집』, 2009.
- 정정남, 「효종대 仁慶宮內 宮家의 건립과 그 이후 宮域의 변화」, 『서울학연구』 39, 177-199, 2010.
- 정정남, 「인사동 194번지의 도시적 변화와 18세기 한성부 구윤옥 가옥에 관한 연구」, 『건축역사연구』17권3호, 2008.
- 조영준, 『조선 후기 왕실재정과 서울상업』, 소명출판, 2016.
- 조영준, 「조선후기 궁방의 실체」, 『정신문화연구』 제31권 제3호, 2008.
- 조은주, 「근대기 한양도성 안 궁묘와 궁실의 변용」, 서울시립대학교 박사학위논문, 2012.
- 조은주, 송인호, 「18~19세기 한양도성안 궁묘의 입지와 위상」, 『건축역사연구』85, 2012.
- 조재모, 심우갑, 「영정조대의 왕실사묘 건립과 영향」, 『대한건축학회논문집(계획계)』 18권 7호, 2002.7.
- 차호연, 「조선초기 공주·옹주의 봉작과 예우」, 『조선시대사학회』 77, 2016.
- 홍순민, 「朝鮮王朝 宮闕 經營과 "兩闕體制"의 변천」(서울대학교 박사학위논문), 1996.
- 황정연, 「조선후기 宮家의 미술사·도시인문학적 의미 : 彰義宮의 장소성과 서화컬렉션을 중심으로」, 『미술자료』 91, 2017.

4 · 5장

- 『세종실록』.
- 『문종실록』.

- 『성종실록』.
- 『정조실록』.
- 『고종실록』.
- 『비변사등록』.
- 『승정원일기』.

- 『가례도감의궤』.
- 『각궁방절수무토면세결총수』(규장각)
- 『각부청의서존안』(규장각)
- 『각사당각묘소제향신정식등록』(규장각)
- 『강원도장토문적』(규장각)
- 『결호화법세칙』(규장각)
- 『경우궁차하책』(규장각)
- 『공선정례』.
- 『규합총서』.
- 『기안』(규장각)
- 『내수사각방차하책』(규장각)
- 『내수사급각궁방전답총결여노비총구도안』(규장각)
- 『대전통편』.
- 『독경정례』(규장각)
- 『만기요람』.
- 『명온공주방가례등록』(규장각)
- 『상방정례』.
- 『속대전』(규장각)
- 『수진궁도서책』(규장각)
- 『수진궁등록』(규장각)
- 『수진궁미하금청구』(규장각)
- 『수진궁차하책』(奎19079, 규장각)
- 『수진궁차하책』(奎19102, 규장각)
- 『수진궁차하책』(奎19030, 규장각)
- 『어의궁차하책』(규장각)
- 『영온옹주방차하책』(규장각)
- 『용동궁공사책』(규장각)
- 『용동궁등록』(규장각)
- 『원행을묘정리의궤』(규장각)
- 『육상궁차하책』(규장각)
- 『음식디미방』.
- 『전어의궁겸역칠인급상민등진배물종미하기』(규장각)
- 『책례도감의궤』(奎13099, 규장각)
- 『책례도감의궤』(奎13113, 규장각)
- 『하재일기』(규장각)
- 『해동지도』(규장각)
- 『호방받자수결책』(규장각)
- 『훈국등록』.
- 『훈몽자회』.

- 「1687년 오태주 호구단자」, 서울역사박물관
- 「1751년 육상궁 노비사패교지」, 『고문서집성 10—장서각편—』, 한국정신문화연구원, 1992.
- 「덕온공주방의 동제 인장」, 국립고궁박물관
- 「명례궁 철제 인장」, 국립중앙박물관
- 「명안공주방 도서패지」, 서울역사박물관(서20723).
- 「명안공주방 도서패지」, 서울역사박물관(서20724)
- 「백자 이동궁명 사각호」, 국립고궁박물관
- 「수진궁 도서패지」, 서울역사박물관
- 「숙선옹주방의 동제 인장」, 국립고궁박물관
- 「숙정공주방 수본」, 교토대학 가와이문고.
- 「영혜옹주길례차지등록」, 교토대학 가와이문고.
- 「죽동궁명 됫박」, 서울역사박물관

- 국립문화재연구소, 『독일 라이프치히그라시민속박물관 소장 한국문화재』, 2013.
- 국립민속박물관, 『한국세시풍속사전: 겨울편』, 2006
- 국립민속박물관, 『한국세시풍속사전: 여름편』, 2005.
- 국사편찬위원회, 『국역 윤치호 영문 일기』5, 2015.
- 김문식, 「1823년 明溫公主의 가례 절차」, 『朝鮮時代史學報』 56, 2011
- 金容燮, 「司宮庄土의 管理—導掌制를 中心으로—」, 『史學硏究』 18, 1964
- 김재호, 「조선후기 중앙재정과 銅錢: 『賦役實摠』을 중심으로」, 『조선후기 재정과 시장』(이헌창 편), 서울대학교출판문화원, 2010
- 김현영, 「조선시대의 문서와 기록의 위상: 사초, 시정기에 대한 재검토」, 『古文書硏究』 32, 2008
- 李賢珍, 「영 · 정조대 육상궁의 조성과 운영」, 『震檀學報』 107, 2009
- 박성훈, 『單位語辭典』, 민중서림, 2018.
- 朴準成, 「17 · 18세기 宮房田의 확대와 所有形態의 변화」, 『韓國史論』 11, 1984
- 방병선, 「『하재일기(荷齋日記)』를 통해 본 조선 말기 분원」, 『강좌미술사』 34, 2010
- 裵英淳, 「韓末 司宮庄土에 있어서의 導掌의 存在形態」, 『韓國史硏究』 30, 1980
- 서울대학교 규장각한국학연구원 엮음, 『궁방양안(宮房量案)』, 민속원, 2012.
- 신경숙, 『리진』 1, 문학동네, 2007.
- 신병주, 『66세의 영조, 15세 신부를 맞이하다』, 효형출판, 2001.
- 양선아, 「18 · 19세기 도장 경영지에서 궁방과 도장의 관계」, 『한국학연구』 36, 2011
- 이영훈, 「大韓帝國期 皇室財政의 기초와 성격」, 『경제사학』 51, 2011
- 이영훈 · 박기주 · 이명휘 · 최상오, 『한국의 유가증권 100년사』, 해남, 2005.
- 朝鮮總督府 臨時財産整理局, 『임시재산정리국사무요강(臨時財産整理局事務要綱)』, 1911.
- 조영준, 「고종 즉위 이후 운현궁의 재산 형성 과정」,

『하늘과의 거리 한 자 다섯 치, 운현궁』, 서울역사박물관, 2017

- 조영준, 「반민(泮民)의 경제생활과 현방(懸房)」,
『성균관과 반촌』(서울기획연구 5), 서울역사박물관, 2019
- 조영준, 「연잉군방(延礽君房)의 살림살이와 경제적 기반」,
『英祖大王資料集5 : 譜牒, 教命, 御製御筆, 其他』(藏書閣 編纂), 한국학중앙연구원출판부, 2013
- 조영준, 「조선후기 '생애주기'형 궁방의 경제적 기반과
운영 양상—박숙의방(朴淑儀房)과 영온옹주방(永溫翁主房)의 사례 분석—」, 『정신문화연구』 144, 2016
- 조영준, 「조선후기 宮房의 地代 상납과 鄕味의 비중—
『龍洞宮捧上册』의 사례 분석—」, 『古文書硏究』 52, 2018
- 조영준, 「조선후기 여객주인(旅客主人) 및
여객주인권(旅客主人權) 재론—경기·충청 장토문적(庄土文績)의 재구성을 통하여—」,
『잡담(雜談)과 빙고(憑考): 경기·충청 장토문적으로 보는 조선 후기 여객주인권』, 소명출판, 2013
- 조영준, 『조선 후기 왕실재정과 서울상업』,
소명출판, 2016.
- 조영준 · 최주희, 『공폐(貢弊): 조선후기 공물 제도 운영의
병폐』, 아카넷, 2019,
- 조재모 · 심우갑, 「英 · 正祖代의 王室私廟 建立과
影響」, 『大韓建築學會論文集』 18(7), 2002
- 주남철, 『궁집(宮家)』, 일지사, 2003.
- 주영하, 『식탁 위의 한국사—메뉴로 본 20세기 한국 음식
문화사—』, 휴머니스트, 2013.
- 崔明姬, 『魂불』, 한길사, 1991.
- 平木實, 『朝鮮後期奴婢制研究』, 知識産業社, 1982.
- 홍석모 저, 정승모 역해, 『동국세시기—
한 권으로 집대성한 우리나라 세시풍속』, 풀빛, 2009.
- 黃慶煥, 「宮中用語」, 『국어국문학』 26, 1963
- János Kornai, "The Soft Budget Constraint," *Kyklos* 39,
1986, pp. 3-30.

- 고려대학교 해외한국학자료센터(http://kostma.korea.ac.kr).
- 조선왕조실록(http://sillok.history.go.kr).
- 한국민족문화대백과사전(http://encykorea.aks.ac.kr).

총괄

박현욱 학예연구부장

기획

김양균 조사연구과장

정수인 학예연구사

발행인

배현숙 서울역사박물관장

발행일

2020년 12월

발행처

서울역사박물관 조사연구과

03177 서울시 종로구 새문안로 55

T. 02-724-0274~6

www.museum.seoul.kr

제작

디자인 쿠담디자인

인쇄 서울문화인쇄

행정간행물등록번호 51-6110569-000298-01

ISBN 979-11-90480-29-1(04380)

ISBN 979-11-86324-61-5(세트)